Betriebssysteme

Eine Einführung

von
Prof. Dr. Uwe Baumgarten
und
Prof. Dr. Hans-Jürgen Siegert

Institut für Informatik
TU München

6., überarbeitete, aktualisierte und
erweiterte Auflage

Oldenbourg Verlag München Wien

Prof. Dr. Uwe Baumgarten
Studium der Informatik und Promotion an der Universität Bonn. Habilitation 1993 an der Universität Oldenburg in Informatik. 1993/4 Vertretung einer Professur für Betriebssysteme an der Universität Bremen. Seit Herbst 1994 Professor für Informatik an der Technischen Universität München. Arbeitsgebiete: Vernetzte Systeme, Betriebssysteme, Mobile Systeme. siegert@in.tum.de

Prof. Dr.-Ing. Hans-Jürgen Siegert
Studium der Physik und Promotion an der Technischen Universität Stuttgart. Ab 1967 bei AEG-Telefunken und Computergesellschaft Konstanz; zunächst Systemberater, später Abteilungsleiter und für die Entwicklung der Grund- und Anwendungssoftware der Großrechner sowie für die Entwicklungsrechenzentren verantwortlich. Seit 1975 Professor für Informatik an der Technischen Universität München. Arbeitsgebiete: Zunächst Betriebssysteme und Rechnernetze, dann Echtzeitsysteme und Robotik.
baumgaru@in.tum.de

Postanschrift der Verfasser:
Institut für Informatik, Technische Universität München, D-80290 München.

Im Text treten eingetragene Warenzeichen (registered trademarks) auf, beispielsweise bei Intel, Linux, Microsoft, Unix, Windows und VMware. Diese sind nicht speziell gekennzeichnet.

Bibliografische Information der Deutschen Nationalbibliothek

Die Deutsche Nationalbibliothek verzeichnet diese Publikation in der Deutschen Nationalbibliografie; detaillierte bibliografische Daten sind im Internet über <http://dnb.d-nb.de> abrufbar.

© 2007 Oldenbourg Wissenschaftsverlag GmbH
Rosenheimer Straße 145, D-81671 München
Telefon: (089) 45051-0
oldenbourg.de

Lektorat: Margit Roth
Herstellung: Dr. Rolf Jäger
Satz: DTP-Vorlagen des Autors
Coverentwurf: Kochan & Partner, München
Coverausführung: Gerbert-Satz, Grasbrunn
Gedruckt auf säure- und chlorfreiem Papier
Gesamtherstellung: Druckhaus „Thomas Müntzer" GmbH, Bad Langensalza

ISBN   3-486-58211-9
ISBN 978-3-486-58211-6

Inhaltsverzeichnis

Vorwort   **IX**

1	**Einführung**	**1**
1.1	Definition Betriebssystem	1
1.2	Prozesse	4
1.3	Objekte und Verwalter	5
1.4	Aufgaben und Komponenten	7
1.5	Betriebsziele	12
1.6	Anforderungen und Grundkonzepte	14
2	**Klassifizierung**	**19**
2.1	Mehrbenutzer-Mehrprozesssysteme	19
2.2	Einprozesssysteme	20
2.3	Einbenutzersysteme	21
2.4	Stapelverarbeitende Systeme	23
2.5	Timesharing-Systeme	26
2.6	Transaktionssysteme	28
2.7	Mehrprozessorsysteme	28
2.8	Vielprozessorsysteme	29
2.9	Echtzeitsysteme und eingebettete Systeme	30
3	**Hardware-Basis**	**33**
3.1	Hardware-Komponenten	33
3.2	Blockdiagramm Intel-PC	38
3.3	Speicheradressierung	41
3.4	Kommunikationsformen	50
3.5	EA-Prozessoren	52
3.6	Unterbrechungen	53
3.7	Privilegierte Befehle	60
4	**Prozesse**	**63**
4.1	Definition	63
4.2	Prozesskontext	64
4.3	Arbeitszustand	67

4.4	Rechnerkernverwaltung	70
4.5	Algorithmus für die Rechnerkernvergabe	74
4.6	Prozessverwaltung	77

5	**Prozesssynchronisation**	**79**
5.1	Gemeinsame Betriebsmittel	79
5.2	Koordinationsvariable	80
5.3	Forderungen an die Implementierung der Dienste	82
5.4	Implementierung der Dienste	86
5.5	Kritische Bereiche	89
5.6	Monitore	92
5.7	Synchronisation in verteilten Systemen	97

6	**Verklemmungen**	**99**
6.1	Entstehung	99
6.2	Entdeckung	101
6.3	Behandlung und Vermeidung	103

7	**Prozesskommunikation**	**109**
7.1	Formen der Kommunikation	109
7.2	Ereignisse	111
7.3	Prozessalarme	118
7.4	Implizite Kommunikation	121
7.5	Nachrichtenorientierte asynchrone explizite Kommunikation .	123
7.6	Stromorientierte asynchrone explizite Kommunikation	127
7.7	Synchrone explizite Kommunikation	130

8	**Virtualisierung**	**133**
8.1	Zielsetzung	133
8.2	Virtueller Rechnerkern	134
8.3	Virtueller Speicher	135
8.4	Realisierung des virtuellen Speichers	137
8.5	Arbeitsspeicherverwaltung	141
8.6	Prozessadressraumverwaltung	141
8.7	Seitentransportprozess	146
8.8	Virtuelle Geräte	152

9	**Strukturierung**	**157**
9.1	Schichtenkonzept	157
9.2	Aufruf von Moduln	160
9.3	Grundstrukturen	166
9.4	Betriebssystemkern	168
9.5	Beispiele	170

10	**EA-System**	**177**
10.1	Zeichenströme	177
10.2	EA-Prozeduren der Sprachen	179
10.3	Datenverwaltung	182
10.4	Dateisysteme	187
10.5	Dateisystem FAT32 in Windows	198
10.6	Klassische Dateisysteme in UNIX	200
10.7	Dateisystem NTFS in Windows	203
10.8	Dateisysteme mit Logbuch	205
10.9	Geräteverwaltung	208
10.10	Realisierung der Gerätetreiber	210

11	**Zugriffsschutz**	**219**
11.1	Einführung	219
11.2	Anforderungen	224
11.3	Konventionelle Systeme	228
11.4	Systeme mit Zugriffsausweisen	233
11.5	Vernetzte Systeme	245

12	**Verteilte Systeme**	**259**
12.1	Einordnung	259
12.2	Verteilung und Transparenz	262
12.3	Konzepte	264
12.4	Beispiel: Network File System (NFS)	266
12.5	Beispiel: Andrew File System (AFS)	268
12.6	Weitere Aspekte	268

13	**Virtuelle Maschinen**	**269**
13.1	Einführung	270
13.2	Einsatzbereiche	275
13.3	Arbeitsmodi	277
13.4	Geräte	280
13.5	Arbeitsspeicher	283
13.6	Rechnerkerne	286
13.7	Erweiterungen	291
13.8	Paravirtualisierung und Interpretation	293
13.9	Erweiterungen der Intel x86-Architektur	296

14	**Mikrokerne**	**299**
14.1	Grundstruktur und Anforderungen	299
14.2	Schnittstellen und Realisierungskonzepte – Mikrokern V . . .	303
14.3	Cache-Mikrokerne	309

15   Strategien   **313**
15.1   Grundbegriffe aus der Statistik 313
15.2   Gesetz von Little 315
15.3   Auslastung und Durchsatz 317
15.4   Das M/M/1-Modell und die Strategie FCFS 318
15.5   Bedienzeitabhängige Strategien 320
15.6   Working-Set-Modell 329
15.7   Strategien für die Verdrängung von Seiten 334
15.8   Mehrprogrammbetrieb und Durchsatz 336

Zu den Algorithmen   **343**

Englische Begriffe   **345**
Deutsch-Englisch 345
Englisch-Deutsch 351

Literaturverzeichnis   **357**

Abbildungsverzeichnis   **379**

Tabellenverzeichnis   **382**

Stichwortverzeichnis   **383**

Vorwort

Zur sechsten Auflage

Die ersten Auflagen des Buchs „Betriebssysteme: Eine Einführung" sind noch in der Reihe Handbuch der Informatik des Oldenbourg-Verlags erschienen. Herausgeber dieser Reihe waren die Herren Prof. Dr. A. Endres, Prof. Dr. H. Krallmann und Dr. P. Schnupp. Ab der vierten Auflage war das Buch eigenständig.

Von Anfang an lagen dem Buch moderne, saubere und zukunftsweisende Konzepte für Betriebssysteme zu Grunde. Deshalb gab es bisher auch keinen Anlass, die bewährte Grundstruktur des Buches zu verändern. Jedoch wurde inhaltlich auch die sechste Auflage auf den aktuellsten Stand der Technik gebracht. Sie stellt daher eine vollständige Überarbeitung, Aktualisierung und Erweiterung dar.

Das Buch gibt eine fundierte Einführung in die Grundlagen und Grundkonzepte moderner Betriebssysteme. Es wendet sich insbesondere an Informatiker, an Ingenieure, an Studierende der Informatik und Informationstechnik im Haupt- und Nebenfach, an Systemprogrammierer und nicht zuletzt an alle Anwender der Datenverarbeitung, die sich für Betriebssysteme interessieren oder Kenntnisse darüber benötigen. Das Buch ist für das eigenständige Beschäftigen mit dem Stoff sehr gut geeignet.

Ein Betriebssystem gehört zu jedem Rechensystem, sei es ein kleines eingebettetes Systems, ein Personal-Computer oder ein Hochleistungsrechner. Neben den weit verbreiteten (Standard-) Betriebssystemen, wie UNIX (LINUX) oder Windows, bieten viele Hersteller noch eigene Betriebssysteme für ihre Rechensysteme an. Entsprechend vielfältig sind die konkreten Ausprägungen. In dem vorliegenden Buch werden die allgemein gültigen Grundkonzepte dargestellt, die sich im Laufe der Jahre für Betriebssysteme entwickelt haben. Diese Grundkonzepte werden in allgemeinere Abstraktionen und Zusammenhänge eingebunden, so dass sich ein vertieftes Verständnis sowie eine Begründung und Bewertung ergibt. An einigen Stellen erschien es den Verfassern für das Verständnis didaktisch wichtig, konkrete Systemdienste und wichtige Abläufe algorithmisch darzustellen. Diese Algorithmen sind weitgehend umgangssprachlich formuliert. Weiterhin werden an vielen Stellen zur Vertiefung und als Beispiel konkrete Realisierungen bei Windows oder Linux geschildert. Dies dient auch als Brückenschlag zwischen den Grundkonzepten und dem täglichen Umfeld der Anwender.

Im Hinblick auf die Zielgruppe der Leser ist der Stil des Buches beschreibend, ohne mathematisch gefasste theoretische Modelle. Trotzdem ist die Formulierung sehr genau überlegt, sehr knapp und möglichst präzis.

Das Buch ist für ein sequenzielles Lesen gedacht. Trotzdem können einzelne Kapitel auch unabhängig von anderen gelesen und verstanden werden. Das detaillierte Register, die umfangreichen Literaturangaben und ein Lexikon korrespondierender deutscher und englischer Begriffe unterstützen das Studium des Buches, aber auch den flüchtigen Leser, der sich nur schnell über einen Sachverhalt informieren möchte. Ein frühzeitiger Blick in das vorgenannte Lexikon wird im Hinblick auf die verwendete Terminologie in diesem Buch und zur eigenen Orientierung in einer durch englische Fachbegriffe geprägten Umwelt empfohlen.

Ein besonderer Service des Oldenbourg-Verlags und der Autoren:
Die Abbildungen dieses Buches können für Projektionsfolien oder zur Einbettung in Powerpoint-Präsentationen beim Oldenbourg-Verlag über Internet (http://www.oldenbourg-wissenschaftsverlag.de) heruntergeladen werden.

Über jede Art von Rückkopplung, insbesondere über Kommentare, Anregungen und Kritiken via Email würden wir uns sehr freuen.

Die Zusammenarbeit mit dem Oldenbourg-Verlag war immer angenehm und problemlos. Dafür bedanken wir uns, insbesondere bei Frau Margit Roth für das Lektorat Informatik.

München, im Oktober 2006

Uwe Baumgarten
Hans-Jürgen Siegert

1   Einführung

In diesem Kapitel wird, ausgehend von einer typischen, aber immer noch interessanten, Rechnerbenutzung in der Frühzeit der Rechentechnik, der Begriff Betriebssystem definiert. Dann werden die grundlegenden Begriffe Prozess, Objekt, Verwalter und Betriebsmittel eingeführt. Danach werden die Aufgaben eines Betriebssystems besprochen. Dies führt zu einer ersten funktionellen Strukturierung. Außerdem zeigt sich dabei, dass ein Betriebssystem seine Aufträge gemäß eingestellten Betriebszielen abwickeln muss. Diese Betriebsziele können in Konflikt zueinander stehen. Das Kapitel schließt mit einer Skizzierung wichtiger Grundkonzepte, die dann in den späteren Kapiteln ausführlich besprochen werden.

1.1   Definition Betriebssystem

Einleitend betrachten wir eine typische Rechnerbenutzung Ende der 50er Jahre. Zu dieser Zeit standen dem Benutzer noch keine mächtigen, rechnergestützten Hilfsmittel zur Abwicklung seines Auftrags zur Verfügung. Der Benutzer musste alle Schritte im Arbeitsablauf selbst explizit steuern und zum richtigen Zeitpunkt veranlassen. Die typischen Schritte in einem Arbeitsablauf waren die folgenden: *frühe Rechnerbenutzung*

- Das Anwendungsprogramm wurde in der Regel in Assemblersprache geschrieben. Hierbei wurde die Lage des Programms und aller Standardprozeduren im Arbeitsspeicher festgelegt. *Arbeitsablauf*

- Das Anwendungsprogramm und die benötigten Daten wurden auf Lochstreifen abgelocht.

- Der Benutzer reservierte die Anlage für eine gewisse Zeitspanne, meist eine Woche im Voraus, für sich. Typisch war eine Zeitspanne zwischen einer halben und zwei Stunden. Die Betriebszeit einer Rechenanlage wurde dadurch in einzelne Blockzeiten gegliedert. Innerhalb einer solchen Blockzeit stand die Anlage einem Benutzer exklusiv zur Verfügung. Der Benutzer musste dann in der für ihn reservierten Blockzeit in den Maschinenraum gehen und die Anlage über Tasten und Schalter des Bedienpultes betreiben.

- Der Assembler, auf Lochstreifen vorliegend, wurde ab einer vorgegebenen Speicheradresse in den Arbeitsspeicher eingelesen.

- Das zu übersetzende Anwendungsprogramm, ebenfalls auf Lochstreifen vorliegend, wurde in den Lochstreifenleser eingelegt.

- Der Assembler wurde an seiner Anfangsadresse gestartet. Er las das Anwendungsprogramm ein, übersetzte es in Maschinenbefehle und konvertierte die Daten in die maschineninterne Darstellung. Das übersetzte Anwendungsprogramm wurde am Ende der Assemblierung auf Lochstreifen ausgegeben.

- Die Lochstreifen mit den benötigten Standardprozeduren wurden aus der Programmbibliothek entnommen. Wie der Begriff Bibliothek auch nahe legt, war damals die Programmbibliothek auch wirklich durch einen Schrank mit Fächern, in denen sich die Lochstreifen mit den Standardprogrammen und Standardprozeduren befanden, realisiert.

- Das übersetzte Anwendungsprogramm und die benötigten Standardprozeduren wurden gemäß dem erstellten Speicherbelegungsplan eingelesen.

- Der Lochstreifen mit den Eingabedaten für das Programm wurde in den Lochstreifenleser eingelegt.

- Das Anwendungsprogramm wurde an der bei der Programmierung festgelegten Anfangsadresse gestartet. Während des Laufs wurden die Eingabedaten vom Lochstreifen gelesen und die Ergebnisse wieder auf Lochstreifen ausgegeben. Die Ergebnisse konnten dann später an einem Fernschreibgerät ausgedruckt werden.

- Der Beginn und das Ende der benützten Blockzeit wurden in ein Logbuch eingetragen.

- Eventuell aufgetretene Fehler wurden in ein Fehlerlogbuch eingetragen.

Probleme

Die Zusammensetzung des gewünschten Ablaufs aus solchen Einzelschritten und die Steuerung dieses Ablaufs lag, wie bereits erwähnt, voll in der Verantwortung des Benutzers. Durch diese enge Einbeziehung eines Menschen in diesen technischen Ablauf entstanden eine Reihe von Problemen, insbesondere:

- große Leerzeiten der Maschine,

- eine hohe Fehleranfälligkeit des Ablaufs und

- die Notwendigkeit, dass der Benutzer während der gesamten Auftragsbearbeitung zur Bedienung der Maschine anwesend war.

Es ist daher nicht überraschend, dass schon sehr früh Anstrengungen unternommen wurden, diese Abläufe nach Anweisung des Benutzers durch den Rechner selbst ausführen zu lassen. So entstanden erste einfache Kommandosprachen (Shells) und Betriebssysteme[1].

Ein Betriebssystem steuert also gemäß den vorangehenden Ausführungen den Ablauf der Auftragsbearbeitung für einen Benutzer. Es plant die Reihenfolge der Auftragsbearbeitung für verschiedene Benutzer. Es lädt die Programme in den Arbeitsspeicher und startet sie. Es stellt Standarddienste bereit, insbesondere für den Transport von Daten zwischen Programmen und Geräten. Sind die Rechner in Rechnernetze integriert, dann ist als Standarddienst auch die Kommunikation mit anderen Programmen in anderen Rechnern notwendig. Laufen mehrere Programme gleichzeitig ab, koordiniert und synchronisiert das Betriebssystem den Zugriff auf gemeinsame Betriebsmittel. Typische gemeinsame Betriebsmittel sind alle Hardware-Komponenten und die Dateien. Ein Betriebssystem erfasst die verbrauchte Rechenleistung und registriert aufgetretene Probleme in der Hardware oder Software in einer Fehlerdatei.

Definition Betriebssystem

Die Definition eines Betriebssystems nach DIN 44300 geht von der Beschreibung seiner Aufgabe und seiner Stellung in einer Programmhierarchie aus: Das Betriebssystem wird gebildet durch die Programme eines digitalen Rechensystems, die zusammen mit den Eigenschaften der Rechenanlage die Grundlage der möglichen Betriebsarten des digitalen Rechensystems bilden und insbesondere die Ausführung von Programmen steuern und überwachen.

In der Wikipedia Enzyklopädie (WIKI06a) findet sich die Definition: „Ein Betriebssystem ist die Software, die die Verwendung (den Betrieb) eines Computers ermöglicht. Es verwaltet Betriebsmittel wie Speicher, Ein- und Ausgabegeräte und steuert die Ausführung von Programmen. Betriebssystem heißt auf Englisch operating system (OS). Dieser englische Ausdruck kennzeichnet den Sinn und Zweck: Die in den Anfängen der Computer stark mit schematischen und fehlerträchtigen Arbeiten beschäftigten Operatoren[2] schrieben Programme, um sich die Arbeit zu erleichtern; diese wurden nach und nach zum operating system zusammengefasst. Betriebssysteme bestehen in der Regel aus einem Kern (englisch: Kernel), der die Hardware des Computers verwaltet, sowie grundlegenden Systemprogrammen, die dem Start des Betriebssystems und dessen Konfiguration dienen."

Weitere, unterschiedliche Definitionen finden sich auch in den Lehrbüchern über Betriebssysteme. In den nachfolgenden Abschnitten werden Aspekte, die ein Betriebssystem charakterisieren, detaillierter behandelt.

---

[1]   Eine frühe Verwendung des Begriffs findet sich in (WIEH64).
[2]   In diesem Buch wird immer der Begriff Operateur anstelle von Operator verwendet. Da es sich hier um ein Zitat handelt, wurde der dort verwendete Begriff Operator beibehalten.

1.2   Prozesse

Programmlauf Bei der Durchführung von Aufträgen in einem Rechensystem laufen Programme ab. Ein Programmlauf führt Befehle aus, den Programmcode. Hierbei werden unveränderliche Daten (Konstanten) und veränderliche Daten (Variablen) verwendet. In vielen Systemen sind gleichzeitig mehrere Programmabläufe mit demselben Programmcode möglich. Beispielsweise könnte ein C-Übersetzer in den Arbeitsspeicher geladen sein, den mehrere Benutzer gleichzeitig für die Übersetzung ihrer C-Programme benützen. Hierbei sind der Code des Übersetzers und die Konstanten gemeinsam für alle Benutzer. Jeder Benutzer hat aber seinen eigenen Datenbereich für Programmvariablen. Für jeden Benutzer wird eine eigene Übersetzung unabhängig von den anderen Benutzern ausgeführt. Damit gibt es für jeden Benutzer einen eigenen Programmlauf. Man muss also scharf zwischen Programmcode und Programmlauf unterscheiden. Natürlich liegen auch dann getrennte Programmläufe der Benutzer vor, wenn jeder Benutzer seinen eigenen Programmcode ausführt.

Prozess Wir nennen den Ablauf eines Programms einen Rechenprozess oder kurz Prozess, falls dieser Ablauf durch das Betriebssystem verwaltet wird. Prozesse können prinzipiell parallel ablaufen. Jedem Prozess ist ein Prozessadressraum zugeordnet. Dieser stellt die einem Prozess zugeordneten Speicheradressen dar. Beim obigen Beispiel sind der Programmcode des C-Übersetzers, die Konstanten und die prozessspezifischen Variablen im jeweiligen Prozessadressraum.

Leichtgewichts-prozess Thread Nicht jedem Prozess muss ein eigener Prozessadressraum zugeordnet sein. Es gibt Prozesse, die den Prozessadressraum eines anderen Prozesses mitverwenden. Solche Prozesse nennt man Leichtgewichtsprozesse oder Threads, falls sie vom Betriebssystem verwaltet werden. Gründe für die Verwendung von Leichtgewichtsprozessen sind:

- Alle Leichtgewichtsprozesse, die in einem gemeinsamen Adressraum ablaufen, können effizient und problemlos auch auf alle Daten im gemeinsamen Adressraum zugreifen. Dies ist beispielsweise bei Client-Server-Systemen interessant. Der Server (Auftragnehmer, Diensterbringer) arbeitet beispielsweise auf einem bestimmten Datenbestand. Der Client (Auftraggeber, Dienstnehmer) verlangt eine Dienstleistung vom Server, die mehrere Interaktionen zwischen Server und Client erfordert, also einen Ablauf darstellt. Ein solcher Ablauf wird sinnvollerweise durch einen Leichtgewichtsprozess im Server realisiert.

- Die Zeit zur Erzeugung eines Leichtgewichtsprozesses ist wesentlich kürzer als die zur Erzeugung eines Prozesses mit eigenem Adressraum.

Daher können Leichtgewichtsprozesse auch für kurzfristige Aufgaben erzeugt und verwendet werden.

- Wird der Rechnerkern einem Prozess mit eigenem Adressraum zugeteilt, dann müssen meist Speicherbereiche des Prozesses in den Arbeitsspeicher geladen und nicht mehr benötigte Speicherbereiche anderer Prozesse verdrängt werden. Beim Wechsel zwischen Leichtgewichtsprozessen in demselben Adressraum kann man damit rechnen, dass zumindest einige Speicherbereiche des vorhergehenden Leichtgewichtsprozesses weiter relevant sind. Es müssen also oft keine oder zumindest weniger Speicherseiten ausgetauscht werden. Dies erlaubt einen schnelleren Prozesswechsel bei geringerem System-Overhead.

Sonstige Abläufe, die nicht Verwaltungseinheit des Betriebssystems sind, können darüberhinaus bei geeigneter Struktur der Prozesse noch innerhalb von Prozessen ablaufen. Wir nennen solche Abläufe auch Subprozesse (bei Microsoft: Fiber (SOLO00)). Da Subprozesse keine Verwaltungseinheit des Betriebssystems sind, wird die Zuteilung von Betriebsmitteln, insbesondere die Zuteilung des Rechnerkerns, an Subprozesse nicht durch das Betriebssystem, sondern durch den Prozess selbst vorgenommen. Das Betriebssystem hat also keine Kenntnis von der Existenz von Subprozessen. *Subprozess*

Prozesse, die Aufträge des Benutzers abwickeln, nennt man auch Benutzerprozesse. Prozesse, die ausgewählte Dienstleistungen des Betriebssystems erbringen, nennt man Systemprozesse. Systemprozesse haben oft spezielle Rechte, laufen beispielsweise im Systemmodus, und können so als Komponenten des Betriebssystems betrachtet werden. Alle nicht als Prozesse realisierten Komponenten des Betriebssystems bilden den Betriebssystemkern. Dieser wird auch als Basisschicht des Betriebssystems bezeichnet. Damit ergibt sich der prinzipielle Aufbau eines Betriebssystems gemäß Abbildung 1.1. *Benutzerprozess, Systemprozess*

1.3 Objekte und Verwalter

Für die Beschreibung eines Betriebssystems spielt der Begriff Objekt eine wichtige Rolle. Er wird mit teilweise abgewandelter Bedeutung auch in anderen Bereichen der Informatik verwendet. Objekte sind Hardware- oder Software-Komponenten, wie Datenstrukturen oder Prozesse. Bestimmte Objekte werden durch das Betriebssystem verwaltet. Jedes Objekt ist genau einer Objektklasse zugeordnet. Anstelle des Begriffs Objektklasse findet sich häufig auch der Begriff Objekttyp. Für eine Objektklasse sind die möglichen Operationen auf den zugeordneten Objekten definiert. Wir nennen diese Operationen auch Zugriffsdienste oder kurz Dienste. *Objektklasse*

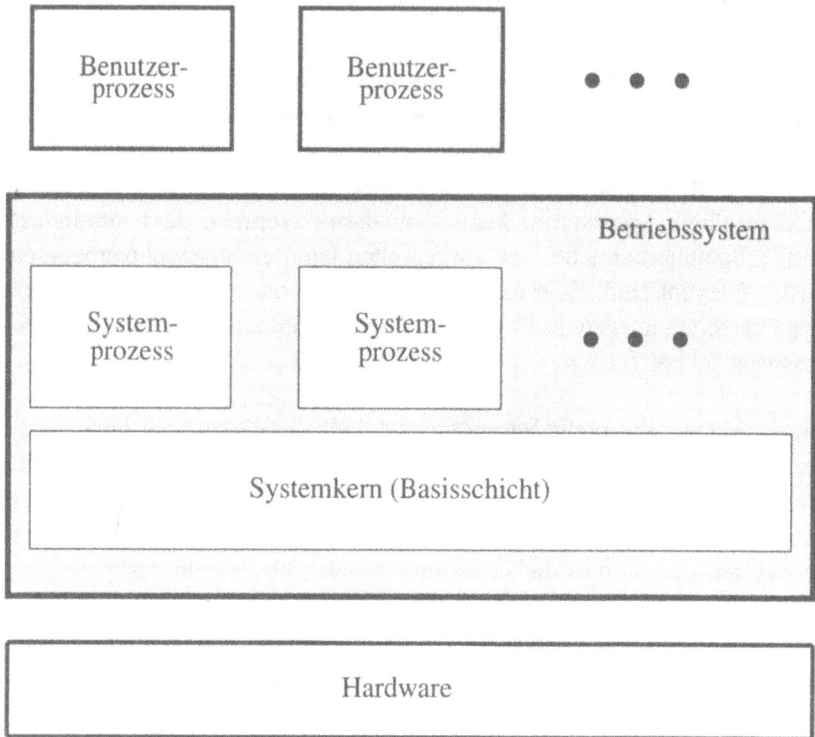

Abbildung 1.1: Prinzipieller Aufbau eines Betriebssystems

Objektverwalter	Die Betriebssystemkomponenten, die für einen bestimmten Objekttyp zuständig sind, heißen Objektmanager oder Objektverwalter bzw. Objektverwaltungen. Ein Verwalter führt Buch über den Zustand der Objekte eines Objekttyps, stellt die Dienste dafür bereit, löst Zugriffskonflikte auf und optimiert die Nutzung des Objekts.
Treiber	Verwalter für die Geräte einer Rechenanlage nennt man oft auch Gerätetreiber oder kurz Treiber. Diese Begriffsbildung ist dadurch zu erklären, dass bei den früheren einfachen Betriebssystemen die Abstraktion Verwalter und dessen vielfältige Dienste noch keine Rolle spielte. Hier sah man einen „Geräteverwalter" vorwiegend nur als eine Prozedur, die den Dienst „Transport der Daten von und zu dem Gerät" erbrachte, also das Gerät „betrieb".
Objekthierarchie	Ein Objekt einer bestimmten Objektklasse wird möglicherweise durch oder mit Hilfe von Objekten einfacherer Objektklassen realisiert. Das bedeutet, dass ein Verwalter seine Dienste auch durch Zugriff auf Dienste anderer Objektverwalter erbringt. Man erhält so eine Hierarchie von Objekten, die

aufeinander aufbauen, beginnend von einfachen, durch die Hardware definierten Objekten bis hin zu den sehr komplexen Objekten, wie Dateien. Die Objekthierarchie ist ein mögliches Strukturierungskonzept für den Entwurf von Betriebssystemen. Weiten Teilen dieses Buches liegt dieses moderne Konzept zu Grunde.

Auch der Begriff Betriebsmittel lässt sich über Objekte definieren. Hier steht nicht der zugehörige Verwalter mit seinen Diensten im Vordergrund des Interesses, sondern die Tatsache, dass Objekte bei der Ausführung von Programmen benötigt werden. Vom Betriebssystem verwaltete Objekte, die ein Prozess für seine Arbeit benötigt, nennt man Betriebsmittel. Beispiele für Betriebsmittel sind: Komponenten der Hardware, einzelne Variablen, Dateien oder (Dienstleistungs-)Prozesse.

Betriebsmittel

1.4 Aufgaben und Komponenten

Nachfolgend werden die Aufgaben und die Komponenten eines Betriebssystems ausgehend von verschiedenen Gesichtspunkten hergeleitet.

Ein Rechensystem muss Schnittstellen für verschiedene Benutzergruppen bzw. für einen einzelnen Benutzer in verschiedenen Rollen bereitstellen. Die wichtigsten Gruppen sind Anwender, Administratoren, Bediener und das Wartungspersonal. Der Anwender ist der normale Benutzer eines Rechensystems, der Anwendungsprogramme ablaufen lässt. Der Administrator ist für die benutzerübergreifenden Einstellungen des Rechners zuständig. Er verwaltet beispielsweise die BIOS-Einstellungen, die Internetzugänge oder die Benutzer. Auch das Zufügen oder Entfernen von Software-Paketen kann in seine Zuständigkeit fallen. Zur Verwaltung der Benutzer gehört insbesondere das Zulassen der Benutzer und die Festlegung ihrer Rechte. Der Bediener (Operator, Operateur) bedient die zentralen und dem normalen Benutzer nicht zugänglichen Ein/Ausgabegeräte in einem Rechenzentrum und überwacht die Abläufe im Rechensystem. Zur Bedienung der Ein/Ausgabegeräte gehört insbesondere das Wechseln der Datenträger. Das Wartungspersonal ist für die Installation neuer Hardware und insbesondere für die Fehlerdiagnose und -behebung bei Hard- und Software verantwortlich.

Benutzergruppen

Betrachten wir zwei Grenzfälle: Den privaten PC und das Rechenzentrum.

Bei einem privaten PC nimmt ein Benutzer immer alle Rollen, soweit das seine Kenntnisse erlauben, ein. Die verschiedenen Rollen erfordern je nach Einstellungen des Betriebssystems jedoch verschiedene Rechte, so benötigt er für Dienste, die den Administratoren vorbehalten sind, Administrator-Rechte. Da die Benutzeroberfläche für die verschiedenen Rollen weitgehend gleich ist, ist es dem Benutzer oft gar nicht bewusst, dass er verschiedene Rollen einnimmt.

Wird ein Rechensystem, beispielsweise ein Höchstleistungsrechner, in einem Rechenzentrum betrieben, dann werden die genannten Rollen von unterschiedlichen Personen wahrgenommen. Der Anwender kommt typischerweise nicht direkt an die Maschine. Er kann nur sein Programm ablaufen lassen. Der Bediener ist typischerweise ein Angestellter des Rechenzentrums, der vor Ort die Rechenanlage bedient. Die Wartung erfolgt typischerweise durch Personen des Rechenzentrums und Personen des Herstellers. Es ist also leicht einzusehen, dass hier jede Benutzergruppe eines Rechensystems spezielle Bedürfnisse hat und daher eine eigene Schnittstelle benötigt. Diese muss wegen des Umfangs und der Komplexität der jeweiligen Aufgabe sehr leistungsfähig und komfortabel sein. Man denke nur an die umfangreichen Netze oder an riesige, durch Roboter bediente Datenarchive.

Schichtenmodell Ein Betriebssystem stellt das Bindeglied zwischen der Hardware einerseits und den Benutzerprozessen andererseits dar. In den Benutzerprozessen laufen die Anwenderprogramme ab. Letztere setzen auf dem Laufzeitsystem und dem Kommandointerpreter (Shell) auf. Der Benutzer kann auch direkt Kommandos geben. Hierfür kann er einen textuell orientierten Kommandointerpreter oder eine grafische Schnittstelle (Graphical User Interface GUI) benutzen. Beispiele für solche grafischen Schnittstellen sind Windows bei Microsoft oder KDE bei Linux. Damit entsteht ein grobes Schichtenmodell gemäß Abbildung 1.2. Im Schichtenmodell sind spezielle Dienstleistungsprozesse, die im Benutzermodus arbeiten, nicht explizit dargestellt. Diese können entweder als Systemprozesse betrachtet werden oder sie können auf gleicher Ebene neben den Benutzerprozessen angeordnet werden, wenn man den Arbeitsmodus als Anordnungskriterium betrachtet. Die Dienstleistungsprozesse werden nicht von einem Benutzer gestartet, sondern von dem Betriebssystem, meist schon bei der Initialisierung. Sie erfüllen bestimmte Systemaufgaben, wie beispielsweise Anmelden (Login) der Benutzer oder Spool-Dienste.

Aufgabe Laufzeitsystem Das Laufzeitsystem stellt die Programmierschnittstelle für den Anwendungsprogrammierer bereit (Application Programming Interface API). Das Laufzeitsystem enthält Prozeduren, die in der Regel zur Übersetzungszeit aus Bibliotheken geholt und an das Anwenderprogramm gebunden werden. Auch eine dynamische Anbindung erst zur Laufzeit ist bei gemeinsamen Bibliotheken (shared libraries) möglich. Die Systemdienste werden nie direkt vom Anwenderprogramm aus aufgerufen, sondern stets über Dienste des Laufzeitsystems. Hierdurch wird das Anwenderprogramm portabler, da es unabhängiger von der wirklichen Betriebssystemschnittstelle wird. Außerdem sind die Dienste des Laufzeitsystems so realisiert, dass möglichst

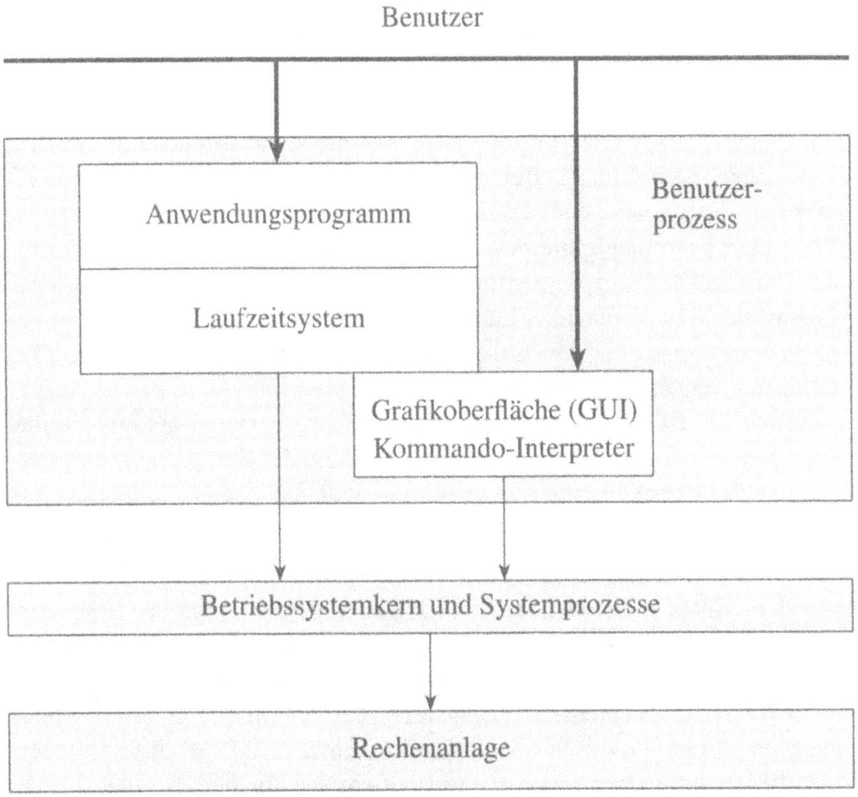

Benutzer

Benutzer-
prozess

Anwendungsprogramm

Laufzeitsystem

Grafikoberfläche (GUI)
Kommando-Interpreter

Betriebssystemkern und Systemprozesse

Rechenanlage

Abbildung 1.2: Grobes Schichtenmodell eines Rechensystems

selten auf das Betriebssystem zugegriffen wird. Hierdurch wird das Anwenderprogramm schneller, da der Kontextwechsel bei einem Aufruf des
Betriebssystems im Vergleich zu dem eines Unterprogramms viel Zeit kos-
tet. Ein Beispiel ist das sequenzielle, zeichenweise Lesen aus einer Datei.
Hier wird sinnvollerweise nicht für jedes Zeichen das Betriebssystem aufgerufen, sondern das Zeichen wird aus einem prozesslokalen Zeichenpuffer
geholt. Erst wenn der Puffer erschöpft ist, wird über einen Systemaufruf der
Puffer wieder mit neuen Zeichen gefüllt. Die Festlegung der Schnittstellen
des Betriebssystems und die des Laufzeitsystems sind Entwurfsentscheidungen. Für ein Betriebssystem kann es verschiedene Laufzeitsysteme mit
unterschiedlichen Programmierschnittstellen geben.

Aufgabe
Kommando-
interpreter

Der Kommandointerpreter läuft in einem Benutzerprozess ab. Er wird bei der Initialisierung eines Benutzerprozesses nach dem Anmelden (Login) vom Betriebssystem als erste Anwendung gestartet. Er erwartet Kommandos vom Benutzer. Seine Oberfläche zum Benutzer ist entweder textuell (Beispiel: UNIX-Shells) oder visuell (Beispiel: grafische Benutzeroberflächen bei Windows oder Linux). Beispiele für Kommandos sind „Programm X ausführen" oder „Auflisten der Dateien im Ordner Y". Die Kommandos werden vom Kommandointerpreter analysiert und dann wird ein Programm – im Sinne eines Unterprogramms, eines Prozesses oder eines Subprozesses – mit den entsprechenden Parametern zur eigentlichen Ausführung des Kommandos aufgerufen. Das aufgerufene Programm kehrt bei sequenzieller Ausführung am Programmende wieder zum Kommandointerpreter zurück und dann kann das nächste Kommando ausgeführt werden. Bei einer parallelen Ausführung des Kommandos als Prozess kann der Kommandointerpreter weiterhin Benutzerkommandos ausführen oder auf die Beendigung eines von ihm gestarteten Prozesses warten. Ein Kommandointerpreter kann auch Kommandos, die in einer Datei gespeichert sind, ausführen (Shell-Skripte).

Betriebssystem als
Verwalter der
Hardware-
Komponenten

Nach dem Schichtenmodell setzt das Betriebssystem auf der Hardware auf. Es muss daher die Dienste für die Zuteilung und die Nutzung von Hardware-Betriebsmitteln bereitstellen. Die Hardware-Komponenten sind also Objekte, die das Betriebssystem verwaltet. Damit enthält ein Betriebssystem sämtliche Programm-Module, die direkt Hardware-Komponenten kontrollieren, verwalten und die Zugriffsdienste dafür bereitstellen. In Abschnitt 3.1 werden die Hardware-Komponenten genauer vorgestellt. Wichtige Hardware-Komponenten für den Benutzer sind die Prozessoren, der Arbeitsspeicher, die Geräte und die Schnittstellen zu Rechnernetzen. Prozessoren, die Maschinenbefehle eines Benutzerprogramms ausführen, nennt man genauer auch Instruktionsprozessoren, um sie von den EA-Prozessoren abzugrenzen. EA-Prozessoren führen Datentransporte zwischen dem Arbeitsspeicher und den Geräten durch. Wir nennen Instruktionsprozessoren in diesem Buch immer Rechnerkerne.

Es gibt auch Hardware-Komponenten, die dem Benutzer nicht direkt zugänglich sind, da sie nur betriebssystemintern benötigt werden. Beispiele hierfür sind die Speicherabbildungstabellen oder die EA-Register. Für solche Hardware-Komponenten sind je nach Komplexität der Nutzung betriebssysteminterne Verwalter, einfache Dienstprozeduren oder nur Datenstrukturen mit Statusinformation vorhanden.

Betriebssystem als
komfortable
Programmier-
umgebung

Nach dem Schichtenmodell setzen die Benutzerprozesse auf dem Betriebssystem auf. Unter diesem Gesichtspunkt ist es die Aufgabe eines Betriebssystems, eine komfortable und für die Programmierung bequeme Umgebung bereitzustellen. Dem Benutzer wird durch das Betriebssystem somit ein „virtueller" Rechner bereitgestellt, der über wesentlich komplexere Objekte und Operationen als die reine Hardware verfügt. Beispiele für solche Objekte sind Prozesse, virtuelle Speicher, Dateien oder Nachrichten.

Die Entscheidung, welche weiteren Objekte ein Betriebssystem anbietet, ist zum Teil durch die historische Entwicklung vorgezeichnet, primär aber auch eine Entwurfsentscheidung. Für die Entscheidung, ein Objekt im Betriebssystem und nicht im Laufzeitsystem oder Anwenderprogramm zu realisieren, sprechen folgende Punkte:

Kriterien für Objekte im Betriebssystem

- Das Objekt ist für ein breites Spektrum von Anwendungen von grundlegender Bedeutung.

- Es ist ein gemeinsames Objekt verschiedener Benutzer.

- Es besteht Konkurrenz der Benutzer bei der Nutzung der Ressourcen für das Objekt.

- Die Zugriffe auf das Objekt müssen synchronisiert werden.

Das wichtigste Objekt, auf welches die obigen Punkte zutreffen, ist die Datei. Die Dienste für Dateien sind in der Komponente Datenverwaltung des Betriebssystems konzentriert (Kapitel 10).

Es ist jedoch beim Entwurf nicht nur die Entscheidung zu treffen, welche Objekte ein Betriebssystem enthalten soll, sondern es sind auch die Dienste festzulegen. Die Dienste variieren von System zu System stark. Erschwerend kommt hinzu, dass die Dienste in der Regel nicht sehr systematisch und objektorientiert entworfen sind und dass die Parameter nicht grundsätzlich implementierungs- und geräteunabhängig festgelegt werden. Es ist daher schwierig, allgemein gültige Dienste oder Dienstleistungsgruppen zu definieren. Die Schnittstellenproblematik wird besonders deutlich, wenn Rechner unterschiedlicher Hersteller in einem Rechnernetz betrieben werden sollen.

Dienste variieren

Ein Betriebssystem verwaltet Prozesse. Prozesse benötigen zur Durchführung ihrer Aufgaben Betriebsmittel. Prozesse konkurrieren also um die Betriebsmittel. Das Betriebssystem hat damit aus der Sicht der Prozesse insbesondere folgende Aufgaben:

Betriebssystem als Prozessverwalter

- Erzeugen und Löschen von Prozessen
- Zuteilung der Betriebsmittel an die Prozesse
- Synchronisation des Zugriffs auf die (virtuellen) Betriebsmittel

Betriebssystem als Kommunikations-medium

In modernen Betriebssystemen ist die Kommunikation eines Prozesses mit anderen Prozessen, seien diese im gleichen Rechner oder in anderen Rechnern eines Rechnernetzes, von zentraler Bedeutung. Das Betriebssystem muss daher vielfältige Kommunikationsmechanismen zwischen Prozessen bereitstellen (Kapitel 7).

Messung Abrechnung

Ein Betriebssystem, insbesondere eines für mehrere Benutzer, sollte die verbrauchte Rechenleistung, generell die Belegung der Betriebsmittel durch die Benutzer, messen und aufzeichnen. Solche Messungen sind die Basis für eine Kostenermittlung zur Abrechnung. Weitere Messungen, insbesondere der Wartezeiten der Prozesse beim Zugriff auf Betriebsmittel und der Auslastung der Komponenten eines Rechensystems, sind für die Einstellung von Strategieparametern (Tuning) für die Betriebsmittelzuteilung erforderlich. Messungen geben auch Hinweise auf die Engpässe in einem System. Diese können möglicherweise durch Änderungen oder Erweiterungen der Konfiguration behoben werden.

Betriebssystemkern und Systemprozesse

Die Aufteilung der Aufgaben und Komponenten eines Betriebssystems auf den Betriebssystemkern und die Systemprozesse werden später in Kapitel 9 genauer behandelt. Es besteht dabei ein weiter Spielraum für Entwurfsentscheidungen.

1.5   Betriebsziele

Erklärung

Prozesse benötigen für ihre Arbeit Betriebsmittel. Gibt es in einem Rechensystem mehrere konkurrierende Prozesse, dann muss das System Strategien zur Zuteilung der Betriebsmittel enthalten. Die Strategien sollen so gewählt werden, dass bestimmte Betriebsziele erreicht werden.

einfache Betriebssysteme

Betriebssysteme, die von der Konstruktion her nur einen Benutzer unterstützen können, finden sich im Bereich der Personalcomputer; Beispiele dafür sind MS-DOS oder ältere Versionen von Windows. Solche Betriebssysteme enthalten keine Zuteilungsstrategien für Betriebsmittel. Betriebsmittel werden, sofern noch frei, dem anfordernden Prozess immer zugeteilt. Der Prozess gibt die Betriebsmittel wieder ab, wenn er diese nicht mehr benötigt. Sind benötigte Betriebsmittel nicht (mehr) vorhanden, dann ist dies ein Fehler des Benutzers.

Betriebsmittel-entzug

In Betriebssystemen mit mehreren unabhängigen Prozessen, seien diese für einen oder verschiedene Benutzer arbeitend, treten die Prozesse in Konkurrenz um die Betriebsmittel. Die Prozesse fordern die Betriebsmittel vom Betriebssystem an. Dieses teilt den Prozessen nach einer Zuteilungsstrategie die geforderten Betriebsmittel zu. Hierbei erhält der Prozess das Betriebsmittel oft so lange bis er es freiwillig wieder abgibt. Manche Betriebsmittel sind aber so wertvoll, dass man in bestimmten Situationen nicht warten kann, bis der Prozess das Betriebsmittel freiwillig abgibt. Eine solche Situation liegt vor, wenn ein wichtigerer Prozess auf das Betriebsmittel wartet. Daher sind für bestimmte Betriebsmittel, beispielsweise die Rechnerkerne, die Hardware-Schnittstellen und die Systemdienste so gestaltet, dass das Betriebsmittel dem momentanen Besitzer zu einem beliebigen Zeitpunkt ohne Schaden entzogen werden kann. Der Entzug von Betriebsmitteln ist daher ebenfalls Bestandteil einer Betriebsmittelverwaltung und wird durch Verdrängungsstrategien gesteuert.

Das Zusammenwirken aller im Betriebssystem vorhandenen Strategien bestimmt letztendlich die Bearbeitungsfolge und den Fortschritt der Aufträge in dem Rechensystem. Die Strategien müssen daher so gewählt und ihre Parameter so eingestellt werden, dass eine möglichst optimale Anpassung an die Betriebsziele des Betreibers der Rechenanlage erreicht wird. Typische Betriebsziele sind hohe Auslastung der Komponenten oder gute Reaktionszeiten. Die Akzeptanz von Reaktionszeiten durch den Benutzer orientiert sich dabei an dem Umfang der verlangten Aufgabe. Für sehr kleine Aufgaben, wie die interaktive Bearbeitung von Texten, werden nicht wahrnehmbare Reaktionszeiten von Bruchteilen einer Sekunde verlangt. Die erforderlichen Reaktionszeiten sind also von Eigenschaften der Benutzeraufträge abhängig. *Betriebsziele*

Die Betriebsziele stehen in Konflikt zueinander: *Konflikt*

- Die Bevorzugung kleiner Aufträge bedingt eine Behinderung großer Aufträge.

- Eine gute Auslastung der Komponenten bedeutet schlechte Reaktionszeiten.

Dieser Sachverhalt lässt sich bereits an dem einfachen Beispiel einer Autovermietung einsehen:

- Gute Auslastung der Mietwagen bedeutet, dass praktisch immer alle Wagen im Einsatz sind. Eine gute Reaktionszeit bedingt aber, dass jederzeit ausreichend viele Mietwagen des gewünschten Modells zur Vermietung verfügbar sind.

- Werden bestimmte Kunden bevorzugt bedient und ist viel Betrieb, dann müssen andere Kunden dafür länger warten.

Die quantitative Untersuchung solcher Phänomene kann mit den Verfahren der Warteschlangentheorie bzw. durch simulative Methoden erfolgen. Siehe hierzu Kapitel 15.

1.6   Anforderungen und Grundkonzepte

An ein Betriebssystem stellt man typische Anforderungen. Zu ihrer
Erfüllung wurden im Laufe der Jahre Grundkonzepte entwickelt. Eine
Auswahl charakteristischer Anforderungen und daraus resultierende Grund-
konzepte werden nachfolgend erläutert.

*Spektrum der
Dienste*

Ein Betriebssystem muss normalerweise vielfältige Anwenderprogramme
unterstützen. Deshalb müssen die von einem Betriebssystem unterstützten Objekte und die zugehörigen Dienste so umfassend, allgemein und
vollständig sein, dass sie das bekannte und zukünftig zu erwartende Spektrum der Anwendungen gut abdecken können. Es ist daher wichtig, dass die
Objekte in Schichten angeordnet sind und dass möglichst nur die oberste
Schicht der Objekte und Dienste anwendungsabhängig ist. Tiefere Schichten
müssen anwendungsneutral sein. Damit kann man bei Bedarf leichter neue,
anwendungsorientierte Objekte in der obersten Schicht zufügen, ohne dass
der Rest des Betriebssystems geändert werden muss.

*problemorientierte
Parameter*

Die Dienste eines Betriebssystems, auch die nur betriebssystemintern ge-
nutzten Dienste tieferer Schichten, sollen leicht verständlich sein und soweit
möglich gleich oder ähnlich bei verschiedenen Betriebssystemen. Sie sollten
auch bei Weiterentwicklungen des Betriebssystems möglichst lange stabil
bleiben. Deshalb ist ein wichtiger Aspekt bei der Definition der Dienste und
ihrer Parameter, dass diese problemorientiert (benutzerorientiert) und nicht
implementierungsorientiert sind.

*Zuteilung
Betriebsmittel
Trennung
Mechanismus und
Strategie*

Ein Betriebssystem, das den gleichzeitigen Ablauf mehrerer Prozesse unterstützt, muss den Prozessen Betriebsmittel zuteilen. Hierzu sind, wie in
Abschnitt 1.5 bereits andiskutiert, Zuteilungs- und Verdrängungsstrategien
erforderlich. Bei Betriebssystemen, die mehrere Benutzer, insbesondere Benutzer verschiedener Benutzerklassen, unterstützen, müssen die Strategien
besonders ausgefeilt sein und ausreichend viele Parameter enthalten, damit
eine Anpassung an die lokalen Betriebsziele möglich ist. Der Betriebssystemkern sollte deshalb möglichst nur die Mechanismen einer Grundstrategie
implementieren. Darauf aufsetzend sollten dann in höheren Schichten unterschiedlichste Strategien realisierbar sein.

Zugriffsschutz

Der Zugriff auf Objekte eines Betriebssystems, beispielsweise auf Dateien
oder auf Arbeitsspeicherbereiche, muss kontrolliert werden, da die Objekte benutzerspezifische Daten enthalten, die nicht allgemein zugänglich
sein dürfen, oder da es nicht zulässig sein darf, dass ein Benutzer Daten
eines anderen Benutzers löschen kann. Einzelne Benutzer haben daher unterschiedliche Zugriffsrechte auf ein Objekt. Beispiele für Zugriffsrechte
sind: Leserecht, Schreibrecht oder Ausführungsrecht. Das Ausführungsrecht bedeutet, dass beispielsweise eine Datei ein Programm enthält, das

der Benutzer ausführen darf. Zu der Beschreibung eines Objekts gehört daher eine Zugreiferliste. Dies ist eine Liste der Benutzer und ihrer Zugriffsrechte bezüglich des Objekts. In manchen Systemen, beispielsweise in UNIX, wird der Zugriff nur für Benutzergruppen und nicht für einzelne Benutzer differenziert. Es gibt sogar Systeme, bei denen überhaupt kein benutzerspezifischer Zugriffsschutz möglich ist. Dies stellt eine ernsthafte Sicherheitslücke dar. Man sollte daher auch in den Systemen, die nur einen einzigen Benutzer unterstützen, differenzierte Zugriffsrechte vorsehen. So entsteht ein Schutz gegen Viren und eigene Fehler, beispielsweise wenn durch einen Fehler in einem Programm versucht wird, Dateien des Betriebssystems zu überschreiben.

Durch ein Betriebssystem müssen permanente, d.h. langlebige Datenbestände der Benutzer gehalten werden. Diese Datenbestände sind gegen unberechtigten Zugriff und gegen Verlust zu schützen. *langfristige Datenhaltung*

Ein Betriebssystem steuert, von einfachsten Systemen abgesehen, viele parallel ablaufende Vorgänge (Prozesse). Dies sind einerseits parallele Abläufe in der Hardware und andererseits parallele oder quasiparallele Abläufe in der Software. Diese Vorgänge müssen beim Zugriff auf gemeinsame Betriebsmittel synchronisiert werden. *Synchronisation*

Ein Betriebssystem muss eine Hierarchie von Informationsspeichern verwalten. Der Grund dafür ist, dass schnelle Speicher deutlich teurer und kleiner sind als langsame. Daten, die häufig gebraucht werden, müssen unbedingt auf schnellen Speichern liegen; Daten, die selten gebraucht werden, können auf langsame Massenspeicher ausgelagert werden. Typisch ist eine vierstufige[1] Hierarchie bestehend aus: *Speicherhierarchien*

- den Archivsystemen und Massenspeichern, beispielsweise den Magnetbändern, Bandkassetten, CDs oder DVDs.
- dem Hintergrundspeicher, insbesondere dem Festplattenspeicher
- dem Arbeitsspeicher
- den Cache-Speichern in der Hardware

Der Cache-Speicher ist der schnellste und kleinste Speicher in dieser Hierarchie. Im Cache-Speicher des Rechnerkerns wird beispielsweise ein aktueller Ausschnitt der Daten im Arbeitsspeicher gehalten. Cache-Speicher werden von der Hardware verwaltet, alle anderen Speicher durch das Betriebssystem. Datenbestände bzw. Ausschnitte aus Datenbeständen werden durch

---

[1] Die Register des Rechnerkerns sind bei dieser Betrachtung ausgeklammert, da sie allein vom Rechnerkern verändert werden und so das Betriebssystem im Rahmen der Verwaltung von Speicherhierarchien darauf keine Rücksicht nehmen muss.

das Betriebssystem (automatisch) zwischen Speicherhierarchien bewegt. Ein Beispiel für einen automatischen Transport von Daten zwischen Festplattenspeicher und Arbeitsspeicher durch das Betriebssystem ist der dynamische Seitenwechsel.

Evolution

Ein Betriebssystem bzw. eine Betriebssystemlinie hat eine Lebensdauer von vielen Jahren. In dieser Zeit ändern sich die Dienstleistungen und die Betriebsziele möglicherweise erheblich. Es ist daher eine konsequente Modularisierung, beispielsweise gemäß dem Konzept der Verwalter, unbedingte Voraussetzung. Nur so kann der Aufwand für Änderungen in einem erträglichen Rahmen gehalten werden. Da Änderungen auch den Benutzer betreffen können, ist es erforderlich, auch dessen Aufwendungen bei Änderungen zu minimieren. Eine Methode besteht darin, den Anwendungsprogrammen keine direkten Zugriffe auf das Betriebssystem zu erlauben, sondern die Betriebssystemdienste nur über Bibliotheken des Laufzeitsystems verfügbar zu machen. Damit können ältere Schnittstellen beibehalten werden, wenn sie durch Bibliotheksprogramme auf die neuen Schnittstellen des Betriebssystems abgebildet werden. Man hat also eine Entkopplung der Betriebssystemschnittstelle für die Anwendungsprogramme von der realen Betriebssystemschnittstelle. So bleibt bei Änderungen der realen Betriebssystemschnittstelle das Anwenderprogramm in der Regel unverändert und muss nur neu gebunden werden.

Selbstadaption Plug and Play

Das Betriebssystem hat direkte Schnittstellen zur Hardware. Die Konfiguration der Rechenanlage ändert sich aber von System zu System und auch im Laufe der Zeit. Typische Änderungen, auf die ein Betriebssystem eingerichtet sein muss, sind u.a.: verschieden große Arbeitsspeicher, wechselnder Anschluss der Geräte an die Kanäle, unterschiedliche Geräte und unterschiedliche Treiberkarten für Geräte. Ein Betriebssystem muss also leicht an ein breites Spektrum von Konfigurationen angepasst werden können. Gewünscht wird, dass beim Start des Betriebssystems die vorhandenen Komponenten der Hardware festgestellt und ihre Eigenschaften abgefragt werden können. So kann sich ein Betriebssystem selbständig an die jeweilige Konfiguration anpassen. Zur Laufzeit kann sich dieser Vorgang dynamisch wiederholen, wenn neue Hardware angeschlossen oder vorhandene entfernt wird. Dies setzt natürlich das Vorhandensein entsprechender Software-Module (Objektverwalter) im Betriebssystem voraus. Erleichtert wird die Adaption u.a. durch Konfigurationstabellen und Virtualisierung.

Konfigurationstabelle

Ein Betriebssystem enthält die aktuelle Konfiguration der Rechenanlage konzentriert in Konfigurationstabellen. Hier stehen sowohl die vorhandenen Komponenten als auch ihre Eigenschaften in einer möglichst anwenderorientierten Form. Alle Komponenten des Systems entnehmen die konfigurations- bzw. gerätespezifischen Daten solchen Konfigurationstabellen.

Ein Betriebssystem virtualisiert die Hardware-Komponenten, insbesonde- *Virtualisierung*
re die Geräte. Geräte mit ähnlichen Eigenschaften werden zu einer Klasse
zusammengefasst. Man erhält so virtuelle Geräte. Virtuelle Geräte werden
oft auch logische Geräte genannt. Die Eigenschaften der virtuellen Geräte
stellen eine Abstraktion der Eigenschaften realer Geräte dar. Sie können
eine Obermenge oder auch nur eine Teilmenge der Eigenschaften realer
Geräte enthalten. Ein Beispiel ist das virtuelle Gerät „virtueller Festplattenspeicher". Hier sind beispielsweise die Anzahl der logischen Blöcke
und ihre Größe durch den Anwender unter Einschränkungen wählbar. Die
logischen Blöcke sind fortlaufend nummeriert. Ein solcher virtueller Festplattenspeicher wird auf die Spuren bzw. Sektoren eines oder mehrerer realer
Festplattenspeicher abgebildet.

Es existieren Abbildungen zwischen den Eigenschaften virtueller Geräte *Beschreibungs-*
und den Eigenschaften zugeordneter realer Geräte. Der Benutzer und die *tabellen für*
oberen Schichten des Betriebssystems arbeiten immer mit einem virtuel- *Geräte*
len Gerät. Sie benützen also nur die Eigenschaften des virtuellen Geräts
und sind damit bezüglich einer ganzen Geräteklasse grundsätzlich von den
realen Geräteeigenschaften unabhängig. Erst unmittelbar vor dem Zugriff
auf das reale Gerät wird das virtuelle Gerät auf ein reales Gerät abgebildet. Genauso werden die Eingaben von einem realen Gerät sofort in
diejenigen des virtuellen Geräts abgebildet. Werden die einzelnen Abbildungen jeweils durch eigene Programmsequenzen realisiert, so ist bei jeder
Änderung auch eine Änderung des Programms notwendig. Dies bedeutet
hohen Aufwand, Fehleranfälligkeit und lange Reaktionszeiten. Besser ist eine Lösung, bei der das Programm unabhängig von speziellen Geräten einer
Geräteklasse ist, und alle Abbildungsvorschriften durch spezielle Konfigurationstabellen, die Geräte-Beschreibungstabellen, festgelegt werden. Die
Geräte-Beschreibungstabellen sollten ebenfalls sehr anwenderorientiert aufgebaut sein.

Die Virtualisierung hat neben der genannten Geräteunabhängigkeit auch *Einheitliche*
noch das Ziel, für den Anwender besser geeignete und bequemer zu nutzende *Schnittstellen*
Eigenschaften zu erhalten. Man kann dies auch als Bildung neuer abstrakter,
aber noch sehr Hardware-orientierter Objekttypen betrachten. Damit wird
die Virtualisierung ein zentrales und wichtiges Prinzip bei der Konstruktion
von Betriebssystemen. Sie wird nicht nur in den Hardware-nahen Schichten
mit Erfolg eingesetzt, sondern auch bei höheren Objekten. Ein Beispiel
hierfür ist die Dateischnittstelle in UNIX: Der Zugriff auf Dateien und der
Zugriff auf Ein/Ausgabegeräte, wie Drucker, erfolgt im Benutzerprogramm
mit denselben Systemdiensten.

Portabilität   Ein Betriebssystem muss meist auf unterschiedlichen Hardware-Plattformen laufen. Durch folgende Maßnahmen wird die Portierung auf wechselnde Plattformen erleichtert:

- Virtualisierung der Geräte und der Programmierschnittstelle der Hardware;

- absolut Hardware-unabhängige Programmierung möglichst vieler Teile des Betriebssystems, beispielsweise steht in vordefinierten Konstanten wo sich bestimmte EA-Register befinden, wie diese aufgebaut sind, wie lang eine ganze Zahl ist, wie viele Bits ein Byte enthält oder wie ein bestimmtes Zeichen, das über die Taststur eingegeben wird, maschinenintern heißt;

- Konzentration der verbleibenden Hardware-abhängigen Teile in ein Interface-Modul oder in die Hardware beschreibende Dateien zum Einbinden bei der Übersetzung des Betriebssystems.

- Einsatz höherer Sprachen und weiterer Werkzeuge bei der Realisierung des Betriebssystems.

Kommunikation   Rechner sind heute in vielfältige Netze integriert. Damit erhält die Kom-
Netze   munikation zwischen Prozessen in einem Rechner und zwischen Prozessen in verschiedenen Rechnern hohe Bedeutung. Die Protokolle für die Kommunikation sind je nach dem Einsatzgebiet, der Ausstattung des Partners und den geforderten Qualitätsmerkmalen ganz unterschiedlich. In einem Betriebssystem muss daher eine Vielfalt von Protokollen in verschiedenen Protokollebenen verfügbar sein. Geeignete Protokolle sollten durch das System automatisch bei einer Kommunikation ausgewählt werden. Besonderer Aufmerksamkeit muss der möglichst guten Nutzung der Bandbreite (Datenrate) geschenkt werden. Durch die Protokolle und andere Leistungsverluste in dem Betriebssystem kann die physikalisch mögliche Datenrate des Netzes nicht voll ausgenutzt werden. Daher sind besonders leistungsfähige Konzepte für die Kommunikation erforderlich.

Client-Server-   In einem Rechnernetz können die Betriebsmittel, die ein Prozess benötigt,
Modell   lokal sein oder sie können sich irgendwo im Rechnernetz befinden. Ein Prozess benutzt dann zum Zugriff auf diese entfernten Betriebsmittel die Dienste eines anderen Prozesses im Rechnernetz. Der eine Prozess ist dann Auftraggeber (Client), der andere Prozess ist Auftragnehmer (Server). Man kommt so zu dem Client-Server-Modell zur Beschreibung von Beziehungen zwischen Prozessen. Für die Abwicklung solcher Beziehungen haben sich bestimmte Protokolle etabliert, beispielsweise der entfernte (abgesetzte) Prozeduraufruf (RPC, remote procedure call).

2 Klassifizierung

Es gibt ein sehr weites Spektrum des Einsatzes von Rechensystemen. Damit gibt es auch eine große Vielfalt an Betriebssystemen. Diese unterscheiden sich in ihrem Anwendungsbereich, in ihrer Leistung und in den Realisierungskonzepten. Allerdings sind diese drei Aspekte nicht unabhängig voneinander. Für bestimmte Leistungs- und Anwendungsbereiche haben sich bestimmte Realisierungskonzepte entwickelt. Die nachfolgende Klassifizierung berücksichtigt nur wenige Merkmale. Es handelt sich also um eine sehr grobe Klassifizierung. Typische Konzepte und Eigenschaften der Klassen werden knapp geschildert. Hierbei wird auf ein Mehrbenutzerbetriebssystem Bezug genommen. Ein solches Betriebssystem liegt den Ausführungen in diesem Buch zu Grunde.

Die Klassifizierung spiegelt auch die historische Entwicklung der Rechensysteme wider, so dass einige Klassen in heutigen Rechensystemen nur noch eine untergeordnete Rolle spielen. Die Klassifizierung wird für nicht vernetzte Rechensysteme vorgestellt. Sie kann analog auf (vernetzte) verteilte Systeme übertragen werden.

2.1 Mehrbenutzer-Mehrprozesssysteme

Ein Mehrbenutzer-Mehrprozesssystem liegt allen Ausführungen in diesem Buch zu Grunde. Das Betriebssystem unterstützt die gleichzeitige oder quasigleichzeitige Ausführung vieler Prozesse für mehrere Benutzer. Dabei können einem Benutzer mehrere Prozesse gehören. Hierdurch kann dieser an mehreren Teilaufgaben gleichzeitig arbeiten. Außerdem können Systemaufgaben, wie die Abwicklung von Kommunikationsprotokollen, parallel zu den Arbeiten der Benutzer durchgeführt werden.

mehrere Prozesse

Parallelarbeit, also das Vorhandensein von Prozessen, ist u.a. bei folgenden Situationen erforderlich:

Gründe für Prozesse

- Das Rechensystem muss in ein Rechnernetz integriert werden. Die Realisierung der Dienste und der Protokolle für die Kommunikation erfordern für eine akzeptable Realisierung ein Mehrprozesssystem.

- Der Benutzer möchte während vollständig definierter und langsam ablaufender Vorgänge, beispielsweise während einer Druckausgabe, einer Übersetzung, einer Druckaufbereitung, einer grafischen Ausgabe oder einer Dateiübertragung zwischen Rechnern, eine andere Arbeit durchführen. Auch hier sind akzeptable Lösungen nur bei mehreren Prozessen realisierbar.

- Der Benutzer benötigt für seine Arbeit gleichzeitig verschiedene Informationsquellen oder er arbeitet an mehreren (Teil-)Aufgaben parallel oder im Wechsel. Solche Arbeitstechniken sind bei vielen Anwendungen erforderlich, beispielsweise bei der rechnergestützten Konstruktion oder bei der Büroautomatisierung.

Anmerkung: Die Realisierung von parallelen Abläufen nur mit Leichtgewichtsprozessen oder mit Subprozessen ist keine Lösung, da die Abläufe bei verschiedenen Anwendungen nicht genügend unabhängig wären und Systemabläufe in Benutzerprozesse integriert werden müssten. Bestimmte parallele Abläufe kann man in Betriebssystemen also nur als Prozesse mit eigenem Kontext (Schwergewichtsprozesse) realisieren.

mehrere Benutzer Die gleichzeitige Nutzung des Systems durch mehrere Personen erfordert entsprechende Eigenschaften des Betriebssystems (siehe Kapitel 1), wie beispielsweise erhöhte Anforderungen an die Betriebsmittelverwaltung und die Sicherheit. Solche Eigenschaften sind immer in hohem Maße wünschenswert, selbst dann, wenn nur ein Benutzer das System privat betreibt. Beispiele für solche Betriebssysteme bei PCs sind UNIX mit seinen Varianten und die neuen Microsoft Betriebssysteme. Auch Betriebssysteme für klassische Universalrechner und Server sind – evtl. mit Einschränkungen – Mehrbenutzer-Mehrprozesssysteme.

2.2 Einprozesssysteme

ein Ablauf Die Prozesse bilden die parallelen Abläufe in einem Betriebssystem. Ein Einprozesssystem kann dementsprechend immer nur einen Ablauf im System unterstützen. Es gibt damit keine Konkurrenz um Betriebsmittel, da alle Abläufe streng sequenzialisiert werden. Ein solches System ist also nach heutigen Maßstäben höchstens für einen einzelnen Benutzer geeignet. Hierbei besteht für ihn aber die – eigentlich nicht akzeptable – Einschränkung, dass er keine parallelen Tätigkeiten ausführen kann. So kann er beispielsweise nicht Dateien drucken und gleichzeitig noch Texte im Rechner bearbeiten.

einfacher Aufbau Ein Einprozesssystem für einen Benutzer kann allerdings wesentlich einfacher aufgebaut sein als ein Mehrbenutzerbetriebssystem. Es entfallen beispielsweise die Prozessverwaltung, die Rechnerkernverwaltung, die Interprozesskommunikation, die Synchronisation beim Zugriff auf Daten, alle Strategien für die Zuteilung oder den Entzug von Betriebsmitteln, der Zugriffsschutz und alle Einrichtungen zur Behandlung oder Vermeidung von Verklemmungen. In der Regel werden zusätzlich auch alle noch verbleibenden Funktionen des Betriebssystems deutlich einfacher und mit mehr Einschränkungen verbunden sein. Damit sind solche Systeme nur für spezielle Rechensysteme oder geringe Anforderungen geeignet. Ein Beispiel ist das Betriebssystem MS-DOS.

2.3 Einbenutzersysteme

Wir können Einbenutzersysteme auf der Basis eines Ein- oder eines Mehrprozesssystems realisieren. Einbenutzersysteme auf der Basis von Einprozesssystemen wurden oben besprochen. Ein Einbenutzersystem auf der Basis eines Mehrprozesssystems könnte einfach als Grenzfall eines Mehrbenutzersystems betrachtet werden, in dem immer nur ein Benutzer zugelassen wird. Damit wäre zwischen einem Einbenutzersystem auf der Basis eines Mehrprozesssystems und einem Mehrbenutzersystem kein signifikanter Unterschied mehr. Dies ist in der Praxis oft so, beispielsweise wenn ein PC immer durch denselben Benutzer betrieben wird.

Grenzfall Mehrbenutzersystem

Falls ausdrücklich ein Einbenutzerbetriebssystem entwickelt werden soll, muss die Tatsache, dass es stets nur einen Benutzer gibt, so weit wie irgendwie möglich ausgenutzt werden. Hierbei ist das Ziel, ein einfaches, kleines und schnelles Betriebssystem zu erreichen. Hierzu gibt es die nachfolgend geschilderten Ansatzpunkte.

Es wird auf Parallelarbeit auf der Ebene der Anwenderprogramme verzichtet. Dann gibt es dort nur einen sequenziellen Ablauf, in den Unterbrechungsbehandlungen eingeschoben werden. Spezielle Dienste, die als Bestandteil des Betriebssystems betrachtet werden, können im Rahmen von Unterbrechungsbehandlungen schrittweise parallel zu den Anwendungen ablaufen. Ein Beispiel für einen solchen speziellen Dienst ist das Drucken parallel zu den Anwenderprogrammen. Dieser Weg ist allerdings unbefriedigend (siehe die oben aufgeführten Gründe für Mehrprozesssysteme).

keine Parallelarbeit

Da der Verzicht auf Prozesse demnach kein sinnvoller Weg ist, betrachten wir nachfolgend nur noch Einbenutzersysteme mit mehreren Prozessen. Damit bleiben nur noch wenige Bereiche übrig, die für eine Vereinfachung des Betriebssystems für professionelle Arbeitsplätze in Frage kommen. Wichtige Beispiele sind: die Betriebsmittelverwaltung einschließlich der Zuteilungsstrategien, der Zugriffsschutz sowie die Reduktion der Funktionalität, beispielsweise bei den Fehlerbehandlungen, bei der Virtualisierung oder bei den Dateisystemen.

Vereinfachung trotz Parallelarbeit

Vereinfachungen bei Betriebsmittel- zuteilung

Da alle Abläufe in dem Rechner durch einen einzigen Benutzer veranlasst werden, können Konflikte bei der Konkurrenz um Betriebsmittel durch den Benutzer gelöst werden. Damit entfallen alle Strategien zur Festlegung der Bearbeitungsfolge von Aufträgen und zur Zuteilung von Betriebsmitteln. Allerdings ist in größeren Systemen ein solches Vorgehen für den Benutzer nicht erfreulich. Er hat große Probleme, wenn er sich beim Einsatz vieler großer und unterschiedlicher Anwenderprogramme immer im Voraus klar werden muss, ob und welche Konflikte auftreten können.

Vereinfachungen beim Zugriffsschutz

In einem Einbenutzersystem hat der Benutzer volle Kontrolle über alle angeschlossenen Peripheriegeräte. Da auch alle gespeicherten Daten einem einzigen Benutzer gehören, könnte prinzipiell auf alle Einrichtungen zum Zugriffsschutz in dem Rechensystem verzichtet werden. Es wären also auch keine privilegierten Befehle erforderlich. Die Erfahrung hat jedoch gezeigt, dass ein völliger Verzicht auf den Zugriffsschutz zu einem sehr fehleranfälligen und unsicheren Arbeiten führt. Der Benutzer ist nämlich sehr stark daran interessiert, sich vor eigenen Fehlern zu schützen. Beispiele:

- Der Benutzer möchte wichtige Daten vor versehentlichem Überschreiben schützen.

- Der Benutzer möchte sicher sein, dass seine Ergebnisse korrekt sind. Grundvoraussetzung hierzu ist, dass alle System- und Anwenderprogramme richtig arbeiten. Eine Voraussetzung hierzu ist, dass auch diese Programme gegen unbeabsichtigte Veränderungen, beispielsweise auf Grund eines aufgetretenen Fehlers oder einer Fehlbedienung, geschützt sind. Damit kann in einem Einbenutzersystem zwar auf eine ausgefeilte Identifizierung der Benutzer und auf Maßnahmen gegen hoch entwickelte Angriffe auf das Schutzsystem verzichtet werden, es ist aber zumindest ein einfacher Zugriffsschutz erforderlich.

Systeme ohne guten Zugriffsschutz sind außerdem sehr anfällig gegen Computerviren und Trojanische Pferde.

Reduktion der Funktionalität

Eine generelle Reduktion der Funktionalität der Dienste eines Einbenutzerbetriebssystems ist nicht möglich, da auch dort große und anspruchsvolle Anwendersysteme unterstützt werden müssen, die entsprechend komplexe Dienste des Betriebssystems erfordern. Auch werden für spezielle Systeme nur dann spezielle Anwendungen verfügbar sein, wenn der Markt genügend groß ist. Damit sind die Schnittstellen des Betriebssystems zur Anwendung nicht mehr frei festlegbar.

Konsequenz

Die Ausführungen zeigen, dass es nicht sinnvoll ist, spezielle Einbenutzersysteme zu entwickeln und einzusetzen, sondern auch für persönliche Rechner mit nur einem einzelnen Benutzer Mehrbenutzerbetriebssysteme zur Verfügung zu stellen.

2.4 Stapelverarbeitende Systeme

Stapelverarbeitung war die typische und nahezu ausschließliche Betriebs-   *Bedeutung*
form für Universalrechner in den 60er Jahren. Die Stapelverarbeitung ist
auch heute noch bei Höchstleistungsrechnern eine wichtige Betriebsform.

Bei der Stapelverarbeitung wird eine Folge von Stapelaufträgen sequenziell   *Definition*
oder parallel bearbeitet. Ein Stapelauftrag ist ein vollständig definierter
Auftrag eines Benutzers mit allen Steueranweisungen, Programmen und
Daten. Er kann ohne Eingriffe des Benutzers bearbeitet werden. Damit
erfolgt eine zeitliche Entkopplung der Anwesenheit des Benutzers von der
Bearbeitung seines Auftrags. Die Bearbeitung kann also nach Strategien
eines Rechenzentrums, beispielsweise mit dem Ziel einer guten Auslastung
des Rechners, frei gewählt werden.

Der Begriff stammt aus der Zeit der Lochkartenverarbeitung. Die Steueranweisungen, Programme und Daten lagen auf Lochkarten vor. Der Auftrag
eines Benutzers bestand also aus einem Lochkartenstapel. Nachfolgend sind
einige wichtige Varianten von Betriebssystemen für die Stapelverarbeitung
aufgeführt.

Ein einfaches, bandorientiertes Stapelverarbeitungssystem der 60er Jah-   *einfaches,*
re bearbeitet eine Folge von Stapelaufträgen sequenziell entsprechend der   *bandorientiertes*
Reihenfolge der Stapel im Lochkartenleser. Dieser realisiert also die Ein-   *System*
gabewarteschlange eines solchen Systems. Das System besitzt keinen Festplattenspeicher und enthält daher benutzerspezifische Daten nur auf Magnetbändern. Vor Beginn jedes neuen Auftrags wird das System initialisiert.
Die Magnetbänder mit den benutzerspezifischen Daten werden aufgespannt.
Es werden dann die aufeinander folgenden Karten (Eingabezeilen) eines Auftrags nach Bedarf gelesen. Hierbei werden die Steueranweisungen
ausgeführt und die zugehörigen Daten verarbeitet. Bei der Bearbeitung
des Auftrags erfolgt die Ausgabe der Ergebnisse schritthaltend auf den
Drucker und/oder die Magnetbänder. Am Ende des Auftrags werden die
Magnetbänder des Benutzers ausgeschleust. In die Bearbeitung eines Auftrags kann also keine andere Auftragsbearbeitung eingeschoben werden. Die
Aufträge werden so in der Reihenfolge des Eintreffens bearbeitet. Die Strategie wird auch als FCFS-Strategie bezeichnet (first come first served). Auf
das Eintreffen neuer Aufträge kann erst nach Ende eines Auftrags reagiert
werden. Aufträge werden also nicht unterbrochen. Man nennt eine solche
Auftragsbearbeitungsstrategie eine nichtpräemptive Strategie. Da immer nur
ein Auftrag in Bearbeitung ist, kann das Betriebssystem vom Typ Einpro-
zessbetriebssystem sein.

*Erweiterung durch
Spooling*

Ein offensichtlicher Nachteil dieser sehr einfachen Stapelverarbeitung ist, dass auf Grund der sequenziellen Arbeitsweise die Maschine schlecht ausgelastet wird. Während der Datentransporte zwischen dem Arbeitsspeicher und den langsamen zeichenorientierten Geräten treten große Wartezeiten des Rechnerkerns auf. Dies lässt sich durch das so genannte Spooling beheben. Das Akronym SPOOL kommt von „simultaneous pheripheral operation on-line". In einem Stapelverarbeitungssystem mit Spooling wird ausgenutzt, dass das Lesen und Schreiben auf die blockorientierten Magnetbänder schneller ist als auf zeichenorientierte Geräte. Es gibt also im Wesentlichen drei parallele Abläufe (Abbildung 2.1). In einem Eingabe-Spoolprozess werden Lochkartenstapel vom Lochkartenleser gelesen und der Inhalt wird unverändert in eine Eingabedatei auf einem Magnetband geschrieben. In einem Ausgabe-Spoolprozess werden die Zeichen aus einer Ausgabedatei, die auf Magnetband gespeichert wurde, auf einem Drucker oder Lochkartenstanzer ausgegeben. In dem eigentlichen Bearbeitungsprozess werden die Stapelaufträge ausgeführt. Hierbei werden Leseaufträge für den Lochkartenleser auf Leseaufträge für Zeilen der Eingabedatei auf Magnetband abgebildet und entsprechend werden auch Ausgabeaufträge für den Drucker oder Lochkartenstanzer auf Schreibaufträge für die Ausgabedatei abgebildet. Dies ist ein frühes Beispiel für die Virtualisierung von Geräten.

Für die Spoolprozesse wurden vielfach auch eigene kleine Rechner verwendet. Natürlich können die Daten mehrerer Benutzer auf dem Eingabeband und auf dem Ausgabeband gespeichert werden, so dass die Bänder nur gewechselt werden müssen, wenn sie voll sind.

Spooling heute

Für langsame Ausgabegeräte findet sich ein Spooling in fast allen heutigen Betriebssystemen. Hierbei steht jedoch weniger die Erhöhung des Durchsatzes im Vordergrund, sondern mehr die Entkopplung der Arbeit des Benutzers vom langsamen Ablauf der Ausgabe, beispielsweise wird ein Dokument gedruckt während der Benutzer an einer anderen Aufgabe arbeitet.

*Erweiterung durch
Mehrprogramm-
betrieb*

Der andere bereits erwähnte Nachteil der einfachen Stapelverarbeitungssysteme ist, dass neue Aufträge erst nach Bearbeitung des vorherigen Auftrags begonnen werden können. Dies ist besonders ärgerlich, wenn ein kurz laufender und wichtiger Auftrag ansteht, aber gerade ein lang laufender und unwichtiger Auftrag bearbeitet wird. Dieser Nachteil wird durch Mehrprogrammbetrieb behoben: Im Zeitmultiplex, also quasiparallel, werden mehrere Stapelaufträge bearbeitet. Dabei sind die Strategien zur Auftragsbearbeitung so gewählt und parametrisiert, dass für das Rechensystem ein weites Spektrum von Betriebszielen eingestellt werden kann.

In einfacheren Stapelverarbeitungssystemen mit Mehrprogrammbetrieb ist nur eine feste Anzahl von Strömen von Stapelaufträgen erlaubt. Diese Auftragsströme werden parallel bearbeitet. Innerhalb jedes Stromes wer-

Eingabe-
band

Eingabe-
band

Ausgabe-
band

Ausgabe-
band

Eingabe–
Spoolprozess

Benutzerprozess

Ausgabe–
Spoolprozess

Kartenleser

Kartenstanzer

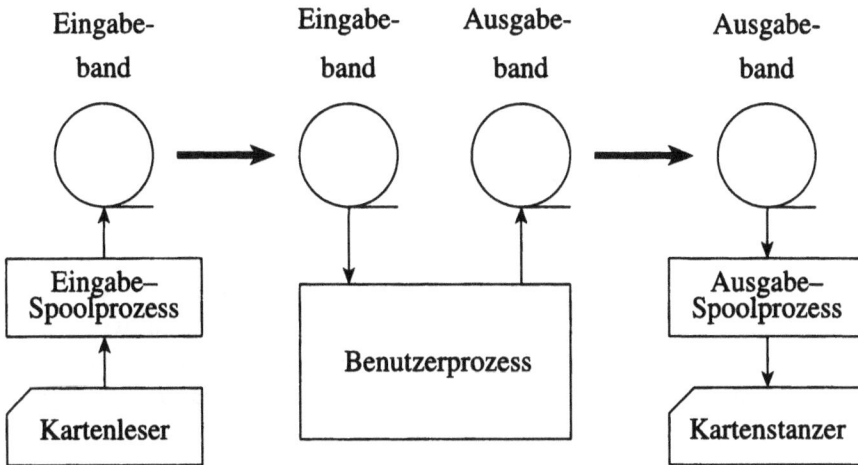

Abbildung 2.1: Spooling in den 60er Jahren

den die Stapel in der Reihenfolge ihres Auftretens bearbeitet. Häufig sind die Ressourcen des Systems fest auf die Auftragsströme aufgeteilt. Damit fällt das Problem der Konkurrenz um die Betriebsmittel weg. Die Bearbeitung der verschiedenen Auftragsströme kann mit unterschiedlicher Priorität erfolgen. Damit lässt sich die gewünschte bessere Reaktionszeit für kurze oder wichtige Aufträge erreichen. Bei allgemeineren Anforderungen an die Flexibilität der Auftragsbearbeitung können außer im Bereich Betriebsmittelzuteilungsstrategien kaum noch Vereinfachungen oder Abweichungen gegenüber einem Mehrbenutzerbetriebssystem, das auch den Dialog unterstützt, erwartet werden.

Ein weiterer Schritt in der historischen Entwicklung war die Einführung der Stapelfernverarbeitung. Hier können die Eingabestapel über ein Netz auf die Eingabedatei zur späteren Bearbeitung überspielt werden. Entsprechend können die Ergebnisse über einen abgesetzten Drucker ausgegeben werden. Die hierzu notwendigen Erweiterungen im Betriebssystem betreffen die Kommunikationsprotokolle, den Netzbetrieb, die Bedienung abgesetzter Stationen außerhalb des Rechenzentrums und die Gruppierung von Geräten zu logischen Stationen. Mit Letzterem wird erreicht, dass ohne explizite Steuerung des Benutzers eine Ausgabe auf dem Drucker der Station erfolgt, an der auch das Eingabegerät angeschlossen ist.

Erweiterung durch Stapelfern-verarbeitung

2.5   Timesharing-Systeme

Historische
Entwicklung

Timesharing-Systeme erlauben die interaktive Arbeit mehrerer Benutzer über direkt am Rechner angeschlossene Endgeräte. Sie entstanden Ende der 60er und Anfang der 70er Jahre. Wichtige Grundlagen hierfür wurden an der Universität von Manchester (Atlas) und am Massachusetts Institute of Technology (Projekt MAC) erarbeitet. Aufbauend darauf entstand auch eines der ersten wirklich eingesetzten Timesharing-Systeme, Multics. In Deutschland wurde bei AEG-Telefunken Ende der 60er Jahre ebenfalls ein sehr fortschrittliches, prozessorientiertes Timesharing-Betriebssystem für das Rechensystem TR 440 entwickelt. Dieses war gleichzeitig ein Mehrprozessorbetriebssystem. Es war bis Anfang der 80er Jahre vorwiegend an deutschen Universitäten im Einsatz. Heutige Mehrprozessbetriebssysteme können als Weiterentwicklungen der Timesharing-Systeme betrachtet werden, da grundlegende Realisierungskonzepte übernommen wurden, beispielsweise das Prozesskonzept, die Rechnerkernvergabestrategien, der virtuelle Arbeitsspeicher oder Zugriffsschutzmechanismen. Eine kurze historische Darstellung findet sich beispielsweise in (ROSE69, DENN71).

Definition

Ein Timesharing-System gehört zur Klasse der Mehrprozess- und Mehrbenutzersysteme. Es erlaubt die heute ganz selbstverständliche, interaktive Arbeitsweise. Im Timesharing-Betrieb bedient der Rechner die Benutzer quasigleichzeitig. Sofern die Betriebsmittel nicht für alle Benutzer ausreichen, müssen die Betriebsmittel den Prozessen kurzzeitig zugeteilt und dann wieder entzogen werden, so dass jeder Benutzer laufend einen akzeptablen Arbeitsfortschritt erfährt. Wir betrachten unter diesem Gesichtspunkt nun einige Hardware-Komponenten.

Rechnerkern- und
Arbeitsspeicher-
verwaltung

Der Rechnerkern und der Arbeitsspeicher müssen in einem Timesharing-System entziehbar sein. Es ist also eine Virtualisierung erforderlich. Die Techniken hierfür werden in nachfolgenden Kapiteln besprochen.

Festplatten-
speicherverwaltung

Der Hintergrundspeicher (Festplattenspeicher) mit den Dateien der Benutzer ist ein nichtentziehbares Betriebsmittel, da eine dynamische Auslagerung von Datenbeständen auf Magnetbänder und eine spätere Wiedereinlagerung sowohl unter dem Gesichtspunkt der technischen Machbarkeit als auch unter dem der Leistung nicht akzeptabel ist. Man hat daher bei der Zuteilung von Speicherbereichen auf dem Hintergrundspeicher grundsätzlich auf Verklemmungen zu achten. Bei sehr großem Hintergrundspeicher ist jedoch ein Speicherengpass möglicherweise so unwahrscheinlich, dass das Betriebssystem davon ausgehen kann, dass immer ausreichend Speicher vorhanden ist. Wenn dies einmal nicht der Fall sein sollte, wird der Prozess mit Fehler abgebrochen. Als Alternative dazu findet man auch folgende Regelung zur Vermeidung von Verklemmungen: Für jeden Benutzerauftrag ist der maximale Festplattenspeicherbedarf bekannt. Dann wird die Anzahl der gleichzeitig arbeitenden Benutzer so begrenzt, dass ihre Maximalforderungen stets erfüllt werden können.

Ein wichtiges Problem der Timesharing-Systeme ist die Wahl geeigneter Zuteilungsstrategien für den Arbeitsspeicher und den Rechnerkern. Ein Rechenzentrum erwartet, dass die Komponenten eines Servers gut ausgelastet sind. Ein Benutzer erwartet, dass sehr kurze Interaktionen auch in Bruchteilen von Sekunden erledigt werden. Für die Zuteilungsstrategien, insbesondere auch für die Rechnerkernzuteilungsstrategie, entsteht damit die Forderung, dass die Ausführung einer neu eingetroffenen, kurzen Interaktion in die Ausführungen bereits laufender, langer Interaktionen eingeschoben werden muss. Da dem Betriebssystem jedoch die Dauer einer Interaktion nicht im Voraus bekannt ist, muss es bei jeder Interaktion damit rechnen, dass es sich um eine kurze Interaktion handeln könnte. Es muss also „auf Verdacht" mit der Bearbeitung beginnen. Eine geeignete und besonders einfache Rechnerkernzuteilungsstrategie ist das Zeitscheibenverfahren. Hier sind die Aufträge in eine Warteschlange eingereiht. Der erste Auftrag erhält eine Zeitscheibe. Ist der Auftrag in dieser Zeitscheibe nicht beendet, dann wird er an das Ende der Warteschlange gestellt und der nächste wird bedient. Dabei müssen Benutzerprozesse in den Arbeitsspeicher gebracht und wieder daraus verdrängt werden. Damit ist eine virtuelle Adressierung unverzichtbare Voraussetzung. Als Basis für die Verdrängung von Seiten wird das Working-Set-Modell verwendet. Details zu diesen Strategien und weitere Strategien finden sich in Kapitel 15.

Interaktionen und Betriebsmittelzuteilung

Neben den bisher besprochenen Eigenschaften der Timesharing-Systeme, sind vier weitere von zentraler Bedeutung:

Weitere Anforderungen

- Es gibt eine große und wechselnde Anzahl von Benutzern mit einem breiten Aufgabenspektrum. Das System muss sich optimal aus der Sicht der Gesamtheit aller Benutzer und aus der Sicht jedes einzelnen Benutzers an die aktuelle Situation anpassen.

- Die Benutzer halten langfristig gespeicherte Datenbestände. Diese sind gegen Verlust und gegen unberechtigten Zugriff zu schützen.

- Die Benutzer arbeiten direkt am Rechensystem. Damit muss das Rechensystem sicher und zuverlässig sein. Eine Fehlersituation muss immer so abgefangen werden, dass ein praktisch sofortiges Weiterarbeiten mit einem definierten Ausgangszustand möglich ist. Es dürfen möglichst keine bereits ausgeführten Eingaben oder Arbeiten verloren gehen. Fehler eines Benutzers dürfen die Arbeit anderer Benutzer nicht beeinflussen.

- Es ist ein guter Zugriffsschutz und eine Zugangskontrolle zum System notwendig.

2.6   Transaktionssysteme

Definition

Ein (zentrales) Transaktionssystem, früher auch Teilhabersystem genannt, erlaubt im Gegensatz zu einem Timesharing-System keine freie Programmierung. Alle angeschlossenen Benutzer führen nur fest definierte und in der Regel kurze Interaktionen (Transaktionen) aus, beispielsweise Flugreservierungen. Jede Transaktion ist in sich abgeschlossen. Alle Transaktionen greifen auf denselben globalen Datenbestand zu. Das Transaktionssystem enthält also in der Regel ein Anwendungsprogramm, an das alle Terminals angeschlossen sind. Die Transaktionen der einzelnen Terminals werden dann von dem Anwenderprogramm in einer bestimmten Reihenfolge nacheinander ausgeführt. Die Anzahl der angeschlossenen Terminals kann allerdings sehr groß sein und in die Tausende gehen.

Struktur des Betriebssystems

Da die Bedienung der Terminals durch das Anwenderprogramm erfolgt, betreibt dieses aus der Sicht des Betriebssystems lediglich viele Geräte. Man kann sich vorstellen, dass das Anwenderprogramm beim Start des Systems geladen wird und dann dauernd im Arbeitsspeicher bleibt. Es hat zudem keine kritischen Betriebsmittelforderungen. Damit kann ein Betriebssystem für Transaktionssysteme eine an die Aufgabe angepasste, sehr einfache Struktur haben. Es kann auf die Übertragung von Daten von und zu vielen Terminals optimiert werden. Bei vielen Anwendungen wird jedoch kein spezielles Betriebssystem eingesetzt, sondern ein übliches, kommerziell verfügbares Betriebssystem, dem ein Transaktionsmonitor zugefügt wird.

2.7   Mehrprozessorsysteme

Parallelarbeit auf Prozessebene

Mehrprozessorsysteme haben zwei bis etwa acht Rechnerkerne, die auf einen gemeinsamen Arbeitsspeicher zugreifen. Zu den Mehrprozessorsystemen gehören auch die Systeme, bei denen die Rechnerkerne auf einem Chip sind und gemeinsame Ressourcen verwenden (Multicore-Architekturen). Die Systeme sind eng gekoppelt, da im Gegensatz zu lose gekoppelten Systemen keine wesentliche räumliche Trennung zwischen den Prozessoren vorliegt. Die Ebene der Parallelarbeit ist die parallele Ausführung mehrerer Prozesse, wobei diese nicht wie im Einprozessorsystem nur quasiparallel, sondern echt parallel ausgeführt werden. Da bei der Programmierung von Prozessen schon immer ein echt paralleler Ablauf vorausgesetzt werden musste (der Prozesswechsel kann an beliebiger Stelle erfolgen!), können die Konzepte eines Mehrprozessbetriebssystems für einen Prozessor leicht auf mehrere Prozessoren erweitert werden.

Leistungs-begrenzung

Durch ein Mehrprozessorsystem wird zunächst der Durchsatz der Anlage, aber nicht die Bearbeitung eines einzelnen Auftrags beschleunigt. Ein Ziel

ist aber auch, die einzelnen Programme zu beschleunigen. Dazu müssen
die Anwendungsprogramme umgeschrieben werden. Sie müssen in mehrere Schwer- oder Leichtgewichtsprozesse zerlegt werden, die weitgehend
konfliktfrei parallel bearbeitbar sind. Der Leistungszuwachs durch Zufügen
eines neuen Prozessors in ein eng (speicher-) gekoppeltes System nimmt jedoch relativ schnell ab. Dies hat mehrere Ursachen:

- Bei Erhöhung der Parallelarbeit treten mehr EA-Wünsche je Zeiteinheit
  auf. Die EA-Leistung des Systems wird zum Engpass und der Durchsatz
  wird dadurch begrenzt.

- Die Rechnerkerne greifen auf den gemeinsamen Speicher zu. Die Geschwindigkeit der Arbeitsspeicher ist gegenüber der Prozessorgeschwin-
  digkeit so gering, dass es trotz Cache beim Speicherzugriff zu Wartezuständen der Rechnerkerne aufeinander kommen kann. Diese Zugriffskonflikte vermindern die Leistung des Gesamtsystems.

- Die Leichtgewichtsprozesse in einer Anwendung greifen auf gemeinsame Daten zu. Je mehr Leichtgewichtsprozesse realisiert werden desto
  grösser wird die Wahrscheinlichkeit von Zugriffskonflikten, d.h. von
  Wartezuständen auf die Freigabe von Betriebsmitteln.

- Nimmt die Zahl der Prozessoren zu, ist auch eine Erhöhung der Zahl der
  Prozesswechsel zu erwarten. Dies hat eine Verlangsamung der Abläufe
  zur Folge.

- Beim Aufruf von Systemdiensten kommt es mit steigender Parallelarbeit vermehrt zu Wartezuständen. Wird der ganze Betriebssystemkern als
  exklusives Betriebsmittel realisiert, kann immer nur ein Prozess den Systemkern betreten. Dies ist besonders kritisch, selbst wenn alle Dienste
  mit Wartezuständen in Systemprozesse ausgelagert werden. Lässt man
  Parallelarbeit im Betriebssystem zu, dann wird das Betriebssystem sehr
  komplex und damit fehleranfällig. Trotzdem treten weiterhin Behinderungen auf, da es viele Systemlisten und andere Betriebsmittel gibt, die
  nur exklusiv verwendet werden dürfen. Diese müssen also für die Dauer
  der Nutzung für andere gesperrt werden.

Das wichtigste Ziel beim Entwurf eines Mehrprozessorbetriebssystem muss
es also sein, eine möglichst hohe Parallelität bei möglichst geringer gegenseitiger Behinderung der Prozesse und der Rechnerkerne zu erreichen.

2.8   Vielprozessorsysteme

Vielprozessorsysteme sind meistens Hochleistungssysteme. Sie haben hun-
derte oder tausende von Prozessoren. Hier sind spezielle Verknüpfungen

der Prozessoren vorhanden. Oft gibt es keinen gemeinsamen Speicher. Die entscheidende Parallelität liegt nicht auf Prozessebene, sondern auf Maschinenebene, insbesondere auf Befehlsebene. Dadurch können viele Prozessoren zur Bearbeitung eines Auftrags eingesetzt werden. Die Betriebssysteme für solche Vielprozessorsysteme sind stark konfigurations- und herstellerabhängig. Sie werden daher in diesem Buch nicht behandelt.

2.9   Echtzeitsysteme und eingebettete Systeme

Einsatzgebiet

Echtzeitsysteme werden für die Überwachung und Steuerung technischer Prozesse und Geräte sowie für die Erfassung von Messdaten eingesetzt. Der Einsatz reicht von großen Industrieanlagen, wie Kraftwerken, über Flugzeuge bis zu kleinen Geräten im Heimbereich. Ein Spezialfall der Echtzeitsysteme sind die eingebetteten Systeme. Diese werden zur Steuerung von Geräten eingesetzt, beispielsweise bei Telefon, Automobil, Fernsehgerät, Waschmaschine, Kaffeeautomat, Werkzeugmaschine oder Roboter. Bei allen Einsatzbereichen steht die Forderung nach der garantierten und nachweisbaren Einhaltung von Zeitbedingungen im Vordergrund. Typisch ist, dass innerhalb einer maximalen Reaktionszeit auf ein Signal des technischen Prozesses oder der Umgebung reagiert werden muss, dass Messdaten in festen Zeitabständen abgefragt oder dass bestimmte Tätigkeiten zu bestimmten Zeitpunkten angestoßen werden müssen. Als allgemeine Literatur zu den Echtzeitsystemen sei (BOLC91, FARB94, ZOBE95, RZEH96, LIU00, CHEN02, LI03, LAPL04, WORN05) genannt.

spezielle Hardware

Die Hardware von Echtzeitsystemen (Prozessrechner) unterscheidet sich von der Hardware der Universalrechner durch das Vorhandensein von:

- Realzeituhren,
- Analog-Ein/Ausgängen,
- Digital-Ein/Ausgängen,
- einer Vielfalt angeschlossener Geräte, Messwertgeber, Messwertempfänger und Sensoren,
- einer großen Anzahl von Unterbrechungsebenen. Die große Zahl von Unterbrechungsebenen ist notwendig, da dadurch gewährleistet wird, dass auf wichtige oder zeitkritische Ereignisse auch während der Behandlung unwichtigerer Ereignisse reagiert werden kann.

Weitere Einschränkungen sind bei eingebetteten Systemen zu finden. Hier spielt der Preis des Prozessrechners eine entscheidende Rolle. Deshalb ist die

Registerlänge und die Größe des Arbeitsspeichers oft sehr (zu) gering. Plattenspeicher und Laufwerke für rotierende Wechseldatenträger fehlen meist; sie wären den harten Umweltbedingungen beim Einsatz der eingebetteten Systeme nicht gewachsen oder wären zu teuer oder zu schwer oder erforderten zu hohe Energie. Das Betriebssystem und die Anwendungsprogramme können vom Benutzer üblicherweise nicht in das Gerät geladen werden, deshalb sind diese zusammen mit den permanenten Daten in einem ROM (read only memory) gespeichert.

In den Echtzeitsystemen wird die garantierte Einhaltung der Zeitbedingungen durch ein Bündel von Maßnahmen unterstützt:

Einhaltung von Zeitbedingungen

- Es gibt eine ausgefeilte Zeitverwaltung. Ereignisse können zu bestimmten Zeitpunkten oder periodisch ausgelöst werden. Diese können zur Aktivierung oder Deaktivierung von Prozessen verwendet werden.

- Alle Abläufe und Wartezustände in dem Betriebssystem und den Anwendungsprogrammen werden zeitlich überwacht. Wird hierbei eine vorgegebene Zeitgrenze überschritten, dann wird der Vorgang unterbrochen und ggf. eine spezifische Fehlerbehandlung aufgerufen. Damit gibt es keine unbegrenzten Wartezustände oder Endlosschleifen. Das System ist also spätestens nach der Höchstwartezeit wieder ansprechbar.

- Es werden viele Unterbrechungsebenen vorgesehen. Um schnellste Reaktionszeiten zu erhalten, gibt es im Betriebssystem keine Standard-Unterbrechungsbehandlungen, die dann zu den Anwendungen verzweigen, sondern die Unterbrechungsbehandlungen sind individuell durch den Anwender programmiert. Im Gegensatz zu Universalrechnerbetriebssystemen ist man also gerade nicht an einer Klassenbildung und Virtualisierung der Geräte interessiert.

- Die Unterbrechungsbehandlungen und der Betriebssystemkern dürfen höchstens in unbedingt notwendigen Fällen ganz kurz eine globale Unterbrechungssperre setzen. Normalerweise müssen sie durch wichtigere Unterbrechungen unterbrechbar sein.

- Alle zeitkritischen Programme sind speicherresident und werden nicht verdrängt.

- Der Speicher wird aus Zeitgründen noch häufig direkt adressiert.

- Die Rechnerkernzuteilung erfolgt nach Prioritäten oder nach speziellen deterministischen Zuteilungsstrategien, die die verlangten Zeitbedingungen berücksichtigen. Beispiele und Untersuchungen dazu finden sich u.a. in (BLAZ94). Die Betriebsmittelzuteilungsstrategien der Timesharing-Systeme, die nur eine Aussage über die mittlere Reaktionszeit, aber keine Garantie für eine maximale Reaktionszeit geben, sind nicht brauchbar.

- Bei der Einbindung der Prozessrechner in Netze oder beim Anschluss von Geräten über Bus-Systeme werden Protokolle bevorzugt, die eine maximale Wartezeit bei einem Sendewunsch garantieren. Beispiele für solche Protokolle sind das Token-Ring-Protokoll oder die Feldbus-Protokolle (SCHW89, BEND92, ETSC05). Im Gegensatz dazu garantiert das weit verbreitete Ethernetprotokoll keine maximale Wartezeit.

keine freie   Die Echtzeitbetriebssysteme enthalten im Übrigen viele Konzepte und Ei-
Programmierung genschaften der Universalbetriebssysteme. Die Dienste sind jedoch eingeschränkter und einfacher gestaltet, damit die Rechenzeiten reduziert werden, so dass schnelle Reaktionszeiten schon mit geringem Hardware-Einsatz erreicht werden können. Letzteres ist insbesondere bei eingebetteten Systemen oder Systemen für die Luft- und Raumfahrt wichtig. Die Programme, die in einem Echtzeitsystem ablaufen, sind normalerweise schon zur Zeit des Entwurfs bekannt und ihre Eigenschaften gehen maßgeblich in die Untersuchungen des Zeitverhaltens des Systems ein.

Energieverbrauch Eingebettete Systeme, insbesondere mobile Systeme, haben oft keine permanente oder überhaupt nie eine Verbindung zum Stromnetz. Im Betrieb kommt es deshalb darauf an, möglichst wenig Energie zu verbrauchen. Neben der Verwendung energiesparender Komponenten kommt dem Energiemanagement im Betrieb eine Schlüsselrolle zu. So werden beispielsweise zur Energieersparnis gerade nicht benötigte Komponenten abgeschaltet.

Zuverlässigkeit Die Anwenderprogramme, das Betriebssystem und die Hardware müssen ihrem Einsatzgebiet entsprechende Anforderungen bezüglich Zuverlässigkeit und Fehlertoleranz erfüllen. Dies gilt in besonderem Maße, wenn bei einer Fehlfunktion Menschenleben in Gefahr geraten können. Dann sollte selbst bei katastrophalen Fehlern das System immer in einen sicheren Zustand übergehen. Siehe hierzu auch die Ausführungen von Lauber (LAUB81, GORK89, LAUB99, PHAM92).

Spezial-   Für Echtzeitsysteme sind teilweise einfachste, herstellerspezifische Spezi-
betriebssysteme albetriebssysteme möglich, da das weite Benutzerspektrum mit freier Programmierung nicht auftritt. Allerdings besteht auch bei den Echtzeitsystemen die überaus sinnvolle Tendenz, Standardsysteme einzusetzen, beispielsweise UNIX- oder Windows-Systeme. Dabei werden für die Anwendung nicht benötigte Komponenten entfernt und andere Komponenten, beispielsweise für das Energiemanagement, verfeinert bzw. zugefügt. Beispiele für Echtzeitbetriebssysteme sind LynxOS (LYNU01), QNX (QNX 01), VRTX (MENT01) oder Windows-CE (MICR01, MURR98).

3 Hardware-Basis

In diesem Kapitel werden die Programmierschnittstellen der einzelnen Hardware-Komponenten eines Rechensystems soweit besprochen, wie es für das Verständnis der Betriebssysteme notwendig ist. Da die einzelnen Rechenanlagen im Detail unterschiedliche Schnittstellen zeigen, wird diesem Buch eine Modellmaschine MM zu Grunde gelegt. Die Betrachtungsebene ist hierbei die Ebene der Blockdarstellung einzelner Hardware-Komponenten.

Daneben wird ein entsprechendes Blockschaltbild mit den wichtigsten Komponenten eines heutigen PCs dargestellt und kurz beschrieben. Hierdurch soll die durch die Modellmaschine vorgenommene Abstraktion für den Leser verdeutlicht werden.

Für die Modellmaschine werden die grundsätzlichen Kommunikationsformen zwischen den einzelnen Hardware-Komponenten, das Unterbrechungskonzept und die Speicheradressierung besprochen.

3.1 Hardware-Komponenten

Die einzelnen kommerziellen Rechenanlagen haben unterschiedliche Schnittstellen, auf die ein Betriebssystem aufsetzt. Deshalb wird diesem Buch eine Modellmaschine MM zu Grunde gelegt. Diese ist so gewählt, dass die grundsätzlichen Maschinenschnittstellen zum Betriebssystem erklärt werden können. Die Komponenten und ihre Schnittstellen werden nur so weit beschrieben, wie es für das Verständnis der Betriebssysteme notwendig ist. *Modellmaschine*

Die Komponenten der Modellmaschine MM sind in Abbildung 3.1 dargestellt. Es sind die Rechnerkerne (RK), der Arbeitsspeicher, die EA-Prozessoren (EAP), der Bus zuzüglich der Leitungen für die Unterbrechungswünsche, die Gerätesteuerungen (GS) und die Geräte (G). Die Uhr ist an den Bus angeschlossen und wird wie ein externes Gerät behandelt. Die EA-Prozessoren stellen einen oder mehrere EA-Ausgänge bereit, an die die Geräte, genauer die Gerätesteuerungen, über Verbindungskabel angeschlossen werden. Die Gerätesteuerungen sind normalerweise in die Geräte integriert. Eine etwas detailliertere Beschreibung folgt. *Komponenten*

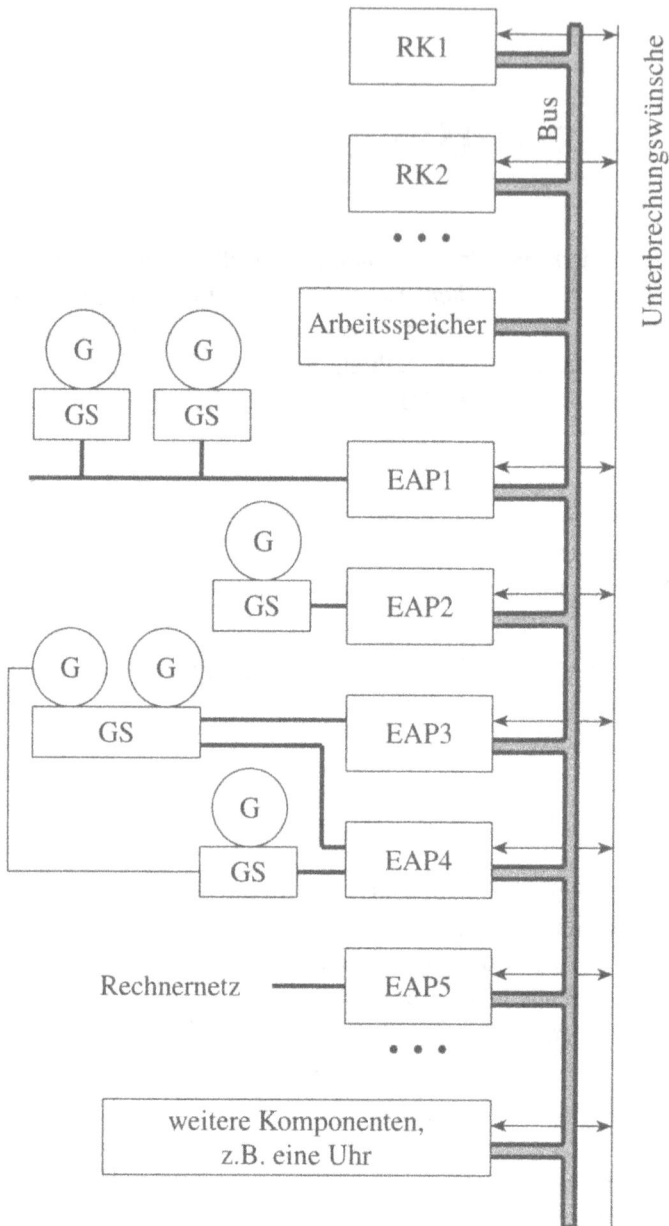

Abbildung 3.1: Komponenten der Modellmaschine MM

Die Rechnerkerne führen die Maschinenbefehle der Anwenderprogram-   *Rechnerkern*
me und des Betriebssystems aus. Die Rechnerkerne werden deshalb auch
Instruktionsprozessoren oder Zentralprozessoren (central processing unit,
CPU) genannt. Rechnerkerne lesen Daten und Befehle der auszuführenden
Programme aus dem Arbeitsspeicher aus und schreiben Ergebnisse (Daten
und Befehle) in den Arbeitsspeicher zurück. Die verfügbaren Maschinenbefehle sind von dem eingestellten Arbeitsmodus des Rechnerkerns abhängig.
Es gibt den Benutzermodus und den Systemmodus. Die Anwenderprogramme und Teile des Betriebssystems laufen im Benutzermodus, der Kern des
Betriebssystems im Systemmodus ab. Die im Benutzermodus ausgeführten Befehle nennt man nichtprivilegierte Befehle. Im Systemmodus sind
die nichtprivilegierten und die privilegierten Befehle verfügbar. Privilegierte
Befehle sind Basis des Zugriffsschutzes (vgl. Abschnitt 3.7), deshalb muss
der Befehlssatz eines Rechners so festgelegt werden, dass der Zugriff auf
die Hardware-Komponenten nur über privilegierte Befehle erfolgen kann.
Hierbei ist, etwas ungenau gesagt, die Verwendung des Rechnerkerns für
die Ausführung eines Programms und der Zugriff auf den einem Programm
zugeordneten Arbeitsspeicher ausgenommen. Um die Bildung klassischer
virtueller Maschinen zu erlauben (GOLD74), sollte die Befehlsstruktur eines Rechensystems so festgelegt werden, dass der Aufruf eines privilegierten
Befehls im Benutzermodus zum Befehlsalarm führt. Diese Voraussetzung ist
aber beispielsweise bei den Intel-Rechnerarchitekturen IA32 und IA64 nicht
erfüllt. Wie trotzdem virtuelle Maschinen realisierbar sind, wird im Kapitel 13 besprochen.

Einprozessormaschinen enthalten nur einen einzigen Rechnerkern. Mehr-   *Mehrprozessor-*
prozessormaschinen enthalten mehrere gleichartige Rechnerkerne, die Be-   *systeme*
nutzerprogramme ausführen können. Die EA-Prozessoren oder spezielle
Koprozessoren, wie beispielsweise mathematische Koprozessoren, werden
bei dieser Klassifizierung nicht mitgezählt.

In der Vergangenheit waren Mehrprozessorsysteme aus Preisgründen nur
bei Hoch- und Höchstleistungsrechnern, großen Universalrechnern, Servern
und Workstations im obersten Leistungsspektrum zu finden. In jüngster
Zeit werden vermehrt auch PCs im Heimbereich mit mehreren Rechnerkernen (Intel multicore architecture) ausgestattet. Hochleistungsrechner können
einige Tausend Rechnerkerne enthalten (Vielprozessorsysteme). Mehrprozessorsysteme enthalten normalerweise bis zu etwa 8 Rechnerkerne.

Die Modellmaschine hat bewusst mehrere Rechnerkerne, da so bei der Konzeption des Betriebssystems und der Anwendungen echt parallele Abläufe
zu betrachten sind. Die nur quasiparallelen Abläufe in einem Einprozessorsystem erlauben unsaubere Programmkonstruktionen, die sich dann
gelegentlich durch nicht reproduzierbare, unerklärliche Abstürze oder un-

erwartetes Hängenbleiben des Systems manifestieren. Zudem ist es bei der Behandlung der prozessorientierten Betriebssysteme relativ einfach, die Konzepte gleich für Mehrprozessorsysteme darzustellen. Diesem Buch liegt daher ein Mehrprozessorbetriebssystem zu Grunde.

Arbeitsspeicher   Programme, also Befehle und Daten, werden im Arbeitsspeicher gehalten.
Speicheradressen   Der Arbeitsspeicher wird auch als Hauptspeicher bezeichnet. Ein häufig dafür verwendetes Kürzel ist RAM (random access memory), da es sich um einen Speicher handelt, auf den ein wahlfreier Zugriff auf eine kleinste Speichereinheit (Byte oder Wort) möglich ist. Die kleinste adressierbare Speichereinheit bei den üblichen Maschinen ist das Byte; wir haben also eine Byteadressierung.

Ein Beispiel für ein Speichermedium mit nicht wahlfreiem Zugriff ist der Festplattenspeicher. Hier muss immer ein ganzer Sektor gelesen oder geschrieben werden, auch wenn nur ein Byte daraus bearbeitet wird.

EA-Prozessor   Die Geräte enthalten normalerweise als integralen Bestandteil eine Gerätesteuerung, die für den Betrieb des Geräts notwendig ist und die eine gerätetypspezifische Schnittstelle zum EA-Prozessor bereitstellt. Die EA-Prozessoren stellen die Verbindung zwischen Bus und Gerätesteuerungen her. Sie führen je nach Intelligenz und Aufgabe mehr oder weniger komplexe Berechnungen durch. Sie transportieren Daten von und zu den Geräten sowie von und zu dem Arbeitsspeicher. Sie sind in engen Grenzen programmierbar, d.h. es werden ihnen die zur Ausführung einer Aufgabe (eines Auftrags) notwendigen Parameter übergeben. Sie erhalten und versenden Unterbrechungswünsche. Gerätesteuerungen und EA-Prozessoren können auch auf einer EA-Karte integriert sein.

Wie aus Abbildung 3.1 ersichtlich, gibt es eine Reihe von Varianten, wie Geräte mit den EA-Prozessoren verbunden sein können. Beispiele:

- Ein Gerät ist an genau einen EA-Prozessor angeschlossen.

- An einen EA-Prozessor sind mehrere gleiche oder auch verschiedene Geräte angeschlossen. Ein Beispiel hierfür ist ein EA-Prozessor, der eine SCSI-Schnittstelle (small computer system interface) bereitstellt. An einen SCSI-Bus können mehrere externe Geräte wie Festplattenspeicher, Drucker oder CD-Laufwerke angeschlossen werden. Ein anderes Beispiel ist eine IDE-Schnittstelle, an die zwei Laufwerke angeschlossen werden können.

- Ein Gerät kann an mehrere EA-Prozessoren angeschlossen sein. Diese EA-Prozessoren können auch zu verschiedenen Rechnern gehören. Eine solche Konfiguration ist für ausfallsichere Systeme interessant, bei denen der Ausfall einer beliebigen Einzelkomponente toleriert werden soll.

Ein Spezialfall eines EA-Prozessors ist das Kanalwerk. Kanalwerke stellen nur eine Transportschnittstelle zum Transport von Daten zwischen Gerät und Arbeitsspeicher bereit. Die Programmier- und Datentransportschnittstelle ist unabhängig von der Art des angeschlossenen Geräts. Gerätespezifische Steuerinformation wird in einem Datenblock vom Betriebssystem bereitgestellt und wie normale Daten zum Gerät übertragen. *Kanalwerk*

In einem Rechensystem gibt es viele parallele Abläufe, beispielsweise arbeiten die Rechnerkerne und die EA-Prozessoren parallel. In den Abläufen können Situationen (Ereignisse) auftreten, die einem Rechnerkern mitgeteilt werden müssen, damit dieser eine geeignete Reaktion einleiten kann. Beispiele: Es tritt ein Fehler auf, ein EA-Auftrag ist beendet, eine voreingestellte Zeitspanne ist abgelaufen, der Benutzer drückt eine Taste der Tastatur, es wurde eine CD in ein CD-Laufwerk eingelegt. Ob und wann ein solches Ereignis auftritt, ist vorher nicht bekannt. *Unterbrechungen*

Die Situation ist vergleichbar mit einem Telefonanruf im täglichen Leben. Man ist darauf vorbereitet, dass ein Telefonanruf kommen kann, aber man geht seiner Beschäftigung nach. Ein Klingelzeichen veranlasst die Unterbrechung der eigenen Arbeit und das Führen des Telefongesprächs.

Ähnliches passiert im Rechner. Die Komponente, bei der das Ereignis auftritt, schickt einen Unterbrechungswunsch an den (oder einen ausgewählten) Rechnerkern. Der Rechnerkern unterbricht dann seine Arbeit und nimmt Kontakt mit der Komponente auf, um genauere Informationen über das aufgetretene Ereignis zu erhalten.

Die Prozessoren sind untereinander und mit dem Arbeitsspeicher durch einen Bus verbunden. Ein Bus besteht aus einem Bündel von Leitungen. Über den Bus werden Adressen, Daten und Steuersignale von einer Komponente an eine andere übergeben. Die Steuersignale definieren beispielsweise, ob Daten gelesen oder geschrieben werden sollen. Sie dienen weiterhin der Koordination des Zugriffs der Prozessoren auf den Bus und der Übermittlung von Unterbrechungswünschen. Die Koordination ist notwendig, da der Bus für die Abwicklung eines Datentransports einem Prozessor exklusiv zur Verfügung stehen muss. *Bus*

Die Verbindungen zur Übermittlung der Unterbrechungswünsche sind in der Abbildung 3.1 wegen ihrer Wichtigkeit getrennt vom Bus gezeichnet, sie sind aber in Wirklichkeit Bestandteil des Busses. Auch Leitungen zur Stromversorgung der Bausteine und die Taktleitungen für den Systemtakt gehören zum Bus.

Die Zahl der Leitungen, die für einen Bus notwendig sind, hängt insbesondere von der Anzahl der Binärzeichen ab, die gleichzeitig übermittelt werden müssen. Aus dem Beispiel in Tabelle 3.1 ergeben sich beispielsweise 74

32   Datenleitungen für ein Datenwort von 32 bit Länge
28   Adressleitungen für die Adressierung von $2^{28} = 256$ MB Speicher
12   Steuerleitungen, beispielsweise:
   • Bus frei/belegt
   • Bus wird gewünscht
   • Bus kann belegt werden
   • Lesen/Schreiben der Daten
   • Adresse ist Speicheradresse/Adresse eines anderen Bausteins
   • Adresse gültig
   • Daten gültig
   • Daten übernommen
   • Unterbrechungswunsch
   • Unterbrechung akzeptiert
   • Grundzustand (Reset)
   • Systemtakt
 2   Leitungen zur Stromversorgung

Tabelle 3.1: Beispiel für die Leitungen bei einem Bus

Leitungen. Leistungsfähige Busse zum Speicher sind oft noch breiter und können beispielsweise 128 Datenleitungen enthalten. Langsame Busse, insbesondere zu den EA-Geräten, haben oft nur 8 oder 16 Datenleitungen.

3.2   Blockdiagramm Intel-PC

Vergleich mit
Modellmaschine

In diesem Kapitel wird die Modellmaschine MM kurz mit einem Intel-PC verglichen. Das der Modellmaschine entsprechende Blockdiagramm des Intel-PC findet sich in Abbildung 3.2. Bei dem normalen Intel-PC gibt es nur einen Rechnerkern (CPU). Es gibt keine Kanalwerke, sondern nur EA-Moduln (EA-Karten), die in die Steckplätze eines Busses auf dem Motherboard eingeschoben werden. Der Bus selbst ist in mehrere Teilbusse aufgegliedert. Dies hat zum Teil historische Gründe. Die Prozessoren und EA-Karten sind in der Vergangenheit dramatisch in der Leistung gestiegen. Dies bedeutete auch, dass die Speicherbausteine und die Verbindungsstrukturen (Busse) einen korrespondierenden Leistungszuwachs bekommen mussten: Die Busse wurden einerseits schneller und andererseits breiter. In einem PC kann aber im Hinblick auf das breite Spektrum von bereits vorhandenen EA-Karten und Geräten nicht nur der aktuellste Bus bereitgestellt werden. Zudem benötigen nicht alle Geräte einen schnellen oder breiten Bus.

Front Side Bus

RK (CPU)

Arbeitsspeicher (RAM)

North-bridge (GMCH)

Monitor

TV in   Grafik-Karte

RGB out

AGP-Bus

South-bridge (ICH)

...

PCI-Karte

PCI-Bus

Rechnernetz (LAN)   PCI-Karte

...

HDD   HDD   ATA-Bus

GS   GS

USB-Bus

DVD   HDD   ATA-Bus

GS   GS

COM
Floppy   Multi-IO-
Tastatur   Controller
Maus

Uhr

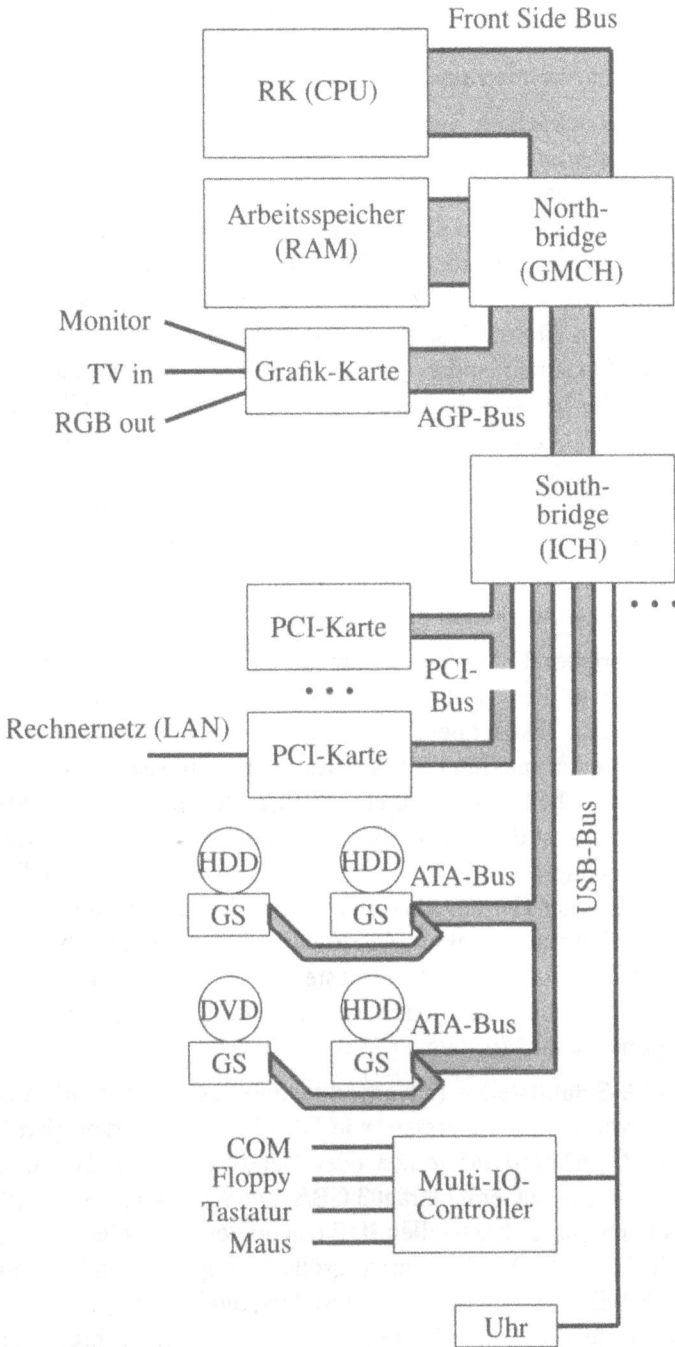

Abbildung 3.2: Komponenten eines Intel-PC

Daher sind in einem PC mehrere, auch ältere Busse vorhanden. Die einzelnen Busse sind über Brückenbausteine (bridges) verbunden. Eine Einführung in die Hardware-Komponenten eines PC findet sich z.B. in (KARB00).

Front Side Bus
Nordbrücke
Südbrücke

Der breiteste und schnellste Bus (ca. 8 GB/s) ist der „front side bus". Er verbindet den Rechnerkern (CPU) mit dem Arbeitsspeicher (RAM) über einen Brückenbaustein (Nordbrücke, north bridge). Die Nordbrücke stellt auch den Anschluss für die Grafikprozessoren bereit, entweder als AGP-Bus (1 GB/s) oder in neuen Systemen als PCI-Express-Bus (8 GB/s). Weiterhin bedient sie einen Bus mit bis zu 2 GB/s zur Südbrücke und koordiniert die Speicherzugriffe. In älteren Systemen ist der Bus zur Südbrücke der PCI-Bus. In neueren Systemen ist dies ein spezieller Bus. Die Südbrücke (south bridge) betreibt die langsamen Busse, so beispielsweise den PCI-Bus, den USB-Bus oder den ATA/EIDE-Bus. Es gibt auch Spezialanschlüsse z.B. für Audio, Tastatur, Maus oder lokale Netze (local area network, LAN). In der neueren Intel Hub Architektur (IHA) ist die Nordbrücke ersetzt durch den „Graphics and Memory Controller Hub" (GMCH), die Südbrücke durch den „I/OController Hub" (ICH). Die zur Orientierung angegebenen Übertragungsgeschwindigkeiten gelten für neueste Systeme (INTE05c).

PCI-Bus
USB-Bus

Der PCI-Bus (peripheral component interconnect) ist ein schneller, moderner Bus, der 1993 auf den Markt gebracht wurde. Er hat 32 bit Datenbreite, arbeitet mit 33 MHz Taktfrequenz und kann bis zu 132 MByte je Sekunde übertragen. Es können maximal 8 EA-Karten angeschlossen werden. Übliche Motherboards haben jedoch nur etwa 5 PCI-Steckplätze. Der USB-Bus (universal serial bus) ist der neueste Bus und meistens der einzige, der auch außerhalb des Rechners zur Verfügung steht. Es ist ein bitserieller Bus für den Anschluss externer Geräte. Maximal können 127 Geräte angeschlossen werden. Der Bus hat Baumstruktur. Am Rechner selbst werden üblicherweise zwei bis acht USB-Anschlüsse bereitgestellt. Die Baumstruktur kann dann über USB-Hubs als Knoten aufgebaut werden. Die Übertragungsgeschwindigkeit beträgt bis zu 40 MByte/s.

ATA (IDE)
ISA-Bus

Die beiden ATA-Schnittstellen (advanced technology attachment) erlauben den Anschluss von bis zu 4 Geräten, wie Festplattenlaufwerken (hard disk drives, HDD), CD/DVD-Laufwerken oder Bandlaufwerken. Die Übertragungsgeschwindigkeit je Gerät beträgt 3 GB/s. Die ATA-Schnittstelle ist eine Weiterentwicklung der Schnittstellen IDE (integrated drive electronics) und dann EIDE (enhanced IDE) für Geräte größerer Kapazität und Geschwindigkeit. Der ISA-Bus (industry standard architecture) ist der älteste (1984) und der langsamste Bus dieses Systems. Er hat 16 bit Datenbreite und eine theoretische maximale Übertragungsgeschwindigkeit von 8 MB/s. In den heutigen PCs sind oft keine ISA-Steckplätze mehr vorhanden.

Chiphersteller, insbesondere auch Intel, haben Hyper-Threading und Mehr-kernprozessoren (multi-core processors) als Methoden zur Leistungssteigerung der Rechner entwickelt. Bei Hyper-Threading sind in einem Rechnerkern zwei logische Rechnerkerne enthalten. Diese verwenden viele Komponenten auf dem Chip gemeinsam, beispielsweise Rechenwerke. Ein Mehrkernprozessor ist ein Prozessorchip, auf dem ebenfalls mehrere, logisch unabhängige Prozessoren realisiert sind. Im Gegensatz zum Hyper-Threading verwenden diese aber fast keine gemeinsamen Komponenten auf dem Chip, sind also physikalisch weitgehend unabhängig. Von der Programmierung und Nutzung her sind die logischen Prozessoren beim Hyper-Threading und bei den Mehrkernprozessoren als unabhängige, vollwertige Rechnerkerne zu sehen. Der Rechnerkern in Abbildung 3.2 könnte also auch ein Mehrkernprozessor sein, ohne dass sich an dem Blockschaltbild etwas ändern würde. Alle Ausführungen zu Mehrprozessorsystemen in diesem Buch gelten unabhängig davon, ob die Rechnerkerne auf getrennten Chips oder auf einem Chip sind.

Mehrkernprozessor

3.3 Speicheradressierung

Der Arbeitsspeicher wird als Folge von Arbeitsspeicherzellen betrachtet. Diese sind fortlaufend nummeriert. Man nennt ihre Nummer Maschinenadresse oder reale Speicheradresse. Diese wird für den Zugriff auf eine Arbeitsspeicherzelle verwendet. Bei den heute verbreiteten Rechensystemen enthält die Arbeitsspeicherzelle acht Bit (ein Byte). Damit ist das Byte die kleinste adressierbare Einheit in diesen Systemen. Wenn das Byte die kleinste adressierbare Einheit ist, bedeutet dies jedoch nicht, dass die Transporteinheit zwischen Speicher und Prozessoren oder die Länge der Register ein Byte sein muss. Diese sind Vielfache von Bytes, z.B. 32 bit. Weiterhin gibt es oft Maschinenbefehle, die einzelne Binärziffern in einem Byte abfragen oder verändern können. Die Menge der verfügbaren Maschinenadressen heißt Maschinenadressraum. In einem Teil des Maschinenadressraums befinden sich die Adressen des Arbeitsspeichers. In einem anderen Teil können sich die Adressen von Registern der EA-Module befinden (vgl. Seite 52).

Maschinenadresse

Befehle in Programmen enthalten Adressen von Daten oder anderen Befehlen. Programme laufen in Prozessen ab. Die Adressen der Befehle und Daten der Programme in einem Prozess müssen deshalb innerhalb eines Prozesses eindeutig sein. Wir nennen die Menge der in einem Prozess verfügbaren Adressen den Prozessadressraum.

Prozessadresse

Zum Verständnis der weiteren Ausführungen zur Adressierung ist eine Grundvorstellung über den Prozessadressraum notwendig. Daher wird an dieser Stelle eine kurze Beschreibung eingefügt. Üblicherweise steht jedem

*Aufbau
Prozessadressraum*

Prozess, abgesehen von den Leichtgewichtsprozessen, ein eigener Prozess-adressraum zur Verfügung. Der Prozessadressraum kann sehr groß sein, beispielsweise können mehrere Giga- oder Terabytes adressiert werden. Einen typischen Aufbau eines Prozessadressraums zeigt Abbildung 3.3. In diesem einfachen Fall sind 4 Speicherbereiche zu sehen:

- Der Adressbereich der Befehle und statisch allokierten Variablen eines (Benutzer-)Programms: Die Größe dieses Bereichs liegt beim Start eines Programms fest und ändert sich während des Ablaufs des Programms nicht mehr.

- Der Adressbereich der Halde: Hier sind die dynamisch allokierten Variablen gespeichert. Dies sind beispielsweise dynamisch erzeugte Objekte oder andere Datenstrukturen, die nicht – wie beim Keller – grundsätz-lich nur im Rahmen des Betretens eines Programmblocks erzeugt und im Rahmen des Verlassens gelöscht werden. Der benötigte Speicherbe-reich für Objekte ändert sich zeitlich. Der Adressbereich der Halde ist also dynamisch. Die Ausdehnungsrichtung ist in der Abbildung durch einen Pfeil gekennzeichnet.

- Der Adressbereich des Kellers: Hier werden die Variablen allokiert, die kellerartig erzeugt und gelöscht werden. Es sind dies die lokalen Variablen eines Blocks bzw. einer Prozedur sowie die Hilfsvariablen bei der Auswertung von Ausdrücken. Die Größe des Kellers ist ebenfalls dynamisch veränderlich. Der Keller dehnt sich in Richtung der Halde aus. Halde und Keller wachsen also aufeinander zu. Der Hauptgrund dafür ist: Der freie Adressbereich liegt so zwischen Halde und Keller. Damit muss nicht a priori festgelegt werden, wie groß die Halde und wie groß der Keller jeweils maximal werden kann. Dies wäre auch schwer vorherzusagen.

- Der Adressbereich des Betriebssystemkerns: Dieser liegt bei einigen Systemen mit virtueller Adressierung in jedem Prozessadressraum. Er muss dann natürlich vor unberechtigten Zugriffen durch das Benutzer-programm geschützt werden (siehe virtuelle Adressierung). Der Vorteil ist, dass durch den gemeinsamen Adressraum mit den Benutzerprogram-men das Betriebssystem einfacher auf die Benutzerdaten zugreifen kann.

Speicherabbildung Die Daten und Befehle in einem Prozess müssen natürlich irgendwo gespei-chert sein, beispielsweise auf Festplatte oder im Arbeitsspeicher. Soll der Rechnerkern auf Daten oder Befehle zugreifen, also diese verarbeiten, dann muss das jeweilige Datum oder der Befehl im Arbeitsspeicher stehen. Es ist also eine Abbildung des für Daten oder Befehle vorgesehenen Teils des Prozessadressraums auf den Maschinenadressraum notwendig. Diese Abbil-

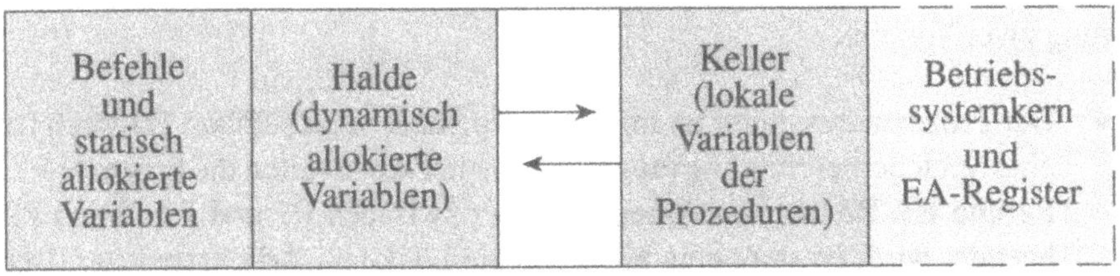

| Befehle und statisch allokierte Variablen | Halde (dynamisch allokierte Variablen) | → ← | Keller (lokale Variablen der Prozeduren) | Betriebs- systemkern und EA-Register |

Abbildung 3.3: Typischer Aufbau eines Prozessadressraums

dung nennt man Speicherabbildung. Sie wird im Rechnerkern unmittelbar vor dem Speicherzugriff durchgeführt. Man unterscheidet folgende Klassen von Speicherabbildungen:

- direkte Adressierung
- Basisadressierung
- virtuelle Adressierung:
  - Segmentadressierung
  - Seitenadressierung
  - Segment-Seiten-Adressierung

Bei der direkten Adressierung wird die Prozessadresse immer als Ma- *direkte* schinenadresse genommen. Es findet also streng genommen gar keine *Adressierung* Speicherabbildung statt. Der Betriebssystemkern arbeitet normalerweise mit direkter Adressierung, verwendet also unmittelbar die Maschinenadressen. Die direkte Adressierung hat große Nachteile, deshalb arbeiten nur in sehr einfachen Systemen die Prozesse damit. Die Nachteile werden bei der virtuellen Adressierung besprochen.

Bei der Basisadressierung wird der gesamte Prozessadressraum in ein zu- *Basisadressierung* sammenhängendes Stück des Maschinenadressraums abgebildet. Die Speicherabbildung bei der Basisadressierung besteht also nur darin, dass zur virtuellen Adresse eine Basisadresse addiert wird. Bei Ausführung des Programms wird geprüft, ob sich die Maschinenadresse im zugeordneten Bereich befindet. Das Betriebssystem entscheidet, welcher Arbeitsspeicherbereich einem Prozess zugeordnet wird. Es legt also die Basisadresse und die Länge des zugeordneten Speicherbereichs fest. Die beiden Angaben gehören zum Prozesskontext und werden in einem Register des Rechnerkerns gespeichert. Der Rechnerkern kann bei Bedarf dann darauf zugreifen.

Gegenüber der direkten Adressierung ergeben sich durch die Basisadressierung zwei Vorteile:

- Der Prozessadressraum ist im Arbeitsspeicher verschiebbar. Dadurch ist eine Speicherbereinigung möglich. Beispiel: Es arbeiten die Prozesse P1, P2 und P3. P2 liegt im Arbeitsspeicher zwischen P1 und P3. Wenn P2 beendet wird, entsteht eine nicht belegte Lücke im Arbeitsspeicher. Der Speicherbereich für den Prozess P3 kann aber jetzt in einen Bereich unmittelbar hinter P1 kopiert werden. Damit erreicht man, dass der freie Arbeitsspeicher immer zusammenhängend ist. Nachdem die Basisadresse von P3 entsprechend gesetzt ist, kann P3 wieder weiterarbeiten. Neue Prozesses können ihren Arbeitsspeicherbereich hinter P3 bekommen.

  Ohne Basisadressierung würden immer mehr Lücken im Arbeitsspeicher entstehen und es können Prozesse nicht arbeiten, da die einzelnen Lücken für ihren Arbeitsspeicherbedarf zu klein sind, obwohl die Summe der freien Bereiche groß genug wäre.

- Der Zugriff eines Prozesses kann auf den Speicherbereich, der ihm vom Betriebssystem zugeordnet wurde, beschränkt werden.

Ziele virtueller Adressierung

In anspruchsvolleren Systemen ist auch die Basisadressierung unzureichend, es ist eine virtuelle Adressierung notwendig. Die heutigen Anforderungen an die Rechensysteme können nur von der Seitenadressierung bzw. noch besser von einer Segment-Seiten-Adressierung erfüllt werden.

Wichtige Gründe dafür sind:

- Das Laden und Verdrängen von Prozessen wird möglich, ohne dass Belegungslücken im Arbeitsspeicher entstehen (siehe Basisadressierung).

- Eine Verschiebung von Prozessen im Arbeitsspeicher zur Vermeidung von Belegungslücken entfällt.

- Die Verwaltung des Arbeitsspeichers bei mehreren konkurrierenden Prozessen wird einfach.

- Die Größe von Anwenderprogrammen wird unabhängig von der Größe des Arbeitsspeicher.

- Es kann sichergestellt werden, dass jeder Prozess nur auf den ihm zugewiesenen Arbeitsspeicherbereich zugreifen kann. Virtuelle Adressierung ist daher eine Basis des Zugriffsschutzes.

- Die Organisation des Prozessadressraums (Abbildung 3.3) durch den Prozess selbst wird durch die virtuelle Adressierung stark erleichtert. So ist es beispielsweise problemlos möglich, dynamische Größenänderungen der Halde oder des Kellers in einem Prozess zu erlauben.

Von virtueller Adressierung spricht man, wenn eine allgemeinere Speicherabbildung als bei direkter Adressierung oder Basisadressierung vorliegt. Man bezeichnet die Prozessadressen dann auch als virtuelle Adressen. Der Prozessadressraum heißt dann – etwas unpräzis – auch virtueller Speicher. In einem Rechner mit virtueller Adressierung arbeiten alle Prozesse, insbesondere alle Anwenderprogramme, mit virtuellen Speicheradressen, den Prozessadressen. Die Größe des Prozessadressraums ist bei virtueller Adressierung unabhängig von der Größe des Maschinenadressraums. Der Betriebssystemkern arbeitet mit direkter Adressierung oder auch mit virtueller Adressierung. Im letzteren Fall wird die Speicherabbildung so eingerichtet, dass die virtuelle Adresse gleich der Maschinenadresse ist. Die Teile des Betriebssystems, die nicht zum Betriebssystemkern gehören, arbeiten immer mit virtueller Adressierung. *Grundkonzept virtuelle Adressierung*

Bei der Segmentadressierung wird der Prozessadressraum in Segmente unterteilt. Segmente sind im Gegensatz zu Seiten sehr große Einheiten. Die Anzahl der belegten Bytes in einem Segment heißt auch die Länge des Segments. Die maximale Länge ist maschinenabhängig. Sie ist zweckmäßigerweise immer eine Zweierpotenz. Die Segmente werden fortlaufend nummeriert. Eine Prozessadresse kann dann als Nummer des Segments und Relativadresse eines Bytes im Segment aufgefasst werden. Für den Zugriff auf ein Segment muss dieses vollständig und zusammenhängend im Arbeitsspeicher sein. Die einzelnen Segmente können aber an beliebiger Stelle im Arbeitsspeicher liegen. Für die prozessspezifische Speicherabbildung benötigt man also Tupel (Prozesskennung, Segmentnummer, Länge des Segments, Maschinenadresse des Segmentanfangs, Zugriffsrechte auf das Segment, Zustandsinformation zu dem Segment). Wenn die vier Objekte gemäß Abbildung 3.3 in einem Prozessadressraum jeweils eigenen Segmenten zugewiesen werden, dann wird die Verwaltung des Prozessadressraums durch den Prozess erleichtert: Keller und Halde werden verschiedenen Segmenten zugeordnet und können sich unabhängig voneinander bis zur Maximalgröße eines Segments ausdehnen. Die anderen Ziele einer virtuellen Adressierung können jedoch mit der Segmentadressierung nicht erreicht werden, da die belegten Teile eines Segments sehr groß und unterschiedlich lang sein können. *Segmentadressierung*

Bei der Seitenadressierung wird der Prozessadressraum in Seiten unterteilt. Seiten sind in der Größenordnung von 500 Byte bis einige Tausend Byte. Alle Seiten sind gleich groß. Die maximale Anzahl der Bytes in einer Seite heißt auch die Länge der Seite. Diese ist maschinenabhängig und immer eine Zweierpotenz. Die Seiten in einem Prozessadressraum werden fortlaufend nummeriert. Eine Prozessadresse kann dann als Nummer der Seite und Relativadresse eines Bytes in der Seite aufgefasst werden. Eine Seite wird immer vollständig in den Arbeitsspeicher geladen. *Seitenadressierung*

Bei der Seitenadressierung wird der Maschinenadressraum in Kacheln unterteilt, die die Größe einer Seite haben und ebenfalls fortlaufend nummeriert sind. Kacheln werden auch Seiten- oder Speicherrahmen genannt. Eine Seite wird dann durch die Speicherabbildung einer beliebigen Kachel zugeordnet. Zur prozessspezifischen Speicherabbildung sind also Tupel (Prozesskennung, Seitennummer, Kachelnummer, Zugriffsrechte auf die Seite, Zustandsinformation zu der Seite) notwendig. Die Seitenadressierung erfüllt die oben genannten Ziele einer virtuellen Adressierung. Lediglich die Verwaltung des Prozessadressraums bei Objekten mit veränderlicher Größe, wie Halde oder Keller, durch den Prozess wird nicht unterstützt.

Segment-Seiten-Adressierung

Bei der Segment-Seiten-Adressierung werden die Vorteile der Segment- und der Seitenadressierung kombiniert. Der Prozessadressraum wird zunächst wie bei der Segmentadressierung in Segmente unterteilt. Die Segmente werden dann, wie bei der Seitenadressierung beschrieben, in Seiten unterteilt. Eine Prozessadresse kann also zerlegt werden in eine Segmentnummer, eine Seitennummer innerhalb des Segments und eine relative Byte-Adresse innerhalb einer Seite. Der Maschinenadressraum ist wieder in Kacheln unterteilt, die die Größe einer Seite haben. Zur Speicherabbildung sind also Tupel (Prozesskennung, Segmentnummer, Seitennummer, Kachelnummer, Zugriffsrechte auf die Seite, Zustandsinformation zu der Seite) notwendig. Diese sind Bestandteil der prozessspezifischen Speicherabbildungstabellen. Ein Beispiel für die Gestaltung der Speicherabbildungstabellen und für die Abbildung von Prozessadressen in Maschinenadressen gibt Abbildung 3.4. Solche Speicherabbildungstabellen sind in den heutigen Rechensystemen üblich. Für jeden Prozess existiert eine eigene Speicherabbildungstabelle. Diese wird vom Betriebssystem eingerichtet und aktualisiert. Vom Rechnerkern wird sie zur Speicherabbildung ausgewertet. Das Rechnerkernregister mit SGTD wird vom Betriebssystem immer so gesetzt, dass es beim Ablauf eines Prozesses auf dessen Speicherabbildungstabellen zeigt. Das Betriebssystem muss dafür sorgen, dass die Speicherabbildungstabelle des aktuell arbeitenden Prozesses im Arbeitsspeicher ist, dann kann die Speicherabbildung im Rechnerkern bei jedem Zugriff auf Daten durchgeführt werden.

verschiedene Architekturen

Die konkrete Realisierung der Speicherabbildung ist bei den verschiedenen Rechnerarchitekturen sehr unterschiedlich: Es gibt Maschinen mit einigen Tausend gleichartiger Segmente und Maschinen mit beispielsweise nur vier Segmenten, deren Nutzung durch in der Hardware fixierten Festlegungen vorgegeben ist. Weitere Unterschiede betreffen die Ausgestaltung der Speicherabbildungstabellen und die Einrichtungen zur Beschleunigung des Zugriffs auf die Seiten.

Rechnerkern–
register: Segmenttabelle:

| SGTD |

| STD [0] |
| STD [1] |
| ••• |

Seitentabelle für
Segment sg:

(+) → STD [sg]

| ••• |
| STD [lsg] |

| SD [sg, 0] |
| SD [sg, 1] |
| ••• |

(+) → SD [sg, s]

| ••• |
| SD [sg, ls] |

Prozessadresse: | sg | s | r |

Maschinenadresse: | k | r |

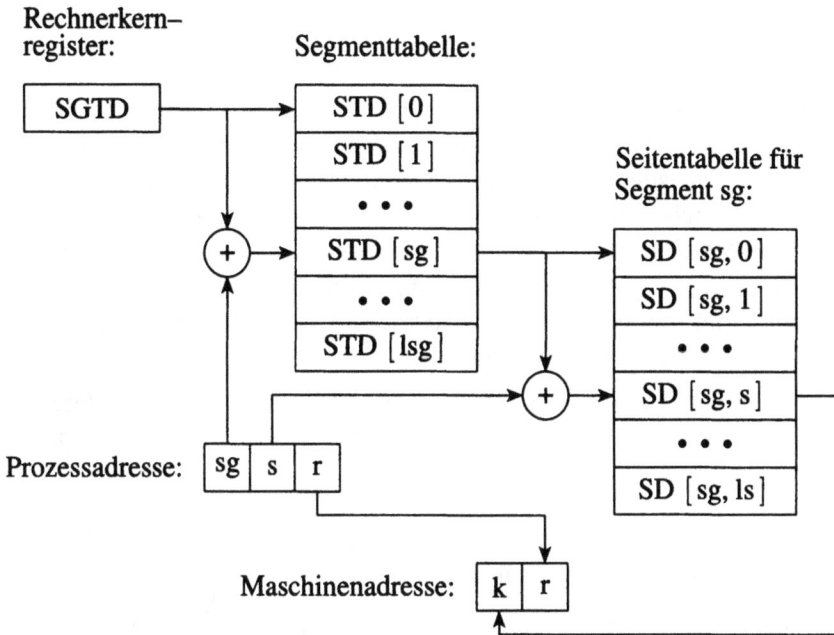

Bezeichnungen:

sg	Segmentnummer
s	Seitennummer
r	Relativadresse in einer Seite bzw. Kachel
k	Kachelnummer
lsg	letzte Segmentnummer
ls	letzte Seitennummer
SGTD	Segmenttabellendeskriptor, enthält lsg und die Maschinenadresse der Segmenttabelle
STD [sg]	Seitentabellendeskriptor für Segment sg, enthält ls, die Maschinenadresse der Seitentabelle für die Seiten des Segments sg, Zugriffsrechte und Zustandsinformation
SD [sg, s]	Seitendeskriptor, enthält die Kachelnummer für Seite s im Segment sg, Zugriffsrechte und Zustandsinformation

Abbildung 3.4: Abbildung von Prozessadressen in Maschinenadressen

Realisierungs-
probleme

Bei der Realisierung der Speicherabbildung gibt es insbesondere zwei Grundprobleme:

1. Speicherabbildungen sind kritisch für die Leistungsfähigkeit eines Rechners. Um auf eine Variable im Arbeitsspeicher gemäß Abbildung 3.4 zuzugreifen, sind neben dem eigentlichen Zugriff noch zwei weitere Arbeitsspeicherzugriffe notwendig: a) auf den Seitentabellendeskriptor, b) auf den Seitendeskriptor. Betrachtet man die Zugriffe auf den Arbeitsspeicher in ganz grober Näherung als geschwindigkeitsbestimmend, dann ergibt sich bei virtueller Adressierung ein Drittel der Leistung gegenüber direkter Adressierung.

2. Speicherabbildungstabellen können zu groß werden, insbesondere bei großen Adressräumen oder großen Lücken zwischen belegten Segmenten oder Seiten.

Eine weiter gehende, vertiefte Darstellung der Implementierungsaspekte bei Speicherabbildungen finden sich in (JACO98).

Lösung
zuladbare
Speicher-
abbildungstabellen

Die Speicherabbildungstabellen werden zuladbar gemacht, liegen also selbst in einem virtuellen Adressbereich. Die Adressen der Segmentdeskriptoren und der Seitendeskriptoren sind daher virtuelle Adressen. Bei einer Speicherabbildung sind also virtuelle Adressen wiederum über Speicherabbildungstabellen in Maschinenadressen umzurechnen und gegebenenfalls auch fehlende Seiten mit Teilen der Speicherabbildungstabellen zu laden. Bei der Konzeption ist daher darauf zu achten, dass keine Abbildungsschleifen entstehen. Zuladbare Abbildungstabellen sind eine Lösung für Problem 2. Das Problem 1 wird aber erheblich verschärft, da jetzt bei der Speicherabbildung möglicherweise sogar Zugriffe auf die Festplatte notwendig werden.

Lösung
Tupeltabellen

Eine andere Lösung für Problem 2 ist eine kompaktere Darstellung der Speicherabbildungstabellen. Beispielsweise könnte nur eine Speicherabbildungstabelle für alle Prozesse aufgebaut werden, in der nur die gültigen Tupel (Prozesskennung, Segmentnummer, Seitennummer, Kachelnummer, Rechte, Zustandsinformation) gespeichert werden. Die Größe dieser Speicherabbildungstabelle ist unabhängig von der Größe der Prozessadressräume. In erster Näherung enthält sie nur soviele Einträge, wie Kacheln vorhanden sind. Da jedoch bei gemeinsamen Speicherbereichen eine Kachel mehreren Prozessen zugeordnet werden kann, kommen solche Mehrfachabbildungen noch hinzu. Die Speicherabbildung über die Tupel-Tabelle muss ausreichend performant sein, beispielsweise durch den Einsatz von Hashverfahren.

Lösung
translation
lookaside buffer

Es wird in jedem Rechnerkern ein Block spezieller Register (Übersetzungspuffer, translation lookaside buffer, TLB) zur Speicherabbildung vorgesehen. Der TLB enthält, wie bei der vorherigen Lösung, gültige Tupel (Prozesskennummer-

nung, Segmentnummer, Seitennummer, Kachelnummer, Rechte, Zustandsinformation). Da die Zahl der Register fest ist (beispielsweise 64 oder 128),
kann nur ein Teil der gültigen Tupel im TLB gehalten werden. Durch einen
assoziativen Zugriff ist die Speicherabbildung über einen TLB sehr schnell.
Damit wird das Problem 1 gelöst. Die Verwendung dieses Puffers setzt aber
eine Kooperation mit dem Betriebssystem voraus. Wir betrachten die beiden
Fälle:

- Das Betriebssystem ändert die Speicherabbildungstabellen so, dass neue
  Abbildungen dazu kommen. Dann muss der Rechnerkern darüber nicht
  informiert werden, denn ist bei einem Seitenzugriff kein passendes Tupel
  im TLB, dann wird die aktuelle Speicherabbildung aus der aktuellen
  Speicherabbildungstabelle berechnet und im TLB gespeichert. Bei dieser
  Abbildung kann ein Alarm (Seitefehltalarm oder Speicherschutzalarm)
  ausgelöst werden. Wird ein neues Tupel in den TLB geschrieben und ist
  dort kein Platz mehr, dann wird vom Rechnerkern ein anderes Tupel im
  TLB gelöscht.

- Das Betriebssystem ändert seine Speicherabbildungstabellen so, dass
  vorhandene Abbildungen ungültig werden. Dann ist das Betriebssystem
  für die Konsistenz verantwortlich. Es muss mit einem speziellen Befehl,
  bei der Intel-Architektur INVLPG, den entsprechenden Eintrag im TLB
  löschen. Zusätzlich wird, je nach Rechnerarchitektur, in bestimmten Situationen davon ausgegangen, dass der Rechnerkern den TLB insgesamt
  löschen kann, beispielsweise wenn sich die Adresse der Segmenttabelle
  ändert.

Damit die Konsistenz der TLBs bei mehreren Rechnerkernen gewährleistet
ist, sind besondere Algorithmen in der Hardware und im Betriebssystem
erforderlich.

Die Zugriffsrechte auf Seiten oder Segmente sind bei den verschiedenen   *Zugriffsrechte*
Maschinen sehr unterschiedlich. Eine stark differenzierte Form enthält das
Lese-, Schreib- und Ausführungsrecht jeweils für den Benutzer und das
Betriebssystem.

Zur Unterstützung des Seitenwechsels (siehe Abschnitt 8.3 und Ab-   *Zustands-*
schnitt 15.6) wird in den Speicherabbildungstabellen noch Zustandsinfor-   *information*
mation über die Segmente und Seiten gehalten. Die Zustandsinformation
besteht aus folgenden Boole'schen Größen:

- Segment existent: Dem Segment ist mindestens ein Teil eines Objekts
  zugeordnet. Wert wird vom Betriebssystem verwaltet.

- Seite existent: Die Seite ist Bestandteil eines Objekts. Wert wird vom Betriebssystem verwaltet.

- Seite geladen: Die Seite ist im Arbeitsspeicher und es ist ihr eine Kachel zugeordnet. Wert wird vom Betriebssystem verwaltet.

- Seite benutzt: Auf die Seite wurde zugegriffen. Wert wird vom Betriebssystem gelöscht und vom Rechnerkern gesetzt.

- Seite verändert: Die Seite wurde verändert. Wert wird vom Betriebssystem gelöscht und vom Rechnerkern gesetzt.

Speicherschutz- *und* *Seitefehltalarm*
Ein Speicherschutzalarm erfolgt, wenn die Rechte nicht ausreichend sind oder das Segment bzw. die Seite nicht existent ist. Das Letztere ist auch dann der Fall, wenn für das Segment oder die Seite kein Eintrag in den Speicherabbildungstabellen vorhanden ist. Wird versucht, auf eine existente, aber nicht geladene Seite zuzugreifen, so erfolgt ein Seitefehltalarm (page fault). Das Betriebssystem kann daraufhin die fehlende Seite laden.

3.4   Kommunikationsformen

Grundform
Die Prozessoren eines Rechensystems kooperieren bei der Bearbeitung der Aufträge. Sie müssen sich gegenseitig über den Stand einer Auftragsbearbeitung informieren. In bestimmten Situationen ist es aus Effizienzgründen oder aus logischen Gründen notwendig, dass Prozessoren ihre momentane Tätigkeit unterbrechen und eine andere Tätigkeit aufnehmen. Beispiele sind die Unterbrechung (Start) eines EA-Prozessors durch einen Rechnerkern, die Endemeldung eines EA-Prozessors an einen Rechnerkern oder die Mitteilung eines Rechnerkerns an alle anderen, dass ein Wiederanlauf des Systems erfolgen soll. Die beiden Grundformen der Kommunikation zwischen zwei Hardware-Komponenten sind die Kommunikation über gemeinsame Speicherbereiche und die Kommunikation über Unterbrechungssignale.

gemeinsame *Speicherbereiche*
Bei der Kommunikation über gemeinsame Speicherbereiche sind den beteiligten Komponenten gemeinsame, adressierbare Kommunikationsbereiche zugänglich. Diese können im Arbeitsspeicher liegen. Dann ist entweder die Anfangsadresse des Kommunikationsbereichs oder der Ort eines Zeigers auf den Kommunikationsbereich fest vereinbart. Die Kommunikationsbereiche können aber auch Register eines EA-Moduls sein. Diese erhalten dann Adressen im Maschinenadressraum, an denen kein Bereich des Arbeitsspeichers liegt (memory mapped IO). Damit kann mit den normalen Rechnerkernbefehlen nicht nur auf Arbeitsspeicherzellen, sondern auch auf die Register der EA-Module zugegriffen werden.

Bei der Kommunikation über gemeinsame Speicherbereiche oder über Register eines EA-Moduls muss der Empfänger den Inhalt des Kommunikationsbereichs periodisch auf das Vorliegen einer neuen Nachricht prüfen. Hierzu kann beispielsweise ein Gültigkeitsbit vereinbart werden. Das Gültigkeitsbit wird häufig auch Startbit genannt. Es kann gleichzeitig zur Synchronisation des Zugriffs auf den Kommunikationsbereich dienen. Hierzu vereinbart man, dass der Sender der Nachricht auf den Kommunikationsbereich bei gelöschtem Gültigkeitsbit und der Empfänger bei gesetztem Gültigkeitsbit zugreifen darf. Man erhält dann die nachfolgenden Algorithmen für die Kommunikation:

periodische Abfrage

Senden einer Nachricht:

Senden

while (gültigkeitsbit im kommunikationsbereich gesetzt) { skip; }
nachricht in kommunikationsbereich eintragen;
gültigkeitsbit im kommunikationsbereich setzen;

Empfangen einer Nachricht:

Empfangen

while (gültigkeitsbit im kommunikationsbereich nicht gesetzt) { skip; }
nachricht aus kommunikationsbereich holen und auswerten;
gültigkeitsbit im kommunikationsbereich löschen;

Man erkennt, dass die Abfrage, ob eine Nachricht eingetroffen ist, in einer Schleife erfolgt. Dies bedeutet, dass der Empfänger während des Wartens auf die Nachricht keine produktive Arbeit erbringt. Man nennt dies daher auch geschäftiges Warten (busy waiting). Deshalb wird man in der Regel diese Form der Kommunikation nur dann wählen, wenn der Empfänger der Nachricht ohnehin im Moment keine andere Arbeit zu verrichten hat und sichergestellt ist, dass keine anderen Vorgänge den durch das Abfragen belegten Prozessor nutzen wollen.

geschäftiges Warten

Bei der Kommunikation über Unterbrechungen wird dem zu unterbrechenden Prozessor ein Unterbrechungswunsch und die Unterbrechungsnummer übermittelt. Der Empfänger eines Unterbrechungswunsches wird an geeigneter Stelle seine Arbeit unterbrechen und sich der Reaktion auf das Signal zuwenden. Die Bedeutung eines Unterbrechungswunsches ist zwischen den Kommunikationspartnern vereinbart und ergibt sich aus der Unterbrechungsnummer. Damit kann ein Unterbrechungswunsch als Beauftragung (Startsignal), als Endemeldung oder als Mitteilung, dass in einem gemeinsamen Kommunikationsbereich eine Nachricht hinterlegt ist, aufgefasst werden.

Unterbrechungssignale

Durch Verwendung der Unterbrechungssignale in Kombination mit dem gemeinsamen Kommunikationsbereich kann auf das geschäftige Warten verzichtet werden. Der Vorteil ist dann, dass über den gemeinsamen Speicher große Datenmengen einfach übertragen werden können und dass der Empfänger schnell darauf reagieren kann, da er asynchron durch einen Unterbrechungswunsch über das Vorliegen der Daten informiert wird, ohne dass der Effizienzverlust durch das geschäftige Warten eintritt.

Das Prinzip der Kommunikation mit Unterbrechungssignalen ist in den folgenden beiden Algorithmen dargestellt:

senden   Senden einer Nachricht:

> /* eine Rückmeldung bezüglich der vorherigen Nachricht wurde
>   bereits empfangen, d.h. der Kommunikationsbereich ist frei */

nachricht in kommunikationsbereich eintragen;
unterbrechungssignal an empfänger schicken;

> /* dieses Unterbrechungssignal wird beim Empfänger als Mitteilung,
>   dass eine Nachricht in den Kommunikationsbereich eingetragen
>   wurde, interpretiert */

empfangen   Empfangen einer Nachricht:

> /* der nachfolgende Algorithmus wird auf Grund eines
>   Unterbrechungssignals durchlaufen; */

nachricht aus kommunikationsbereich holen und auswerten;
ggf. rückmeldung in den kommunikationsbereich eintragen;
unterbrechungssignal an absender der nachricht schicken;

> /* dieses Unterbrechungssignal wird beim Empfänger als Mitteilung,
>   dass die Nachricht aus dem Kommunikationsbereich entnommen
>   wurde, interpretiert */

3.5   EA-Prozessoren

EA-Prozessor   Die EA-Module stellen die Verbindung zu Geräten her, führen aber zusätz-
EA-Modul   lich umfangreiche gerätespezifische Berechnungen und Datenaufbereitungen durch. Jedes EA-Modul wird deshalb auch direkt von der zuständigen Geräteverwaltung betrieben. EA-Module können beauftragt und mit Parametern versehen werden. Sie sind also eingeschränkt programmierbar. Dies erfolgt durch Schreiben in EA-Register, die jedem EA-Modul zugeordnet sind. Den EA-Registern werden feste oder spätestens beim Systemstart festgelegte Adressen im Maschinenadressraum zugeordnet (memory-mapped-IO). Diese Adressen befinden sich in einem Bereich, der nicht durch Arbeitsspeicheradressen belegt ist. Man kann so die EA-Register wie Bereiche des Arbeitsspeichers lesen und schreiben. Damit können Informationen zwi-

schen EA-Modul und Gerätetreiber ausgetauscht werden. Das Setzen eines speziellen Bits, des Startbits, in einem der Register wird von dem EA-Modul als Startbefehl interpretiert. Bei Beginn des Auftrags wird ein weiteres Bit, das so genannte Endebit, vom EA-Modul gelöscht und am Ende des Auftrags wieder gesetzt.

Die Ausführung eines EA-Auftrags bei EA-Moduln erfolgt in folgenden Schritten:

- In die Register des EA-Moduls werden alle für den Auftrag notwendigen Angaben geschrieben. Falls eine Unterbrechung am Auftragsende gewünscht wird, wird dies in einem der Register vermerkt. In einem System mit mehreren Rechnerkernen kann möglicherweise auch gesagt werden, welcher Rechnerkern unterbrochen werden soll.

- Das Startbit wird gesetzt. Damit beginnt die Ausführung des EA-Auftrags unter Verwendung der Daten in den Registern als Parameter.

- Am Ende der Ausführung eines EA-Auftrags legt das EA-Modul aufgetretene Fehler in einem seiner Register ab, löscht dann das Startbit und setzt das Endebit. Falls eine Unterbrechung gewünscht wurde, wird ein Unterbrechungswunsch ausgelöst.

- Das Betriebssystem erhält vom Auftragsende dadurch Kenntnis, dass es entweder das Endebit periodisch abfragt oder dass ein Rechnerkern unterbrochen wird.

- Die EA-Zustandsinformation wird vom Betriebssystem aus den Registern des EA-Moduls abgeholt und ausgewertet.

3.6 Unterbrechungen

Die Rechnerkerne können auf das Eintreffen von Unterbrechungswünschen mit der Unterbrechung des gerade laufenden Vorgangs und dem Start einer Unterbrechungsbehandlung reagieren. Der Anfang einer Unterbrechungsbehandlung arbeitet grundsätzlich im Systemmodus und ist Bestandteil des Betriebssystemkerns.

Unterbrechungswünsche treffen von den anderen Rechnerkernen, den EA-Prozessoren und anderen Komponenten, wie Uhren oder Temperaturüberwachungs-Moduln, ein. Die daraufhin ausgelösten Unterbrechungen nennt man externe Unterbrechungen oder auch asynchrone Unterbrechungen, da ihr Eintreffen unabhängig von der Arbeit in dem zu unterbrechenden Rechnerkern erfolgt. Der Rechnerkern muss in angemessener Zeit, aber nicht sofort, auf einen externen Unterbrechungswunsch reagieren. Die externen Unterbrechungen sind also verzögerbar. *asynchrone Unterbrechung*

synchrone
Unterbrechung

Rechnerkerninterne Ereignisse, wie arithmetische Alarme bei der Ausführung von Rechenoperationen, werden ebenfalls über den Mechanismus Unterbrechung behandelt. Man nennt diese Unterbrechungen daher interne Unterbrechungen oder auch synchrone Unterbrechungen. Die letzte Bezeichnung weist darauf hin, dass diese Unterbrechungen an die Ausführung eines Befehls im Rechnerkern selbst geknüpft sind. Interne Unterbrechungswünsche treten immer dann auf, wenn eine (Fehler-) Situation die Fortführung des gerade bearbeiteten Maschinenbefehls unmöglich macht. Der Rechnerkern muss daher auf interne Unterbrechungswünsche sofort reagieren und die Behandlung der aufgetretenen (Fehler-) Situation in der Unterbrechungsbehandlung veranlassen. Interne Unterbrechungswünsche sind also nicht verzögerbar.

Arten

Entsprechend ihrer typischen Bedeutung haben sich für einige Unterbrechungswünsche spezielle Bezeichnungen eingebürgert (Abbildung 3.2):

- Ein Befehlsalarm wird ausgelöst, wenn in einem Maschinenbefehl ein Operationscode auftritt, dem keine Operation zugeordnet ist.

- Ein Seitefehltalarm tritt auf, wenn bei virtueller Adressierung eine Seite nicht in den Arbeitsspeicher geladen ist.

- Ein Speicherschutzalarm tritt auf, wenn auf Speicherbereiche zugegriffen werden soll, die nicht vorhanden sind oder auf die der Benutzer in der gewünschten Form nicht zugreifen darf.

- Ein arithmetischer Alarm tritt auf, wenn eine arithmetische Operation nicht ausgeführt werden kann, beispielsweise wenn durch Null dividiert werden soll.

- Der Aufruf eines Betriebssystemdienstes wird auf eine Unterbrechung, den Systemaufruf, abgebildet. So wird ein kontrollierter Eingang in das Betriebssystem erzwungen. Dies ist eine Voraussetzung für die Realisierung des Zugriffsschutzes in einem Rechensystem.

- Das Unterbrechungssignal vom Rechnerkern an den EA-Prozessor beim Start eines Auftrags heißt auch EA-Startsignal.

- Das Unterbrechungssignal vom EA-Prozessor an den Rechnerkern bei Ende eines Transportauftrags heißt auch Eingriff.

- Das Unterbrechungssignal von der Uhr, wenn eine vorher bestimmte Zeit erreicht ist, heißt auch Weckeralarm.

- Das Unterbrechungssignal von einem Rechnerkern an einen anderen heißt auch Rechnerkernalarm.

Bezeichnung	Art	ausgelöst durch
Befehlsalarm	intern	Rechnerkern
Seitefehltalarm	intern	Rechnerkern
Speicherschutzalarm	intern	Rechnerkern
arithm. Alarm	intern	Rechnerkern
Systemaufruf	intern	Rechnerkern
EA-Startsignal	intern	Rechnerkern
Eingriff	extern	EA-Prozessor
Weckeralarm	extern	Uhr
Rechnerkernalarm	extern	anderer Rechnerkern

Tabelle 3.2: Wichtige Unterbrechungsarten eines Rechnerkerns

Bei Eintreffen eines Unterbrechungswunsches bei einem Rechnerkern wird der gerade laufende Vorgang, beispielsweise ein Benutzerprozess, unterbrochen. Da Unterbrechungen in den Systemen häufige Ereignisse sind, muss sichergestellt werden, dass der unterbrochene Vorgang an der Unterbrechungsstelle, d.h. ohne Wiederholung bereits geleisteter Arbeit, später wieder fortgesetzt werden kann. Dies erfordert, dass der volle Rechnerkernzustand zum Zeitpunkt der Unterbrechung abgespeichert wird und später zur Fortsetzung des unterbrochenen Vorgangs wieder geladen werden kann. In den unterbrochenen Ablauf wird also quasi die Unterbrechungsbehandlung gemäß Abbildung 3.5 eingeschoben. Der unterbrochene Vorgang merkt also, abgesehen von einer Zeitverzögerung, nichts von der Unterbrechung. *Ablage Rechnerkernzustand*

Der Rechnerkernzustand der Modellmaschine setzt sich zusammen aus: *Rechnerkernzustand*

- dem Befehlszähler,
- dem Inhalt weiterer dem Benutzer zugänglicher Register, wie Rechenregister, Indexregister, Allzweckregister oder Register mit dem Kellerpegel,
- den Ergebnis-Indikatoren,
- dem Arbeitsmodus,
- der Adressierungsart,
- der Ablaufpriorität,
- der Anfangsadresse und der Länge der Speicherabbildungstabellen,
- der Fortsetzungsstelle im Mikroprogramm (siehe unten) und weiteren rechnerkerninternen Informationen.

Ablauf A   Unterbrechungs–
                                               behandlung

A hat den Rechnerkern,
wird also ausgeführt

Unterbrechungs–
wunsch

Zeit

Unterbrechung   die Unterbrechungs–
                                            behandlung hat den
                                            Rechnerkern,
Rückkehr aus Unterbrechung   wird also ausgeführt
durch Befehl lade_rkzustand

A wird fortgesetzt

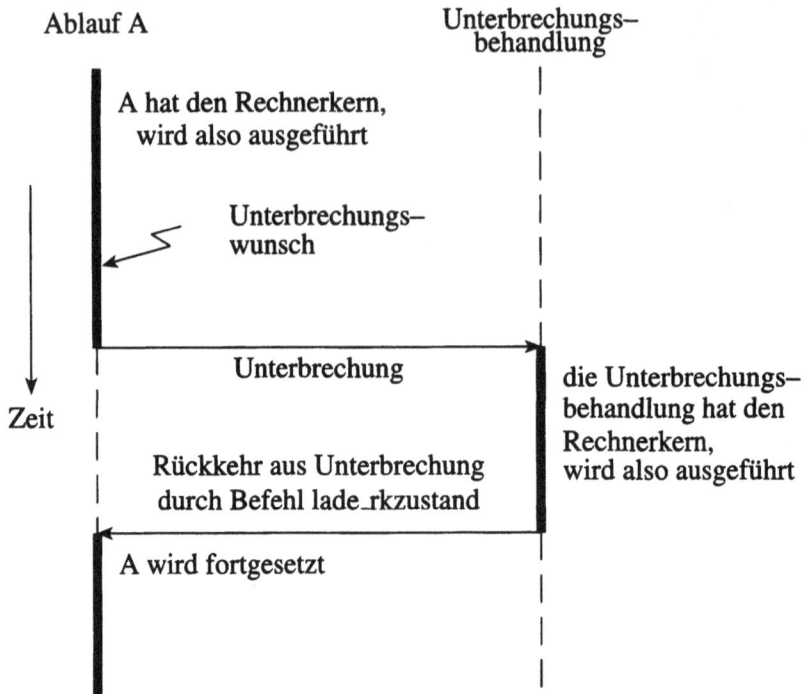

Abbildung 3.5: Zeitliche Verschränkung eines Ablaufs mit einer
Unterbrechungsbehandlung

Die Ergebnis-Indikatoren enthalten die durch bedingte Sprungbefehle ab-
fragbaren Ergebnisse der letzten Rechenwerksoperation, beispielsweise ob
ein Ergebnis größer, kleiner oder gleich null war. Die anderen Teile des
Rechnerkernzustands werden erst später im Zusammenhang mit ihrer Verwendung erklärt. Die Ergebnis-Indikatoren, der Arbeitsmodus, der Adres-
sierungsmodus und die Ablaufpriorität werden zusammen mit anderen
rechnerkerninternen Daten oft zu dem so genannten Programmstatuswort
(PSW) zusammengefasst.

Speichern
Rechnerkern-
zustand

Für die Abspeicherung des Rechnerkernzustands bei Unterbrechungen gibt
es ebenfalls eine Reihe von Varianten, wie Ablage an fester Stelle im
Arbeitsspeicher, an definierter Stelle bei dem unterbrochenen Vorgang oder
in einem prozessspezifischen Systemkeller. Wir wählen hier den letzten
Fall. Dieser ist vorteilhaft, da in einem prozessspezifischen Systemkeller
auch noch die lokalen Variablen von Abläufen im Systemmodus gehalten
werden können. Dies sind Abläufe in den Unterbrechungsbehandlungen

und in anderen Teilen des Betriebssystemkerns. In einem Register des Rechnerkerns wird der aktuelle Pegel des Systemkellers vermerkt. Dieser wird bei Ein- bzw. Austragungen entsprechend verändert.

Der Rechnerkernzustand wird bei der Ausführung einer Unterbrechung im Systemkeller des unterbrochenen Prozesses abgelegt. Er wird am Ende einer Unterbrechungsbehandlung durch den privilegierten Befehl lade_rkzustand, oft auch „return from interrupt" genannt, wieder von dort geholt. Dabei wird der Zustand des Rechnerkerns, wie er zum Zeitpunkt der Unterbrechung vorlag, wieder eingestellt. Dadurch wird der früher unterbrochene Ablauf an der Unterbrechungsstelle fortgesetzt. Bei der tatsächlichen Realisierung wird in manchen Rechnern nicht der vollständige Rechnerkernzustand bei der Unterbrechung abgelegt, sondern nur das unbedingt notwendige Minimum. Dieses ist das Programmstatuswort und der Befehlszähler. Die übrigen Bestandteile des Rechnerkernzustandes werden dann erst im Betriebssystem je nach Situation gesichert. Hierdurch können bei einfachen Unterbrechungsbehandlungen, nach denen der Prozess sofort wieder fortgesetzt wird, nur diejenigen Register gerettet werden, die in der Unterbrechungsbehandlung benötigt werden. Dies steigert die Reaktionsfähigkeit des Rechensystems.

Laden Rechnerkernzustand

Die Maschinenbefehle, welche die Programmierschnittstelle des Rechnerkerns bilden, werden nicht direkt von den einzelnen Bausteinen des Rechnerkerns, beispielsweise dem Rechenwerk, verstanden. Diese Bausteine verstehen nur die so genannten Mikrobefehle. Es muss also eine Umsetzung der Maschinenbefehle in eine Folge von Mikrobefehlen erfolgen. Hierzu läuft im Rechnerkern ein Mikroprogramm ab. Dieses realisiert die Maschinenbefehle des Rechnerkerns durch Aufruf einer Folge von Mikrobefehlen. Dieses Mikroprogramm hat selbstverständlich auch interne Variablen und einen eigenen Befehlszähler. Zur Definition des Zustands des Rechnerkerns gehören also auch diese internen Informationen. Um die abzuspeichernde Zustandsinformation möglichst minimal zu halten, wird nur an ausgezeichneten Stellen des Mikroprogramms auf Unterbrechungswünsche reagiert. So wird typischerweise nur zwischen zwei Maschinenbefehlen abgefragt, ob externe Unterbrechungswünsche vorliegen. Allerdings ist es zweckmäßig, auch an geeigneten Stellen innerhalb extrem lange laufender Maschinenbefehle externe Unterbrechungen zuzulassen.

interne Zustandsinformation

Unterbrechungswünsche sind rechnerkernspezifisch. Im Rechnerkern wird das Vorliegen von externen Unterbrechungswünschen abgefragt und dann entschieden, ob darauf reagiert werden soll. Es ist deshalb festzulegen, unter welchen Bedingungen ein Ablauf überhaupt unterbrochen wird. Eine der vielen möglichen Festlegungen für externe Unterbrechungen ist nachfolgend beschrieben:

Unterbrechungs- und Ablaufpriorität

- Dem aktuellen Vorgang wird eine Ablaufpriorität zugeordnet.

- Jeder Klasse von Unterbrechungswünschen ist fest eine Unterbrechungs-priorität zugeordnet. Damit hat auch jeder Unterbrechungswunsch eine Unterbrechungspriorität.

- Es wird von den vorliegenden Unterbrechungswünschen nur der Unter-brechungswunsch mit der höchsten Priorität betrachtet. Falls es mehrere davon gibt, wird einer davon ausgewählt.

- Falls diese höchste Unterbrechungspriorität kleiner oder gleich der ak-tuellen Ablaufpriorität ist, wird dieser Unterbrechungswunsch und alle mit niederer Priorität zurückgestellt. Sie werden also verzögert bis die Ablaufpriorität entsprechend gesunken ist.

- Ist die Unterbrechungspriorität höher als die momentane Ablaufpriorität, dann wird der aktuelle Vorgang unterbrochen und ein neuer Vorgang, eine Unterbrechungsbehandlung, begonnen. Die Ablaufpriorität dieser Unterbrechungsbehandlung ist gleich der Priorität des zugeordneten Unterbrechungswunsches.

- Durch privilegierte Befehle kann die Ablaufpriorität in der Unterbre-chungsbehandlung später auch noch gezielt verändert werden.

- Prozesse erhalten bei ihrer Erzeugung die niederste Ablaufpriorität, so dass sie von allen Unterbrechungswünschen unterbrochen werden können.

Die Behandlung interner Unterbrechungswünsche unterscheidet sich von derjenigen externer Wünsche nur dadurch, dass die Unterbrechung in je-dem Fall ausgeführt wird. Die Unterbrechungsbehandlung für eine interne Unterbrechung wird mit der Ablaufpriorität des verursachenden, d.h. des un-terbrochenen, Ablaufs ausgeführt.

Unterbrechungs-vektor   Bei Erfüllung eines Unterbrechungswunsches muss die zugehörige Unter-brechungsbehandlung im Betriebssystem aufgerufen werden. Es muss dem Rechnerkern also eine Zuordnung zwischen Unterbrechung und Anfangs-adresse der Unterbrechungsbehandlung bekannt gegeben werden. Auch hier ist nachfolgend eine von vielen möglichen Festlegungen ausgewählt worden. Jedem Unterbrechungswunsch ist neben der Priorität auch eine Unterbre-chungsnummer zugeordnet. Diese Unterbrechungsnummer ist bei internen Unterbrechungen dem Rechnerkern bereits bekannt. Bei externen Unterbre-chungen wird sie zusammen mit dem Unterbrechungswunsch übertragen. Jedem Rechnerkern ist ein Unterbrechungsvektor im Arbeitsspeicher zuge-ordnet, dessen Anfangsadresse in einem internen Register gehalten wird. Der Unterbrechungsvektor besteht aus einer Folge von Anfangsadressen für Unterbrechungsbehandlungen. Diese Anfangsadressen werden von dem Betriebssystem eingetragen. Die i-te eingetragene Unterbrechungsbehandlung ist für Unterbrechungen mit der Unterbrechungsnummer i vorgesehen. Damit kann der Rechnerkern auf die richtige, eventuell rechnerkernspezifische Unterbrechungsbehandlung verzweigen. In manchen Rechenanlagen wird jeder Eintrag im Unterbrechungsvektor noch durch das für die jeweilige Unterbrechungsbehandlung zu verwendende Programmstatuswort ergänzt.

Die Feststellung, welche Art von Unterbrechung aufgetreten ist, ist für das Betriebssystem trivial, da ja eine artspezifische Unterbrechungsbehandlung aufgerufen wurde. In der Regel benötigt das Betriebssystem zur Behandlung der Unterbrechung aber noch detailliertere Information.

Unterbrechungs-information

Bei internen Unterbrechungen kann sie prinzipiell aus dem abgelegten Rechnerkernzustand ermittelt werden. Dies kann allerdings unverhältnismäßig aufwendig sein, da in extremen Fällen die Ausführung des Befehls und die Abprüfungen im Mikroprogramm des Rechnerkerns nachvollzogen werden müssen. Andererseits liegt bei Auftreten jeder Unterbrechung im auslösenden Prozessor ja bereits detailliertere Information über die Unterbrechungsursache vor. Es liegt daher nahe, diese Unterbrechungsinformation dem Betriebssystem zur Verfügung zu stellen. Sie wird beispielsweise im Systemkeller des unterbrochenen Ablaufs im Anschluss an den Rechnerkernzustand abgelegt. Die Unterbrechungsinformation bei internen Unterbrechungen ist beispielsweise:

- bei arithmetischen Alarmen: der Ursache des Alarms, beispielsweise Division durch null;

- bei Speicherschutzalarm: Die Art des Zugriffs (lesend, schreibend, ausführend) und die verwendete virtuelle (reale) Speicheradresse bei virtueller (direkter) Adressierung;

- bei Seitefehltalarm: die Prozessadresse, die zum Alarm führte;

- bei Systemaufrufen: die Nummer des verlangten Systemdienstes;

- bei Befehlsalarmen: die verlangte, aber in dem betreffenden Arbeitsmodus unzulässige Operation.

Bei externen Unterbrechungen wird die Unterbrechungsinformation an fest vereinbarten Stellen des Arbeitsspeichers abgelegt oder steht in Registern der Komponente, die die Unterbrechung auslöste.

3.7   Privilegierte Befehle

Schichten

In einem sehr groben Schichtenbild eines Rechensystems ergeben sich die drei Schichten Hardware, Betriebssystem, Benutzerprozesse. Insbesondere in einem Mehrbenutzerbetriebssystem müssen die einzelnen Benutzer vor absichtlichen oder unabsichtlichen Fehlern der anderen Benutzer geschützt werden. Damit müssen die Objekte eines Benutzers von denen der anderen Benutzer und denen des Betriebssystems isoliert werden. Für eine Kooperation der Benutzer sind durch das Betriebssystem aber auch kontrollierte Zugriffe auf gemeinsame Datenbestände erforderlich.

Basis der
Zugriffskontrolle

Als Basis detaillierterer Schutzmechanismen ist es zunächst erforderlich, dass der Zugriff auf alle Hardware-Komponenten kontrolliert wird. Eine solche Kontrolle erfolgt durch das Betriebssystem. Es muss also sichergestellt werden, dass alle Hardware-Komponenten nur über das Betriebssystem angesprochen werden können. Damit muss das Betriebssystem in einem privilegierten Arbeitsmodus, dem Systemmodus, ablaufen. Alle Befehle zum Zugriff auf Hardware-Komponenten müssen privilegiert sein. Sie sind dann nur im Systemmodus ausführbar. Eine Ausnahme dabei bilden nur die Befehle zum Zugriff auf Objekte im Prozessadressraum und die Befehle zum Zugriff auf die vom Benutzer programmierbaren Register des Rechnerkerns. Die Benutzerprogramme laufen im Benutzermodus. Im Benutzermodus sind keine privilegierten Befehle zulässig. Es ist nur virtuelle Adressierung möglich. Damit ist ein Zugriff nur auf den vom Betriebssystem für den Prozess bereitgestellten Prozessadressraum möglich. Nachfolgend wird der Zugriffsschutz im Einzelnen erläutert.

Zugriffsschutz
sensitive Register

Im Zusammenhang mit der Diskussion der Schutzmechanismen für den Rechnerkern werden nichtsensitive und sensitive Register unterschieden. Die nichtsensitiven Register enthalten nur programmbezogene Daten und sind daher durch den Anwenderprogrammierer im Benutzermodus veränderbar. Zu ihnen gehören beispielsweise der Befehlszähler, die Indexregister und die Register des Rechenwerks. Die sensitiven Register enthalten Informationen, die die Umgebung, in der das Programm ausgeführt wird, beeinflussen. Hierzu gehören der Arbeitsmodus, die Ablaufpriorität sowie die Adresse und die Länge der Speicherabbildungstabellen. Zur Realisierung des Zugriffsschutzes müssen die Befehle des Rechnerkerns so festgelegt werden, dass die sensitiven Register nur im Systemmodus verändert werden können. Damit muss auch der früher besprochene Befehl lade_rkzustand zum Setzen des gesamten Rechnerkernzustands privilegiert sein, damit der zu ladende Rechnerkernzustand auch kontrolliert werden kann.

Zugriffsschutz
Arbeitsspeicher

Der Zugriff auf fremde Daten im Arbeitsspeicher ist dadurch geschützt, dass die Benutzerprogramme keine Maschinenadressen verwenden können. Alle

Adressen im Benutzerprogramm sind, wie oben ausgeführt, Prozessadressen und werden erst über die Speicherabbildungstabellen in Maschinenadressen umgesetzt. Die Speicherabbildungstabellen werden durch das Betriebssystem prozessspezifisch eingerichtet. Sie enthalten nur die Abbildungen für denjenigen Adressbereich, in dem die prozesseigenen Daten liegen. Die Speicherabbildungstabellen können durch den Benutzer nicht verändert werden, da sie durch das Betriebssystem in einen Speicherbereich gelegt werden, der von den Benutzerprogrammen nicht verändert werden kann. Die Adresse der Speicherabbildungstabelle kann vom Benutzer ebenfalls nicht verändert werden, da diese in einem sensitiven Register steht.

Der Zugriff auf die Geräte wird je nach der Schnittstelle der EA-Prozessoren unterschiedlich gehandhabt. Bei Systemen mit EA-Moduln liegen die Adressen der EA-Register nicht im Prozessadressraum der Benutzerprozesse. Damit ist sichergestellt, dass Geräte nur über Systemdienste angesprochen werden können. *Zugriffsschutz Geräte*

Das Betriebssystem selbst wird auf zweierlei Art geschützt. Einmal liegt es entweder in keinem Prozessadressraum oder wenn es dort liegt, ist es schreibgeschützt. Es kann daher auch nicht durch Benutzer verändert werden. Zum Zweiten erfolgt der Aufruf von Diensten durch einen speziellen Maschinenbefehl, den Systemaufruf. Dieser führt zu einer Unterbrechung und damit auf einen kontrollierten Eingang in das Betriebssystem. Eine Gefahr geht allerdings von Fehlern und Schwachstellen bei der Konzeption bzw. der Programmierung des Betriebssystems aus. Beispiele: *Zugriffsschutz Betriebssystem*

- Teile des Betriebssystems, beispielsweise Gerätetreiber, werden von Dritten hergestellt und vom Benutzer in das Betriebssystem eingeschleust. Diese Moduln müssen entweder zertifiziert sein oder das Betriebssystem muss sie so isolieren, dass sie – auch bei unabsichtlichem Fehlverhalten – keinen Schaden anrichten können.

- Bei der Ausführung von Diensten werden Datenströme in das Betriebssystem übertragen, beispielsweise auch bei Verbindungen zum Internet. Dadurch ergeben sich weitere Angriffsflächen, wenn beispielsweise Puffer überlaufen und der übergelaufene Bereich als Teil des Betriebssystems mit Befehlen oder Daten interpretiert wird.

- Teile der Benutzerprogramme oder der daran angebundenen Bibliotheken laufen, beispielsweise aus Effizienzgründen, im Systemmodus oder werden vom Betriebssystem als vertrauenswürdige Komponenten betrachtet. Typisch für vertrauenswürdige Komponenten ist, dass die Parameter beim Aufruf von Betriebssystemdiensten nicht überprüft werden oder dass das Betriebssystem Aktionen zulässt, die systemkritisch sind.

Schutzkern   Durch die geschilderten Mechanismen werden die Benutzer gezwungen, zum Zugriff auf Hardware-Komponenten die Dienste des Betriebssystems zu benutzen. Damit kann das Betriebssystem auch Zugriffsrechte überprüfen und gegebenenfalls den Zugriff ablehnen. Das Betriebssystem enthält also einen Schutzkern zur Vergabe und Überprüfung von grundlegenden Zugriffsrechten auf die Hardware-Komponenten.

Zugriffsschutz höhere Ebenen   Es ist auch möglich, die Zugriffsrechte auf höheren Ebenen weiter zu differenzieren. So kann beispielsweise eine Festplattenspeicherverwaltung gegenüber dem Betriebssystemkern die Zugriffsrechte auf das Gerät Festplattenspeicher besitzen. Sie kann dann selbst wieder Rechte für andere Prozesse für den Zugriff auf Speicherbereiche des Festplattenspeichers verwalten und weitergeben. Die anderen Prozesse müssen die Dienste der Festplattenspeicherverwaltung zum Zugriff auf den Festplattenspeicher verwenden, da nur diese das Recht hat, direkt auf das Gerät zuzugreifen. Damit kann die Festplattenspeicherverwaltung die differenzierteren Zugriffsrechte überprüfen. Auf ähnliche Weise können andere höhere Schichten mit sehr differenzierten Zugriffsrechten verwirklicht werden. Die Trennung in System- und Benutzermodus ist in einem konventionellen Rechensystem somit die Basis des Zugriffsschutzes auf allen Ebenen.

4   Prozesse

Im diesem Kapitel werden Prozesse genauer diskutiert. Es wird der Begriff Prozess durch die Aufzählung wichtiger Eigenschaften definiert. Ein Prozess ist gegenüber dem Betriebssystem durch seinen Kontext vollständig beschrieben. Wichtige Teile des Prozesskontextes, wie Rechnerkernzustand und Arbeitszustand, werden eingeführt. Darauf aufbauend wird der Ablauf eines Prozesswechsels ausführlich dargestellt. Das Kapitel schließt mit einer Beschreibung der Dienste der Prozessverwaltung.

4.1   Definition

Ein Prozess, genauer eigentlich ein Rechenprozess, ist ein Ablauf in einem Rechensystem, wobei dieser Ablauf eine Verwaltungseinheit in dem jeweiligen Betriebssystem ist. Die Prozesse laufen im Prinzip parallel ab. In einem Rechensystem mit nur einem Rechnerkern bzw. mit mehr Prozessen als Rechnerkernen erfolgt die Bearbeitung allerdings nur quasiparallel, d.h. in einem zeitlichen Wechsel. Da der Zeitpunkt eines Wechsels nicht an einen bestimmten Zustand des Prozesses gebunden wird, muss auch dann die Programmierung der Prozesse unter der Voraussetzung echt paralleler Abläufe erfolgen.   *Definition*

Prozesse, die Benutzeraufträge ausführen, nennt man Benutzerprozesse. Benutzerprozesse arbeiten im Benutzermodus. Alle anderen Prozesse führen Dienste des Betriebssystems aus, können also als Teil des Betriebssystems betrachtet werden. Man nennt diese daher Systemprozesse. Die Systemprozesse laufen aber meist ebenfalls im Benutzermodus.   *Benutzerprozess*
                                                                                                                Systemprozess

Jeder Prozess, abgesehen von Leichtgewichtsprozessen, läuft in einem eigenen Prozessadressraum ab. Leichtgewichtsprozesse, auch Threads genannt, haben keine eigenen Adressräume, sondern laufen in einem Prozessadressraum eines (normalen) Prozesses ab. Ein Prozess kann gemeinsame Speicherobjekte mit anderen Prozessen haben, falls diese Objekte durch das Betriebssystem in mehreren Prozessadressräumen eingetragen wurden.   *Prozessadressraum*

Der Prozesskontext im weitesten Sinne beschreibt den gesamten Zustand eines Prozesses einschließlich seiner Datenbestände. Der Prozesskontext im   *Prozesskontext*

engeren Sinne ist der für das Betriebssystem interessante Teil des Gesamt-
zustandes eines Prozesses. Nachfolgend ist, wenn nichts anderes gesagt,
der Begriff in seinem engeren Sinne gemeint. Entsprechend ihrer typischen
Verwendung werden in Betriebssystemen Ausschnitte des Prozesskontextes
zusammengefasst. Solche Ausschnitte haben oft eigene Namen und werden
auch oft in einer bestimmten Liste für alle Prozesse zusammengefasst. Ein
Beispiel ist der Prozessleitblock. Dieser enthält u.a. den Rechnerkernzustand
des Prozesses und den Namen des Prozesses. Der Rechnerkernzustand im
Prozessleitblock beschreibt den Zustand des Rechnerkerns zum Zeitpunkt
der letzten Unterbrechung des Prozesses. Da der abgespeicherte Rechnerkernzustand wieder geladen werden kann, können Prozesse unterbrochen
und später wieder fortgesetzt werden, ohne dass der Prozess, außer einer
zeitlichen Verzögerung, davon etwas merkt.

Subprozess Ein Prozess kann wieder aus Subprozessen, auch Tasks oder Fiber (SOLO00)
genannt, bestehen. Diese werden von dem übergeordneten Prozess verwaltet,
insbesondere wird ihnen von dem übergeordneten Prozess der Rechnerkern
zugeteilt. Sie sind also keine Verwaltungseinheit des Betriebssystems. Die
Subprozesse haben auch keinen eigenen Prozessadressraum, sondern laufen
in dem des übergeordneten Prozesses. Von Subprozessen zu unterscheiden
sind die Leichtgewichtsprozesse, diese haben zwar ebenfalls keinen eigenen
Adressraum, aber der Rechnerkern wird ihnen vom Betriebssystem zugeteilt,
sie haben also einen eigenen Prozessleitblock. Leichtgewichtsprozesse sind
daher Verwaltungseinheiten des Betriebssystems.

Kooperation Prozesse müssen sich beim Zugriff auf gemeinsame Betriebsmittel synchronisieren. Sie kooperieren durch Austausch von Signalen, auch Ereignisse
oder Alarme genannt, und Nachrichten. Das Eintreffen bestimmter Ereignisse bei einem Prozess führt zu einer Unterbrechung des Prozesses und dem
Aufruf einer prozesseigenen Alarmbehandlung. Dies wird in Abschnitt 7.3
noch genauer behandelt.

4.2   Prozesskontext

Bestandteile Der Prozesskontext enthält alle Informationen, die das Betriebssystem über
einen Prozess besitzt. Bestimmte Teile des Prozesskontextes werden auch
als Prozessattribute bezeichnet. Der Prozesskontext ist teilweise nur dann
definiert bzw. konsistent, wenn dem Prozess kein Rechnerkern zugeteilt
ist, da ein Teil des Kontextes sonst durch den Zustand des Rechnerkerns definiert sein kann. Der Prozesskontext wird in den Betriebssystemen
nicht zusammenhängend abgelegt, sondern gruppiert, beispielsweise werden
oft alle Daten, die für die Ausführung eines bestimmten Systemdienstes
benötigt werden, in einer Datenstruktur zusammengefasst. Vielfach sind

darüberhinaus noch bestimmte Kontextgruppen aller Prozesse in einer Liste zusammengefasst. Zum Prozesskontext in einem größeren System gehören u.a. folgende Gruppen:

- Identifikatoren
  - Name des Prozesses
  - Name des Benutzers, für den der Prozess gerade arbeitet
- Stellung in der Prozesshierarchie
  - Name des Vaterprozesses
  - Namen der Sohnprozesse
- Zustandsinformation
  - Rechnerkernzustand
  - Arbeitszustand
  - Alarmzustand
  - Beschreibungen zugeordneter Objekte und Betriebsmittel
- Rechte
  - Zugriffsrechte auf Dateien
  - Zugriffsrechte auf Segmente und Seiten
  - Prozesspriorität
- Betriebsmittelkonten
  - noch verfügbare Kontingente
  - Abrechnungsdaten

Die genannten Punkte werden nachfolgend kurz erläutert. Zum Teil erfolgt später noch eine ausführlichere Darstellung.

Ein Prozess besitzt einen internen Namen, den Prozessidentifikator. Der interne Namen ist systemorientiert und meistens eine fortlaufende Nummer, die dem Prozess bei seiner Erzeugung fest zugeordnet wird. Der interne Namen ist nur innerhalb eines Rechensystems eindeutig. Für die eindeutige Bezeichnung in einem Rechnernetz könnte beispielsweise die Rechneradresse und der Rechnernetzname zugefügt werden. Ein Prozess kann auch einen externen Namen haben, der zur Verwendung durch Benutzer gedacht ist. Dies ist insbesondere bei Servern der Fall, beispielsweise könnte ein Server für elektronische Post „mailserver3" heißen. Arbeitet ein Prozess für einen Benutzer, dann wird oft im Prozesskontext der Name des Benutzers, genauer das Benutzerkennzeichen, gespeichert. *Identifikatoren*

In einigen Systemen gibt es eine hierarchische, genauer gesagt eine baumförmige, Prozessstruktur. Diese wird beim Erzeugen von Prozessen aufgebaut. Sie stellt die Vater-Sohn-Relation dar. Die von einem Prozess erzeugten Prozesse werden als dessen Söhne bezeichnet. Der erzeugende *Hierarchie*

Prozess als Vater. Zum Kontext eines Prozesses gehört dann die Liste der Sohnprozesse und die Angabe des Vaterprozesses. Ein Vaterprozess kann beispielsweise auf die Beendigung aller oder einzelner Söhne warten.

Ein Vorteil der hierarchischen Struktur ist, dass klare Regeln, beispielsweise bezüglich des Rechts Prozesse zu löschen, gelten. Die Nachteile sind starke Einschränkungen bei der Weitergabe von Betriebsmitteln, der Zuteilung von Betriebsmitteln und der Kommunikation zwischen Prozessen. Ein Beispiel für eine solche Einschränkung ist die Kommunikation über „pipes" in UNIX. Richtet ein Prozess p eine „pipe" ein, dann kann diese nur von den Prozessen benutzt werden, die in dem an p hängenden Teilbaum sind und nach der Einrichtung der pipe erzeugt wurden.

Rechnerkern-zustand

Der Rechnerkernzustand eines Prozesses ist im Arbeitsspeicher[1] abgelegt und enthält den Zustand des Rechnerkerns bei der letzten Unterbrechung des Prozesses. Während der Prozess rechnet ist der aktuelle Rechnerkernzustand durch den Zustand des zugeteilten realen Rechnerkerns gegeben. Der Rechnerkernzustand wurde in Abschnitt 3.6 beschrieben.

Arbeitszustand Alarmzustand

Der Arbeitszustand eines Prozesses enthält die für die Rechnerkernverwaltung wichtige Zustandsinformation, beispielsweise ob der Prozess rechenbereit ist oder wartet. Der Arbeitszustand wird oft auch Prozesszustand (im engeren Sinne) genannt. Weitere Ausführungen dazu finden sich in Abschnitt 4.3. Der Alarmzustand gibt an, ob sich der Prozess in einer Alarmbehandlung für Prozessalarme befindet. Siehe hierzu Seite 120.

Beschreibung zugeordnete Objekte

Die Beschreibungen der dem Prozess zugeordneten Objekte dienen drei Zielen. Zum Ersten wird eine Beschreibung des Zustands der belegten Objekte für einen effizienten Zugriff benutzt. Hierzu gehören beispielsweise die Speicherabbildungstabellen und die Dateikontrollblöcke. Letztere enthalten ausgewählte Informationen über die von diesem Prozess geöffneten Dateien, beispielsweise die aktuelle Leseposition und einen Verweis auf die Ortsbeschreibung mit den Hintergrundspeicheradressen der Dateiblöcke. Zum Zweiten dienen diese Informationen zum automatischen Freigeben von belegten Betriebsmitteln am Ende eines Prozesses. Dies gilt insbesondere für das Schließen geöffneter Dateien auch am irregulären Ende eines Prozesses. Zum Dritten können Listen belegter Betriebsmittel zur Unterstützung des Wiederanlaufs nach Fehlern vorgesehen werden.

Rechte

Die Rechte enthalten primär Zugriffsrechte des Prozesses auf die vom Betriebssystem verwalteten Objekte, wie Dateien, Segmente oder Seiten. Die Zugriffsrechte müssen nicht immer beim Prozess gespeichert sein, sondern

---

[1] Zum besseren Verständnis sollte man sich den Rechnerkenrzustand im Arbeitsspeicher vorstellen. Aber für verdrängte Prozesse kann der Rechnerkernzustand je nach Betriebssystem natürlich ebenfalls auf Hintergrundspeicher ausgelagert sein. Dann aber meist zusammen mit dem übrigen Prozesskontext.

können auch bei den Objekten vermerkt werden. Eine andere Art von Rechten sind Rechte, eine bestimmte Menge eines Betriebsmittels über eine bestimmte Zeitspanne zu belegen, beispielsweise Hintergrundspeicher. Zu den Rechten kann man auch die Prozesspriorität zählen. Sie gibt die Wichtigkeit des Prozesses bei der Anforderung von Betriebsmitteln, beispielsweise bei der Zuteilung des Rechnerkerns. Die Priorität kann sich zeitlich ändern. Beispielsweise kann ein Prozess umso wichtiger werden, je länger er auf die Zuteilung des Rechnerkerns warten muss.

Die Betriebsmittelkonten dienen der Erfassung, der Abrechnung und der Überwachung der durch den Prozess verbrauchten Betriebsmittel. Die Überwachung basiert auf der Erfassung der verwendeten Betriebsmittel und der Rechte des Prozesses. Beispiele sind: *Betriebsmittel-konten*

- Bei der Rechnerkernzuteilung nach einer Strategie mit Zeitscheiben wird die Zeitscheibe für einen Prozess beendet, wenn dieser eine vorgegebene Zeitspanne gerechnet hat.

- Die Dateiverwaltung erfasst den vom Prozess belegten Hintergrundspeicher für Dateien und begrenzt ihn.

4.3   Arbeitszustand

Wie bereits besprochen, enthält der Arbeitszustand die für die Rechnerkernverwaltung relevanten Informationen. In der Literatur wird der Arbeitszustand eines Prozesses üblicherweise Prozesszustand genannt. Da dieser Begriff nicht eindeutig ist, bleiben wir beim Begriff Arbeitszustand. Die Arbeitszustände seien: *Arbeitszustand*

- nicht existent
- wartend
- rechenbereit
- rechnend

Die Bezeichnungen der Zustände variieren von System zu System sehr stark. Häufig findet man auch eine Aufteilung des Zustands „wartend" oder des Zustands „nicht existent" in Unterzustände.

Die Übergänge zwischen den Arbeitszuständen erfolgen durch Dienste der Prozessverwaltung, der Ereignisverwaltung und der Rechnerkernverwaltung. Das Zustandsübergangsdiagramm für die Arbeitszustände zeigt Abbildung 4.1. *Zustandsübergänge*

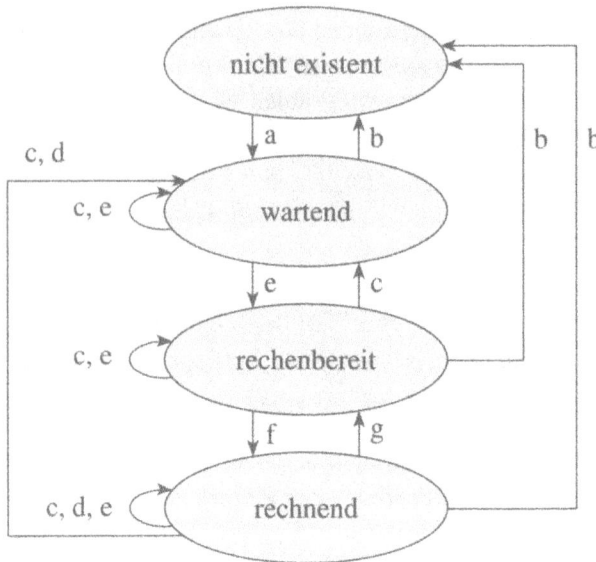

Bezeichnungen:

a erzeugen_prozess (p, f)   b löschen_prozess (p, f)
c anhalten (p, e, f)   d warten (art, e1, e2, ... , f)
e melden (p, e, f)
f zuteilen_rechnerkern (p)   g entziehen_rechnerkern (p)

Anmerkung:
Zustandsübergang bei e nur, wenn durch das gemeldete Ereignis ein Warte-
zustand aufgelöst wird.
Zustandsübergang bei d nur, wenn das Ereignis nicht schon eingetroffen ist.

Abbildung 4.1: Übergangsdiagramm für die Arbeitszustände

Die Dienste für den Zustandsübergang sind:

1. Dienste der Prozessverwaltung

   • erzeugen_prozess (p, f)
     Ein Prozess mit der Bezeichnung p wird erzeugt und initialisiert.
     Der Parameter f dient in diesem und den folgenden Diensten je-
     weils zur Rückmeldung, ob der Dienst fehlerfrei ausgeführt wurde.

   • löschen_prozess (p, f)
     Der Prozess p wird gelöscht.

2. Dienste der Ereignisverwaltung

- anhalten (p, e, f)

  Der Prozess p wird angehalten bis das Ereignis e eintrifft. Ein Prozess wird beispielsweise angehalten, wenn er einen EA-Auftrag an das Betriebssystem gibt und auf dessen Ende warten muss oder wenn eine fehlende Seite zugeladen werden muss oder wenn ihm Betriebsmittel entzogen werden. Allen diesen Fällen sind spezielle Ereignisse zugeordnet. Während ein Prozess angehalten ist, können weitere Aktionen im Betriebssystem ausgeführt werden, die ein Anhalten dieses Prozesses bezüglich anderer Ereignisse erfordern.

- warten (art, e1, e2, . . . , f)

  Der diesen Dienst aufrufende Prozess möchte auf Ereignisse warten. Der Parameter art spezifiziert, ob auf alle angegebenen Ereignisse e1, e2, . . . gewartet wird oder nur auf eines davon.

- melden (p, e, f)

  Dem Prozess p wird das Ereignis e gemeldet. Der Prozess verlässt den Wartezustand aber erst, wenn er auf kein Ereignis mehr wartet.

3. Dienste der Rechnerkernverwaltung

- zuteilen_rechnerkern (p)

  Dem Prozess p wird ein Rechnerkern zugeteilt.

- entziehen_rechnerkern (p)

  Dem Prozess p wird der Rechnerkern entzogen.

Der Arbeitszustand nicht existent wird zunächst rein formal verwendet. Er hat jedoch auch reale Bedeutung, wenn beispielsweise ein Element in der Prozessliste für die Erzeugung eines bestimmten Prozesses bereits reserviert ist. Ein nicht existenter Prozess wäre dann durch ein freies Element in der Liste repräsentiert. Durch den Dienst erzeugen_prozess erfolgt ein Übergang vom Zustand nicht existent in den Zustand wartend. In diesem Zustand wäre das Listenelement belegt und der Prozess würde beispielsweise auf seine Initialisierung durch das Betriebssystem warten. Durch den Dienst löschen_prozess wird der Prozess in den Zustand nicht existent überführt. *Zustand nicht existent*

Ein Prozess kann auf das Eintreffen von Ereignissen warten, beispielsweise auf die Endemeldung für einen Auftrag oder auf einen bestimmten Zeitpunkt. Er ist dann im Arbeitszustand wartend. In diesem Buch werden alle Wartezustände einheitlich über eine Ereignisverwaltung behandelt. Der Wartezustand kann vom Prozess selbst, vom Betriebssystem oder von einem anderen Prozess, falls dieser die entsprechenden Rechte hat, ausgelöst werden. Möchte ein Prozess selbst auf Ereignisse warten, dann ruft er den Dienst warten auf. Möchte ein anderer Prozess einen Prozess p wartend setzen (anhalten), dann ruft er den Dienst anhalten auf. In diesem Fall kommt der *Zustand wartend*

angehaltene Prozess in den Unterzustand angehalten. Falls das Ereignis, auf das gewartet werden soll bereits gemeldet wurde, dann bleibt der Prozess natürlich in seinem alten Zustand.

Ein wartender Prozess verlässt den Wartezustand erst, wenn alle Ereignisse eingetroffen sind, auf die er wartete und/oder bezüglich derer er angehalten wurde. Ereignisse können einem Prozess vom Betriebssystem oder von anderen Prozessen durch den Dienst melden mitgeteilt werden.

Unterzustand
angehalten

Der Unterzustand angehalten des Zustandes wartend wird betreten, wenn der Prozess von einem anderen Prozess oder dem Betriebssystem angehalten wurde. Gründe dafür sind also von der Umgebung eines Prozesses erkannte Bedingungen, beispielsweise muss ein Prozess auf die Freigabe eines Semaphors (Abschnitt 5.4) oder auf das Zuladen einer Seite (Abschnitt 8.7) warten. Da der Prozess den Wartezustand nicht selbst über einen Systemaufruf warten veranlasste, erhält er auch keine Kenntnis über diesen Zustand. Es wird lediglich der Ablauf des Prozesses verzögert. Ein Prozess kann bezüglich mehrerer Gründe angehalten sein.

Zustände
rechenbereit
rechnend

Ist ein Prozess im Arbeitszustand rechenbereit, dann besitzt er bis auf den Rechnerkern alle für seine Arbeit notwendigen Betriebsmittel. Der Prozess bewirbt sich also nur noch um die Zuteilung des Rechnerkerns. Erhält ein rechenbereiter Prozess einen Rechnerkern zugeteilt, so geht er in den Arbeitszustand rechnend über. Das Betriebssystem vermerkt die Nummer des zugeteilten Rechnerkerns beim Prozess. Die Übergänge zwischen den Zuständen rechnend und rechenbereit erfolgen durch die Dienste zuteilen_rechnerkern und entziehen_rechnerkern der Rechnerkernverwaltung.

4.4   Rechnerkernverwaltung

Rechnerkern-
vergabe

Unter Rechnerkernvergabe wird die Zuteilung eines Rechnerkerns an einen Prozess verstanden. Vor einer Neuvergabe muss der Rechnerkern dem bisherigen Besitzer entzogen werden. Die Rechnerkernvergabe wird in der Rechnerkernverwaltung, auch Dispatcher genannt, durchgeführt. Sie ist eine Komponente des Betriebssystemkerns. Eine Rechnerkernvergabe kann deshalb nur im Anschluss an eine Unterbrechung stattfinden. Hierbei ist daran zu erinnern, dass ein Systemaufruf ebenfalls als eine Unterbrechung realisiert wird. Beispiel: Ein Prozess A werde unterbrochen und ihm der Rechnerkern entzogen. Dann wird eine Unterbrechungsbehandlung des Betriebssystemkerns betreten. Nach der Behandlung der Unterbrechung bzw. nach Ausführung des Systemdienstes kann der Rechnerkern einem anderen Prozess B zugeteilt werden. Ein Beispiel für diesen Vorgang ist in Abbildung 4.2 zu finden.

Prozess A   BS–Kern   Prozess B

A arbeitet | | B steht
(hat RK) | | (hat keinen RK)
                                | |
                                | |
Zeit   Unterbrechung | |
                        ──────→ BS-Kern arbeitet |
                                 (hat RK) |
                                | |
A steht | Zuweisung RK an B |
(hat keinen RK)   └──────────────────→ B arbeitet
                                | (hat RK)
                                | Unterbrechung |
                                ←─────────────────── |
                                | |
                                 BS-Kern arbeitet |
                                 (hat RK) |
Zuweisung RK an A | B steht
←────────────────┘ | (hat keinen RK)
A arbeitet | |
(hat RK) | |

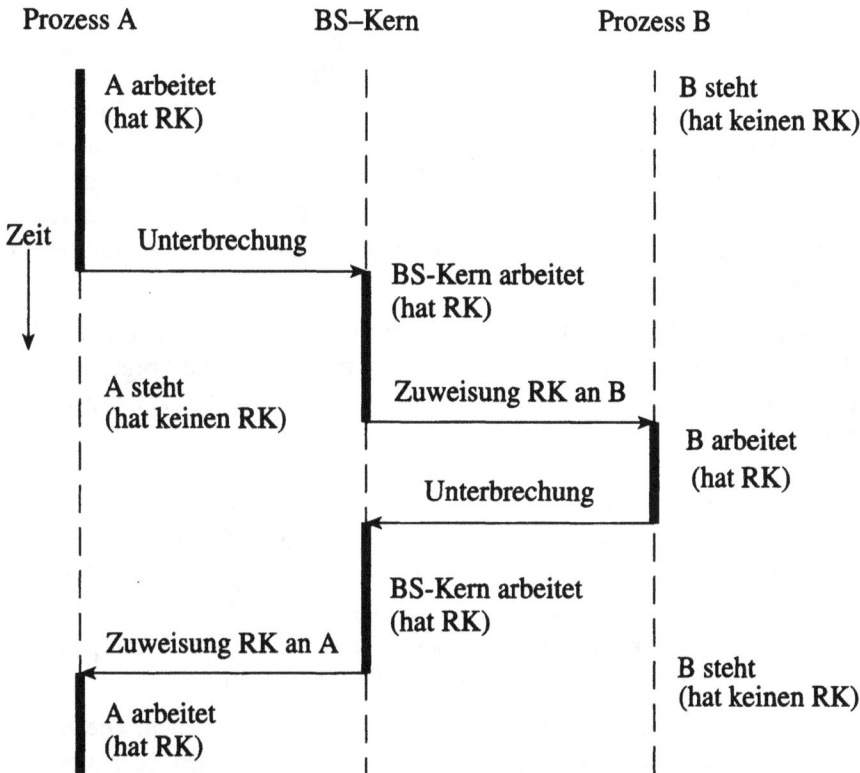

Abbildung 4.2: Zeitliche Verschränkung der Prozessbearbeitung in einem
                Einprozessorsystem

Betrachtet man die Situation unter dem Gesichtspunkt virtueller Kompo-   *virtueller*
nenten (siehe Kapitel 8), so ist jedem Prozess ein virtueller Rechnerkern   *Rechnerkern*
zugeordnet. Der Zustand des virtuellen Rechnerkerns für einen Prozess, der
nicht rechnend ist, ist durch den Rechnerkernzustand des Prozesskontextes
gegeben. Ist der Prozess rechnend, ihm also ein realer Rechnerkern zugeordnet, so ist der Zustand des virtuellen Rechnerkerns gleich dem des realen
Rechnerkerns. Bei dieser Sicht bildet die Rechnerkernvergabe die Menge der
virtuellen Rechnerkerne auf die Menge der realen Rechnerkerne ab.

Für die Auswahl des nächsten Prozesses gibt es Rechnerkernzuteilungsstra-   *Strategien*
tegien. Diese erlauben es, bestimmte Betriebsziele einzustellen. Bekannte
Strategien arbeiten nach der Priorität des Prozesses, nach der Reihenfolge des Eintreffens eines Auftrags oder nach einem Zeitscheibenverfahren.
Einige Strategien werden später in Kapitel 15 besprochen. Die Rechnerkern-

vergabe wird viel häufiger aufgerufen als eine Zuteilungsstrategie. Deshalb hat sich folgendes Verfahren eingebürgert: Eine Zuteilungsstrategie legt die Wichtigkeit eines Prozesses fest und ordnet die Prozesse in einer Prozessliste gemäß dieser Wichtigkeit an. Die Rechnerkernzuteilung verwendet nur die Prozessliste. Die Prozessliste, auch Akteurliste genannt, ist also eine Liste der Prozesse, die die Reihenfolge bei der Rechnerkernzuteilung angibt. Sie enthält u.a. für jeden Prozess den Arbeitszustand, die Nummer des zugeteilten Rechnerkerns, die Adresse eines Speicherbereichs für die Ablage des Rechnerkernzustands und den Prozessnamen.

Trivial-prozess

In einem System können zu einem Zeitpunkt alle Prozesse wartend sein. Dies ist sogar ein häufig auftretender Fall. Damit erhebt sich die Frage, wie die Rechnerkernzuteilung in einem solchen Fall vorgehen soll. Es gibt folgende Möglichkeiten:

- Es wird eine Warteschleife im Betriebssystemkern betreten. Dies ist möglich, da offensichtlich keiner der Prozesse ohne Eintreffen eines externen Ereignisses, wie einer Transportendemeldung oder eines Weckeralarms, fortgesetzt werden kann. Bei der Warteschleife ist aber darauf zu achten, dass keine Sperren gesetzt sind und dass die Ablaufpriorität nieder ist, damit Unterbrechungen stattfinden können.

- Für jeden Rechnerkern wird ein Trivialprozess vorgesehen. Diese Trivialprozesse haben geringste Priorität und sind immer rechenbereit. Im einfachsten Fall bestehen sie aus einer Warteschleife. Sie können aber auch sinnvolle Aufgaben erbringen. Ein Beispiel hierfür wäre die Ausführung von Selbsttests der Anlage.

Diese beiden Lösungen sind nicht geeignet, wenn das Betriebssystem in einer virtuellen Maschine läuft (siehe Kapitel 13). Hier kann der Rechnerkern ja möglicherweise von anderen virtuellen Maschinen produktiv verwendet werden. Es gibt zwei Lösungen:

- Das Betriebssystem weiss, dass es in einer virtuellen Maschine läuft und gibt den Rechnerkern über einen privilegierten Befehl an den Virtuellen-Maschinen-Monitor (VMM) ab.

- Die Hardware stellt einen privilegierten Befehl bereit, über den der Rechnerkern in einen Wartezustand auf externe Ereignisse gesetzt wird. Dieser Befehl kann immer verwendet werden. Läuft das Betriebssystem in einer virtuellen Maschine, dann wird dieser Befehl vom VMM abgefangen und geeignet interpretiert.

Eine Rechnerkernzuteilung heißt konsistent, falls es keinen rechenbereiten *konsistente*
Prozess gibt, der wichtiger ist als einer der rechnenden Prozesse. Ist dies *Zuteilung*
nicht der Fall, ist die Rechnerkernzuteilung inkonsistent.

Wir betrachten die Rechnerkernzuteilung in Ein- und Mehrprozessorsystemen getrennt:

- Bei einem Einprozessorsystem werden alle Prozesse mit dem Arbeitszustand rechnend auf rechenbereit gesetzt. Der wichtigste rechenbereite
  Prozess geht in den Arbeitszustand rechnend über und erhält den Rechnerkern. Die Rechnerkernzuteilung ist dann immer konsistent.

- Bei einem Mehrprozessorsystem wird der unterbrochene Prozess statt
  rechnend auf rechenbereit gesetzt, es sei denn, er ist bereits in einen Wartezustand überführt worden. Dann wird geprüft, ob die Zuordnung nach
  der Rechnerkernvergabe inkonsistent wird. Ist dies der Fall, dann erhält
  der Rechnerkern, der den unwichtigsten Auftrag bearbeitet, ein Unterbrechungssignal (Rechnerkernalarm, inter-processor interrupt) und die
  Mitteilung, eine Rechnerkernzuteilung durchzuführen. Dies entspricht
  einem Entzug des Rechnerkerns. Der wichtigste rechenbereite Prozess
  wird auf rechnend gesetzt und erhält den Rechnerkern. Dies kann sich
  dann mehrfach wiederholen bis die Zuordnung wieder konsistent ist.

In einem Betriebssystem gibt es neben einer inkonsistenten Rechnerkern- *Rechnerkernalarm*
zuteilung noch andere Gründe für die Zustellung eines Rechnerkernalarms,
beispielsweise die Koordination der Rechnerkerne bei einem Neustart des
Systems. Es ist daher notwendig, den unterbrochenen Rechnerkern über
die Gründe zu informieren. Hierzu können zwei Methoden gewählt werden: Es wird ein Kommunikationsbereich für die Rechnerkerne im Speicher
eingerichtet und dort der Grund für einen Rechnerkernalarm eingetragen. Alternativ kann in manchen Rechnerarchitekturen Zusatzinformation,
beispielsweise der Grund für die Unterbrechung, zusammen mit dem Unterbrechungswunsch übermittelt werden. Wir wählen in diesem Buch die
zweite Alternative.

Wird ein Prozess unterbrochen, dann wird die Unterbrechungsbehandlung *Unterbrechung im*
im Betriebssystemkern mit einer gewissen Ablaufpriorität betreten. Tritt *Betriebssystemkern*
jetzt wieder eine Unterbrechung höherer Priorität auf, so wird die aktuelle
Unterbrechungsbehandlung im Betriebssystemkern unterbrochen und eine
weitere Unterbrechungsbehandlung eingeschoben. Am Ende einer einge-
schobenen Unterbrechungsbehandlung muss, abgesehen von Sonderfällen,
die hier nicht betrachtet werden sollen, der unterbrochene Ablauf im Betriebssystemkern fortgesetzt werden. Die Erkennung und Behandlung dieser
Situation erfolgt bei der Rechnerkernvergabe. Dies hat den Vorteil, dass am

Ende einer Unterbrechungsbehandlung nicht geprüft werden muss, ob eine Unterbrechung des Betriebssystemkerns oder eines Prozesses vorlag, sondern immer die Rechnerkernvergabe aufgerufen werden kann.

Sperren im Betriebssystemkern

Der Betriebssystemkern enthält viele Daten, die beim Durchlauf abgefragt und verändert werden. Sind mehrere Rechnerkerne vorhanden, so können diese unabhängig voneinander unterbrochen werden und den Betriebssystemkern betreten. Die Daten des Betriebssystemkerns müssen daher als gemeinsame, aber nur exklusiv benutzbare Objekte realisiert werden. Hierzu gibt es zwei Möglichkeiten. Die erste Realisierung besteht darin, den Betriebssystemkern mehrfach betretbar zu programmieren und die Datenobjekte nach Bedarf über Koordinationsvariable zu sperren. Die zweite Realisierung besteht darin, Dienstgruppen des Betriebssystemkerns oder den Betriebssystemkern insgesamt als ein exklusives Objekt zu betrachten und jeweils für andere Rechnerkerne zu sperren.

Es muss in jedem Fall darauf geachtet werden, dass keine Wartezustände des Rechnerkerns auftreten während Sperren gesetzt sind. Eine Gesamtsperre des Betriebssystemkerns ist daher nur akzeptabel, wenn in ihm ausschließlich Systemdienste enthalten sind, die ohne Wartezustände des Rechnerkerns ausgeführt werden können. Alle mit Wartezuständen verbundenen Systemdienste, beispielsweise die Datentransportdienste, müssen in Systemprozesse verlagert sein. Eine Gesamtsperre des Rechnerkerns ist wesentlich übersichtlicher und weniger fehleranfällig als das selektive Sperren.

Bei selektiven Sperren ist der Leistungsverlust des Systems tendenziell geringer, da Rechnerkerne nicht schon vor dem Betriebssystemkern in unproduktive Warteschleifen kommen. Gegenläufig ist jedoch, dass viele selektive Sperren mehr Rechenzeit kosten als eine Gesamtsperre und dass natürlich auch bei selektiven Sperren immer noch unproduktive Warteschleifen auftreten, wenn ein anderer Rechnerkern gerade auf die gewünschten Daten zugreift. Es ist daher wichtig, die zu sperrenden Objekte bzw. Teilobjekte so festzulegen, dass möglichst wenig gegenseitige Behinderungen zu erwarten sind.

4.5   Algorithmus für die Rechnerkernvergabe

Um die Übersichtlichkeit zu gewährleisten, ist der nachfolgende Algorithmus ohne die Konsistenz- und Fehlerprüfungen, die für ein sicheres Betriebssystem notwendig wären, angegeben. Es wird vorausgesetzt, dass der Rechnerkernzustand bei Unterbrechungen im Systemkeller abgelegt wird.

Bei dem Algorithmus für die Rechnerkernzuteilung wird eine Gesamtsperre *Sperren*
des Betriebssystemkerns vorausgesetzt. Dazu dient die Koordinationsvariable bskernkoordv, welche die Werte gesperrt oder frei annehmen kann. Sie
wird beim Betreten des Systemkerns auf gesperrt gesetzt. Siehe hierzu auch
das Kapitel über Synchronisation.

Die Bestandteile der Prozessliste wurden bereits im vorherigen Abschnitt *Datenstruktur*
besprochen. Wir vereinbaren die Prozessliste als ein Feld von Elementen, *Prozessliste*
die einen Verbund darstellen. Die Prozessnummer p sei der Index für dieses
Feld.

```
struct tpl {
    boolean  existent;
    boolean  wartend;
    boolean  rechenbereit;
    boolean  rechnend;
    int  rknr;   /* Nummer zugeteilter Rechnerkern; */

    ablageadresse_rechnerkernzustand adrrkzust;
    string prozname;
    . . .
};
tpl prozessliste [ anzahl_prozesse ] ;
```

```
void entziehen_rechnerkern (p)
{ prozessliste [p] .rechnend = false;                          entziehen_-
                                                               rechnerkern
    prozessliste [p] .rknr = 0;
    übertrage den rechnerkernzustand aus dem systemkeller in den
        rechnerkernzustand ab prozessliste [p] .adrrkzust;
}
```

```
void zuteilen_rechnerkern (p)                                  zuteilen_-
{ prozessliste [p] .rechnend = true;                           rechnerkern
    prozessliste [p] .rknr = nr_aktueller_rk;
    übertrage rechnerkernzustand ab prozessliste [p] .adrrkzust in den
        systemkeller;
    bskernkoordv = frei;
    lade_rkzustand aus systemkeller;
    /* Rückkehr aus einer Unterbrechung zu einem Prozess; die
        Prozedur zuteilen_rechnerkern kehrt also nie zum Aufrufer
        zurück */
}
```

Rechnerkern-
zuteilung

```
void rechnerkernzuteilung ()
{    /* In dem im Systemkeller abgelegten Rechnerkernzustand wird der
        Arbeitsmodus geprüft. Ist dieser Benutzermodus, dann wurde ein
        Prozess unterbrochen. Ist dieser Systemmodus, dann wurde ein
        Ablauf im Betriebssystemkern unterbrochen. Letzterer muss auf
        jeden Fall fortgesetzt werden. */
   if (unterbrechung des systemkerns)
      { lade_rkzustand aus systemkeller; }
   nr_aktueller_rk = nummer des aktuellen rechnerkerns;
      /* Nun wird der unterbrochene Prozess bestimmt. In der
         Unterbrechungsbehandlung wurde sein Arbeitszustand
         möglicherweise verändert, aber das Betriebssystem darf dabei
         die Nummer des ihm bisher zugeordneten Rechnerkerns in der
         Prozessliste nicht löschen. */
   p = 1;
   while (not (prozessliste [p] .rknr == nr_aktueller_rk) )
      { p + = 1; }
      /* Der Prozess p wurde unterbrochen, ihm wird der RK
         entzogen */
   entziehen_rechnerkern (p);
      /* nun wird der erste rechenbereite Prozess gesucht; diesen gibt es
         wegen der Trivialprozesse immer */
   p = 1;
   while (not (prozessliste [p] .rechenbereit))
      { p + = 1; }
      /* p ist der wichtigste rechenbereite Prozess */
      /* nun Konsistenz Rechnerkernzuteilung prüfen */
   inkonsistent = false;
   bereite_prozesse = false;
   for (q = p + 1; q ≤ anzahl_prozesse; q++) {
      if (prozessliste [q] .rechenbereit)
         { bereite_prozesse = true; }
      if ((prozessliste [q] .rechnend) && (bereite_prozesse)) {
         inkonsistent = true;
         irknr = prozessliste [q] .rknr;
            /* der Rechnerkern irknr ist inkonsistent zugeteilt */
      }
   }
```

```
if (inkonsistent) {
    rechnerkernalarm mit Zusatzinformation „inkonsistente Zuteilung"
        an rechnerkern irknr schicken;
}
zuteilen_rechnerkern (p);
}
```

In den Betriebssystemen, insbesondere in Echtzeitsystemen, ist ein möglichst *Leistungs-* schneller Prozesswechsel von großer Bedeutung für die Leistungsfähigkeit *verbesserung* des Systems. Man muss daher auch die Rechnerkernzuteilung so weit wie möglich beschleunigen. Erstens kann man den häufigen Spezialfall, dass demselben Prozess, dem der Rechnerkern entzogen wurde, dieser auch wieder zugeteilt wird, getrennt behandeln. Zweitens kann das Umspeichern des Rechnerkernzustands zwischen Systemkeller und Prozesskontext gespart werden, wenn die Maschinenschnittstelle geändert wird. Es gibt dann einen Befehl, der den Rechnerkernzustand ab einer vorgegebenen Adresse aus dem Arbeitsspeicher entnimmt. Damit ist auch ein Laden direkt aus dem Prozesskontext realisiert. Drittens kann man zunächst nur ein Minimum des Rechnerkernzustands, insbesondere das Programmstatuswort, ablegen. Erst wenn weitere Register in der Unterbrechungsbehandlung verändert werden oder der Rechnerkern einem anderen Prozess zugeteilt werden soll, wird der vollständige Rechnerkernzustand abgespeichert.

4.6   Prozessverwaltung

Die Prozessverwaltung ist für die Objekte des Typs Prozess zuständig. Sie *Dienste* stellt folgende Dienste bereit:

- erzeugen_prozess
- löschen_prozess
- informieren_über_prozessattribute
- ändern_prozessattribute

Prozessattribute sind Bestandteile des Prozesskontextes. In jedem System *Prozessattribute* sind unterschiedliche Prozessattribute definiert. Beispiele sind die Priorität, die Rechte, der Name. Man könnte durchaus auch den Arbeitszustand zu den Prozessattributen rechnen. In diesem Fall würden die Dienste zur Änderung dieser Attribute ebenfalls Bestandteil der Prozessverwaltung und nicht der Rechnerkernverwaltung sein. Man erkennt daraus, dass die Strukturierung eines Systems große Freiheitsgrade bietet.

erzeugen Prozess   Die Erzeugung eines Prozesses wird in den einzelnen Systemen sehr unterschiedlich gehandhabt. Es muss auf jeden Fall festgelegt werden, ob der neue
Prozess einen eigenen Prozessadressraum erhält oder nicht. Als Leichtgewichtsprozess läuft er im Prozessadressraum des Vaters ab. Sonst erhält der
Sohnprozess einen eigenen Prozessadressraum. In diesem Fall muss dessen
Initialisierung geregelt werden. Bei der Initialisierung eines Prozesses wird
außerdem festgelegt, welche Größen standardmäßig vorbesetzt werden, welche aus den Werten beim Vaterprozess gebildet werden und welche durch
Parameter bei der Erzeugung eines Prozesses übergeben werden.

erzeugen Prozess   In UNIX wird ein Prozess mit dem Systemdienst fork erzeugt. Dabei erhält
in UNIX   der Sohn eine volle Kopie des Prozesskontextes und des Prozessadressraums
des Vaters. Im Prozesskontext sind insbesondere auch der Rechnerkernzustand und die Kontrollblöcke für die geöffneten Dateien enthalten. Vater
und Sohn unterscheiden sich dadurch lediglich im Namen und im Ergebnis des Systemdienstes fork. Beim Vaterprozess wird der interne Namen des
Sohnes zurückgegeben. Beim Sohnprozess wird Null zurückgegeben. Der
Sohnprozess wird in der Regel anschließend den Dienst exec (dateiname)
des Betriebssystems aufrufen, um das ablaufende Programm durch ein anderes zu ersetzen. Die angegebene Datei enthält ein Programm, das durch
das Betriebssystem ab Prozessadresse null in den Prozessadressraum geladen und am Anfang gestartet wird. Der Start erfolgt durch Neubesetzen des
Befehlszählers im abgelegten Rechnerkernzustand.

In anderen Fällen wird der Sohnprozess weitgehend unabhängig vom Vater
initialisiert. Insbesondere wird ein Standardprogramm in den Prozessadressraum geladen, beispielsweise ein bestimmter Kommandointerpreter. Dieser
liest dann Kommandos von einem Benutzerterminal oder von Dateien ein.

löschen Prozess   Beim Löschen eines Prozesses werden die belegten Betriebsmittel freigegeben. Der Vater des Prozesses wird von der Beendigung des Sohnes
unterrichtet. Die Systemlisten mit Eintragungen über diesen Prozess werden
bereinigt. Liegt ein System mit einer strengen Prozesshierarchie vor, dann
werden auch alle Söhne des Prozesses beendet. Alternative: Ein Prozess darf
sich nur beenden, wenn er keine Söhne hat.

5 Prozesssynchronisation

Prozesse konkurrieren um gemeinsame Betriebsmittel. Der Zugriff auf solche Betriebsmittel durch die Prozesse unterliegt Einschränkungen. Zur Gewährleistung der Einhaltung solcher Einschränkungen müssen sich die zugreifenden Prozesse synchronisieren. In diesem Kapitel wird zunächst die Synchronisation mit Koordinationsvariablen besprochen. Es zeigt sich, dass diese Art der Synchronisation anfällig gegen Programmierfehler ist. Aus diesem Grunde wurden von verschiedenen Autoren besser geeignete, höhere Sprachmittel eingeführt. Als wichtige Beispiele dafür werden die kritischen Bereiche und die Monitore in ihren Grundzügen erläutert.

5.1 Gemeinsame Betriebsmittel

Beim Zugriff der Prozesse auf die gemeinsamen Betriebsmittel bestehen Einschränkungen. Diese sind vom jeweiligen Betriebsmittel und von der vorgesehenen Benutzung abhängig. Hierzu sollen zwei Beispiele gegeben werden. Der Rechnerkern ist ein gemeinsames Betriebsmittel. Er kann immer nur einem Prozess zugeordnet sein, ist also exklusives Betriebsmittel. Dateien sind ein zweites Beispiel für gemeinsame Betriebsmittel. Möchte ein Prozess eine Datei verändern, dann ist diese Datei möglicherweise zeitweise unvollständig geändert und damit inkonsistent. In diesem Fall dürfen keine anderen Prozesse die Datei benutzen. Der schreibende Prozess verlangt also exklusiven Zugriff. Wollen jedoch mehrere Prozesse die Datei lediglich lesen, so ist es möglich, alle lesenden Prozesse gleichzeitig zuzulassen. Im Zusammenhang mit der Synchronisation ist die nachfolgende Klassifizierung der Betriebsmittel von Bedeutung.

Einschränkungen beim Zugriff

Betriebsmittel können unbeschränkt gleichzeitig benutzbar oder zugriffsbeschränkt sein. Ein wichtiger Fall der Zugriffsbeschränkungen ist der exklusive Zugriff. Hier kann das Betriebsmittel immer nur einem Benutzer zugeordnet werden.

exklusive Betriebsmittel

Betriebsmittel können bei Zuweisung verbraucht werden oder sie sind wiederverwendbar. Durch Zuweisung verbrauchte Betriebsmittel werden durch Prozesse erzeugt und sind nach Zuweisung nicht mehr existent. Beispiele

verbrauchbare Betriebsmittel

hierfür sind Nachrichten, Ereignisse oder Alarme. Die üblichen Betriebsmittel wie Rechnerkern oder Dateien sind wiederverwendbar.

entziehbare
Betriebsmittel

Betriebsmittel können entziehbar oder nicht entziehbar sein. Ein nicht entziehbares Betriebsmittel kann nach seiner Belegung durch einen Prozess nur durch diesen Prozess wieder freigegeben werden. Ein Betriebsmittel gilt als entziehbar, wenn es einem Prozess ohne dessen Wissen entzogen und später wieder zugeteilt werden kann. Hierbei darf der erreichte Zustand des Prozesses nicht verändert werden und die Ergebnisse des Prozesses müssen unabhängig von einem Entzug sein. Dies bedeutet, dass die bezüglich des Betriebsmittels für den Prozess relevante Zustandsinformation beim Entzug des Betriebsmittels vollständig gespeichert werden muss. Dann kann vor einer erneuten Zuteilung der frühere Zustand wieder hergestellt werden. Beispiele für entziehbare Betriebsmittel sind der Rechnerkern oder die Kacheln des Arbeitsspeichers.

Entziehbarkeit ist
Entwurfs-
entscheidung

Die Entziehbarkeit ist keine inhärente Eigenschaft eines Betriebsmittels. Bestimmte Betriebsmittel sind in einem System entziehbar und in einem anderen nicht. Dies muss auf Grund einer Kosten-Nutzen-Analyse beim Entwurf der Hardware und des Betriebssystems entschieden werden. Die wichtigsten Nachteile entziehbarer Betriebsmittel sind die komplexere Struktur des Systems und der damit verbundene erhöhte Aufwand. Vorteile durch die Entziehbarkeit sind volle Freiheit bei der Betriebsmittelzuteilung, schnelle Reaktion auf neue Betriebsmittelanforderungen und Vermeidung von Verklemmungen bezüglich dieses Betriebsmittels.

Der Einfachheit halber wird nachfolgend nur der Fall exklusiver Betriebsmittel betrachtet. Liegen kompliziertere Einschränkungen beim Zugriff vor, dann müssen die nachfolgenden Überlegungen und Algorithmen entsprechend erweitert werden. Ein Beispiel dafür ist das Erzeuger-Verbraucher-Problem auf Seite 94. Eine ausführliche Darstellung findet sich in dem Buch (HERR94).

5.2   Koordinationsvariable

Wertebereich

Es sei r ein exklusives gemeinsames Betriebsmittel. Zur Synchronisation des Zugriffs wird diesem Betriebsmittel eine prozessglobale Koordinationsvariable s zugeordnet. Die Koordinationsvariable (das Semaphor) zeigt an, ob das zugeordnete Betriebsmittel frei oder belegt ist. In der Literatur werden binäre und allgemeine Koordinationsvariablen unterschieden. Die binären Koordinationsvariablen können nur die Werte belegt oder frei annehmen. Die allgemeinen Koordinationsvariablen können eine ganze Zahl als Wert annehmen. Nachfolgend werden allgemeine Koordinationsvariablen vorausgesetzt. Für die Koordinationsvariablen sind folgende Dienste vorgesehen:

- erzeugen_koordinationsvariable (s, iw)   *Dienst erzeugen*
  Es wird eine Koordinationsvariable mit dem systemeindeutigen Namen
  s erzeugt und auf den Wert iw initialisiert. Ein solcher Dienst ist nicht
  in allen Systemen verfügbar. Oft sind nur fest vordefinierte Koordinationsvariablen für die vom Betriebssystem verwalteten Objekte verfügbar.
  Der Benutzer muss dann selbst eine geeignete Synchronisation für seine
  Datenobjekte auf der Anwenderebene realisieren.

- belegen (s)   *Dienst belegen*
  Das Betriebsmittel, dem die Koordinationsvariable s zugeordnet ist,
  soll belegt werden. Ist das Betriebsmittel derzeit belegt, so wird der
  aufrufende Prozess wartend gesetzt bis eine Zuteilung möglich ist. Bei
  Rückkehr aus der Prozedur ist das Betriebsmittel für den Aufrufer
  belegt. Der Versuch, ein bereits selbst belegtes Betriebsmittel erneut zu
  belegen, führt zu einem beliebig langen Wartezustand. Dieser Fall sollte
  daher in der Prozedur belegen möglichst abgeprüft werden. Dies setzt
  aber voraus, dass bei einer Koordinationsvariablen auch vermerkt wird,
  durch welchen Prozess eine Belegung erfolgte. Diese Prüfung ist in der
  folgenden Implementierung nicht vorgesehen.

- freigeben (s)   *Dienst freigeben*
  Das Betriebsmittel, dem die Koordinationsvariable s zugeordnet ist, wird
  freigegeben. Es dürfen nur selbst belegte Betriebsmittel freigegeben
  werden. Auch dies sollte in der Prozedur freigeben abgeprüft werden,
  ist aber in dem folgenden Algorithmus nicht enthalten.

Diese Dienste sind Systemdienste, die durch Teile des Betriebssystems und
durch Anwenderprogramme aufgerufen werden. Die Dienste belegen und
freigeben entsprechen den von Dijkstra eingeführten P- und V-Operationen
(DIJK68).

Ein Anwendungsbeispiel mit zwei Prozessen P1 und P2 und einem gemein-   *Anwendungs-*
samen, exklusiven Betriebsmittel r wird nachfolgend dargestellt. Hierbei sei   *beispiel*
die gemeinsame Koordinationsvariable s dem Betriebsmittel r zugeordnet.

```
process p1;
{ ...
    belegen (s);
    /* Beginn kritischer Bereich für r */
    verwenden r;
    /* Ende kritischer Bereich für r */
    freigeben (s);

    ...
}
```

```
process p2;
{ ...
   belegen (s);
    /* Beginn kritischer Bereich für r */
   verwenden r;
    /* Ende kritischer Bereich für r */
   freigeben (s);
    ...
}
```

Den Bereich, in dem die Prozesse das gemeinsame Betriebsmittel r verwenden, nennen wir kritischen Bereich für r. Kritische Bereiche können auch geschachtelt werden. Ein Prozess kann also an einer Stelle in mehreren kritischen Bereichen bezüglich verschiedener Betriebsmittel sein.

5.3   Forderungen an die Implementierung der Dienste

Problem

Zur Einführung in die Problematik betrachten wir die Dienste belegen (s) und freigeben (s). Sie verändern die Koordinationsvariable s und, wie wir sehen werden, auch weitere interne Listen. Die Prozesse, die sich synchronisieren wollen, rufen diese Dienste auf. Obwohl die Prozesse möglicherweise nur quasiparallel ablaufen, kann ein Prozesswechsel an jeder Stelle des Prozesses auftreten. Damit treten dieselben Probleme wie bei einem echt parallelen Ablauf auf. Man muss daher bei der Realisierung der Dienste von einer parallelen Ausführung ausgehen. Wie nachfolgend bei der naiven Implementierung gezeigt, sind parallele Abläufe über den Synchronisationsdiensten für eine korrekte Synchronisation nicht zulässig. Die Prozeduren, die die Dienste realisieren, sind also selbst ein exklusives Betriebsmittel! Damit muss zur Implementierung der Synchronisationsprozeduren das Synchronisationsproblem bereits gelöst sein. Das Verfahren hierzu wird nachfolgend gezeigt.

naive Implementierung

Der oben genannte Sachverhalt soll nochmals an einem anschaulichen Beispiel dargestellt werden. Wir betrachten hierzu eine naive (und falsche!) Implementierung des Dienstes belegen:

```
void belegen (s)
{  warten: while (s == belegt) { skip; }
   s = belegt;
}
```

Als Nächstes wird die Realisierung der Prozedur belegen betrachtet und dazu die Befehlssequenz ab Marke warten in Rechnerkernbefehle übersetzt. Hierzu werden vier Rechnerkernbefehle M1, M2, M3 und M4 benötigt. Weiterhin seien die Zustände belegt bzw. frei durch 0 bzw. 1 dargestellt. Dann ergibt sich:

warten:

/* Befehl M1: */	lade s aus speicher in register a;
/* Befehl M2: */	sprung nach warten, falls inhalt von a null;
/* Befehl M3: */	lösche register a auf null;
/* Befehl M4: */	speichere register a nach s;

Da ein Prozess nach jedem Befehl unterbrochen werden kann, ist beispielsweise der verschränkte Ablauf der beiden Prozesse P1 und P2 gemäß Abbildung 5.1 möglich. Man erkennt, dass am Ende beide Prozesse P1 und P2 den kritischen Abschnitt betreten haben. Damit ist keine korrekte Synchronisation erfolgt. Die Ursache ist, dass ein zweiter Prozess den Dienst belegen ausführen konnte, obwohl der erste Prozess den Dienst noch nicht abgeschlossen hatte. Der erste Prozess hat bereits die Koordinationsvariable gelesen und wird aufgrund dieses Wertes später in seinen kritischen Bereich gehen, er hat aber die Koordinationsvariable noch nicht geändert. Damit besteht eine Diskrepanz zwischen dem Zustand der Koordinationsvariable und der später getroffenen Entscheidung des Prozesses. Die Koordinationsvariable ist also selbst ein gemeinsames, exklusives Betriebsmittel der Prozesse. Damit muss der Zugriff auf sie synchronisiert werden. Das Synchronisationsproblem muss also bereits auf anderer Ebene gelöst sein, damit die Synchronisationsprozeduren belegen und freigeben realisiert werden können.

keine korrekte Synchronisation bei naiver Implementierung

Um nun zu einer korrekten Implementierung der Synchronisationsdienste zu kommen, formulieren wir die Forderung, dass diese Dienste exklusive Betriebsmittel sein müssen, um. Eine äquivalente Formulierung ist, dass die Dienste eine unteilbare Operation[1] darstellen. Dies bedeutet, dass einer der beiden folgenden Fälle vorliegt:

Forderungen an korrekte Realisierung

---

[1] auch atomare Operation genannt

Prozess P1		Prozess P2		s
Befehl	Register a	Befehl	Register a	(global)
M1	1			1 Zeit
	a)	M1	1	1
		M2	1	1
		M3	0	1
		M4	0	0
		...		0
		/* im kritischen */		0
		/* Bereich */		0
M2	1			0
	b)			0
M3	0			0
M4	0			0
...				0

/* im kritischen */
/* Bereich */

Ergebnis: P1 und P2 sind im kritischen Bereich

a) entziehen_rechnerkern (P1) und
   zuteilen_rechnerkern (P2)
b) entziehen_rechnerkern (P2) und
   zuteilen_rechnerkern (P1)

Abbildung 5.1: Falsche Synchronisation bei einer naiven Implementierung
                des Dienstes belegen

- Fall 1: Die Dienste laufen unter gegenseitigem Ausschluss ab und sind nicht unterbrechbar. Ablauf unter gegenseitigem Ausschluss bedeutet, dass die Dienste nicht von mehreren Prozessen gleichzeitig ausgeführt werden können. Nicht unterbrechbar bedeutet, dass ein Prozess, der die Ausführung eines Dienstes begonnen hat, diesen vollständig ausführt. Damit wird verhindert, dass der Prozess den Synchronisationsdienst nie abschließt, weil der Prozess beispielsweise beendet wird, oder dass der Prozess bei Ausführung anderer eingeschobener Aktivitäten selbst wieder den Synchronisationsdienst aufruft, was zu einer Verklemmung führen würde.

- Fall 2: Die Dienste laufen unter gegenseitigem Ausschluss ab und sind unterbrechbar. Bei einer Unterbrechung ist aber sichergestellt, dass keine Abläufe eingeschoben werden, die auf Variablen der Synchronisationsprozeduren zugreifen. Weiterhin ist sichergestellt, dass der unterbrochene Dienst an der Unterbrechungsstelle wieder fortgesetzt wird.

Die Forderungen gemäß Fall 1 lassen sich in einem Einprozessorsystem sehr leicht erfüllen. Die Dienste zur Synchronisation müssen nur unter Unterbrechungssperre ablaufen. Da es nicht zugelassen werden kann, dass Teile der Benutzerprogramme unter Unterbrechungssperre ablaufen, müssen die Dienste im Betriebssystemkern realisiert werden.

Verwendung Unterbrechungssperre

Die Forderungen gemäß Fall 2 lassen sich ohne Einschränkung erfüllen, wenn man die Synchronisationsdienste als Dienste in einem Synchronisationsprozess realisiert. Der Prozess kann ja seine Aufträge sequenziell ausführen und er wird bei Unterbrechungen an der Unterbrechungsstelle wieder fortgesetzt. Diese Implementierung benötigt keine Unterbrechungssperren für den Prozess. Sie ist auch unabhängig von der Anzahl der Rechnerkerne.

Verwendung Synchronisationsprozess

Eine dritte Möglichkeit, die Forderung nach gegenseitigem Ausschluss zu erfüllen, ergibt sich durch Verwendung von speziellen Rechnerkernbefehlen zur Synchronisation. Solche Befehle werden unteilbar ausgeführt. Sie stehen in fast allen Maschinen zur Verfügung. Sie unterscheiden sich aber in ihrer Funktion zum Teil erheblich. Mit diesen Synchronisationsbefehlen können die kritischen Teile der Synchronisationsprozeduren als unteilbare Operationen realisiert werden. Eine Lösung nach dieser Technik wird nachfolgend beschrieben.

Verwendung spezieller Rechnerkernbefehle

5.4   Implementierung der Dienste

Nachfolgend wird die Implementierung der Dienste zur Synchronisation unter Verwendung der Unterbrechungssperre und eines speziellen Rechnerkernbefehls zum gegenseitigen Ausschluss dargestellt. Die Dienste sind im Betriebssystemkern realisiert. Es werden zunächst die getroffenen Voraussetzungen beschrieben.

Entzug
Rechnerkern

Falls das zu koordinierende Betriebsmittel belegt ist, wird den Prozessen der Rechnerkern entzogen. Die Prozesse werden dabei angehalten bis das Ereignis synchronisiert gemeldet wird. Der Entzug des Rechnerkerns ist unter dem Aspekt Leistung zweckmäßig, da sonst eine unproduktive Warteschleife[1] (geschäftiges Warten) entstehen würde. Der Entzug des Rechnerkerns ist aber auch notwendig, da sonst beispielsweise folgende Situation eintreten könnte: Ein unwichtiger Prozess P1 hat Betriebsmittel belegt, hat aber keinen Rechnerkern und macht deshalb auch keine Fortschritte. Alle anderen rechnenden Prozesse sind in Warteschleifen und warten auf das Freiwerden von Betriebsmitteln, die P1 belegt hat. Aus der Sicht des Betriebssystemkerns rechnen diese Prozesse, da das Betriebssystem keine Kenntnis von der unproduktiven Warteschleife hat. Falls durch die eingesetzte Rechnerkernvergabestrategie nicht sicher gestellt ist, dass P1 irgendwann den Rechnerkern erhält, bleibt das Gesamtsystem auf Dauer in einer unproduktiven Warteschleife. Eine Rechnerkernvergabestrategie, die sicherstellt, dass alle Prozesse immer wieder den Rechnerkern erhalten, wäre beispielsweise das Round-Robin-Verfahren.

exchange

Als Synchronisationsbefehl zur Realisierung des gegenseitigen Ausschlusses der Synchronisationsdienste stehe der Rechnerkernbefehl exchange (a, s) zur Verfügung. Die Inhalte der beiden Speicherplätze a und s werden vertauscht. Die Operation ist unteilbar und läuft unter gegenseitigem Ausschluss aller Rechnerkerne ab. Zur Synchronisation der Synchronisationsdienste wird die Boole'sche Koordinationsvariable koord_bf eingeführt. Sie kann die Werte belegt und frei annehmen.

Warten anderer
Rechnerkern

In einem Mehrprozessorsystem kann es sein, dass mehrere Prozesse, die gleichzeitig rechnend sind, eine Synchronisation durchführen wollen. Falls die Dienste zur Synchronisation gerade ausgeführt werden und ein weiterer Rechnerkern diese Dienste ebenfalls ausführen will, muss dieser in einer Warteschleife (geschäftig) warten. Dies ist im Gegensatz zu dem im vorletzten Absatz geschilderten Warten möglich, da der auf die Warteschleife folgende Teil der Synchronisationsprozeduren nur eine kurze Rechenzeit hat und in ihm keine Wartezustände auftreten.

---

[1]   Eine Koordinationsvariable mit geschäftigem Warten heißt bei Windows auch spinlock.

Die allgemeine Koordinationsvariable ist ein Verbund vom Typ sema. Komponenten sind der Wert und eine Liste der eventuell wartenden Prozesse, die Warteschlange. Der Wert enthält eine ganze Zahl n, die folgende Bedeutung hat:

Datenstruktur sema

  $n >= 0$: Es können noch n Prozesse das Betriebsmittel belegen;

  $n < 0$: Es warten $|n|$ Prozesse auf Freigabe.

Damit gilt:

```
struct sema {
  int  wert;
  prozessname warteschlange [ anzahl_prozesse ] ;
};
```

```
void synchr_dienste_sperren()
{  a = belegt;
   while (a == belegt)
      { exchange (a, koord_bf); }
   /* jetzt sind die Synchronisationsdienste belegt */
}
```

Prozedur synchr_dienste_-sperren

```
void belegen (s)    /* s ist vom Typ sema */
{  (belegt, frei) sind zulässige werte von a;
   setze unterbrechungssperre;
   synchr_dienste_sperren();
   s.wert − = 1;
   if (s.wert < 0) {   /* Prozess muss warten; */

      p = interner name des aufrufenden prozesses;
      s.warteschlange [-s.wert] = p;
      anhalten (p, "synchronisiert", f);
         /* der Rechnerkern läuft aber trotzdem weiter!! */

   }
   koord_bf = frei;
   lösche unterbrechungssperre;
}
```

Prozedur belegen

Prozedur freigeben

```
void freigeben (s)     /* s ist vom Typ sema */
{ (belegt, frei) sind zulässige werte von a;
  setze unterbrechungssperre;
  synchr_dienste_sperren();
  if (s.wert < 0) {    /* Prozesse warten */
    p = s.warteschlange [1];
      /* interner Name des ersten wartenden Prozesses */
    melden (p, "synchronisiert", f);
      /* der Rechnerkern läuft hier trotzdem weiter */
      /* Aufrücken der anderen Prozesse */
    for (i = 2; i ≤ -s.wert; i++)
      { s.warteschlange [i-1] = s.warteschlange [i]; }
  }
  s.wert + = 1;
  koord_bf = frei;
  lösche unterbrechungssperre;
}
```

Prozeduren sind im Betriebssystem

Im vorherigen Abschnitt wurde bereits darauf hingewiesen, dass die beiden Prozeduren belegen und freigeben zweckmäßigerweise im Betriebssystemkern implementiert werden. Sie werden also als Systemdienste aufgerufen. Dies bedeutet, dass sie im Rahmen einer „Unterbrechungsbehandlung für Systemaufrufe" realisiert werden. Wie besprochen werden alle Unterbrechungsbehandlungen erst am Ende durch den Aufruf der Rechnerkernvergabe abgeschlossen. Deshalb die beiden Hinweise im Algorithmus, dass das Anhalten oder Fortsetzen eines Prozesses das Durchlaufen des Algorithmus nicht beeinflusst, sondern sich erst in der Rechnerkernvergabe auswirkt. Man sieht an Hand dieser Implementierung unmittelbar die Gründe für die Implementierung dieser Dienste im Systemkern. Der wichtigste ist die Verwendung der Unterbrechungssperre. Ein anderer ist die einfache Lösung für das Problem des Rechnerkernentzugs bei belegtem Betriebsmittel.

Falls der Betriebssystemkern insgesamt schon als exklusives Betriebsmittel realisiert ist, kann auf die Koordination mit der Koordinationsvariablen koord_bf verzichtet werden. Es ist dann ja schon sichergestellt, dass nur ein Rechnerkern den Systemkern und damit auch die Prozeduren belegen bzw. freigeben betreten kann. Falls von der Umgebung bereits die Unterbrechungssperre gesetzt wurde, dann sollte diese in den Synchronisationsprozeduren nicht verändert werden.

Beim Freiwerden eines exklusiven Betriebsmittels müssen die wartenden *Reihenfolge der*
Prozesse benachrichtigt, also der entsprechende Wartezustand aufgelöst *Prozesse*
werden. In dem obigen Algorithmus wird der Wartezustand genau eines
Prozesses aufgehoben. Es ist der Prozess, der am längsten auf die Freigabe
gewartet hat. Dies entspricht dem Ideal in theoretisch orientierten Veröffent-
lichungen: Die Reihenfolge ist fair und Prozesse verhungern nicht, da ihr
Wartezustand gemäß der Reihenfolge in der Warteschlange aufgelöst wird.
Aus der Sicht eines realen Systems ist diese Reihenfolge aber sehr problematisch, denn es gibt im Betriebssystem Vergabestrategien, die im Konflikt
dazu stehen. Einfachstes Beispiel: Der am längsten auf die Freigabe des Betriebsmittels wartende Prozess ist ganz unwichtig und ein anderer wartender
Prozess ist sehr wichtig. Allerdings kommt es nicht nur auf die Wichtigkeit der Prozesse an, sondern auf deren Gesamtsituation im Betriebssystem.
Daher liegt es nahe, bei allen auf die Freigabe eines bestimmten Betriebsmittels wartenden Prozessen, den entsprechenden Wartezustand aufzuheben.
Es kommt dann zu einer erneuten Konkurrenz um das Betriebsmittel, wobei
dann die Zuteilung der anderen Ressourcen durch das Betriebssystem maß-
gebend für den Erfolg ist. Bei dieser Strategie können Prozesse verhungern.

In diesem Zusammenhang ist auch noch eine weitere Situation zu betrachten. *Übertragung*
Ein exklusives Betriebsmittel sei von einem sehr unwichtigen Prozess belegt. *Wichtigkeit*
Dieser sei so unwichtig, dass er in absehbarer Zeit kaum eine Chance hat,
zu rechnen. Ein ganz wichtiger Prozess warte aber auf dieses Betriebsmittel.
Damit wird der wichtige Prozess ganz massiv durch den unwichtigen Prozess
behindert. In manchen Systemen, insbesondere in Echtzeitsystemen, wird
zur Vermeidung dieses Problems der unwichtige Prozess mit der Priorität
des wartenden Prozesses solange ausgeführt, bis er das Betriebsmittel frei
gibt. Auch dieser Fall setzt voraus, dass die Strategie in der Prozedur
freigeben auf die anderen Zuteilungsstrategien für Betriebsmittel innerhalb
des Betriebssystems abgestimmt ist.

5.5 Kritische Bereiche

Die Benutzung der oben beschriebenen Dienste ist fehleranfällig. Es kann *andere*
nicht gewährleistet werden, dass ein Benutzer das Betriebsmittel vor Be- *Sprachkonstrukte*
nutzung belegt oder ein belegtes Betriebsmittel wieder frei gibt. Auch der
Versuch einer mehrfachen Belegung oder Freigabe kann oft nicht erkannt
werden und führt dann zu gravierenden Fehlern, die auch andere Prozesse betreffen können. Daher sind in einigen höheren Sprachen weniger
fehleranfällige Sprachkonstrukte zur Synchronisation eingeführt worden.
In diesem Buch werden zwei dieser Sprachkonstrukte näher behandelt,
zunächst die kritischen Bereiche und im nächsten Abschnitt die Monitore.

kritische Bereiche Die kritischen Bereiche wurden von Hoare (HOAR71) und Brinch Hansen (BRIN72) eingeführt. Den gemeinsamen Variablen der Prozesse wird bei der Artvereinbarung das zusätzliche Attribut shared zugeordnet. Diese Variablen dürfen nur in einem zugehörigen kritischen Bereich verwendet werden. Dies kann durch den Übersetzer geprüft werden. Der große Vorteil dieses Sprachkonstrukts ist also, dass damit die korrekte Synchronisation überprüfbar wird. Beispiel für die Notation in einem Prozess:

Syntax für kritische Bereiche

```
process Pi:
shared type_of_gemvar gemvar;
  /* gemvar ist die gemeinsame Variable der Prozesse */

{ ...
   region gemvar {
      ... /* Anweisungsfolge in der auf gemvar zugegriffen wird */
   }
   ...
}
```

Regeln kritische Bereiche Für die kritischen Bereiche bezüglich derselben gemeinsamen Variablen gilt gegenseitiger Ausschluss. Die gemeinsamen Variablen werden also als exklusive Betriebsmittel angesehen. Diese werden während der Ausführung eines kritischen Bereichs belegt. Also kann sich auch nur ein Prozess in einem kritischen Bereich bezüglich derselben Variablen befinden. Kritische Bereiche können ineinander geschachtelt werden.

bedingte kritische Bereiche Die einfachen kritischen Bereiche wurden später, u.a. von Brinch Hansen (BRIN73), zu bedingten kritischen Bereichen erweitert. Bei bedingten kritischen Bereichen kann ein Bereich abhängig von einer Bedingung betreten werden oder in einem kritischen Bereich kann bis zur Gültigkeit einer Bedingung gewartet werden. Die Bedingung darf in beiden Fällen nur von Komponenten der gemeinsamen Variablen dieses kritischen Bereichs abhängen. Nach der Notation von Brinch Hansen hat ein bedingter kritischer Bereich bezüglich einer gemeinsamen Variablen gemvar folgende Struktur:

Syntax für bedingte kritische Bereiche

```
process Pi:
shared type_of_gemvar gemvar;
  /* gemvar ist die gemeinsame Variable der Prozesse */

{ ...
   region gemvar {
      ... /* Anweisungsfolge 1, in der auf gemvar zugegriffen wird */
```

```
await bed;   /* Warten bis die Bedingung bed erfüllt ist */
    ...  /* Anweisungsfolge 2, in der auf gemvar zugegriffen wird */
  }
  ...
}
```

Es gelten folgende Regelungen für das Warten in einem kritischen Bereich:

Warten in kritischen Bereichen

1. bed stellt einen logischen Ausdruck dar, der nur Konstanten und Komponenten aus der Datenstruktur gemvar enthält. Dies bedeutet eine erhebliche Vereinfachung der Implementierung, da sich bed nur ändern kann, wenn ein Prozess einen kritischen Bereich bezüglich derselben Variablen gemvar durchläuft.

2. Trifft ein Prozess auf die Anweisung await bed und ist bed wahr, so wirkt die Anweisung als Leerbefehl. Ist bed falsch, so verlässt der Prozess temporär diesen kritischen Bereich. Damit können andere Prozesse in einen kritischen Bereich bezüglich gemvar eintreten.

3. Verläßt ein Prozess den kritischen Bereich bezüglich gemvar, so wird geprüft, ob Prozesse in diesem kritischen Bereich temporär warten. Aus diesen wird ein Prozess ausgesucht, dessen Wartebedingung erfüllt ist. Dieser wird in seinem kritischen Bereich nach await fortgesetzt. Ist kein solcher Prozess vorhanden, dann wird geprüft, ob Prozesse auf das Betreten des kritischen Bereichs an dessen Anfang warten. Einer dieser Prozesse wird ausgewählt und kann den kritischen Bereich betreten. Sind auch keine solchen Prozesse vorhanden, dann wird das gemeinsame Betriebsmittel gemvar freigegeben.

Bedingte kritische Bereiche lassen sich mit den besprochenen Systemdiensten zur Synchronisation einfach realisieren. Hierzu wird auf die Literatur verwiesen. Andererseits lassen sich auch Prozeduren zur Synchronisation durch bedingte kritische Bereiche implementieren. Als Beispiel dafür sind die Prozeduren für den Zugriff auf exklusive Betriebsmittel gewählt worden. Diese sind hier ebenfalls mit belegen und freigeben bezeichnet.

Mächtigkeit, Beispiel

```
void belegen (s)   /* s ist gemeinsam, Werte: (belegt, frei) */
{ region s {
    await s == frei;
    s = belegt;
  }
}
```

```
void freigeben (s)   /* s ist gemeinsam, Werte: (belegt, frei) */
{  region s {
      s = frei;
   }
}
```

5.6   Monitore

Ein wichtiges Strukturierungskonzept für große Systeme ist die Bildung abstrakter Datentypen. Hier werden die Daten und die Operationen dafür in einem Modul zusammengefasst. Ein solches Modul heißt Monitor, wenn die Operationen von den Prozessen über Prozeduraufrufe zugänglich sind und die Prozeduren in einem Modul unter gegenseitigem Ausschluss ablaufen.

Der Begriff Monitor und seine sprachliche Formulierung wurden von Brinch Hansen (BRIN73) und Hoare (HOAR74) eingeführt. Das Konzept war von einer gewissen Bedeutung für die Implementierung von Betriebssystemen. Experimentelle Betriebssysteme wurden auf der Basis des Monitorkonzepts geschrieben. Allerdings gibt es hierbei einige später diskutierte grundlegende Probleme.

Aufbau

Nach Hoare ist ein Monitor wie folgt aufgebaut:

```
monitor name_des_monitors;
   /* Vereinbarung lokaler Variablen des Monitors */
   ...
   /* Vereinbarung lokaler Prozeduren des Monitors */
   ...
   /* Vereinbarung öffentlicher Prozeduren des Monitors,
      gekennzeichnet durch ein vorangestelltes public */
   ...
   {
      /* Initialisierungssequenz */
      ...
   }
```

Regeln

Für die Abläufe in einem Monitor gelten folgenden Regeln:

1. Die lokalen Variablen und die lokalen Prozeduren sind nur innerhalb des Monitors zugänglich.

2. Die öffentlichen Prozeduren können von außen aufgerufen werden. Beim Aufruf wird der Name des Monitors vorangestellt. Dadurch entsteht eine eindeutige Bezeichnung der Prozedur.

3. Der Monitor ist exklusives Betriebsmittel. Die Prozeduren in ihm laufen also unter gegenseitigem Ausschluss ab. Prozesse, die Prozeduren des Monitors aufrufen wollen, müssen also ggf. warten bis der Monitor frei ist.

4. Ein Monitor wird durch spezielle Anweisungen erzeugt. Unmittelbar nach seiner Erzeugung wird seine Initialisierungssequenz durchlaufen. Erst danach können seine Dienste von außen aufgerufen werden. Der Monitor bleibt aber unabhängig von einem Aufrufer existent.

Beim Ablauf von Prozeduren im Monitor ist es oft notwendig, anzuhalten bis eine bestimmte Bedingung erfüllt ist. Im Hinblick auf eine effiziente Realisierung werden jedoch nicht beliebige Wartebedingungen zugelassen, sondern nur eine fest aufgezählte Menge von Bedingungen. Jeder Wartezustand wird dabei an eine so genannte Condition Variable geknüpft. Sie ist in den lokalen Variablen des Monitors vereinbart. Ihre Art ist condition. Folgende Operationen sind darauf definiert: *Warten im Monitor*

- wait (c : Condition)
  Der Prozess wird wartend gesetzt und verlässt den Monitor temporär.

- signal (c : condition)
  Falls kein Prozess bezüglich c wartet, ist der Aufruf ohne Wirkung. Falls mindestens ein Prozess bezüglich c temporär wartet, wird der erste dieser Prozesse nach seinem Aufruf von wait fortgesetzt. Der aufrufende Prozess wird zurückgestellt und wartet bis der Monitor wieder frei wird.

- waiting (c : condition)
  Liefert den Wert true, falls mindestens ein Prozess bezüglich c wartet.

Die Festlegung der Funktion signal bedarf einer Erläuterung. Die Festlegung ist so wie oben geschildert notwendig, da sich die Bedingung durch Fortsetzen anderer Prozesse im Monitor ändern könnte. Es muss daher der temporär wartende Prozess sofort fortgesetzt werden, da nur so sichergestellt ist, dass er nur bei (noch) erfüllter Bedingung die Prozedur wait verlässt. Da der Monitor exklusives Betriebsmittel ist, muss aber dann der signalisierende Prozess an dieser Stelle warten bis der Monitor wieder frei wird: Der Prozess wird zurückgestellt. Verlässt ein Prozess den Monitor normal oder temporär, so wird ein zurückgestellter Prozess fortgesetzt, falls ein solcher vorhanden ist. Sonst wird ein vor dem Betreten des Monitors wartender Prozess fortgesetzt. Ist auch ein solcher nicht vorhanden, dann wird der Monitor *Regeln für das Warten* freigegeben. Zur Vereinfachung dieses komplexen Ablaufs, lassen manche Implementierungen ein Signalisieren nur in Verbindung mit dem endgültigen Verlassen des Monitors zu.

Mächtigkeit   Monitore lassen sich mit Synchronisationsprozeduren und Synchronisationsprozeduren lassen sich mit Monitoren realisieren. Die Prozeduren belegen und freigeben mit Boole'schen Koordinationsvariablen können wie folgt als Monitor realisiert werden:

```
monitor synchronisation;
condition aenderung;
public void belegen (s)    /* s ist vom Typ sema */
  {   /* warten bis Koordinationsvariablen s vom Typ sema frei ist */
     while (s.wert ! = frei) {
       wait (aenderung);
       if (s.wert ! = frei) {
          /* ein anderes Betr.Mittel wurde frei; ein evtl. wartender
             anderer Prozess muss jetzt prüfen, ob ihn die signalisierte
             Änderung interessiert */
          signal (aenderung);
       }
     }
     s.wert == belegt;
  }
public void freigeben (s)    /* s ist vom Typ sema */
  { s.wert == frei;
    signal (aenderung);
  }
{ }
```

belegen

freigeben

Erzeuger-
Verbraucher-
Problem

Ein sinnvolleres Beispiel für die Anwendung von Monitoren ist die Bildung gekapselter Datenstrukturen, also die Realisierung der gemeinsamen Datenstruktur und der zugehörigen Dienste als ein Monitor. Diese Vorgehensweise wird an dem Beispiel des Erzeuger-Verbraucher-Problems dargestellt. Von einem Erzeugerprozess werden Datenblöcke erzeugt. Diese werden von einem Verbraucherprozess verarbeitet. Zur Vermeidung einer starren Kopplung wird ein Puffer mit begrenztem Speicherplatz dazwischengeschaltet. Für den Puffer stehen die Dienste eintragen und holen bereit. Puffer und Dienste sind in einem Monitor puffer. Es kann mehrere Erzeuger- und mehrere Verbraucherprozesse geben.

```
process erzeuger;                                                        Erzeuger
{ ...
   while ( ... ) {
     erzeuge datenblock;
     puffer.eintragen (datenblock);
   }
   ...
}
process verbraucher;                                                     Verbraucher
{ ...
   while ( ... ) {
     puffer.holen (datenblock);
     werte datenblock aus;
   }
   ...
}
monitor puffer;                                                          Monitor puffer
typedef char[m] block;
  /* Ringpuffer */
block puffer [n] ;
  /* Anzahl belegter Pufferplätze */
int  anz_belegt;
  /* Index des ersten belegten Platzes */
int  anf_belegt;
  /* Index des ersten freien Platzes */
int  anf_frei;
condition nichtleer, nichtvoll;
public void holen (datenblock)                                          holen
  /* datenblock ist vom Typ block */
{  if (anz_belegt == 0)
      { wait (nichtleer); }
   datenblock = puffer [anf_belegt] ;
   anz_belegt − = 1;
   if (anf_belegt == n)
      { anf_belegt = 1; }
   else
      { anf_belegt + = 1; }
   signal (nichtvoll);
}
```

eintragen

```
public void eintragen (datenblock)
  /* datenblock ist vom Typ block */

{ if (anz_belegt == n)
     { wait (nichtvoll); }
  puffer [anf_frei] = datenblock;
  anz_belegt + = 1;
  if (anf_frei == n)
     { anf_frei = 1; }
  else
     { anf_frei + = 1; }
  signal (nichtleer);
}
```

Initialisierung

```
{ anz_belegt = 0;
  anf_belegt = 1;
  anf_frei = 1;
}
```

Probleme

Über Anwendung und Eigenschaften des Monitorkonzepts berichteten u.a. Lister (LIST77), Keedy (KEED79) und Lampson/Redell (LAMP80). Die geschilderten Sachverhalte gelten auch bei den heutigen Anwendungen von Monitoren. Die wesentlichen Probleme bei der Verwendung des Monitorkonzepts sind die unerwarteten Sequenzialisierungen und die inflexiblen Wartezustände der Prozesse. Monitore haben sich daher als Modularisierungskonzept für Betriebssysteme nicht durchgesetzt[1].

Prozesse rufen Prozeduren der Monitore auf. In diesen Prozeduren können wieder direkt oder über andere aufgerufene Prozeduren andere Monitore aufgerufen werden. Es ergibt sich so ein geschachtelter Aufruf von Monitorprozeduren. Kommt es nun in einem Monitor zu einem Wartezustand, dann wird nur dieser Monitor temporär verlassen. Alle anderen an der Aufrufschachtelung beteiligten Monitore bleiben weiterhin belegt und können keine anderen Dienste durchführen. Dadurch ergibt sich in großen Systemen oft eine unvermutete Sequenzialisierung von Abläufen.

Der Wartezustand der Prozesse vor einem Monitor und insbesondere der temporäre Wartezustand in einem Monitor werden durch den Monitor selbst verwaltet. Es gibt daher keine Möglichkeit, den Prozess durch das Betriebssystem ohne Schaden für den Prozess und ohne Beeinträchtigung der Funktion des Monitors aus bedingten Wartezuständen zu nehmen. Da ja alle

---

[1] Sie finden sich aber in eingeschränkter Form beispielsweise in Java (Sprachmittel SYNCHRONIZED).

an der Aufrufverschachtelung beteiligten Monitore regulär verlassen werden müssen oder zumindest asynchron informiert werden müssten, was aber vom rein sequenziellen Ablaufkonzept eines Monitors her nicht möglich ist, reicht es nicht aus, den Prozess einfach aus seinem Wartezustand zu nehmen und an anderer Stelle fortzusetzen. Der Wartezustand in einem Monitor ist daher unflexibel. Da der Wartezustand im Monitor durch das Betriebssystem nicht aufgelöst werden kann, ist der wartende Prozess auch nicht in der Lage auf äußere Ereignisse oder Nachrichten zu reagieren. Auch eine zeitliche Begrenzung der bedingten Wartezustände, wie für Echtzeitsysteme erforderlich, lässt sich mit Monitoren nicht realisieren.

5.7 Synchronisation in verteilten Systemen

Die geschilderten Konzepte zur Synchronisation sind in zentralen Systemen mit einem gemeinsamen Arbeitsspeicher möglich. Eine Synchronisation über einen Synchronisationsprozess, einen Synchronisationsserver, ist auch in einem verteilten System möglich. Dabei ergibt sich eine besondere Flexibilität, wenn die Sperre per Nachricht angefordert wird und der Synchronisationsprozess wieder eine Nachricht schickt, wenn die Sperre für den Prozess gesetzt wurde. Probleme, die hier nicht vertieft werden sollen, ergeben sich dadurch, dass die beteiligten Prozesse und Server ausfallen können, zeitweise nicht erreichbar sind oder beendet werden, ohne dass die anderen Beteiligten dies erkennen. Weitere Konzepte werden in Kapitel 12 behandelt.

Synchronisations-server

6   Verklemmungen

In diesem Kapitel wird zunächst gezeigt, dass bei der Betriebsmittelzutei-
lung Verklemmungen auftreten können. Solche Verklemmungen treten auch
bei korrekter Synchronisation auf und führen zum Stillstand des Systems. Es
wird dann der grundlegende Algorithmus zur Erkennung einer bereits vorlie-
genden Verklemmung entwickelt. Das Kapitel schließt mit der Darstellung
von Verfahren zur Vermeidung von Verklemmungen.

6.1   Entstehung

Verklemmungen können beim Zugriff auf gemeinsame Betriebsmittel ent-   *Beispiel*
stehen. Verklemmungen sind daher ein typisches Problem, das beim Entwurf
von Betriebssystemen beachtet werden muss. Nachfolgend wird ein sehr einfaches Beispiel für eine Verklemmung beschrieben. In einem System seien
zwei Prozesse p1 und p2 und zwei Betriebsmittel r1 und r2 vorhanden. Die
Betriebsmittel sind exklusiv und nicht entziehbar. Eine korrekte (!) Programmierung der Prozesse ist dann beispielsweise:

```
process p1;                     process p2;
{ ...                           { ...
  region r1 {                     region r2 {
    region r2 {                     region r1 {
      ...                             ...
    }                               }
  }                               }
  ...                             ...
}                               }
```

Ein möglicher zeitlicher Ablauf wäre dann der folgende: *zeitlicher Ablauf*

- p1 belegt r1.
- p2 belegt r2.

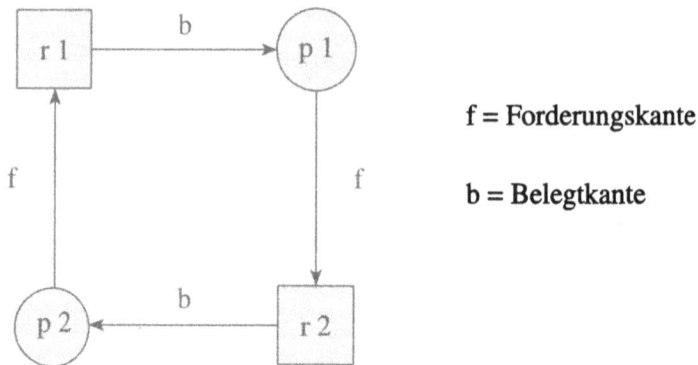

f = Forderungskante

b = Belegtkante

Situation:

Prozess p1 belegt Betriebsmittel r1 und fordert Betriebmittel r2

Prozess p2 belegt Betriebsmittel r2 und fordert Betriebmittel r1

Abbildung 6.1: Prozess-Betriebsmittel-Graph für einen einfachen Fall einer Verklemmung

- p2 möchte r1 belegen. Da dieses Betriebsmittel belegt ist, muss p2 auf Freigabe warten. Die Freigabe kann nur durch p1 erfolgen.

- p1 möchte r2 belegen. Da dieses Betriebsmittel belegt ist, muss p1 auf Freigabe warten. Die Freigabe kann nur durch p2 erfolgen.

Verklemmung

Man erkennt, dass beide Prozesse in einen Wartezustand gekommen sind, in dem sie gegenseitig aufeinander warten. Der Wartezustand kann also nur noch durch Abbruch eines der beteiligten Prozesse aufgelöst werden. Man nennt diesen Zustand Verklemmung (deadlock).

Prozess-Betriebsmittel-Graph

Der Sachverhalt lässt sich anschaulich in einem Prozess-Betriebsmittel-Graph gemäß Abbildung 6.1 darstellen. Der Graph enthält eckige Betriebsmittelknoten und runde Prozessknoten. Belegtkanten b geben an, dass ein Betriebsmittel von einem Prozess belegt ist. Forderungskanten f sind vorhanden, wenn ein Prozess ein Betriebsmittel fordert. Man erkennt, dass sich bei einer Verklemmung ein geschlossener Weg in diesem Graph bildet, der die beteiligten Prozesse und Betriebsmittel enthält.

Definition

Kennt man die zukünftigen Betriebsmittelanforderungen der Prozesse, so lässt sich in dem obigen zeitlichen Ablauf bereits bei Zuteilung von r2 an p2 sagen, dass es zu einer Verklemmung kommen wird. Man nennt diesen Zustand daher verklemmungsbedroht. Die Definition ist: Der Zustand verklemmungsbedroht liegt vor, wenn es auf Grund der Forderungen nach Betriebsmitteln keine Reihenfolge für die Bearbeitung der Prozesse gibt, gemäß der alle Prozesse beendet werden können. Eine Verklemmung liegt vor, wenn der Zustand verklemmungsbedroht ist und mindestens zwei Prozesse gegenseitig auf die Freigabe von Betriebsmitteln warten.

Sieht man von verbrauchbaren Betriebsmitteln ab, dann müssen alle folgenden Bedingungen erfüllt sein, damit überhaupt eine Verklemmung entstehen kann:

Vorbedingungen

1. Die beteiligten Betriebsmittel sind zugriffsbeschränkt.

2. Die beteiligten Betriebsmittel sind nicht entziehbar.

3. Die Prozesse fordern die Betriebsmittel nicht auf einmal an.

4. Die Prozesse fordern die Betriebsmittel in beliebiger Reihenfolge an.

5. Ist ein Betriebsmittel nicht verfügbar, so wartet der Prozess auf dessen Freigabe, ohne die bereits belegten Betriebsmittel freizugeben.

6. Ein Prozess kann durch das Betriebssystem nicht auf einen früheren Zustand, beispielsweise vor Belegung eines Betriebsmittels, zurückgesetzt werden.

Diese Bedingungen lassen sich dadurch nachweisen, dass man zeigt, dass dies die Vorbedingungen für das Entstehen eines geschlossenen Weges im Prozess-Betriebsmittel-Graph sind.

6.2 Entdeckung

Die Grundidee der Entdeckung beruht auf der Definition des Zustands verklemmungsbedroht. Man muss also untersuchen, ob es eine Reihenfolge der Prozesse gibt, gemäß der die Prozesse bearbeitet und beendet werden könnten. Wir nennen den Algorithmus, der dieses untersucht, Reduktionsalgorithmus. Der Name erinnert daran, dass bei Beendigung eines Prozesses dieser ja aus dem Prozess-Betriebsmittel-Graph entfernt wird, letzterer also reduziert wird.

Grundidee

Für den Reduktionsalgorithmus muss festgelegt werden, wann ein Prozess bearbeitet und wann ein Prozess beendet werden kann. Wir treffen die folgenden Festlegungen. Ein Prozess kann bearbeitet werden, wenn alle seine momentanen Forderungen nach Betriebsmitteln erfüllt werden können. Da nur untersucht wird, ob aufgrund der bereits gestellten Betriebsmittelforderungen eine Verklemmung vorliegt, sind eventuelle zukünftige Forderungen nach Betriebsmitteln unerheblich. Ein Prozess kann also beendet werden,

Beenden eines Prozesses

sobald er bearbeitet werden kann. Ein beendeter Prozess gibt alle belegten Betriebsmittel frei. Nach jeder Beendigung eines Prozesses sind also mindestens so viele Betriebsmittel wie vorher frei, meist aber mehr. Man beachte, dass nur im Algorithmus Prozesse beendet und Betriebsmittel freigegeben werden, nicht aber in Wirklichkeit.

Voraussetzungen Im nachfolgenden Reduktionsalgorithmus sind nur exklusive Betriebsmittel berücksichtigt. Eine Erweiterung auf andere Arten von Betriebsmitteln ist einfach möglich. Unsere exklusiven Betriebsmittel dürfen aus mehreren Einheiten bestehen. Beispielsweise besteht das Betriebsmittel Festplattenspeicher aus mehreren Einheiten, den Festplattenspeicherblöcken. Prozesse können mehrere Einheiten eines Betriebsmittels anfordern, aber nie mehr als insgesamt im System vorhanden sind. Wir führen folgende Bezeichnungen ein:

Bezeichnungen

mp	die Menge der Prozesse
mr	die Menge der Betriebsmittel
v (r)	die Funktion v (r) liefert die Anzahl der im System insgesamt vorhandenen Einheiten des Betriebsmittels r
b (p, r)	die Funktion b (p, r) liefert die Anzahl der vom Prozess p belegten Einheiten des Betriebsmittels r
f (p, r)	die Funktion f (p, r) liefert die Anzahl der vom Prozess p geforderten Einheiten des Betriebsmittels r
card (q)	liefert die Anzahl der Elemente in der Menge q

Reduktions-algorithmus
```
int anzahl_freie_einheiten (mp, r, v, b)
{   /* Berechnung der freien Einheiten des Betriebsmittels r */
    x = v (r);
    for (alle q aus mp)
        { x = x - b (q, r); }
    return x;
}


boolean forderungen_erfuellbar (p, mp, mr, v, b, f)
{   /* Pruefung ob alle Betriebsmittelforderungen von p erfuellbar; */
    for (alle r aus mr) {
        if (f (p, r) > anzahl_freie_einheiten (mp, r, v, b)) {
            return false;
        }
    }
    return true;
}
```

```
void reduktion (mp, mr, v, b, f)
{ eine_beendigung = true;
   while (eine_beendigung && card (mp) > 0) {
      eine_beendigung = false;
      for (alle p aus mp) {
         if ( forderungen_erfuellbar (p, mp, mr, v, b, f) ) {
            /* p kann bearbeitet werden, also p beenden */
            p aus mp entfernen;
            eine_beendigung = true;
              /* früher nicht bearbeitbare Prozesse könnten nach
                 Beendigung dieses Prozesses ausreichend viele
                 Betriebsmittel vorfinden und bearbeitbar werden. Also
                 eine_beendigung auf true setzen, damit die
                 While-Schleife nochmals durchlaufen wird */
         }
      }
   }
}
```

Nachbedingungen

Falls nach Rückkehr aus der Prozedur reduktion nicht alle Prozesse beendet wurden, d.h. card (mp) > 0 gilt, dann liegt der Zustand verklemmungsbedroht vor. Dies ist beispielsweise auch für den größeren Prozess-Betriebsmittel-Graph in Abbildung 6.2 der Fall. Es lässt sich zeigen, dass der Prozess-Betriebsmittel-Graph mindestens einen geschlossenen Weg enthält, falls nach der Reduktion card (mp) > 0 ist. Es lässt sich weiterhin zeigen, dass es für das Ergebnis des Reduktionsalgorithmus unerheblich ist, in welcher Reihenfolge die Prozesse beendet werden, da die Situation nach Beendigung eines Prozesses immer besser ist als die Ausgangssituation. Es ist also nicht notwendig, alle kombinatorisch möglichen Folgen für die Bearbeitung der Prozesse zu überprüfen.

Der obige Algorithmus zeigt nur das Prinzip. Für praktische Zwecke, d.h. wenn viele Prozesse und Betriebsmittel vorhanden sind, muss er umgestaltet werden, damit eine erträgliche Laufzeit entsteht.

6.3 Behandlung und Vermeidung

Grundkonzepte

Bezüglich des Umgangs mit Verklemmungen gibt es eine große Vielfalt von Konzepten. Man kann Verklemmungen durch geeignete Festlegun-

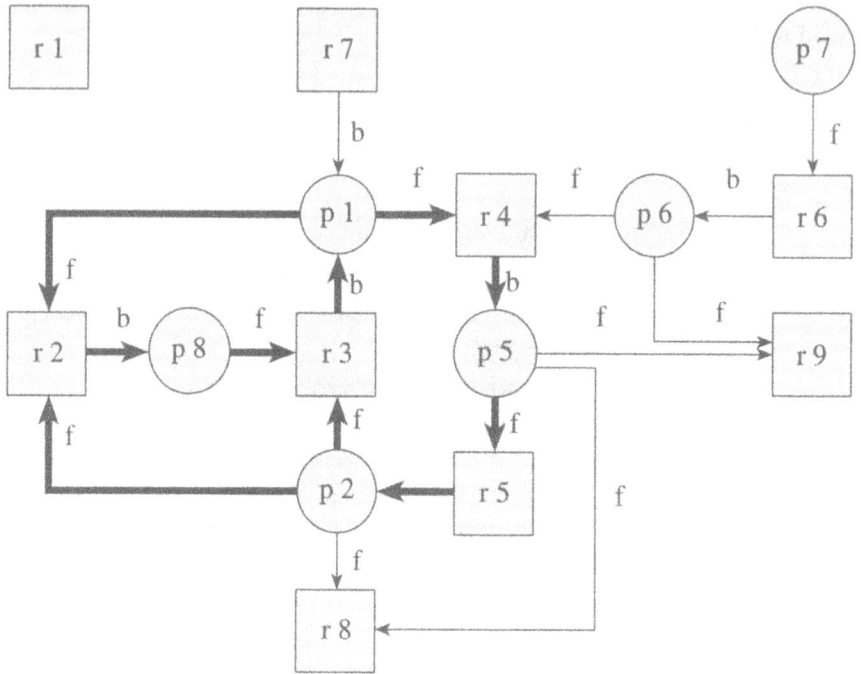

Abbildung 6.2: Ein größerer Prozess-Betriebsmittel-Graph

gen grundsätzlich vermeiden oder man kann Verklemmungen prinzipiell zulassen und, wenn sie auftreten, geeignet behandeln. Für die einzelnen Betriebsmittel werden meist unterschiedliche Verfahren gewählt. Die Entscheidung hängt von der Intensität der Benutzung und der Menge der vorhandenen Betriebsmittel ab. Mögliche Verfahren sind:

1. Diagnose einer Verklemmung durch den Reduktionsalgorithmus und nachfolgende Auflösung durch Rücksetzen von Prozessen;

2. Diagnose einer Verklemmung durch Überwachung der Wartezeit von Prozessen und nachfolgende Auflösung durch Abbruch;

3. Vermeidung einer Verklemmung durch Einschränkungen bei der Anforderung von Betriebsmitteln, so dass eine der Vorbedingungen zur Entstehung von Verklemmungen verletzt wird;

4. Vermeidung einer Verklemmung durch verklemmungsfreie Zuteilungsstrategien.

Dieses Konzept ist in Betriebssystemen unüblich, da bei einer Rücksetzung der Prozesse durch das Betriebssystem zu viele Probleme bei der Realisierung entstehen würden. Man denke nur an die dabei auftretende Forderung, Außenbeziehungen des Prozesses jederzeit auf einen früheren Stand zurücksetzen zu können. Hierbei kann es sich auch um bereits abgewickelte Aufträge handeln, die über Nachrichten an andere Rechensysteme übermittelt wurden.

Verfahren 1
Diagnose und
Rücksetzen

Eingesetzt wird das Verfahren dagegen beispielsweise im Bereich Datenbanken. Hier müssen Zugriffe der Prozesse auf die Daten koordiniert werden. Dies erfolgt durch Bündelung mehrerer logisch zusammenhängender Zugriffe eines Prozesses in eine Transaktion. Das Datenbanksystem stellt sicher, dass entweder alle Zugriffe einer Transaktion ausgeführt werden oder keiner davon. Zur Realisierung ist das Sperren aller Bereiche der Datenbank, die bei den Zugriffen in einer Transaktion benötigt werden, erforderlich. Die Bereiche der Datenbank sind also exklusive Betriebsmittel, die von den Prozessen belegt werden können. Treten dabei Zugriffskonflikte (Verklemmungen) auf, dann können die Prozesse auf den Anfang der Transaktion zurückgesetzt werden.

Auch hier wird das Entstehen von Verklemmungen zugelassen. Das Vorliegen einer Verklemmung wird nicht streng überprüft. Der Benutzer erkennt, dass sein Prozess zu lange „auf irgendetwas" wartet. Falls es einen Operateur für das Rechensystem gibt, wird ihm bestenfalls das Vorliegen ungewöhnlich langer Wartezustände gemeldet. Die in dieser Situation einzig mögliche Reaktion ist es, Prozesse abzubrechen. Das Verfahren ist also allenfalls für Betriebsmittel geeignet, die so selten benötigt werden oder die in so großer Zahl vorhanden sind, dass durch sie praktisch nie eine Verklemmung hervorgerufen wird.

Verfahren 2
Timeout und
Abbruch

Bei diesem Verfahren wird eine der Vorbedingungen (Seite 101), die für das Entstehen von Verklemmungen notwendig sind, verletzt. Hierdurch ergeben sich Einschränkungen der Prozesse bei der Anforderung der Betriebsmittel. Beispiele hierfür sind:

Verfahren 3
Vermeidung durch
Verletzung
Vorbedingung

- Es gibt eine Fehlermeldung, wenn ein angefordertes Betriebsmittel nicht frei ist. Bei Einbenutzersystemen ist dieses Vorgehen üblich und auch akzeptabel, da der Benutzer die Kontrolle über alle lokalen Betriebsmittel besitzt. In Mehrbenutzersystemen ist dieses Vorgehen problematisch, da es geeignete Absprachen der Anwender untereinander erfordert, um Verklemmungen bei der Nutzung ihrer gemeinsamen Betriebsmittel zu vermeiden.

- Die Betriebsmittel werden geordnet und dürfen nur in der Reihenfolge der Ordnung belegt werden. Hierdurch entstehen allerdings Programme, die wichtige Modularisierungskonzepte verletzen, da die Betriebsmittelanforderungen der aufrufenden und der aufgerufenen Programm-Module nicht mehr unabhängig erfolgen können.

• Die Prozesse müssen ihre maximalen Forderungen nach Betriebsmitteln zu einem Zeitpunkt angeben, in dem sie als „betriebsmittellos" betrachtet werden können. Dies ist insbesondere am Beginn eines Auftrags oder eines einzelnen Kommandos der Fall. Das System nimmt dann eine physikalische Reservierung oder eine logische Reservierung der maximalen Forderungen vor. Hierdurch werden bei der späteren konkreten Anforderung nur bereits erwartete Forderungen erhoben. Damit entspricht dies dem Fall, dass der Prozess keine Nachforderungen stellt. Der Nachteil dieses Verfahrens ist eine schlechte Auslastung der Betriebsmittel.

Bei logischer Einplanung von Betriebsmitteln lässt sich durch eine Überverplanung die Auslastung steigern. Allerdings nimmt auch die Wahrscheinlichkeit einer Verklemmung mit dem Umfang der Überverplanung zu. Ein Problem das aus anderen Bereichen des täglichen Lebens bekannt ist.

Verfahren 4
Verklemmungsfreie
Zuteilungsstrategie

Habermann-
Algorithmus

Das vierte Verfahren besteht im Einsatz einer verklemmungsfreien Zuteilungsstrategie. Hierbei erfolgt die Zuteilung von Betriebsmitteln so, dass eine Verklemmung ausgeschlossen ist. Verfahren hierzu sind der Habermann-Algorithmus und seine Varianten, wie beispielsweise der Bankier-Algorithmus (HERR94). Sie setzen jedoch Kenntnisse über die zukünftigen maximalen Betriebsmittelforderungen der Prozesse voraus.

Die Grundidee ist dann sehr einfach. Falls ein Prozess Betriebsmittel anfordert und genügend Betriebsmittel frei sind, teilt man dem Prozess die geforderten Betriebsmittel in Gedanken probeweise zu. Dann untersucht man mit dem bereits bekannten Verfahren zur Reduktion, ob es eine Reihenfolge zur Bearbeitung der Prozesse gibt, so dass alle Prozesse, auch wenn sie ihre Maximalforderungen stellen, beendet werden können. Ist dies der Fall, dann tritt durch die Zuteilung keine Verklemmung auf. Die geforderten Betriebsmittel werden also wirklich zugeteilt. Gibt es keine solche Bearbeitungsfolge, dann liegt der Zustand verklemmungsbedroht vor. Die geforderten Betriebsmittel werden also nicht zugeteilt und der anfordernde Prozess geht in einen Wartezustand über.

Nach Freigabe von Betriebsmitteln durch andere Prozesse wird dann jeweils wieder mit dem genannten Verfahren überprüft, ob jetzt eine Zuteilung der Betriebsmittel an wartende Prozesse möglich ist.

Zusätzlich zu den Bezeichnungen beim Reduktionsalgorithmus werden noch folgende Bezeichnungen eingeführt:

    pp   ist der Prozess, der Betriebsmittel fordert

    m (p, r)   die Funktion m (p, r) liefert die Anzahl der Einheiten des Betriebsmittels r, die der Prozess p maximal anfordern will

```
int  bb (p, r, b, f)
{   /* belegte Betriebsmittel bei probeweiser Zuteilung */
   if (p == pp)
      { return (b (p, r) + f (p, r)); }
   return b (p, r);
}
```

```
int  ff (p, r)
{   /* es werden die Maximalforderungen gestellt */
   return (m (p, r) - bb (p, r));
}
```

```
ergebnis verklemmungsfreie_zuteilung (pp, mp, mr, v, b, f, m)
 /* Typ von ergebnis = (zuteilen, warten, fehler) */
{   /* Forderungen von pp überprüfen */
   for (alle r aus mr) {
      if ((bb (pp, r) > v (r)) || (bb (pp, r) > m (pp, r))) {
         /* zu hohe Forderungen von pp */
         return fehler;
      }
      if (f (pp, r) > anzahl_freie_einheiten (mp, r, v, b)) {
         /* Forderung momentan nicht zu erfüllen; */
         return warten;
      }
   }
   /* jetzt überprüfen, ob alle Prozesse nach Zuteilung der
      Betriebsmittel an pp beendet werden können */
   reduktion (mp, mr, v, bb, ff);
   if (card (mp) == 0)
      { return zuteilen; }
   return warten;
}
```

Bewertung
verklemmungsfreie
Zuteilungsstrategie

Der Algorithmus ist sehr zeit- und speicherplatzaufwendig. Es gibt aber noch ein weiteres Problem, die Kenntnis über die zukünftigen Betriebsmittelanforderungen. Diese sind in der Praxis, insbesondere bei großen, verteilten Anwenderprogrammen, nicht oder nur in Einzelfällen bekannt. Möglich sind für wichtige Betriebsmittel allenfalls nur „worst case"-Abschätzungen. Damit wird bei Anwendung dieses Algorithmus die Auslastung der Betriebsmittel schlecht. Verklemmungsfreie Zuteilungsstrategien haben sich daher bei Betriebssystemen nicht durchgesetzt.

Bemerkung zur
Terminologie

In der englischsprachigen Literatur findet man vielfach eine Untergliederung der Verfahren in Verhinderung (deadlock avoidance) und in Vermeidung (deadlock prevention) von Verklemmungen. Leider ist die Definition und die Unterscheidung dieser beiden Kategorien bei genauer Betrachtung nicht tragfähig. Daher wurde in diesem Buch eine solche Untergliederung nicht eingeführt und alle Verfahren wurden unter einer einzigen Kapitelüberschrift „Behandlung und Vermeidung" besprochen.

7 Prozesskommunikation

Prozesse in einem Rechensystem müssen miteinander kommunizieren. Es besteht Bedarf nach effizienten Verfahren für die Kommunikation, beginnend beim Austausch einzelner Signale bis hin zum Übertragen sehr großer Datenmengen. Die Realisierung der Ereignisverwaltung für die Übermittlung einzelner Signale wird ausführlich dargestellt. Es wird dann gezeigt, dass auch Prozesse durch Alarme unterbrechbar sein sollten. Sie enthalten daher ebenfalls eine Unterbrechungsbehandlung. Zur Übermittlung größerer Datenmengen ist die implizite oder die explizite Interprozesskommunikation geeignet. Die implizite Prozesskommunikation erfolgt über gemeinsame Speicherbereiche ohne explizite Kenntnisnahme durch das Betriebssystem. Die explizite Prozesskommunikation erfolgt über Dienste der Nachrichtenverwaltung eines Betriebssystems. In verteilten Systemen ist der abgesetzte Prozeduraufruf (remote procedure call, RPC) eine wichtige Kommunikationsgrundlage zwischen Prozessen.

7.1 Formen der Kommunikation

Prozesse können auf die vielfältigste Art Informationen austauschen, so *Formen* beispielsweise durch Austausch von Nachrichten über die Nachrichtenverwaltung, durch Synchronisationsmuster über Koordinationsvariable oder durch die Beobachtung der Aktivitäten des Partnerprozesses. Diese Kommunikationsformen unterscheiden sich stark durch die Bequemlichkeit und die Bandbreite (Datenrate) der Nachrichtenübermittlung. Im ersten Fall ist eine hohe Bandbreite möglich und für viele Anwendungen auch notwendig. In den beiden letzten Fällen können nur wenige Binärziffern je Zeiteinheit übertragen werden. Die beiden Kommunikationskanäle sind also schmalbandig. Sie sind ja auch gar nicht zum Übertragen von allgemeinen Daten vorgesehen. Wir klassifizieren die Kommunikationsformen nachfolgend nach verschiedenen Gesichtspunkten (Abbildung 7.1) und erklären sie dann in den darauf folgenden Abschnitten.

Schmalbandige Kommunikationskanäle werden in den Betriebssystemen für *schmalbandig* das Melden von Ereignissen oder für die Synchronisation unterstützt. Andere schmalbandige Kommunikationskanäle sind in den Betriebssystemen nicht

Interprozesskommunikation

- breitbandig
  - implizit
    - 1:1
    - n:1
    - 1:m
    - n:m
  - explizit asynchron
    - nachrichten-orientiert n:1
    - nachrichten-orientiert 1:m (multicast)
    - nachrichten-orientiert n:m (mailboxes)
    - stromorientiert
  - explizit synchron
    - remote procedure call (RPC)
    - Prozesskommunikation in Ada
    - distributed processes
    - communicating sequential processes
    - communication ports
- schmalbandig
  - Ereignisse
  - Prozess–Alarme

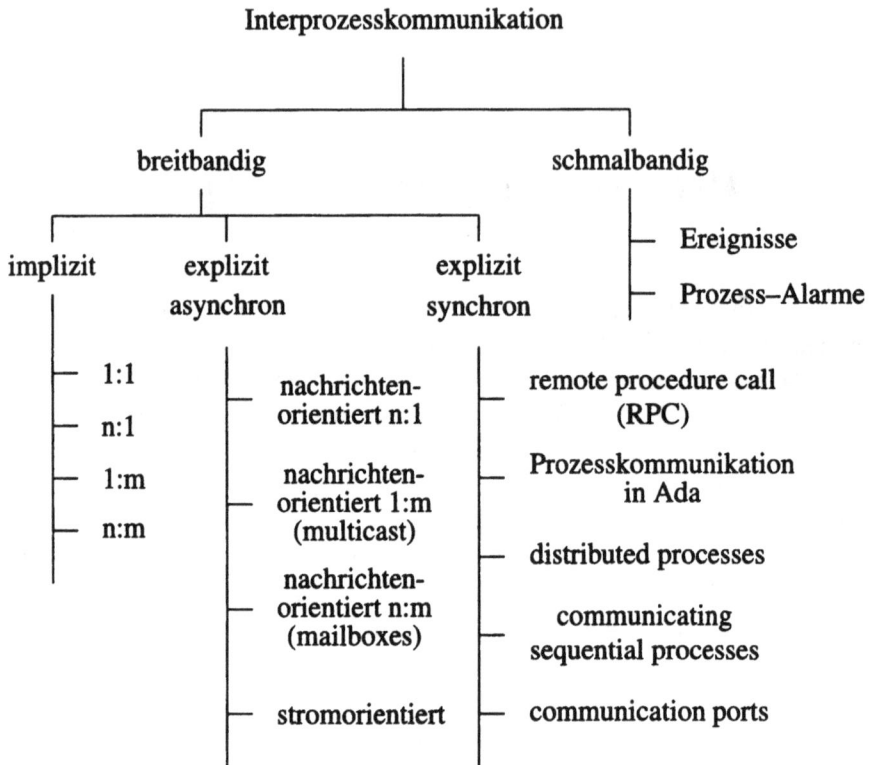

Abbildung 7.1: Klassifizierung der Interprozess-Kommunikation

offiziell vorgesehen, d.h. sie werden nicht durch Systemdienste unterstützt. Die Untersuchung von Systemen auf inoffizielle und sehr schmalbandige Kommunikationskanäle ist im Zusammenhang mit dem Zugriffsschutz von Bedeutung. Hier ist es notwendig, nicht nur den Zugriff auf Datenbestände zu kontrollieren, sondern auch den Informationsfluss zwischen den Prozessen. Hieraus entsteht dann die Forderung, dass alle inoffiziellen Kommunikationskanäle blockiert und alle anderen über Rechte kontrolliert werden. Für sehr schmalbandige Kommunikationskanäle ist diese Forderung, wenn überhaupt, nur sehr schwer zu erfüllen.

breitbandig Zwischen den Prozessen müssen auch sehr große Datenmengen in sehr kurzer Zeit übertragen werden, beispielsweise große Dateien. Bei bestimmten Anwendungen können Forderungen nach Datenflüssen von vielen Millionen Bytes je Sekunde auftreten. Damit besteht der Wunsch, dass in einem

Betriebssystem effiziente Techniken für die Übermittlung von Nachrichten beginnend bei sehr kleinen bis hin zu sehr großen Nachrichten bereitgestellt werden.

Die breitbandige Prozesskommunikation ist durch Client-Server-Modelle, *lokal* verteilte Dateisysteme und durch Kommunikation über die weltweiten Rech- *global* nernetze und die dort verwendeten Protokollkonzepte beeinflusst. Dieser Einfluss wird zukünftig noch zunehmen. Sind Sender und Empfänger in einem Rechner, so spricht man von lokaler Interprozesskommunikation; sonst von globaler oder allgemeiner Interprozesskommunikation. Die Schnittstelle der Kommunikationsdienste sollte für den Benutzer jedoch möglichst unabhängig davon sein, ob der Empfängerprozess in demselben Rechner ist wie der Absender oder nicht.

Die Techniken der Interprozesskommunikation sollen in diesem Buch gemäß Abbildung 7.1 klassifiziert werden. Die nachfolgenden Kapitel sind entsprechend dieser Klassifikation organisiert.

7.2   Ereignisse

Beim Ablauf eines Prozesses treten Zustände auf, bei denen der Prozess erst *Definition* dann fortgeführt werden kann, wenn ein bestimmter Zustand der Umwelt des Prozesses erreicht ist. Beispiele hierfür sind das Ende einer Benutzereingabe, das Ende eines Transportauftrags oder das Erreichen eines bestimmten Zeitpunkts. Bei Zustandsübergängen in der Umwelt eines Prozesses können einem Prozess Ereignisse gemeldet werden. Ein Ereignis ist durch seinen Namen gekennzeichnet und wird einem bestimmten Prozess zugestellt. Die Übermittlung von Ereignissen erfolgt durch die Ereignisverwaltung. Prozesse können auf ein oder auf mehrere Ereignisse warten.

Wir unterscheiden Boole'sche Ereignisse und zählende Ereignisse. Bei den Boole'schen Ereignissen ist nur interessant, dass das Ereignis eingetroffen ist, beispielsweise dass ein Notknopf gedrückt wurde. Bei den zählenden Ereignissen ist es auch wichtig, wie oft das Ereignis gemeldet wurde, beispielsweise wie oft eine Endemeldung von Geräten kam. Im Rest dieses Abschnitts werden stets zählende Ereignisse vorausgesetzt. Die Algorithmen der Ereignisverwaltung lassen sich aber sehr leicht auf den Fall Boole'scher Ereignisse vereinfachen.

Die Namen der möglichen Ereignisse können in einem Betriebssystem fest vorgegeben sein, es sollte jedoch auch möglich sein, neue Ereignisnamen durch die Prozesse definieren zu können.

Dienste

Die Ereignisverwaltung des Betriebssystems stellt die folgenden Dienste bereit:

- definieren_ereignisname (e, f)
  Der aufrufende Prozess definiert zusätzlich zu den Namen der Standardereignisse, die in jedem Betriebssystem fest definiert sein müssen, einen neuen Ereignisnamen e. Hier sowie in allen folgenden Diensten erfolgt in f eine (Fehler-) Rückmeldung, die nicht weiter besprochen wird.

- löschen_ereignisname (e, f)
  Der aufrufende Prozess löscht einen vorher definierten Ereignisnamen.

- melden (p, e, f)
  Es wird durch einen Prozess q dem Prozess p das Ereignis e gemeldet.

- warten (k, me, f)
  Der aufrufende Prozess wartet bis alle k Ereignisse e1, e2, . . . , ek, die im Feld me spezifiziert wurden, eingetroffen sind. Die Ereigniszähler werden entsprechend verändert.

- anhalten (p, e, f)
  Der Prozess p wird angehalten bis das Ereignis e eintrifft. Dieser Dienst kann von einem anderen Prozess oder vom Betriebssystemkern aufgerufen werden. Von den hierdurch ausgelösten Wartezuständen erfährt der Prozess nichts. Ein solcher Dienst wurde beispielsweise bereits bei den Synchronisationsprozeduren verwendet. Ein Anhalten ist nur bezüglich global vereinbarter Ereignisse, also der Standardereignisse, sinnvoll.

Konkurrenz

Die Implementierung der Ereignisverwaltung und die Festlegung der Wirkung der Dienste muss unter Beachtung der Konkurrenzsituation und der Asynchronität der Abläufe erfolgen. Es ist beim Entwurf der Ereignisverwaltung unbedingt darauf zu achten, dass es keine Situation gibt, in der ein Ereignis verloren geht oder ein Prozess auf ein Ereignis wartet, obwohl dieses schon eingetroffen ist. Dies ist schwierig, aber typisch für die Realisierungsprobleme in Betriebssystemen. In manchen Systemen wurde dieser Gesichtspunkt nicht ausreichend berücksichtigt.

Beispiele für solche Konkurrenzsituationen sind:

- Zwei Prozesse haben sich über den Namen eines neuen Ereignisses abgesprochen. Der Name eines neuen Ereignisses ist in einem der Prozesse noch nicht über den entsprechenden Systemaufruf definiert worden, es wird aber bereits ein Ereignis dieses Namens von dem anderen Prozess gemeldet.

- Ein Ereignis ist schon eingetroffen bevor der Prozess auf dieses Ereignis wartet.

- Ein Ereignis ist schon eingetroffen bevor der Prozess bezüglich dieses Ereignisses angehalten wird.

- Ein Prozess wartet auf ein Ereignis und ist oder wird auch bezüglich dieses Ereignisses angehalten.

- Falls der Prozess in seiner Ereignisliste unkontrolliert lesen darf, weiß die Ereignisverwaltung nicht, welche Ereignisse ausgewertet sind und welche nicht, d.h. welche Ereignisse gelöscht werden können. In diesem Buch ist deshalb das direkte Lesen nicht zugelassen und die Information über eingetroffene Ereignisse erfolgt nur indirekt über das Warten auf Ereignisse.

- Falls der Prozess die Ereignisliste als gemeinsames Betriebsmittel von Prozess und Betriebssystem sperren darf, kann nicht sichergestellt werden, dass selbst wichtige Betriebssystemdienste noch ausgeführt werden können. Beispiele sind das Synchronisieren, der Transport von Seiten oder die Auswertung von Geräteendemeldungen. Ein Prozess darf daher seine Ereignisliste nicht verändern und deshalb sinnvollerweise auch nicht lesen.

Die nachfolgende Implementierung der Ereignisverwaltung verdeutlicht typische Überlegungen beim parallelen Arbeiten der Prozesse. Die Implementierung zeigt nur das Prinzip und ist nicht auf Effizienz ausgelegt. Auf die Vereinbarung von Variablen, deren Bedeutung und Art offensichtlich ist, wird verzichtet. *Ereignisverwaltung Realisierung*

Jedem Prozess ist eine Ereignisliste zugeordnet, auf die nur über die Dienste der Ereignisverwaltung zugegriffen werden kann. Die Ereignisliste wird beim Erzeugen des Prozesses geeignet vorbesetzt. Sie enthält die folgenden Variablen: *Ereignisliste*

- maxanznamen
  Diese Variable enthält die maximale Anzahl der prozessspezifischen Ereignisnamen. Sie kann bei der Initialisierung eines Prozesses festgelegt werden.

- wartend
  Diese Boole'sche Variable hat den Wert true, falls der Prozess im Arbeitszustand wartend ist.

Ereigniselement

Für jeden möglichen Ereignisindex i $\in$ [1, *maxanznamen*] sind folgende Komponenten vorhanden:

- name[i]
  Der Name des Ereignisses. Dieser muss auch dem meldenden Prozess bekannt sein.

- zähler[i]
  In dem Ereigniszähler wird gezählt, wie oft das Ereignis, ohne dass darauf gewartet wurde, eingetroffen ist.

- erwartet[i]
  Diese Boole'sche Variable hat den Wert true, falls der Prozess auf dieses Ereignis wartet.

- angehalten[i]
  In der Variablen wird gezählt, wie oft der Prozess bezüglich dieses Ereignisses noch angehalten ist.

*definieren_*
ereignisname

```
void definieren_ereignisname (e, f)
{  p = name des aufrufenden prozesses;
    /* p ist dem Betriebssystem bekannt */
   elp = adresse ereignisliste des prozesses p;
   frei = 0;
   for (i = 1; i ≤ elp->maxanznamen; i++)  {
      if (e == elp->name[i]) {
         f = fehler;   /* Ereignisname schon definiert */
         return ;
      }
      if (elp->name[i] == " ") {
         frei == i;   /* freies Element merken */
      }
   }
   if (frei == 0) {
      f = fehler;   /* kein freies Element */
      return ;
   }
   elp->name[frei] = e;
   elp->zähler[frei] = 0;
   elp->erwartet[frei] = false;
   elp->angehalten[frei] = 0;
   f = fehlerfrei;
}
```

```
void löschen_ereignisname (e, f)
{ p = name des aufrufenden prozesses;
  elp = adresse ereignisliste des prozesses p;
  for (i = 1; i ≤ elp−>maxanznamen; i++) {
    if (elp−>name[i] == e) {
      if (elp−>erwartet[i] || (elp−>angehalten[i] > 0))
        { f = fehler; return ; }
      elp−>name[i] = " ";
      f = fehlerfrei;
      elp−>zähler[i] = 0;
      elp−>erwartet[i] = false;
      elp−>angehalten[i] = 0;
      return ;
    }
  }
  f = fehler;
}
```

löschen_
ereignisname

```
void wartezustandändern (p)
{ elp = zeiger auf ereignisliste des prozesses p;
    /* jetzt prüfen, ob noch auf Ereignisse gewartet wird */
  nochwarten = false;
  for (i = 1; i ≤ elp−>maxanznamen; i++) {
    if (elp−>erwartet[i] || (elp−>angehalten[i] > 0)) {
      nochwarten = true;
    }
  }
    /* Übergang von nicht wartend in wartend nötig?? */
  if ((elp−>wartend == false) && (nochwarten)){
    elp−>wartend = true;
    Prozess p wartend setzen;
    return ;
  }
    /* Übergang von wartend in rechenbereit nötig?? */
  if ((elp−>wartend) && (nochwarten == false)){
    elp−>wartend = false;
    prozess p rechenbereit setzen;
  }
}
```

wartezustand-
ändern
(interne Prozedur)

melden

```
void melden (p, e, f)
{ elp = adresse ereignisliste des prozesses p;
   for (i = 1; i ≤ elp–>maxanznamen; i++) {
      if (elp–>name[i] == e) {
         if (elp–>angehalten[i] > 0)
            { elp–>angehalten[i] – = 1; }
         elseif (elp–>erwartet[i])
            { elp–>erwartet[i] = false; }
         else
            { elp–>zähler[i] + = 1; }
         f = fehlerfrei;
         wartezustandändern (p);
         return ;
      }
   }
   f = fehler;
}
```

warten

```
void warten (k, me, f)
{ p = name des aufrufenden prozesses;
   elp = adresse ereignisliste des prozesses p;
   for (i = 1; i ≤ elp–>maxanznamen; i++) {
      elp–>erwartet[i] = false;
      for (j = 1; j ≤ k; j++) {
         if (elp–>name[i] == me[j]) {
            /* auf dieses Ereignis zu warten */
            if (elp–>zähler[i] > 0) {
               /* Ereignis schon eingetroffen */
               elp–>zähler[i] – = 1;
            }
            else {
               elp–>erwartet[i] = true;
            }
         }
      }
   }
   f = fehlerfrei;
   wartezustandändern (p);
}
```

```
void anhalten (p, e, f)                                          anhalten
{  f = fehler;
   elp = adresse ereignisliste des prozesses p;
   for (i = 1; i ≤ elp–>maxanznamen; i++)  {
      if (elp–>name[i] == e) {
         f = fehlerfrei;
         if (elp–>zähler[i] > 0) {
            elp–>zähler[i] – = 1;
         }
         else {
            elp–>angehalten[i] + = 1;
         }
         wartezustandändern (p);
         return ;
      }
   }
}
```

Bei grafischen Oberflächen treten viele, bisher nicht besprochene, Ereignisse *X-Windows* auf, da alles, was auf dem Bildschirm oder bei den Eingabemedien passiert, *Fenstermanager* den Programmen gemeldet werden muss, beispielsweise:

- Die Maus betritt oder verlässt einen Fensterbereich,
- eine Maustaste wird gedrückt oder losgelassen,
- die Maus wird bewegt und die aktuelle Mausposition wird gemeldet,
- ein Fenster wird sichtbar,
- eine Taste der Tastatur wird gedrückt oder losgelassen.

Diese Ereignisse werden nicht über die Ereignisverwaltung des Betriebs- *X-Client* systems abgewickelt, sondern über eine eigene Ereignisbehandlung des *X-Server* Fenstersystems, bei X-Windows in einer Schicht oberhalb des Betriebssys- tems. Einen grundsätzlichen Ablauf der Programme (nach (BRED91)) zeigt Abbildung 7.2. Einem Programm können mehrere Fenster zugeordnet sein. Die Anwenderprogramme sind Clients (X-Client) von Servern (X-Server). Es gibt einen X-Server auf dem Rechner, aber mehrere X-Clients. Der X- Server liegt außerhalb des Betriebssystems. Er kommuniziert mit den Clients über ein Protokoll, das es erlaubt, dass die Clients auch in anderen Rechnern liegen. Die Kommunikation ist auf Sende- und Empfangsseite gepuffert, so dass die Reihenfolge der Nachrichten eingehalten wird und die Programme

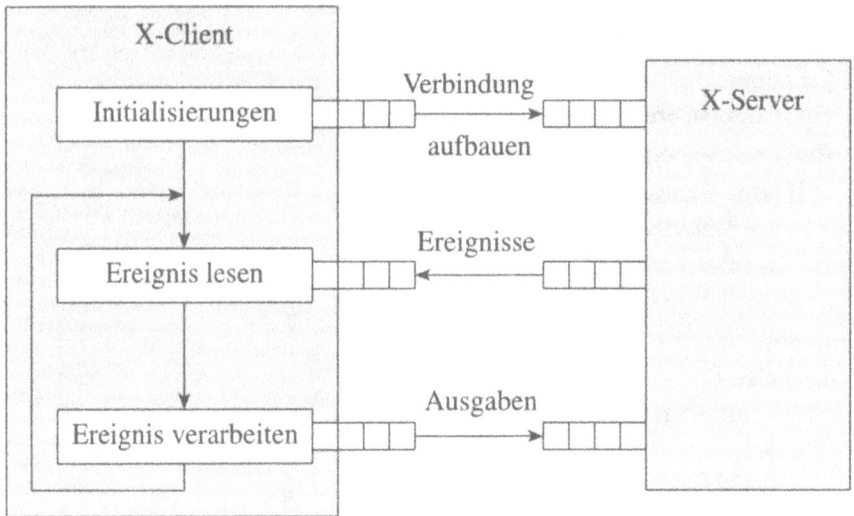

Abbildung 7.2: Struktur von Programmen bei grafischen Oberflächen

nur dann über Ereignisse informiert werden, wenn sie auf diese reagieren
können.

Microsoft
Windows

Bei den neueren Betriebssystemen von Microsoft sind die Moduln für
die grafische Benutzeroberfläche im Gegensatz zu X-Windows in das Betriebssystem integriert, laufen also im Systemmodus ab. Siehe hierzu das
Blockdiagramm von Microsoft Windows in Abbildung 9.4 und die zugehörigen Ausführungen.

7.3   Prozessalarme

prozessspezifische
Alarmbehandlung

Beim Ablauf eines Prozesses entstehen Alarme, beispielsweise arithmetische Alarme. Es ist offensichtlich nicht sinnvoll, den Alarm zu ignorieren
und den Prozess an der Stelle, an der der Alarm auftrat, einfach fortzusetzen.
Andererseits kann eine Standardalarmbehandlung des Betriebssystems das
Programm bzw. den Prozess höchstens abbrechen, da keine genaue Kenntnis
über die interne Situation des Prozesses vorliegt. Man möchte daher dem
Prozess die Reaktion auf einen Alarm ermöglichen. Hierzu ist die Definition
einer Alarmbehandlung in jedem Prozess notwendig.

modulspezifische
Alarmbehandlung

Betrachtet man die inneren Abläufe eines Prozesses, also die Abläufe einzelner Module oder Prozeduren, so lässt sich die obige Argumentation erneut

anwenden. Auch hier ist eine globale Alarmbehandlung für alle Module eigentlich nicht sinnvoll. Man möchte hier auch wieder eine modulspezifische Alarmbehandlung. Ein denkbares Konzept hierfür ist im folgenden Abschnitt dargestellt.

Jedem Modul eines Programms sind Alarmbehandlungen für verschiedene Arten von Alarmen zugeordnet. Eine Alarmbehandlung endet durch Fortsetzen nach der Unterbrechungsstelle, einer Rückkehr zum Aufrufer oder dem Verlassen des Moduls mit Weitergabe des Alarms an die Alarmbehandlungen des aufrufenden Moduls. Letzteres erfolgt auch standardmäßig, wenn ein Alarm eintrifft, für den das Modul keine Alarmbehandlung angemeldet hat. Eine bekannte Technik bei Prozeduraufrufen ist, die lokalen Variablen und die Rückkehradressen einer Aufrufhierarchie in einem Keller abzulegen. Für das hier besprochene Konzept der Alarmbehandlung müssen im Keller noch die jeweils gültigen Alarmadressen einer Aufrufebene abgelegt werden. In einem Prozess ist damit zu jederzeit ein gültiger Satz von Programmen zur Behandlung der verschiedenen Alarmarten bekannt. Da sich diese Alarmadressen sehr schnell verändern, ist es nicht zweckmäßig, dem Betriebssystem diese durchzureichen. Stattdessen wird dem Betriebssystem gegenüber eine einzige feste Alarmbehandlung für den Prozess definiert. Diese prozessspezifische Alarmbehandlung ruft dann die jeweils aktuelle modulspezifische Alarmbehandlung auf. Leider ist ein sauberes und ausreichend mächtiges Konzept für eine modulspezifische Alarmbehandlung in höheren Sprachen in der Regel nicht verfügbar.

Konzept modulspezifische Alarmbehandlung

Wir konzentrieren uns nachfolgend nur auf die prozessspezifische Alarmbehandlung, da diese auf jeden Fall vom Betriebssystem aufgerufen wird und erst von dort aus in modulspezifische Alarmbehandlungen verzweigt wird. Als Erstes muss der Begriff Prozessalarm verallgemeinert werden. Einleitend wurde die Vorstellung eines typischen Alarms bei der Ausführung von Befehlen in den Vordergrund gestellt. Es gibt aber in einem System weitere Gründe für eine asynchrone Unterbrechung der Arbeit eines Prozesses. Solche Unterbrechungswünsche (Alarme) werden von Hardware-Komponenten, dem Betriebssystem, anderen Prozessen oder auch dem Prozess selbst ausgelöst. Beispiele sind die bereits besprochenen Alarme bei der Ausführung von Befehlen, aber auch Weckeralarme, Abbruchswünsche durch Benutzer, Auftragsendemeldungen, das Eintreffen von Nachrichten oder das Drücken bestimmter Tasten durch den Benutzer (escape). Auf einige dieser Alarme muss sofort reagiert werden, da eine Weiterarbeit sinnlos ist, auf andere Alarme kann auch verzögert reagiert werden. Ein Prozessalarm ist also ein Ereignis, das die Arbeit des Prozesses unterbricht und seine Prozessalarmbehandlung anstößt.

Definition

Alarmzustand

Die Behandlung von Prozessalarmen erfolgt in prozessspezifischen Alarmbehandlungsroutinen. Diese sind in der Regel so programmiert, dass sie nicht durch einen weiteren Prozessalarm unterbrochen werden können. Für den Prozess muss daher ein weiterer Zustand, der Alarmzustand, eingeführt werden. Dieser hat den Wert true, während der Prozess in seiner Prozessalarmbehandlung ist. Das Ende der Alarmbehandlung zeigt der Prozess durch den Systemdienst ende_alarmablauf an.

Dienst
melden_alarm

Die verschiedenen Arten der Prozessalarme werden durch Namen bezeichnet. In einem Betriebssystem sind die Namen fest vereinbart. Die Prozessalarme sind verzögerbar oder nicht verzögerbar. Diese Einteilung ist ebenfalls fest vorgegeben. Durch den Dienst melden_alarm (p, a) wird dem Prozess p der Alarm a zugestellt. In der Regel wird dieser Dienst durch Komponenten des Betriebssystems aufgerufen. Bei entsprechenden Rechten kann der Dienst aber auch von jedem Prozess aufgerufen werden. Ist ein Prozess nicht im Alarmzustand und trifft ein Alarm ein, so wird er auf seine Prozessalarmbehandlung gesetzt. Trifft im Alarmzustand ein verzögerbarer Alarm ein, so wird dieser bis zum Ende der Alarmbehandlung zurückgestellt. Trifft im Alarmzustand ein nicht verzögerbarer Alarm ein, so wird der Prozess durch das Betriebssystem abgebrochen. Diese Situation wird als gravierender Fehler in der Alarmbehandlung betrachtet.

Setzen auf
Alarmbehandlung

Das Setzen des Prozesses auf seine Prozessalarmbehandlung erfolgt durch das Betriebssystem in folgenden Schritten:

1. Der momentane Rechnerkernzustand und die Art des eingetroffenen Alarms werden an definierter Stelle im Prozessadressraum gespeichert.

2. Der Befehlszähler im Rechnerkernzustand wird auf die Adresse der Prozessalarmbehandlung gesetzt. Diese Adresse wurde dem Betriebssystem bei der Initialisierung des Prozesses mitgeteilt.

3. Der Alarmzustand des Prozesses wird auf wahr gesetzt.

Alarmbehandlung

In der Alarmbehandlung kann der Prozess den Rechnerkernzustand zum Zeitpunkt seiner Unterbrechung und die Art des eingetroffenen Alarms auswerten. Er kann, wie geschildert, die prozessinternen Alarmbehandlungen aufrufen. Irgendwann ist das Ende der Alarmbehandlung erreicht. Es wurde auch eine geeignete Fortsetzungsstelle im Prozess durch die Alarmbehandlungen festgelegt, beispielsweise Fortsetzung an der Unterbrechungsstelle oder an einer anderen bestimmten Stelle. Der Prozess kann dann seinen Normalablauf fortsetzen und ist auch bereit, neue Alarme zu empfangen.

Dienst
ende_alarmablauf

Mit dem Dienst ende_alarmablauf teilt der Prozess dem Betriebssystem mit, dass die Alarmbehandlung beendet wurde und der Alarmzustand verlassen werden soll. Der Dienst kehrt normal in den Prozess zurück. Nach Rückkehr in den Prozess kann dann dieser die Register des Rechnerkerns und den Befehlszähler so besetzen, dass der Prozess geeignet fortgesetzt wird. Eine Alternative dazu wäre, dass ein neu einzustellender Rechnerkernzustand, soweit durch einen Prozess im Hinblick auf den notwendigen Zugriffsschutz selbst vorgebbar, als Parameter des Dienstes an das Betriebssystem übergeben wird. Das Betriebssystem erstellt daraus einen neuen Rechnerkernzustand und setzt den Prozess mit diesem Rechnerkernzustand fort.

Die Konzepte der Ereignisse und der Prozessalarme besitzen viele Gemeinsamkeiten. Man kann eine Vereinheitlichung dadurch erzielen, dass das Betriebssystem nur Ereignisse kennt. Es werden dann unterbrechende und nichtunterbrechende Ereignisse eingeführt. Die unterbrechenden Ereignisse werden noch weiter in verzögerbare und nichtverzögerbare Ereignisse untergliedert. Bei der Definition prozessspezifischer neuer Ereignisnamen kann der Prozess dann festlegen, ob er auf die Ereignisse durch Unterbrechung oder durch Abfragen reagieren möchte. *Beziehung zu Ereignissen*

7.4 Implizite Kommunikation

Die implizite Kommunikation erfolgt ohne Unterstützung und ohne Kenntnis des Betriebssystems. Die beteiligten Prozesse tauschen die Nachrichten direkt über gemeinsame Speicherbereiche aus. Gemeinsame Speicherbereiche können Dateien oder Segmente und Seiten im Arbeitsspeicher sein. Die gemeinsamen Speicherbereiche enthalten einen oder mehrere Nachrichtenpuffer. Die beteiligten Prozesse können die Struktur der Nachrichten und die Bedingungen für den Zugriff auf die Nachrichtenpuffer selbst festlegen. *Definition*

Die implizite Kommunikation ist besonders schnell, da die Daten im Gegensatz zur expliziten Kommunikation nur von einem Prozess geschrieben und von dem anderen gelesen werden. Bei der expliziten synchronen Kommunikation kommt noch ein Kopiervorgang vom Prozessadressraum des Absenders in den des Empfängers hinzu. Bei der expliziten asynchronen Kommunikation kommen sogar zwei weitere Kopiervorgänge hinzu, nämlich vom Prozessadressraum des Absenders in einen Nachrichtenpuffer des Betriebssystems und von dort in den Prozessadressraum des Empfängers.

Es gibt vier Grundformen (Abbildung 7.3) für die impliziten Kommunikationsbeziehungen zwischen Prozessen: *Grundformen*

- die 1:1-Form
- die n:1-Form
- die 1:m-Form
- die n:m-Form

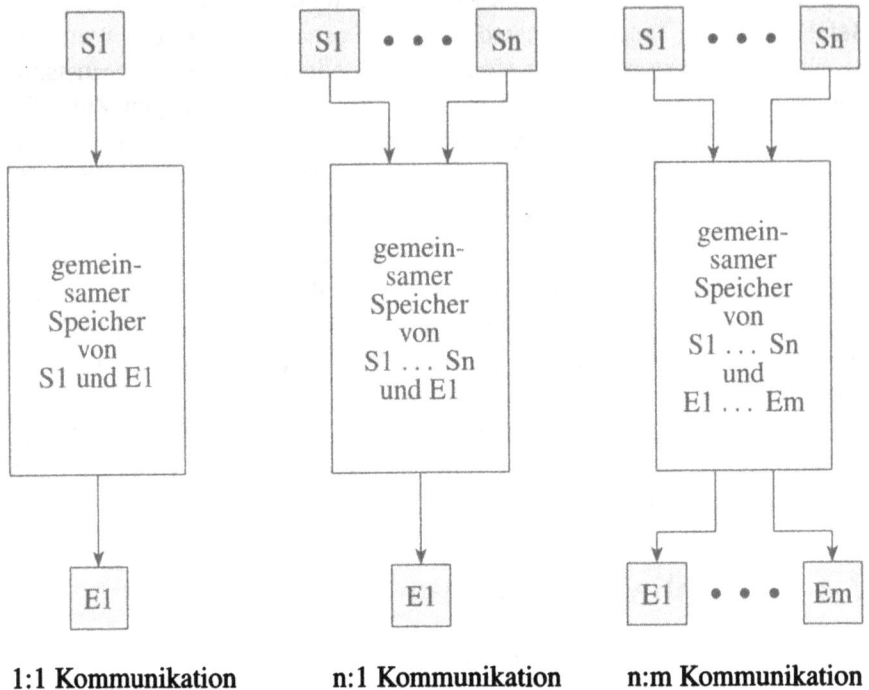

1:1 Kommunikation   n:1 Kommunikation   n:m Kommunikation

Bezeichnungen: Si ist i-ter Senderprozess; Ei ist i-ter Empfängerprozess

Abbildung 7.3: Grundsätzliche Kommunikationsbeziehungen

1:1-Form

In der 1:1-Form ist je Sender- und Empfängerpaar ein Nachrichtenpuffer vorgesehen. Die Regeln für den Zugriff sind dann sehr einfach. Beispiele wurden bereits in Abschnitt 3.4 besprochen. Man erkennt dabei deutlich den Vorteil der impliziten Prozesskommunikation in der 1:1-Form, nämlich dass sie besonders einfach und sehr schnell ist. Unter bestimmten Umständen ist ein Nachteil, dass die Prozesse das Eintreffen von Nachrichten nur durch wiederholtes Abfragen von Kennzeichen im gemeinsamen Speicherbereich erkennen können. Dies führt dazu, dass der Prozess dabei in der Regel in eine Warteschleife (geschäftiges Warten) eintritt. Wenn der Prozessor für andere Arbeiten eingesetzt werden kann, beispielsweise bei Mehrbenutzersystemen, dann ist dies nicht erwünscht.

geschäftiges Warten

Der Nachteil des geschäftigen Wartens lässt sich mildern, wenn die Prozesse vor jedem erneuten Abfragen des Zustandes des Nachrichtenpuffers den Rechnerkern für eine bestimmte Zeitspanne d abgeben. Hierzu kann der

Dienst warte_zeitspanne (d) der Zeitverwaltung verwendet werden. Allerdings wird dadurch die Reaktionszeit auf neue Nachrichten schlechter. Eine günstigere Lösung ist, von der reinen impliziten Prozesskommunikation abzugehen. Hierbei werden die Nachrichten weiterhin in den gemeinsamen Speicherbereichen abgelegt, die Information des Partners erfolgt aber über Ereignisse oder über Koordinationsvariable.

Die n:1-Form und die 1:m-Form können als Spezialfall der n:m-Form betrachtet werden. In der n:m-Form schreiben in einen Nachrichtenpuffer n Sender und es lesen m Empfänger. Abgesehen von speziellen Sonderfällen, sind die Nachrichtenpuffer als gemeinsame, exklusive Betriebsmittel zu betrachten. Damit müssen sich die Prozesse beim Zugriff synchronisieren. Die Technik zur Synchronisation kann dann gleichzeitig zur Signalisierung des Pufferzustands verwendet werden. Sender und Empfänger müssen sich zwar über Koordinationsvariable synchronisieren, jedoch bleibt der Vorteil der schnellen Übertragung großer Datenmengen auch hier erhalten. Die Realisierung entspricht weitestgehend der des Erzeuger-Verbraucher-Problems. Einer der m Empfänger entnimmt die Nachricht und verarbeitet sie. Ein Anwendungsbeispiel dafür ist eine Gruppe von gleichartigen Dienstleistungsprozessen, die auf Aufträge warten.

n:1-Form
1:m-Form
n:m-Form

In diesem Beispiel der Dienstleistungsprozesse werden Aufträge und Ergebnisse übermittelt. Jeder Prozess aus einer Gruppe m gleicher Prozesse kann die verlangte Dienstleistung erbringen. Ein freier Dienstleistungsprozess entnimmt die Nachricht aus dem gemeinsamen Puffer und führt den Auftrag aus. Durch die Bereitstellung mehrerer Prozesse für eine Dienstleistung wird eine schnellere Auftragsbearbeitung erreicht. Die auftraggebenden Prozesse, die Sender, kennen weder die Anzahl der auftragnehmenden Prozesse noch deren Zustand.

Beispiel
Dienstleistungs-
prozesse

7.5 Nachrichtenorientierte asynchrone explizite Kommunikation

Bei der expliziten Kommunikation verwenden die Prozesse Dienste des Betriebssystems zur Interprozesskommunikation. Bei der asynchronen Kommunikation wird ein Nachrichtenpuffer in der Nachrichtenverwaltung des Betriebssystems zur Zwischenspeicherung der Nachrichten eingesetzt. Der absendende Prozess kann also eine Nachricht an das System zur Weiterleitung übergeben und gleich mit seiner Arbeit fortfahren. Ist der empfangende Prozess bereit, kann er die für ihn bestimmten Nachrichten aus dem Nachrichtenpuffer abholen. Sender und Empfänger können daher weitgehend unabhängig (asynchron) arbeiten.

Definition

Diese Art der Kommunikation lässt sich mit dem Versenden von Briefen vergleichen. Der Sender kann den Brief jederzeit ohne Rücksicht auf den Zustand des Empfängers abschicken. Der Empfänger erhält die Briefe unabhängig von dem dann vorliegenden Zustand des Senders.

Nachrichtenkopf

Auch bezüglich der Nachrichten selbst lässt sich der Vergleich weiterführen. Briefe bestehen aus dem eigentlichen Briefinhalt und dem Umschlag mit Adressen und Leitvermerken, beispielsweise Eilbrief. Die Nachrichten in einem Rechner bestehen aus dem Nachrichtentext und einem „Umschlag", dem Nachrichtenkopf und dem Nachrichtenabschluss. Der Nachrichtenkopf enthält insbesondere den Namen des Senders, den Namen des Empfängers, einen Zeitstempel und die Länge der Nachricht. Bei einer netzweiten Interprozesskommunikation müssen die Namen des Empfängers und des Senders netzeindeutig sein, beispielsweise durch Ergänzung mit der Netzbezeichnung und der Rechnerbezeichnung. Der Nachrichtenabschluss enthält typischerweise ein Fehlerprüfzeichen. Dieses ist für die Erkennung von Übertragungsfehlern beim Senden von Nachrichten über störanfällige Leitungen notwendig.

Art einer Nachricht

In manchen Betriebssystemen werden verschiedene Arten einer Nachricht unterschieden. In diesem Fall gehört diese Information auch zum Nachrichtenkopf. Arten sind: Auftrag, Antwort und Mitteilung. Damit lassen sich zwei wichtige Ziele leichter erreichen: Die Überwachung von Auftragsbeziehungen und die Vermeidung von bestimmten Verklemmungen beim Nachrichtenpuffer.

Überwachung Auftragsbeziehung

Ein Ziel ist, dass ein Betriebssystem alle Auftragsbeziehungen zwischen den Prozessen überwacht. Dies ist im Hinblick auf den Zugriffsschutz, die Fehlerdiagnose und den Wiederanlauf interessant. Mit einem Auftrag wird eine Auftragsbeziehung aufgebaut und mit der zugehörigen Antwort beendet. Eine Mitteilung bewirkt keine Auftragsbeziehung.

Puffermanagement und Vermeidung Verklemmungen

Das Management des Nachrichtenpuffers ist ein Problem, da er in seiner Länge begrenzt ist. Wenn der Nachrichtenpuffer voll ist, dann bleibt das Betriebssystem möglicherweise stehen oder es treten Verklemmungen zwischen Prozessen auf, da keine Nachrichten empfangen oder versandt werden können. Der Entwurf des Nachrichtenmanagements muss daher so erfolgen, dass solche Situationen vermieden werden. Hierzu ist eine umfassende Analyse der Kommunikationsbeziehungen erforderlich. Wichtig ist insbesondere die Kommunikationsbeziehungen zu identifizieren, die in jeder Situation noch möglich sein müssen. Es gibt in den heutigen Betriebssystemen keine wirklich umfassende Lösung für die Verwaltung eines Nachrichtenpuffers. Mögliche Bestandteile der Strategien sind:

- Der Puffer wird fast beliebig groß durch Einbeziehung des Hintergrundspeichers.

- Der Nachrichtenpuffer im System enthält nicht mehr den Nachrichtentext. Dieser bleibt in einem Puffer des Prozesses. Der Vorteil ist, dass statt der vollen Nachrichten nur noch relativ wenig Verwaltungsinformation zentral gehalten werden muss, also sehr viele Pufferplätze eingerichtet werden können. Nachteile sind, dass der sendende Prozess bis zur Zustellung der Nachricht existent bleiben muss und den prozesslokalen Nachrichtenpuffer nicht überschreiben darf. Der Prozess muss also bei dieser Lösung vom Betriebssystem zusätzlich (asynchron) informiert werden, wenn seine Nachricht zugestellt wurde. Die Kommunikation wird dadurch schwerfällig. Sie wird auch langsam, da der Zugriff auf die eventuell verdrängten Seiten mit dem prozesslokalen Systempuffer aufwendig ist.

- Nachrichten haben ein Verfallsdatum und werden danach aus dem Puffer gelöscht oder – verschärft – Nachrichten im Nachrichtenpuffer können durch das Betriebssystem jederzeit gelöscht werden. Das Problem ist, dass Prozesse dann davon ausgehen müssen, dass Nachrichten unterwegs verloren gehen können. Dadurch wird die Programmierung der Prozesse deutlich komplexer. Es muss ein Quittungsspiel mit dem Partner eingeführt werden. Lösungen dafür existieren, da dieses Problem ohnehin bereits an anderen Stellen auftritt: Bei der Übertragung von Nachrichten in Rechnernetzen und bei den Client-Server-Beziehungen. Im letzteren Fall kann der Server jederzeit ohne Kenntnis des Clients ausfallen. Bei einem remote procedure call sind deshalb entsprechende Vorkehrungen zu treffen.

- Ein Teil der Pufferplätze wird für feste Zwecke reserviert, beispielsweise für bestimmte Systemprozesse.

- Die Zahl der Pufferplätze, die ein Prozess durch Nachrichten belegt haben kann, wird begrenzt.

- Durch die Unterscheidung der oben genannten Nachrichtenarten Auftrag und Antwort lassen sich bestimmte Verklemmungen vermeiden. Der Platz eines Auftrags im Nachrichtenpuffer bleibt bei dieser Strategie für die Übermittlung der zugehörigen Antwort belegt. Damit wird gewährleistet, dass in jedem Systemzustand immer noch die Antwort auf einen Auftrag abgeschickt werden kann. Der Nachteil ist, dass Pufferplätze unnötig und lang belegt bleiben.

- Die Länge einer Nachricht wird begrenzt.

Die Dienste der Nachrichtenverwaltung für eine asynchrone explizite Kommunikation sind:

Dienst senden
- senden_nachricht (empfänger, art, nachricht, f)
  Die Nachricht wird in den Nachrichtenpuffer der Nachrichtenverwaltung übernommen. Der Nachrichtenkopf wird aus den übergebenen Parametern aufgebaut. Die Art der Nachricht ist Auftrag, Antwort oder Mitteilung. Der Sender kann nach Übernahme der Nachricht durch das Betriebssystem sofort fortfahren, es sei denn der Nachrichtenpuffer ist gefüllt. In diesem Fall wird der Sender angehalten, bis wieder Platz vorhanden ist. Der Parameter f dient wieder für eine (Fehler-) Rückmeldung des Betriebssystems bei Ausführung dieses Dienstes.

Dienst empfangen
- empfangen_nachricht (nachricht, f)
  empfangen_nachricht (absender, nachricht, f)
  In der ersten Form teilt der Prozess seine Bereitschaft mit, eine für ihn bestimmte Nachricht von einem beliebigen Absender zu empfangen. In der zweiten Form möchte der Prozess nur eine für ihn bestimmte Nachricht eines bestimmten Absenders empfangen. Falls geeignete Nachrichten vorliegen, wird die älteste Nachricht davon an den Prozess übergeben und der aufrufende Prozess wird fortgesetzt. Weiterhin wird bei Mitteilungen und Antworten der Pufferplatz in der Nachrichtenverwaltung freigegeben. Falls keine geeignete Nachricht vorliegt, wird der Prozess angehalten bis die erwartete Nachricht eintrifft. Dies ist der Fall des blockierenden Wartens. Es ist sinnvoll, diesen Wartezustand zeitüberwacht zu realisieren. Trifft also innerhalb einer bestimmten Zeit keine Nachricht ein, dann wird mit einer Fehlermeldung zum Prozess zurückgekehrt. In manchen Systemen ist auch ein nichtblockierendes Empfangen realisiert.

n:1-Form
Die oben besprochenen Dienste für das Senden und Empfangen von Nachrichten erlauben eine n:1-Kommunikation.

1:m-Form
Bei der nachrichtenorientierten 1:m-Kommunikation handelt es sich um eine Mitteilung an alle (Rundspruch, Broadcast-Nachricht) oder an einige (Multicast-Nachricht). Diese Kommunikationsform ist innerhalb eines Rechners ungewöhnlich. Sie wird dort durch das m-fache Absenden einer Nachricht realisiert. Die 1:m-Form hat aber Bedeutung in verteilten Rechensystemen (NEHM85) oder in Rechensystemen, die über lokale Netze verbunden sind. Die Empfänger sind durch einheitliche Namen, durch Namensmuster oder durch Verteilerlisten definiert.

Lokale Netze und auch Feldbusse erlauben eine einfache Realisierung des Rundspruchs, da alle Nachrichten in das Netz geschickt werden und alle

Rechner die Nachricht empfangen können. Jeder Rechner kann die mit-
gehörte Nachricht an seine sich dafür interessierenden Prozesse weitergeben.
Eine interessante Anwendung ist, durch eine Rundfrage festzustellen, in welchen der angeschlossenen Rechner ein bestimmter Dienst verfügbar ist.

Bei der nachrichtenorientierten n:m-Kommunikation wird eine gemeinsa-   *n:m-Form*
me Nachrichtenwarteschlange für m Prozesse vorgesehen. Man nennt diese
gemeinsame Nachrichtenwarteschlange eine Mailbox (Briefkasten). Der
Briefkasten wird von einem Prozess unter einem bestimmten, systemeindeutigen Namen eingerichtet. Der Name wird den berechtigten Sender- und
Empfängerprozessen mitgeteilt. Die Dienste zum Senden und Empfangen
von Nachrichten sind:

- senden_nachricht (mailbox, art, nachricht, f)
- empfangen_nachricht (mailbox, nachricht, f)

Dabei ist die Wirkung analog wie oben für die n:1-Kommunikation beschrieben. Jedoch werden die Nachrichten an Briefkästen adressiert und von
Briefkästen geholt. Die Nachrichtenverwaltung trägt ankommende Nachrichten direkt in den Briefkasten ein. Der zentrale Nachrichtenpuffer der
Nachrichtenverwaltung ist also durch viele Briefkästen ersetzt. Hierdurch
wird der Nachrichtenfluss zwischen den Prozessen unabhängiger und eine Reihe der oben geschilderten Verklemmungsprobleme werden dann sehr
unwahrscheinlich. Ein Prozess kann Nachrichten aus mehreren Briefkästen
empfangen.

7.6   Stromorientierte asynchrone explizite Kommunikation

Bei den bisher besprochenen Kommunikationsformen steht das Austauschen   *Ströme*
von einzelnen Nachrichten im Vordergrund. Hier wird eine einzelne Nachricht ohne extern sichtbare Verknüpfung mit vorherigen und nachfolgenden
Nachrichten verschickt. Typisch ist die Übermittlung eines Auftrags. Dies
ist mit dem Konzept der Datagramme in Rechnernetzen vergleichbar. Bei
der nun zu besprechenden stromorientierten, expliziten Interprozesskommunikation geht es um die Übermittlung eines Zeichenstroms zwischen zwei
Prozessen. Hierzu wird eine logische Verbindung zwischen diesen beiden
Prozessen, die auch in verschiedenen Rechnern sein können, eingerichtet.
Die Nachrichten, die über diese Verbindung geschickt werden, stehen in einer Beziehung. Beispielsweise ist eine Sequenz der Nachrichten definiert.
Ein Prozess kann viele Zeichenströme, auch zu unterschiedlichen Partnern,
unterhalten.

Strom und Socket   Eine Verbindung ist durch die Namen der beiden Verbindungsendpunkte (Sockel, socket) definiert. Über eine Verbindung kann meist nur in einer Richtung übertragen werden. Für einen Nachrichtenaustausch in beiden Richtungen sind dann zwei Verbindungen einzurichten. Die Namen der Verbindungsendpunkte sind im lokalen Fall die Namen des Senders und des Empfängers. Falls die Verbindung netzweit ist, müssen die netzeindeutigen Namen der Partner verwendet werden. Beipielsweise besteht der Name des Verbindungsendpunktes aus der welteindeutigen Bezeichnung des Rechnernetzes, der netzeindeutigen Bezeichnung des Rechners und einer rechnerlokalen Nummer. Diese rechnerlokale Nummer wird in der Literatur port genannt. Einem Verbindungsendpunkt wird rechnerlokal statisch oder dynamisch ein Prozess zugeordnet. Die Namen von Verbindungsendpunkten werden beispielsweise bei dem Protokoll TCP/IP direkt als Adressen verwendet. Einige rechnerlokale Nummern in einem Verbindungsendpunkt und ihre Bedeutung sind im Internet netzweit festgelegt, beispielsweise für remote login oder für das Versenden von E-Mail.

Prozess-
anschlusspunkt   Damit ein Prozess nicht bei jedem Systemdienst eine Verbindung durch die Namen der beiden Verbindungsendpunkte bezeichnen muss, wird lokal ein Prozessanschlusspunkt definiert. Ein Prozessanschlusspunkt, auch (Prozess)-Tor (process port) genannt, kann als lokale Kurzbezeichnung einer Verbindung betrachtet werden. Da er nur prozesslokale Bedeutung hat, kann der Name sehr kurz sein, beispielsweise eine fortlaufende Nummer. Er wird, in der Regel vom Betriebssystem, beim Einrichten einer Verbindung dieser zugeordnet. Man erhält damit die Beziehung gemäß Abbildung 7.4.

Dienste für Ströme   Dienste für Zeichenströme sind:

- öffnen_strom (torname, eigener_socket, fremder_socket, N, f)
  Es wird die bezeichnete Verbindung eingerichtet, dafür ein Tor vergeben und ein Pufferbereich von N Zeichen reserviert. Der eigene Sockel wird bei Benutzerprozessen meist von dem Betriebssystem aus der Menge der freien Sockel ausgewählt.

- schließen_strom (torname, f)
  Die dem Tor zugeordnete Verbindung wird gelöscht.

- schreiben_strom (torname, zeichen, f)
  Es wird ein Zeichen in den dem Tor zugeordneten Strom eingeliefert. Falls der Puffer voll ist, dann wird der Prozess solange wartend gesetzt bis ein Pufferplatz frei wird, also eine Nachricht mit dem Pufferinhalt an den Partner übertragen werden konnte.

- lesen_strom (torname, zeichen, f)
  Es wird das nächste Zeichen aus dem dem Tor zugeordneten Strom geholt. Falls der Puffer leer ist, dann wird der Prozess solange wartend

Rechner 1

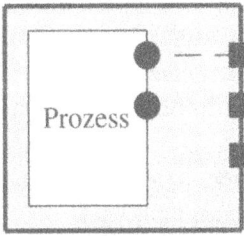

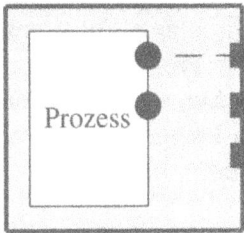

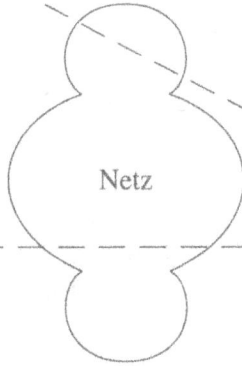

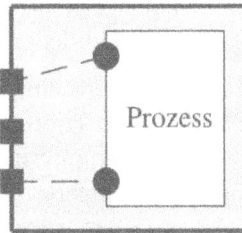

Rechner2

Rechner 3

— — —   logische Verbindung

Verbindungsendpunkt (Sockel, socket)

Prozessanschlusspunkt (Prozess-Tor, process port)

Abbildung 7.4: Stromorientierte Kommunikation

gesetzt, bis ein Zeichen vom Partner eingeliefert wird. Nach Ablauf einer bestimmten Wartezeit kann auch eine Fehlermeldung zurückgegeben werden. Dies ist möglicherweise interessant, wenn der Partner die Verbindung (noch) nicht aufgebaut oder schon wieder abgebaut hat.

- informieren_strom (torname, f)
  Es wird der Status der dem Tor zugeordneten Verbindung zurückgegeben, beispielsweise ob Zeichen im Puffer sind oder ob vom Partner eine Verbindung zu dem eigenen Socket hergestellt wurde.

Anmerkung: Die Dienste für das Lesen und Schreiben können auch auf die Übergabe von n Zeichen verallgemeinert werden oder auf das Versenden und Empfangen von vollständiger Nachrichten eingeschränkt werden.

Strom und Datei   Die Dienste für den Zugriff auf Dateien oder Geräte durch einen Prozess können als spezielle Ausprägungen der stromorientierten Kommunikation betrachtet werden. Hierbei ist der Name des Kommunikationspartners (z.B. das Datenmanagement für eine Datei) repräsentiert durch den Namen der Datei. Der Prozessanschlusspunkt wird dann Dateideskriptor genannt. Das Öffnen eines Stroms entspricht dem Öffnen einer Datei. Das Senden bzw. Empfangen von Nachrichten entspricht dem Schreiben bzw. Lesen von Daten. Das Schließen des Stroms entspricht dem Schließen der Datei.

Pipes   Ein Beispiel für eine Realisierung von lokalen Strömen sind die „pipes" in UNIX. Die stromorientierte Kommunikation ist Grundlage für eine sehr elegante Programmiertechnik. Ein Zeichenstrom wird durch eine Folge von logisch aufeinander folgenden, aber parallel arbeitenden Prozessen, so genannten Filtern, bearbeitet und verändert. Ein Zeichenstrom wird dabei von einem Programm ausgegeben und vom nachfolgenden Programm gelesen. Dies ist also eine Pipeline für die Verarbeitung von Daten.

7.7   Synchrone explizite Kommunikation

Definition   Bei der synchronen expliziten Interprozesskommunikation erfolgt eine Nachrichtenübertragung erst dann, wenn der Sender sendebereit und der Empfänger empfangsbereit ist. Die beiden Prozesse werden also zur Nachrichtenübertragung synchronisiert.

Beschreibung   Der Sachverhalt lässt sich mit dem Telefonieren vergleichen. Erst wenn beide Partner den Hörer in der Hand halten, erfolgt die Übertragung der Nachricht. Der Nachrichtenaustausch bei der synchronen Kommunikation lässt sich also wie folgt beschreiben: Der Senderprozess ruft irgendwann den Dienst senden_nachricht auf. Der Empfängerprozess zeigt irgendwann seine Bereitschaft, eine Nachricht zu empfangen, über den Dienst empfangen_nachricht an. Durch die Parameter werden der Kommunikationspartner und in manchen Systemen auch weitere Kennzeichen der auszutauschenden Nachricht definiert. Einer der Prozesse wird solange angehalten bis der andere Prozess eine gemäß den Parametern passende Nachricht liefert bzw. fordert. Sind beide Prozesse bereit, dann wird die Nachricht direkt vom Adressraum des Senders in den des Empfängers übertragen. Es erfolgt also keine Zwischenspeicherung in einem Systempuffer.

Anwendung   Die synchrone Kommunikation ist ein sehr einfaches Konzept. Sie ist daher auch einer formalen Beschreibung und Verifizierung leichter zugänglich als die asynchrone Kommunikation. Sie ist deshalb in unterschiedlichen Ausprägungen in höheren Sprachen zu finden. Beispiele sind in Abbildung 7.1 angegeben. Klassische Literaturstellen dazu sind:

- distributed processes nach Brinch-Hansen (BRIN78)
- communicating sequential processes nach Hoare (HOAR78)
- communication ports nach Mao (MAO80)
- Ada (ADA81)

Weitere Literaturstellen zu Sprachkonzepten für die Kommunikation zwischen Prozessen sind u.a. (LAMP81, LISK85, NEHM85, NEHM87, HERR94).

Eine der Ausprägungen der synchronen expliziten Kommunikation ist der abgesetzte oder entfernte Prozeduraufruf (remote procedure call, RPC). Er ist eine Verallgemeinerung des Prozedurkonzepts für die Kooperation von Prozessen. Der Sender ist der aufrufende Prozess (Client). Dieser verlangt eine Dienstleistung vom Empfängerprozess (Server) und wartet bis dieser bereit ist. Der Server übernimmt die Nachricht mit den Parametern des Dienstes und führt den verlangten Dienst aus. Dabei wartet der Client weiter bis der Server eine Nachricht mit den Ergebnissen des Dienstes zurückgibt. Ein Sonderfall ist der lokale Prozeduraufruf (LPC) bei dem Client und Server in einem Rechner sind. Das allgemeine Konzept ist aber der entfernte Prozeduraufruf (RPC), bei dem Client und Server auch in verschiedenen Rechnern sein können.

Abgesetzter Prozeduraufruf

Da es sich dann um eine Kooperation zwischen Rechnern eines verteilten Systems handelt, treten bei der Realisierung auch Probleme, die für solche Systeme typisch sind, auf. Beispielsweise können die Verbindungen gestört sein oder Partner können ohne Kenntnis der anderen Beteiligten abstürzen. Falls der Dienst nicht idempotent ist, erhebt sich für den Client im Fehlerfall die Frage, ob der Dienst ausgeführt wurde oder nicht. Beispielsweise, ob vom Konto des X jetzt 1000 Euro abgebucht sind oder nicht. Eine einfache Wiederholung des Dienstaufrufs bringt dabei keine Lösung, da dann ja möglicherweise zwei Abbuchungen stattfinden. Ein abgesetzter Prozeduraufruf wird daher abhängig von seiner Realisierung und der Realisierung des Servers mit einer Aufrufsemantik versehen, beispielsweise dass garantiert wird, dass der Dienst auch bei Wiederholung des Aufrufs maximal einmal ausgeführt wird.

8 Virtualisierung

In diesem Kapitel wird die Virtualisierung der Hardware-Komponenten betrachtet. Durch die Virtualisierung der Hardware-Komponenten erreicht man eine identische Vervielfachung, eine Substitution oder eine Klassenbildung. Als besonders wichtige Beispiele werden die Virtualisierungen des Rechnerkerns, des Arbeitsspeichers und der Geräte besprochen. Im Zusammenhang mit der Virtualisierung des Arbeitsspeichers werden auch die Grundzüge der Realisierung des dynamischen Seitenwechsels dargestellt.

8.1 Zielsetzung

Die Virtualisierung der Hardware-Komponenten ist eine zentrale Aufgabe eines Betriebssystems. Die Gründe für eine Virtualisierung wurden auf Seite 17 bereits besprochen. Eine übergeordnete Zielsetzung ist, für den Anwender besser geeignete und bequemer zu handhabende Schnittstellen für die dahinter stehenden Objekte bereitzustellen. Bezüglich der Hardware-Komponenten gibt es im Wesentlichen folgende Teilziele: *Ziele*

- identische Vervielfachung
- Substitution
- Klassenbildung

Bei der identischen Vervielfachung sind den realen Objekten virtuelle Objekte zugeordnet. Die wesentlichen Eigenschaften eines virtuellen Objekts sind für den Benutzer identisch mit denen des realen Objekts. *identische Vervielfachung*

Allerdings ist die Anzahl der virtuellen Objekte normalerweise wesentlich größer als die Anzahl der realen Objekte. Es muss also eine Abbildung der Menge der virtuellen Objekte auf die Menge der realen Objekte erfolgen. Bei identischer Vervielfachung bedeutet diese Abbildung eine Zuordnung des realen Objekts zu einem virtuellen Objekt. Diese Zuordnung kann nur zeitweise bestehen. Während der Zuordnung kann das virtuelle Objekt benutzt werden, es ist also aktiv. Ist kein reales Objekt zugeordnet, dann ist das virtuelle Objekt passiv. Beispiele sind der virtuelle Rechnerkern oder der Prozessadressraum (virtueller Speicher).

Substitution Die Substitution von realen Objekten durch virtuelle Objekte ist in vielen Situationen sehr interessant. Beispielsweise seien in einer Anwendung Schnittstellen von realen Objekten benutzt, die es an der betreffenden Anlage grundsätzlich nicht, nicht mehr oder noch nicht gibt. Man ist dann daran interessiert, ein virtuelles Objekt mit diesen Schnittstellen bereitzustellen.

So lassen sich beispielsweise vorhandene Programme ohne Veränderung weiterverwenden, wenn ein Gerät nicht mehr vorhanden ist, oder neue Programme entwickeln, bevor ein Gerät vorhanden ist.

Das virtuelle Objekt muss immer auf ein real vorhandenes Objekt abgebildet werden. Dies wird ohne gravierende Einschränkungen normalerweise nur bei ähnlichen Schnittstellen der vorhandenen und der zu substituierenden Objekte möglich sein. Beispiele für Substitutionen sind die Umlenkung der Druckausgabe auf Dateien beim Spooling, die Abbildung von Minidisks bei virtuellen Maschinen auf Zylinder eines größeren Festplattenspeichers oder die Bereitstellung von Partitionen auf einem Festplattenspeicher. Letztere werden bei Microsoft Windows wie ein einzelnes Festplattenlaufwerk verwendet. Da in früheren Versionen des genannten Betriebssystems die unterstützten Festplatten aufgrund historischer Entwurfsentscheidungen nur relativ klein sein konnten, war es erst durch diese Partitionierung möglich, die heutigen großen Festplattenspeicher mit diesen Systemen einzusetzen.

Klassenbildung Der Hintergrund der Klassenbildung ist, dass in einem Rechensystem sehr viele Geräte mit ähnlichen Eigenschaften angeschlossen werden können. Zudem ändern sich durch Neuentwicklungen oder Weiterentwicklungen oft einzelne Teile der Schnittstelle eines Geräts. Es ist daher unabdingbar, dass ein Betriebssystem oder ein Anwenderprogramm so wenig wie möglich von konkreten Eigenschaften realer Geräte abhängt. Um dies zu erreichen, werden Geräte ähnlicher Eigenschaften zu einer Klasse, einem virtuellen Gerät, zusammengefasst. Beispiele sind die Klasse der Sichtgeräte oder die Klasse der blockorientierten Geräte, wie die der Festplattenlaufwerke.

8.2   Virtueller Rechnerkern

virtueller Rechnerkern Die früher beschriebene Rechnerkernverwaltung wird nachfolgend unter dem Aspekt der Virtualisierung betrachtet. Jedem Prozess des Systems wird fest ein virtueller Rechnerkern zugeordnet. Der virtuelle Rechnerkern ist eine identische Vervielfachung des realen Rechnerkerns. Ein Prozess ist aktiv, d.h. er rechnet, wenn sein virtueller Rechnerkern auf einen realen Rechnerkern abgebildet ist. In dieser Zeit ist der Rechnerkernzustand des Prozesses durch den Zustand des realen Rechnerkerns definiert. Der Rechnerkernzustand eines nicht aktiven Prozesses ist durch den Zustand seines virtuellen Rechnerkerns, also durch den Rechnerkernzustand des Prozesses gemäß

Kapitel 3, definiert. Die Zuordnung eines realen Rechnerkerns zu einem virtuellen erfolgt in der Rechnerkernvergabe. Die Aufhebung der Zuordnung ist der Rechnerkernentzug, der bei einer Unterbrechung erfolgt. Damit ist eine dynamische Zuordnung der realen Rechnerkerne zu den virtuellen Rechnerkernen möglich. Eine Vertiefung dieser Sichtweise findet sich bei den Virtuellen Maschinen in Abschnitt 13.6.

Die Dienste zur Abbildung des virtuellen Rechnerkerns auf die realen Rechnerkerne wurden bereits im Abschnitt Rechnerkernverwaltung besprochen. Die Dienste wurden zuteilen_rechnerkern und entziehen_rechnerkern genannt.

8.3   Virtueller Speicher

In dem nachfolgenden Text wird die Ausdrucksweise, ein Objekt befindet sich in einem Adressraum, häufig verwendet. Wir sagen, ein Objekt obj befindet sich in einem Adressraum, wenn folgende Sachverhalte zutreffen: *Adressraum*

- Über eine Adresse kann auf eine anlagenspezifische kleinste Dateneinheit d, beispielsweise auf ein Byte, zugegriffen werden.

- Das Objekt obj selbst kann in dieselben kleinsten Dateneinheiten d unterteilt werden. Diese seien von 0 bis n fortlaufend durchnummeriert.

- Das Objekt obj befindet sich in einem bestimmten festgelegten Bereich des Adressraums, hier von der Anfangsadresse $a(obj)$ bis zur Endadresse $e(obj)$, wenn unter der Adresse $a(obj) + j$ die j-te Dateneinheit des Objekts obj zugänglich ist. Es gilt: $e(obj) = a(obj) + n$.

- Die Adressbereiche verschiedener Objekte überlappen sich nicht. Es kann jedoch ein Objekt an verschiedenen Stellen des Adressraums gleichzeitig eingetragen sein.

Im Systemmodus arbeitet die Rechenanlage, wie bereits früher ausführlich besprochen, mit realen Speicheradressen (den Maschinenadressen). Im Benutzermodus arbeitet die Rechenanlage mit virtuellen Speicheradressen (den Prozessadressen). Die Zielsetzung bei der Einführung des virtuellen Speichers ist eine identische Vervielfachung des realen Speichers. Jedem Prozess kann somit ein eigener virtueller Speicher zugeordnet werden. Dieser kann erheblich größer als der reale Speicher sein. Er erlaubt damit eine freizügige Belegung mit Objekten durch den einzelnen Prozess. Dies ist bei Objekten, die sich in der Größe dynamisch verändern können, besonders vorteilhaft. So ergibt sich eine bequeme Speicherverwaltung innerhalb eines Prozesses.   *realer und virtueller Speicher*

Speicher-
abbildung

Vor dem Zugriff auf Objekte über Prozessadressen müssen die Objekte durch den Prozess selbst in den Prozessadressraum gebracht werden. Dies erfolgt über Dienste der Prozessadressraumverwaltung. Der Anwender ruft diese Dienste meist nicht explizit auf, sondern implizit bei Ausführung von anderen Diensten, wie beispielsweise der Ausführung eines Kommandos.

Der grobe Ablauf könnte dabei wie folgt aussehen: Es läuft im Prozessadressraum bereits ein Programm P, beispielsweise ein Kommandointerpreter (Shell) oder ein interaktives Programm, welches ein Kommandomenue anbietet. Der Benutzer fordert die Ausführung eines Kommandos X. Die Ausführung des Kommandos erfolge durch Ausführung eines Programms PX. Der Programmcode und die Konstanten seien in einer Programmdatei DX gespeichert. P veranlasst jetzt das Laden von DX an eine bestimmte Stelle des Prozessadressraums, in unserer Terminologie also das Eintragen des Objekts DX in den Prozessadressraum. Hierzu gibt es, wie oben erwähnt, geeignete Systemdienste. Anschließend ruft P das Programm PX, durch Sprung an die Anfangsstelle von PX auf. PX kehrt am Ende zum Aufrufer zurück. In diesem Fall arbeiten P und PX sequenziell. Eine parallele Ausführung ist möglich, wenn PX als neuer Prozess gestartet wird. Hierfür gibt es ebenfalls Systemdienste, beispielsweise create_process.

Realisierung
virtueller Speicher

Durch das Eintragen eines Objekts in den Prozessadressraum werden die Segmente und Seiten im belegten Adressbereich des Objekts in den Zustand existent versetzt. Beim Zugriff auf Befehle und Daten wandelt der Rechnerkern die Prozessadressen mit Hilfe der Speicherabbildungstabellen, wie in Kapitel 3 beschrieben, in reale Speicheradressen um. Ein Zugriff ist nur möglich, wenn diese Abbildung definiert ist, also wenn die benötigte Seite im Arbeitsspeicher ist oder anders ausgedrückt, wenn der Seite eine Kachel zugeordnet ist. Ist die Seite nicht im Arbeitsspeicher, dann wird ein Seitefehltalarm ausgelöst und die fehlende Seite kann durch den Seitentransportprozess zugeladen werden. Daraufhin kann ein erneuter Zugriffsversuch erfolgen.

Auf Grund dieses Sachverhalts sind zur Realisierung eines virtuellen Speichers folgende Komponenten in einem Betriebssystem notwendig:

- die Arbeitsspeicherverwaltung

- die Prozessadressraumverwaltung

- der Seitentransportprozess.

Diese Komponenten werden in nachfolgenden Abschnitten beschrieben. Hier wird zunächst noch die Frage, woher der Seitentransportprozess denn die fehlende Seite holt, aufgegriffen. Die Antwort hängt vom grundsätzlichen Realisierungskonzept des virtuellen Speichers ab.

8.4 Realisierung des virtuellen Speichers

Auch bei der virtuellen Adressierung müssen natürlich die Programme und *Grundkonzepte* Daten, die in einem Prozessadressraum sind, irgendwo gespeichert werden. Da wegen der Größe des Prozessadressraums hierzu der Arbeitsspeicher nicht ausreicht, erfolgt die Speicherung auf den Hintergrundspeichern. Das Betriebssystem lädt dann vom Hintergrundspeicher immer nur diejenigen Seiten in den Arbeitsspeicher, die dort benötigt werden. Man nennt diesen Vorgang einen dynamischen Seitenwechsel (paging) oder genauer Seitenwechsel nach Bedarf (demand paging). Zur Realisierung des Prozessadressraums gibt es folgende Grundkonzepte:

- statischer Prozessadressraum auf Hintergrundspeicher
- dynamischer Prozessadressraum auf Hintergrundspeicher
- objektorientierter Prozessadressraum

Beim Konzept des statischen Prozessadressraums auf Hintergrundspeicher *Statischer* wird für den Prozess ein Bereich auf dem Hintergrundspeicher reserviert. *Prozessadressraum* Man geht davon aus, dass der Prozess bei seiner Arbeit nur auf einen Ausschnitt seines Prozessadressraums zugreifen will. Es ist also nicht notwendig, ihm den vollen Prozessadressraum bereitzustellen. Der Ausschnitt, der vom Prozess benötigt wird, sei dem System schon bei der Erzeugung des Prozesses bekannt. Die Seiten in diesem Ausschnitt seien die existenten Seiten. Bei der Erzeugung des Prozesses wird den existenten Seiten ein fester Bereich auf dem Hintergrundspeicher zugeordnet. Damit ist jeder existenten Seite fest eine Hintergrundspeicheradresse zugeordnet. Die existenten Seiten werden initialisiert. In den Bereich der existenten Seiten werden nach den Anweisungen des Prozesses dynamisch seine Daten geladen. Das Eintragen eines Objekts in den Prozessadressraum wird daher als Kopieren des Objekts in den virtuellen Speicher an die vorgegebene Adresse realisiert. Beim Seitenwechsel werden die Seiten zwischen dem virtuellen Adressraum auf Hintergrundspeicher und dem Arbeitsspeicher transportiert. Am Prozessende wird sein Prozessadressraum gelöscht. Da bei großen virtuellen Adressräumen mit Lücken unnötig viel Hintergrundspeicher belegt wird, wird dieses einfachste Konzept normalerweise nicht verwendet.

Beim Konzept des dynamischen Prozessadressraums auf Hintergrundspei- *Dynamischer* cher wird ein Bereich des Hintergrundspeichers für den Seitenwechsel aller *Prozessadressraum* Prozesse reserviert (Swap-Bereich). Eine existente Seite eines Prozesses ist bei diesem Konzept aus der Sicht der Adressraumverwaltung und bei grundsätzlicher Betrachtung an genau einer von drei Stellen:

- in einer Datei
- im Swap-Bereich
- im Arbeitsspeicher

Fortsetzung
Dynamischer
Prozessadressraum

Auf Replikate einer Seite kann beim Grundkonzept verzichtet werden. Sie treten nur im Zusammenhang mit Verfahren zur Effizienzsteigerungen auf. Beispielsweise kann beim Zuladen einer Seite eine Kopie im Swap-Bereich gehalten werden, damit beim späteren Verdrängen dieser Seite das Zurückschreiben auf den (langsamen) Hintergrundspeicher eingespart werden kann, wenn die Seite unverändert geblieben ist.

Das Betriebssystem führt für jeden Prozess eine Liste der existenten Seiten. Für jede existente Seite vermerkt es ihren Aufenthaltsort. Ein Teil dieser Information kann in den Speicherabbildungstabellen gehalten werden.

Will ein Prozess ein Objekt (Programm oder Daten) in seinen virtuellen Adressraum bringen, dann gibt er die Datei (auf Hintergrundspeicher) an, in der das Objekt ist, und die Zieladresse in seinem virtuellen Adressraum. Das Betriebssystem kennzeichnet jede von diesem Objekt zu belegende Seite in den Speicherabbildungstabellen als existent und vermerkt die zugehörige Datei und die Adresse der Seite relativ zum Dateianfang. Falls sichergestellt ist, dass sich die Datei während der Arbeit des Prozesses nicht verändert und ihre Lage auf Hintergrundspeicher gleich bleibt, dann reicht es, wenn für die Seite nur die Hintergrundspeicheradresse gespeichert wird.

Ein Kopieren der Datei findet nicht statt, da ja noch nicht bekannt ist, auf welche Seiten später überhaupt zugegriffen wird. Da dies auch nur sehr wenige Seiten der Datei sein können, ist dieses Vorgehen effizient.

Wird eine Seite später aus dem Arbeitsspeicher verdrängt, dann wird sie grundsätzlich in den Swap-Bereich zurückgeschrieben und zwar an eine momentan freie Stelle. Die neue Hintergrundspeicheradresse der Seite wird vermerkt.

Wird eine Seite im Arbeitsspeicher benötigt (demand paging), dann sind zunächst zwei Fälle zu unterscheiden:

- die Seite ist existent
- die Seite ist nicht existent

Eine existente Seite wird entweder aus einer Datei oder aus dem Swap-Bereich in den Arbeitsspeicher geladen. Der momentane Ort der Seite ist dem Betriebssystem bekannt. Beim Laden aus dem Swap-Bereich wird der von der Seite dort belegte Hintergrundspeicher freigegeben. Beim Laden aus einer Datei wird eine Kopie der Seite in den Arbeitsspeicher gebracht, denn die Datei darf natürlich nicht verändert werden. Der belegte Platz kann also auch nicht freigegeben werden. Das Laden einer Seite aus einer Datei erfolgt nach dem beschriebenen Algorithmus offensichtlich nur bei dem ersten Übertragen der Seite in den Arbeitsspeicher, also vor ihrer ersten Verwendung in dem Prozess.

Der Zugriff auf eine nicht existente Seite führt zum Speicherschutzalarm. Die Behandlung des Speicherschutzalarms ist abhängig von der Situation:

- Falls die Seite im zulässigen Prozessadressraum liegt, kann das Betriebssystem diesen Zugriff als Zugriff auf eine Seite, die nicht initialisiert wurde, betrachten. In diesem Fall wird die Seite als existent gekennzeichnet und es wird ihr eine Kachel im Arbeitsspeicher zugeordnet, die mit Null initialisiert wird. Beispiel: Zugriff auf einen Bereich des Kellers. Der Keller wird sinnvollerweise nicht mit einem Objekt aus einer Datei initialisiert.

- In den anderen Fällen ruft das Betriebssystem die Alarmbehandlung des Prozesses auf oder bricht den Prozess ab, falls eine solche nicht existiert. Im Prozess gilt es im Wesentlichen wieder zwei Fälle zu unterscheiden:
  - Falls der Prozess eine dynamische Längenänderung von Objekten, beispielsweise der Halde oder des Kellers, unterstützt, kann der Speicherschutzalarm eine solche Längenänderung durch den Prozess auslösen.
  - In den anderen Fällen, beispielsweise falls die Seite außerhalb des gültigen Prozessadressraums liegt, wird als Ursache des Speicherschutzalarms ein (Programmier-)Fehler in der Anwendung angenommen und die Anwendung wird abgebrochen.

Am Prozessende werden die Seiten des Prozesses im Arbeitsspeicher und im Swap-Bereich gelöscht.

Das Konzept des dynamischen Prozessadressraums ist das heute in den Betriebssystemen realisierte Konzept. Die Vorteile sind, dass alle Dienste und Techniken eines konventionellen Systems ohne virtuelle Adressierung leicht übertragen werden können und dass der Seitenwechsel sehr effizient wird.

Objektorientierter Prozessadressraum

Beim Konzept des objektorientierten Prozessadressraums hat man die Vorstellung, dass ein Benutzer irgendwelche Objekte in seinen sehr großen Prozessadressraum bringt, um darauf zuzugreifen. Die Objekte können auch in anderen Rechnern liegen. Der Zugriff erfolgt immer auf Objekte, die bei diesem Konzept eben auch durch virtuelle Adressen angesprochen werden können. Die Objekte verändern sich beim schreibenden Zugriff. Beispiele für solche Objekte sind Dateien, Programme oder Datenbanken.

Lädt ein Prozess ein Objekt in seinen Prozessadressraum, dann gibt er den Namen des Objekts und die Zieladresse im Prozessadressraum an. Die Seiten, die das Objekt im Prozessadressraum belegt, werden in der Speicherabbildungstabelle existent gesetzt. Die aktuelle Version einer Seite befindet sich beim Grundkonzept an genau einer von zwei Stellen:

- in einem Objekt
- im Arbeitsspeicher

Ähnlich wie beim dynamischen Adressraum können abweichend vom Grundkonzept zur Effizienzsteigerung Replikate einer Seite im Objekt gehalten werden.

Der Seitenwechsel erfolgt zwischen dem Arbeitsspeicher und dem Objekt. Am Prozessende werden alle Seiten in die korrespondierenden Objekte zurückübertragen. Dieses Konzept wird zukünftig vermutlich bei sehr großen Adressräumen interessant. Solche Adressräume sind benutzerspezifisch, existieren unabhängig von den Prozessen eines Benutzers und enthalten alle persistenten Objekte eines Benutzers. Aus diesem benutzerspezifischen Adressraum werden dann die nicht persistenten Adressräume mit den persistenten und den nicht persistenten Objekten der aktiven Prozesse eines Benutzers abgeleitet.

Der Hauptvorteil der objektorientierten Realisierung ist, dass auf Dateien und Datenbanken mit den normalen Befehlen zum Zugriff auf den Arbeitsspeicher gearbeitet werden kann. Es ist dann auch nicht mehr notwendig, mit speziellen Dateipuffern zu arbeiten, da der Datentransport ja implizit bereits durch den Seitenwechsel des Systems durchgeführt wird. Damit ergibt sich eine einheitlichere Zugriffsstruktur zum Hintergrundspeicher. Die Datenverwaltung vereinfacht sich. Eine auf diesen Vorstellungen beruhende Datenverwaltung nennt man auch „virtual IO-system". Die objektorientierte Realisierung zeigt eine weitere Zukunftsperspektive auf. Bei einigen Rechensystemen sind schon heute extrem große Prozessadressräume von mehreren Terabytes verfügbar. Bei dieser Größe erlaubt die objektorientierte Realisierung des virtuellen Speichers, alle Objekte eines Benutzers permanent in seinen Adressraum zu bringen und über Prozessadressen darauf zuzugreifen. Damit wird der Zugriff auf Objekte ortstransparent, also unabhängig von ihrer Lage in Rechnern und auf Speicherhierarchien.

8.5   Arbeitsspeicherverwaltung

Die Arbeitsspeicherverwaltung kennt die belegten und die freien Ar-   *Dienste*
beitsspeicherbereiche. Bei der Seitenadressierung wird die Arbeitsspeicherverwaltung besonders einfach, da die Verwaltungs- und Vergabeeinheit die
Kachel ist. Die Arbeitsspeicherverwaltung stellt damit die folgenden Dienste
bereit:

- anfordern_kachel (k, f)
  Falls eine freie Kachel vorhanden ist, wird sie belegt, in k ihre Nummer
  zurückgegeben und f mit dem Wert erfolgreich besetzt. Ist keine Kachel
  frei, so wird in f der Wert alles_belegt zurückgemeldet.

- freigeben_kachel (k, f)
  Die Kachel k wird freigegeben.

Es gibt mehrere Techniken die freien und belegten Kacheln zu verwalten.   *Realisierung*
Eine effiziente und speichersparende Technik ist, die freien Kacheln als
verkettete Liste in den freien Kacheln selbst zu halten. Hierbei steht in einer
Variablen des Betriebssystems die Nummer der ersten freien Kachel und in
jeder freien Kachel die Nummer der nächsten freien Kachel. Die Reihenfolge
der freien Kacheln in der Verweiskette ist beliebig. Die Verweiskette der
freien Kacheln endet mit 0. Siehe hierzu die Abbildung 8.1.

Problematischer ist es, zu überprüfen, ob die Rückgabe einer Kachel richtig   *Prüfungen*
ist. Eine Kachel darf sicher nicht mehrfach zurückgegeben werden. Sie darf
eventuell nur von dem Prozess zurückgegeben werden, der sie auch belegte. Nachdem sie zurückgegeben wurde, darf sie natürlich von dem Prozess
nicht weiter verwendet werden. Solche Prüfungen können sehr aufwendig
sein. Sie erfordern auf jeden Fall zusätzliche Verwaltungsinformationen, beispielsweise welcher Prozess welche Kachel belegt. In Systemen mit einem
virtuellen Adressraum kann auf solche zusätzlichen Prüfungen verzichtet
werden, da der Aufruf der Arbeitsspeicherverwaltung nur durch den Seitentransportprozess erfolgt. Dieser ist Bestandteil des Betriebssystems und
ist damit unter den allgemein üblichen Annahmen und Voraussetzungen bei
konventionellen Betriebssystemen vertrauenswürdig und fehlerfrei.

8.6   Prozessadressraumverwaltung

Die einem Prozess bekannten Objekte sind durch einen Namen eindeutig   *Katalog*
gekennzeichnet. Die Objekte, beispielsweise Dateien, sind üblicherweise
in Katalogen, beispielsweise in Dateikatalogen, verzeichnet. Kataloge sind
selbst wieder Objekte, die in anderen Katalogen verzeichnet sein können.
Innerhalb eines Katalogs kommt ein Name nur einmal vor, ist also eindeutig.

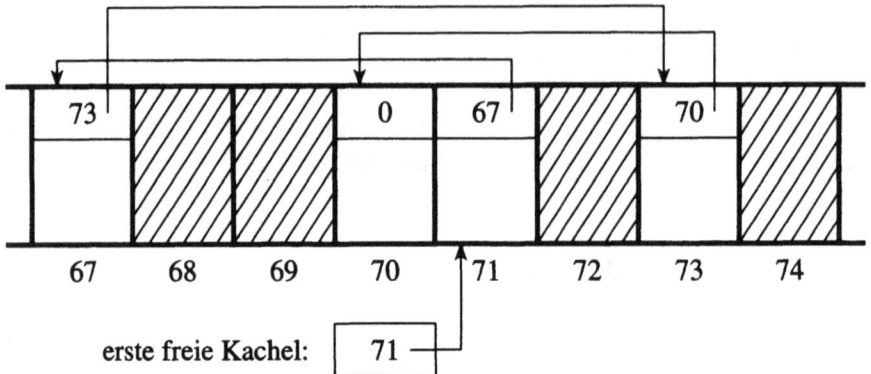

Die einzelnen Kacheln sind stark umrandet.
Unter jeder Kachel steht ihre Kachelnummer.
Belegte Kacheln sind schraffiert.

Abbildung 8.1: Freispeicherverwaltung mit verketteten Listen

Der eindeutige Name eines Objekts ist dann ein Pfadname durch eine Folge von Katalogen, wobei der Einstiegskatalog durch den Beginn des Pfadnamens eindeutig sein muss. Siehe hierzu Abbildung 8.2.

Ortsbeschreibung   Der Katalogeintrag führt auf eine Ortsbeschreibung des Objekts. Diese enthält die Länge des Objekts und die Anfangsadresse des Objekts. Eine Anfangsadresse bezieht sich normalerweise auf den Hintergrundspeicher. Sie besteht dabei im allgemeinsten Fall aus der Angabe des Rechnernetzes in dem sich das Objekt befindet, aus der Angabe des Rechners in dem das Objekt ist, aus der Angabe auf welchem Speichermodul das Objekt zu finden ist und aus der Anfangsadresse des Objekts auf dem Speichermodul.

Große Objekte sind oft nicht zusammenhängend gespeichert. In diesem Falle finden sich an Stelle einer Anfangsadresse die Anfangsadressen der jeweils zusammenhängend gespeicherten Teile des Objekts. Im allgemeinsten Fall also eine Abbildung des kontinuierlichen Adressraums des Objekts auf den Speicher, beispielsweise durch mehrstufige Tabellen, wie die i-nodes in UNIX. Für die nachfolgende Darstellung sei ein Objekt in einzelne Seiten untergliedert, die fortlaufend nummeriert sind. Die Ortsbeschreibung ist dann im Prinzip eine Menge von Tupeln der Form (Objektname, Seite im Objekt, Hintergrundspeicheradresse dieser Seite, Länge).

Wurzel der
Kataloge

Ausschnitt aus dem
Hintergrundspeicher
mit dem Objekt A/B/C
(Blockgröße = Seitengröße)

• • •

A

ortsbeschr(A)

• • •

6779   6780   6781   6782   6783

Katalog A

Objekt A/B/C

• • •

B

ortsbeschr(B)

• • •

Katalog B

Ortsbeschreibung für
Objekt A/B/C

• • •

C

ortsbeschr(C)

• • •

Länge Objekt,
hier 3 Seiten

Anfangsadresse auf
Hintergrundspeicher,
hier Block 6780

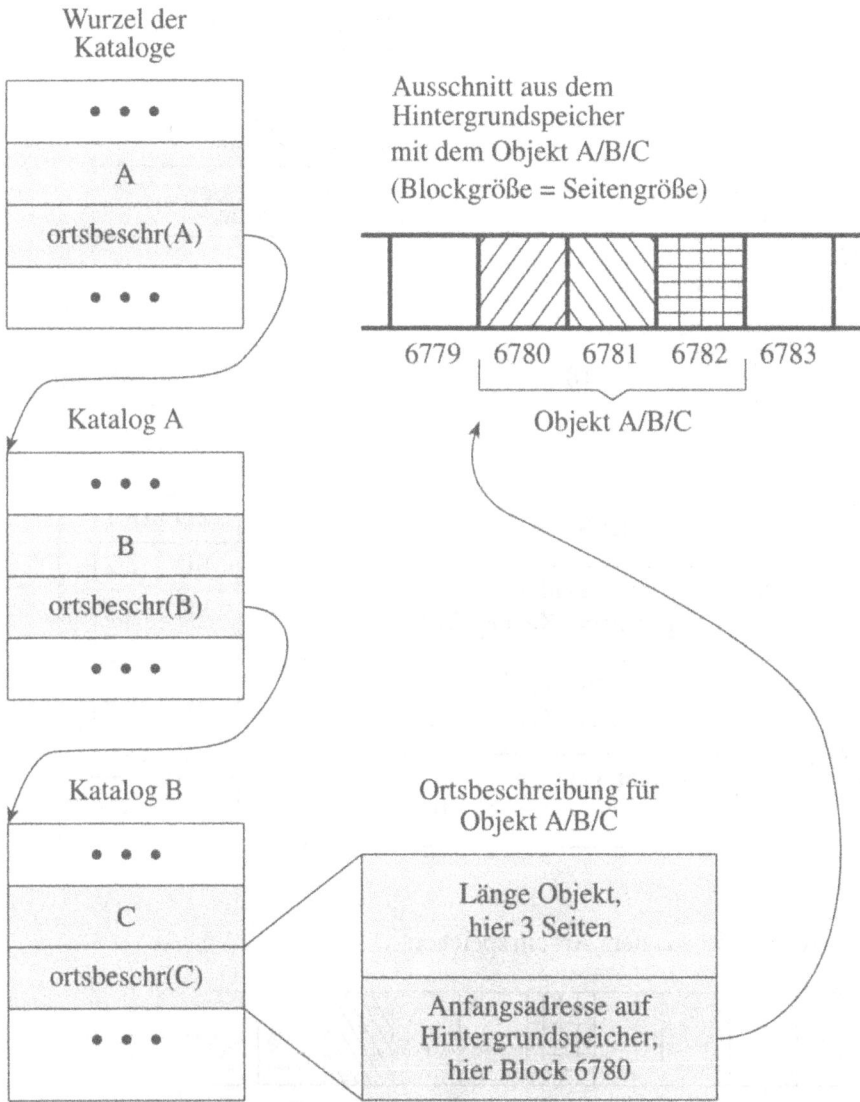

Anmerkung: Im Beispiel ist in jedem Katalog nur ein Objekt relevant.
Dieses Objekt ist grau unterlegt.

Abbildung 8.2: Lokalisierung eines Objekts A/B/C mittels Katalogen und
der Ortsbeschreibung von Objekten

Eintrag in der Programm-
adressraumverwaltungsliste
für Objekt A/B/C gemäß
Daten aus Abbildung 8.2:

Seitentabellendeskriptor
STD [18] für Segment 18:

| Objektname, hier A/B/C |
| Länge des Objekts, hier 3 |
| Hintergrundspeicher- adresse, hier 6780 |
| Prozessadresse, hier Segmentnummer 18 und Seitennummer 4 |

| Segment existent |
| Maschinenadresse der Seitentabelle |

Seitentabelle für
Segment 18:

| SD [18,0] |
| SD [18,1] |
| SD [18,2] |
| SD [18,3] |
| SD [18,4] |
| SD [18,5] |
| SD [18,6] |
| . . . |

Inhalt der Seitendeskriptoren:

SD [18,4]:	existent, geladen zugeordnete Kachel: 212
SD [18,5]:	existent, nicht geladen zugeordnete Kachel: keine
SD [18,6]:	existent, geladen zugeordnete Kachel: 209

Ausschnitt aus dem Arbeitsspeicher:

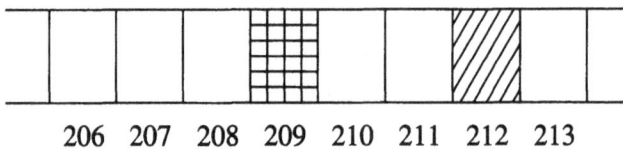

206   207   208   209   210   211   212   213

Abbildung 8.3: Prozessadressraumverwaltungsliste und
Speicherabbildungstabellen für ein Beispiel mit dem Objekt
A/B/C

In diesem Abschnitt wird die objektorientierte Realisierung des virtuellen *Zuordnung zu* Speichers vorausgesetzt. Es wird also festgehalten, welche Objekte sich in *Prozess-* welchen Bereichen des Prozessadressraums befinden. Diese Zuordnung wird *adressraum* durch die Prozessadressraumverwaltung in einer prozessspezifischen Liste, der Prozessadressraumverwaltungsliste, gespeichert (Abbildung 8.3). Es gibt hierzu zwei Dienste:

- eintragen_objekt_in_Prozessadressraum (objname, padresse, f)
  Das Objekt mit dem Namen objname wird im Prozessadressraum ab der Prozessadresse padresse eingetragen. Es belegt entsprechend seiner Länge einen bestimmten Adressbereich. In dem belegten Adressbereich darf sich kein anderes Objekt befinden. Die Anfangsadresse ist meist nicht beliebig. Üblich ist, dass ein Objekt auf einer Seitengrenze beginnt und endet. Der Parameter f ist wieder eine (Fehler-) Rückmeldung.

- austragen_objekt_aus_Prozessadressraum (objname, f)
  Das Objekt objname wird aus dem Prozessadressraum entfernt.

Beim Eintragen von Objekten können je nach System auch weitere Informationen angegeben werden, beispielsweise Zugriffsrechte auf das Objekt wie "nur lesender Zugriff". Solche Informationen können auch beim Objekt gespeichert sein.

Bei Ausführung dieser Dienste müssen auch die Speicherabbildungstabellen *Aktualisierung* geändert werden. Befindet sich in einem Segment ein Objekt, so ist das *Speicher-* Segment existent. Befindet sich in einer Seite ein Objekt oder ein Teil *abbildungstabellen* davon, so ist die Seite existent. In allen anderen Fällen sind die Segmente oder Seiten nicht existent. Nicht existente Segmente oder Seiten sind in den Speicherabbildungstabellen entsprechend gekennzeichnet oder sind gar nicht in den Speicherabbildungstabellen enthalten. Ein Zugriff auf nichtexistente Segmente oder Seiten führt zum Speicherschutzalarm.

Eine Seitennummer im Prozessadressraum eines Prozesses lässt sich in eine *Abbildung* Hintergrundspeicheradresse wie folgt abbilden:

1. Mit der Prozessadressraumverwaltungsliste wird eine Seitennummer in einen Objektnamen abgebildet. Falls diese Abbildung nicht definiert ist, wird ein Speicherschutzalarm erzeugt.

2. Mit Katalogen im Betriebssystem wird ein Objektname auf eine Ortsbeschreibung abgebildet. Normalerweise sollte diese Abbildung definiert sein.

3. Mit der Ortsbeschreibung wird das Paar (Objektname, Seitennummer) in eine Hintergrundspeicheradresse abgebildet. Falls die Abbildung nicht definiert ist, wird ein Speicherschutzalarm ausgelöst.

Da diese Abbildung bei jedem Zuladen einer Seite benötigt wird, ist es sinnvoll, diese Abbildung zu beschleunigen. Dies kann in einem ersten Schritt dadurch erfolgen, dass die Ortsbeschreibung auch in die Prozessadressraumverwaltungsliste übernommen wird (Abbildung 8.3). In einem zweiten Schritt könnte die Hintergrundspeicheradresse der Seite permanent in der Speicherabbildungstabelle oder einer zugeordneten Hashtabelle gespeichert werden.

Konsistenzproblem   Bei der Diskussion der obigen Abbildungsschritte treten die Konsistenzprobleme zwischen verschiedenen Listen des Betriebssystems deutlich hervor. Die typischen Probleme und die Konsequenzen sollen am Beispiel des Abbildungsschritts 2 exemplarisch dargestellt werden. Dort wurde darauf hingewiesen, dass die Abbildung Objektname in die Ortsbeschreibung normalerweise definiert ist. Sieht man von trivialen Fehlern ab, dann ist die Ortsbeschreibung nur dann undefiniert, wenn ein Prozess Objekte löschen kann, die bei ihm selbst oder auch bei einem anderen Prozess noch im Prozessadressraum eingetragen sind. Um dies zu verhindern, wird vor dem Löschen eines Objekts geprüft, ob es irgendwo in einem Prozessadressraum eingetragen ist. Hierzu könnte in der Ortsbeschreibung ein Zähler geführt werden, der angibt, wie oft sich das Objekt in einem Adressraum befindet. Ein Objekt darf nur gelöscht werden, wenn dieser Zähler null ist. Ist der Zähler nicht null, können auch andere Restriktionen bestehen: Beispielsweise könnten Längenänderungen oder Verlagerungen an andere Stellen des Hintergrundspeichers verboten sein.

Weitere
Konsistenz-
probleme   Es gibt noch weitere Konsistenzprobleme, beispielsweise zwischen Listen, die im Betriebssystem und im Rechnerkern geführt werden. So müssen Seiten im Cache konsistent mit den Seiten im Arbeitsspeicher gehalten werden oder Speicherabbildungstupel im TLB (translation lookaside buffer) konsistent mit den Speicherabbildungstabellen im Betriebssystem (siehe auch Abschnitt 3.3).

8.7   Seitentransportprozess

Aufgabe   Der Seitentransportprozess hat die Aufgabe, benötigte Seiten in den realen Arbeitsspeicher zu laden und nicht benötigte Seiten wieder zu verdrängen, also einen dynamischen Seitenwechsel durchzuführen.

Vorteile
Seitenwechsel   Bevor eine technische Realisierung dargestellt wird, noch kurz einige Bemerkungen zu den Vorteilen des dynamischen Seitenwechsels. In den Rechensystemen liegt die Zugriffszeit für Daten im Arbeitsspeicher um Größenordnungen unter der Zugriffszeit für Daten auf Festplattenspeicher. Bei PCs sind diese Daten bei zufälligem Zugriff beispielsweise etwa 10 Nanosekunden zu etwa 10 Millisekunden. Dies ist ein Zugriffsverhältnis von

etwa 1 : 1 000 000. Es ist also, trotz der großen Arbeitsspeicher, sehr wichtig, dass die benötigten Daten praktisch immer im Arbeitsspeicher sind. Genauso wichtig ist es aber, dass Daten, die nicht mehr benötigt werden, möglichst schnell wieder aus dem Arbeitsspeicher entfernt werden, um zukünftig benötigten Daten Platz zu machen. Diese Ziele sollen durch geeignete Seitenwechselstrategien erreicht werden. Ein weiterer sehr wichtiger Gesichtspunkt betrifft die Programmgröße. In Systemen mit dynamischem Seitenwechsel ist die Programmgröße nur durch den Prozessadressraum, nicht aber durch den realen Arbeitsspeicher begrenzt. Der Programmierer kann sich so auf die Lösung seines Problems konzentrieren und muss sich nicht noch mit den vielfältigsten Problemen auf Grund einer zu eingeschränkten maximalen Programmgröße herumschlagen. Letzteres ist im Hinblick auf den notwendigen zusätzlichen Programmieraufwand in der heutigen Zeit auch nicht mehr vertretbar.

Die Ausführung eines Seitenwechsels erfordert das Zusammenspiel mehrerer Systemkomponenten. Die nachfolgende Darstellung orientiert sich am zeitlichen Ablauf in einem Betriebssystem. Wir beginnen mit der Ausführung eines Prozesses durch einen Rechnerkern. Sobald eine Seite angesprochen wird, die existent ist, aber nicht in den Arbeitsspeicher geladen ist, löst der Rechnerkern einen Seitefehltalarm aus. *Ablaufschritt 1: Seitefehltalarm*

Anschließend wird die zugehörige Unterbrechungsbehandlung des Betriebssystemkerns ausgeführt. Hier wird der unterbrochene Prozess angehalten (Dienst anhalten) bis das Ereignis Seite zugeladen eintrifft. Dem Seitentransportprozess wird eine Nachricht geschickt. Hierin ist der Auftrag enthalten, für den unterbrochenen Prozess die fehlende Seite zuzuladen. Der Name dieses Prozesses ist auf Grund der Rechnerkernzuteilung, die fehlende Seite auf Grund der Unterbrechungsinformation beim Seitefehltalarm bekannt. Anschließend wird der Betriebssystemkern über die Rechnerkernzuteilung verlassen und ein rechenbereiter Prozess erhält den Rechnerkern, irgendwann auch der Seitentransportprozess. *Ablaufschritt 2: Unterbrechungs-behandlung*

Der Seitentransportprozess wartet meistens auf das Eintreffen einer Nachricht mit einem Auftrag, da er sofort nach Ausführung eines Auftrags auf den nächsten wartet. Bei Eintreffen einer Nachricht verzweigt er entsprechend dem Auftrag in der empfangenen Nachricht. Handelt es sich um den Auftrag, eine Seite zuzuladen, so laufen folgende Schritte ab: *Ablaufschritt 3: Seitentransport-prozess*

Seitentransport-
prozess

```
process seitentransportprozess;
{ ...
    while (true) {
        /* der Prozess wartet auf eine Nachricht */
        empfangen_nachricht (...);
        if (art_des_auftrags == "zuladen_seite")
            { seitezuladen (); }
        ...
    }
}
```

seitezuladen

```
void seitezuladen ()
{   /* Auftrag, eine Seite zuzuladen */
    p = betroffener prozess gemäß nachricht;
    s = betroffene seite gemäß nachricht;
    /* freie Kachel bei Arbeitsspeicherverwaltung fordern */
    anfordern_kachel (k, f);
    /* es werden nur die Fälle f = erfolgreich und f = alles_belegt
        berücksichtigt */
    if (f == alles_belegt) {
        /* eine Seite verdrängen gemäß Verdrängungsstrategie. Es
            wird angenommen, dass eine Seite des Prozesses q
            verdrängt werden kann (q kann auch gleich p sein) */
        sv = zu verdrängende seite des prozesses q;
        kv = kachel, in der die seite sv gemäß den
            speicherabbildungstabellen geladen ist;
        seite sv in speicherabbildungstabellen als nicht geladen
            kennzeichnen;
        hv = hintergrundspeicheradresse der Seite sv des prozesses q;
        /* Bestimmung von hv gemäß Ausführungen bei der
            Prozessadressraumverwaltung */
        inhalt von kachel kv auf hintergrundspeicher ab adresse hv
            schreiben;
        /* Das Schreiben von Seiten auf Hintergrundspeicher ist ein
            Dienst der Festplattenspeicherverwaltung */
        k = kv;
        /* die Kachel kv ist ja jetzt frei */
        /* Ende des Verdrängens einer Seite */
    }
}
```

```
    h = hintergrundspeicheradresse der Seite s des prozesses p;
      /* Bestimmung von h gemäß Ausführungen bei der
         Prozessadressraumverwaltung */

      /* jetzt Seite s in Arbeitsspeicher laden. Hierzu den
         entsprechenden Dienst der Festplattenspeicherverwaltung
         benutzen */

    laden der seite s von hintergrundspeicheradresse h in die kachel k;
    seite s in speicherabbildungstabellen des prozesses p als geladen
        kennzeichnen;
    in den speicherabbildungstabellen des prozesses p die kachel k der
        Seite s zuordnen;
      /* jetzt Prozess p fortsetzen */
    melden (p, "seite zugeladen", f);
  }
}
```

Nach Ablauf dieser Schritte im Seitentransportprozess ist die fehlende Seite zugeladen und der unterbrochene Prozess kann sich wieder um den Rechnerkern bewerben.

Ablaufschritt 4: Fortsetzung Prozess

Der Algorithmus für den Seitentransportprozess wird etwas komplizierter, wenn man gemeinsame Objekte zulässt. Bei gemeinsamen Kacheln ist eine Kachel in mehreren Prozessadressräumen enthalten. Sie kann nur verdrängt werden, wenn sie aus allen Adressräumen ausgetragen wird.

gemeinsame Objekte

Die Auswahl der Seiten beim Seitenwechsel erfolgt gemäß Strategien. Man unterscheidet Lade- und Verdrängungsstrategien für Seiten. Bei den Ladestrategien hat nur das Laden nach Bedarf (demand paging) Bedeutung. Eine Seite wird also auf Grund des Seitefehltalarms geladen. Als Verdrängungsstrategie kommen mehrere Strategien in Frage, beispielsweise eine Verdrängung nach dem „Working-Set-Modell". Weitere Strategien finden sich in Kapitel 15. Grundlage aller Verdrängungsstrategien ist die Beobachtung, dass Programme meist lokal arbeiten. Man kann sich als ein grobes Modell vorstellen, dass Programme strukturiert sind. Sie bestehen also aus einzelnen Moduln. In einem Modul wird eine bestimmte Teilaufgabe erledigt. Hierzu sind die Befehle dieses Moduls und eine Teilmenge der Daten notwendig. Das Programm arbeitet eine gewisse Zeit nur mit diesem Ausschnitt. Wenn dieser Ausschnitt mit einer gewissen Umgebung im Arbeitsspeicher ist, treten Seitenwechsel vorwiegend beim Wechsel des Ausschnitts, d.h. der Teilaufgabe, auf. Man kann deshalb erwarten, dass die Geschwindigkeit, mit der ein Programm ausgeführt werden kann, nicht sehr stark abnimmt, wenn nur Teile des Programms im Arbeitsspeicher sind.

Strategien

Zahl der Seitenwechsel je Speicherzugriff

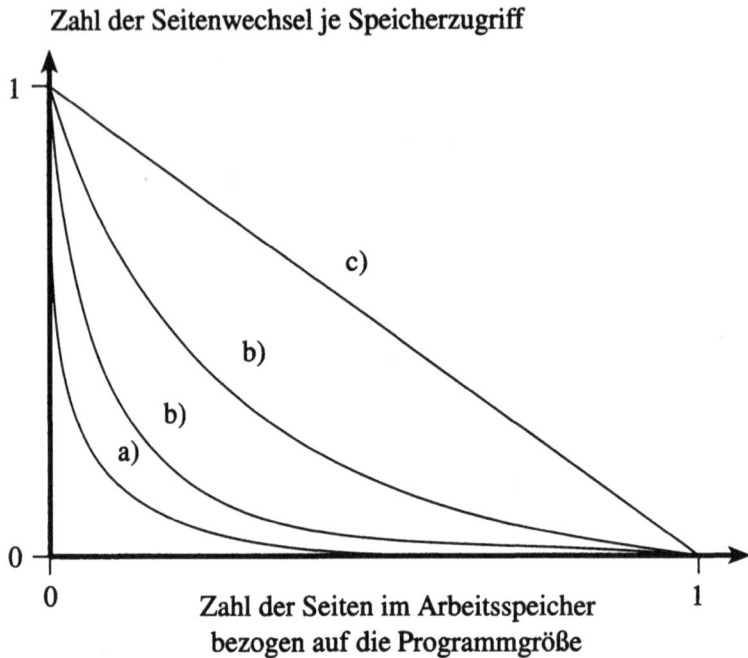

Seitenwechselrate bei:
a) einer optimalen Seitenwechselstrategie
    (Zugriffsverhalten vollständig vorab bekannt)
b) einer realen Seitenwechselstrategie und
    dem üblichen lokalen Verhalten der Programme
c) zufälligem Zugriff auf die Seiten, wobei
    auf jede Seite gleichwahrscheinlich zugegriffen wird

Abbildung 8.4: Prinzipieller Verlauf der Seitenwechselrate abhängig vom
             verfügbaren Speicherbereich

Ein Maß für den Geschwindigkeitsverlust ist die Zahl der Seitenwechsel je
Speicherzugriff. Abbildung 8.4 zeigt den prinzipiellen Verlauf.

fixierte Seiten   Eine weitere Modifikation der Algorithmen für den Seitenwechsel entsteht
             durch fixierte Seiten. Fixierte Seiten sind dem Seitenwechsel entzogen.

Dienste beim   In den Systemen, bei denen ein Fixieren der Seiten notwendig ist, stellt der
Fixieren   Seitentransportprozess weitere Dienstleistungen bereit. Diese sind:

• zuladen_und_fixieren_seite

• entfixieren_seite

Für das Fixieren von Seiten gibt es vier Gründe:

- Prozesse, die harte Echtzeitanforderungen erfüllen müssen, werden permanent im Speicher gehalten, damit sie ohne Zeitverzug auf externe Signale reagieren können.

- Das Betriebssystem oder die Hardware setzen für bestimmte Systemdaten oder -programme voraus, dass diese im Arbeitsspeicher sind.

- Eine Seite, die an einem EA-Transport beteiligt ist, darf während des Transportvorgangs nicht verdrängt werden.

- Die Programme und Daten für das Zuladen und Verdrängen von Seiten müssen im Arbeitsspeicher bleiben, so beispielsweise der Seitentransportprozess.

Viele prozessbezogene Daten, die in der Hardware oder im Betriebssystem verwendet werden, sind nur in bestimmten Prozesszuständen relevant, beispielsweise solange der Prozess aktiv ist. Wenn die Daten relevant sind, dann müssen sie jedoch unbedingt im Arbeitsspeicher direkt ohne Seitefehltalarm zugreifbar sein. Beispiele hierfür sind:

- die Prozessleitblöcke

- die Speicherabbildungstabellen

- der gemeinsame Speicherbereich im Prozess zur Parameterübergabe zwischen Prozess und Betriebssystem

Je nach Systemkonzept sind solche Daten entweder permanent im Arbeitsspeicher oder werden jeweils vor Aktivierung eines Prozesses geladen. Im letzteren Fall können diese Daten in dem Systembereich des jeweiligen Prozessadressraums untergebracht werden. Die Seiten mit diesen Systemdaten werden dann für die aktiven Prozesse fixiert. Sensitive Systemdaten, beispielsweise Speicherabbildungstabellen, sind gegenüber dem Prozess zugriffsgeschützt.

Wären diese Seiten nicht fixiert, dann müsste die Schnittstelle zur Hardware deutlich modifiziert werden (beispielsweise zuladbare Speicherabbildungstabellen) und an vielen Stellen während der Arbeit des Betriebssystemkerns müsste eine fehlende Seite nachgeladen werden. Dies brächte Leistungsprobleme und widerspräche der Forderung, dass Dienste des Betriebssystemkerns ohne Wartezustände erbracht werden können. Darüber hinaus würde das Betriebssystem wesentlich komplexer, beispielsweise könnten bei der Bearbeitung eines Zuladeauftrags für eine Seite wiederum Seiten benötigt werden, die nicht im Arbeitsspeicher sind und daher zuerst zugeladen werden müssten. Damit müsste beim Entwurf des Betriebssystems auf Verklemmungsfreiheit beim Zuladen von Seiten geachtet werden.

fixierte Seiten
für EA-Puffer

Ein weiterer Anwendungsfall der Fixierung von Seiten tritt im Zusammenhang mit Ein/Ausgabepuffern auf. Bei allen EA-Vorgängen von und zu einem Prozess werden üblicherweise EA-Puffer im Prozessadressraum (die Datenpuffer des Benutzers) verwendet. Es gibt nun zwei Grundtechniken der Pufferbehandlung:

1. Es erfolgt ein Kopiervorgang zwischen dem Datenpuffer des Benutzers und einem Datenpuffer des Systems, kurz Systempuffer. Letzterer wird von der Geräteverwaltung über eine Systempufferverwaltung angefordert und nach Benutzung wieder freigegeben. Der Systempuffer ist fest im realen Arbeitsspeicher. Bei der Übertragung zwischen Arbeitsspeicher und Gerät wird der Systempuffer verwendet. Dies bringt keine Probleme, da der Systempuffer nicht dem Seitenwechsel unterliegt. Nur bei dem Kopieren von Daten zwischen dem Systempuffer und dem Datenpuffer des Benutzers durch die Geräteverwaltung können Seitefehltalarme auftreten, wenn Teile des Datenpuffers des Benutzers nicht im Arbeitsspeicher sind. Dies ist aber ebenfalls unkritisch, da dieses Kopieren auf Prozessebene angesiedelt werden kann.

2. Das System vermeidet den Kopiervorgang und benutzt direkt den Datenpuffer des Benutzers für die Übertragung von und zu dem Gerät. In diesem Fall müssen alle Seiten, die Teile des Pufferbereichs enthalten, solange im Arbeitsspeicher fixiert werden bis der EA-Vorgang abgeschlossen ist. Der Grund hierfür liegt einerseits darin, dass die EA-Prozessoren den Transportvorgang unter zeitlichen Randbedingungen ohne Pausen durchführen müssen, und andererseits darin, dass die EA-Prozessoren meist mit Maschinenadressen arbeiten. Da keine Unterbrechung des Transportvorgangs möglich ist, können die Seiten mit Puffern nicht erst während des Transportvorgangs geladen werden. Da die EA-Prozessoren mit Maschinenadressen arbeiten, würden bei einem Seitenwechsel im Pufferbereich, bei dem ja eine andere Seite einer Kachel zugeordnet wird, aus einer falschen Seite gelesen bzw. in eine falsche Seite geschrieben.

8.8   Virtuelle Geräte

Ziele

Die Virtualisierung der Geräte hat primär das Ziel der Klassenbildung. In einem Rechensystem können sehr viele Geräte mit ähnlichen Eigenschaften angeschlossen werden. Selbst wenn bei Einführung des Systems die Peripheriegeräte noch sehr einheitlich sind, ändern sich später durch Neuentwicklungen oder Weiterentwicklungen oft einzelne Teile der Schnittstelle. Es ist daher unabdingbar, dass ein Betriebssystem oder ein Anwenderprogramm so wenig wie möglich von konkreten Eigenschaften realer Geräte abhängt.

Um dies zu erreichen werden Geräte ähnlicher Eigenschaften zu einer Klasse, einem virtuellen Gerät, zusammengefasst.

Die Anwender benutzen dann an Stelle der Schnittstelle des realen Geräts   *Systemstruktur*
(Abbildung 8.5) die Schnittstelle des virtuellen Geräts (Abbildung 8.6). Abbildung 8.5 zeigt also die Struktur beim direkten Zugriff auf reale Geräte durch das Anwendungsprogramm und Abbildung 8.6 die Struktur bei der Verwendung von virtuellen Geräten. Letztere werden durch Daten und Dienste der Verwaltung für ein virtuelles Gerät realisiert. Das virtuelle Gerät wird durch einen gerätespezifischen Gerätetreiber auf ein vorgegebenes reales Gerät abgebildet. Diese Abbildung muss natürlich für alle Datenströme zu und von dem Gerät erfolgen.

Eine weitere Verringerung der Geräteabhängigkeit ergibt sich, wenn in den   *tabellengesteuerte*
Gerätetreibern die Abbildung der konkreten Eigenschaften eines Geräts nicht   *Gerätetreiber*
fest einprogrammiert ist, sondern wenn die Abbildung tabellengesteuert ist. Die Installation eines neuen Geräts bedeutet dann nur die Erzeugung der entsprechenden Eintragungen in der Abbildungstabelle. Eine solche Tabelle ist wesentlich leichter zu erzeugen oder zu ändern als ein voller Gerätetreiber. In Abbildung 8.7 ist dieser Sachverhalt dargestellt. Ein Beispiel für solche Tabellen ist die Datei termcap in UNIX, durch die u.a. die Abbildung des virtuellen Sichtgeräts auf ein reales Sichtgerät gesteuert wird.

Durch die Vielfalt der Geräte sind in den Betriebssystemen unterschiedliche Grade der Virtualisierung und unterschiedliche Konzepte entstanden. An dieser Stelle wurde daher nur das allgemeine Prinzip skizziert. Weitere Ausführungen finden sich bei der Besprechung des EA-Systems (Kapitel 10).

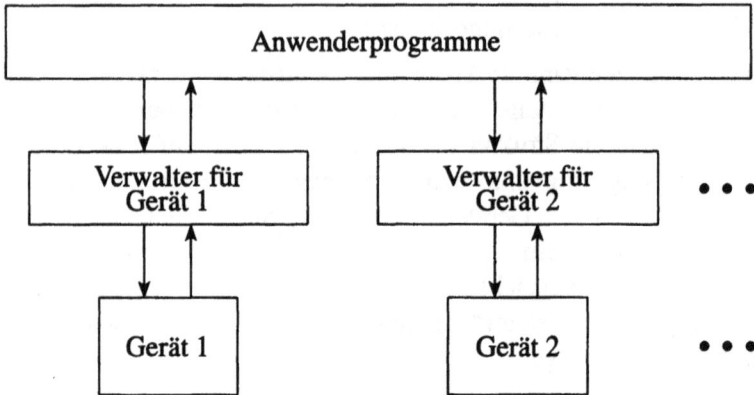

Abbildung 8.5: Prinzipielle Systemstruktur bei direktem Zugriff auf die
Geräte ohne Virtualisierung

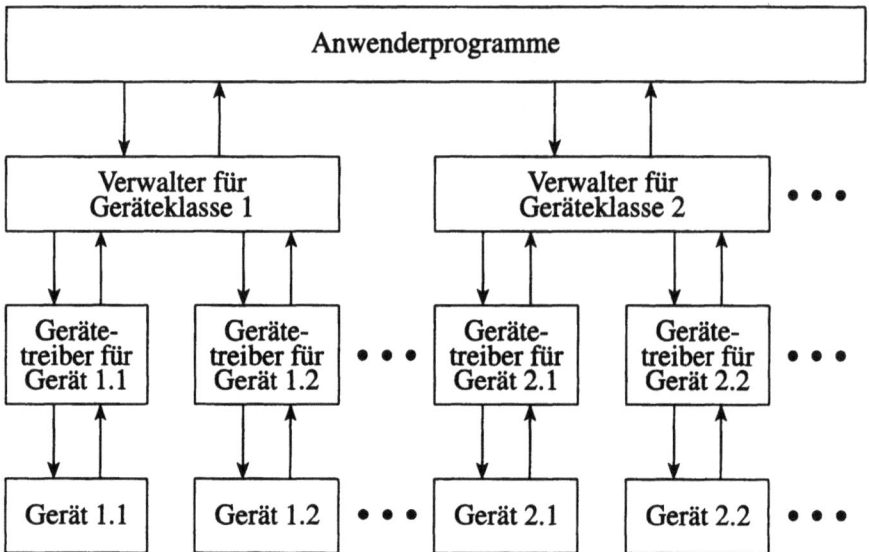

Abbildung 8.6: Prinzipielle Systemstruktur bei einer Virtualisierung der
Geräte ohne Abbildungstabellen für Geräteeigenschaften

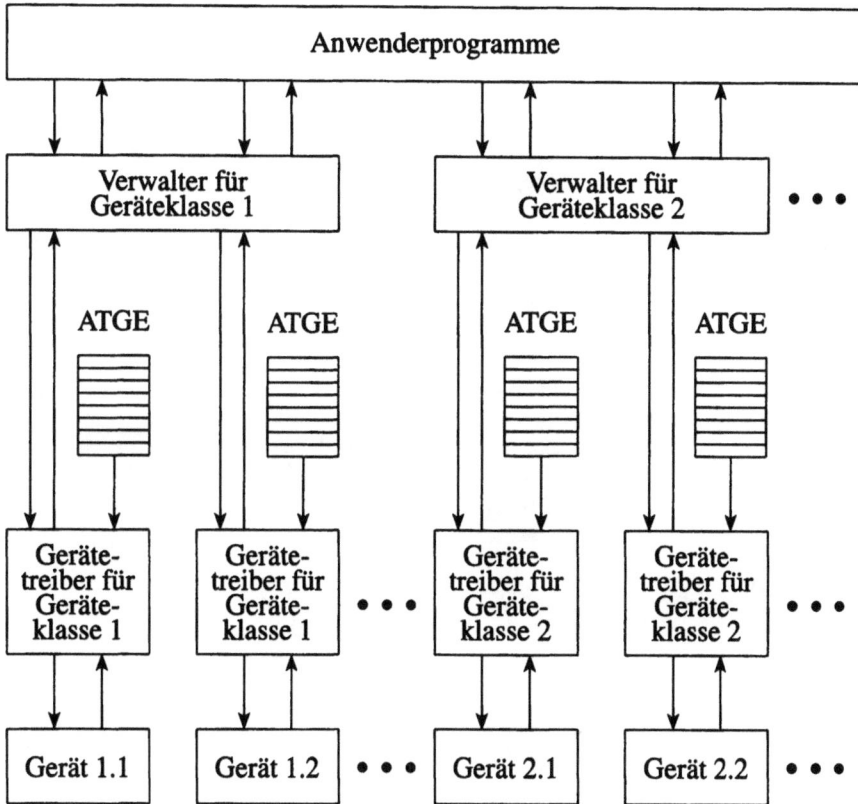

ATGE ist eine Abbildungstabelle für Geräteeigenschaften

Abbildung 8.7: Prinzipielle Systemstruktur bei einer Virtualisierung der
Geräte mit Abbildungstabellen für Geräteeigenschaften

9 Strukturierung

Betriebssysteme bestehen aus Moduln, die sich gegenseitig aufrufen können. Da es viele Module sein können, muss die Menge der Module strukturiert werden. Bei geeigneten Einschränkungen der Aufrufbeziehungen entstehen Schichten. Zum Aufruf eines Moduls stehen verschiedene Techniken zur Verfügung. Diese Aufruftechniken werden besprochen und ihre Einsatzgebiete dargestellt. Es ergeben sich daraus zwei wichtige Grundstrukturen, das botschaftenorientierte- und das prozedurorientierte Betriebssystem. Das botschaftenorientierte Betriebssystem wird auch als nachrichten- oder prozessorientiertes Betriebssystem bezeichnet. Ein solches liegt diesem Buch zu Grunde. Hierfür wird dann auch eine schichtenorientierte Anordnung der Komponenten eines Modell-Betriebssystems entwickelt. Beispiele für Moduln und deren Schichtung bei anderen Betriebssystemen (UNIX-artig und Windows XP) schließen das Kapitel ab.

9.1 Schichtenkonzept

Betriebssysteme bestehen wie alle großen Systeme aus Moduln. Mit den Regeln für die Modularisierung großer Systeme befasst sich bevorzugt die Arbeitsrichtung Software-Engineering. Für die Diskussion hier reicht es aus, wenn Module als die Realisierung abstrakter Datentypen angesehen werden. Ein Modul stellt also alle Dienste bezüglich eines Datentyps bereit. Gemäß den Ausführungen in Kapitel 1 nennen wir die abstrakten Datentypen auch Objekttypen und das Modul, das einen abstrakten Datentyp realisiert, eine Objektverwaltung. *Module*

Zwischen den Moduln besteht eine Aufrufrelation. Modul A ruft Modul B auf, wenn es zur Realisierung seiner Dienste, d.h. des Objekttyps A, auf Objekte des Typs B zugreifen muss. Dabei könnte ein beliebig komplexer Aufrufgraph wie in Abbildung 9.1 entstehen. Der Entwurf eines Systems sollte aber so erfolgen, dass sich auf Grund der Aufrufbeziehungen eine Schichtung des Systems wie in Abbildung 9.2 ergibt. Die Schichten seien von 0 bis n durchnummeriert. In einem geschichteten System lässt sich jedes Modul einer Schicht zuordnen. Ein Modul befindet sich in der Schicht i, wenn es nur auf Module der Schichten 0 bis i zugreift. In manchen Fällen *Schichten*

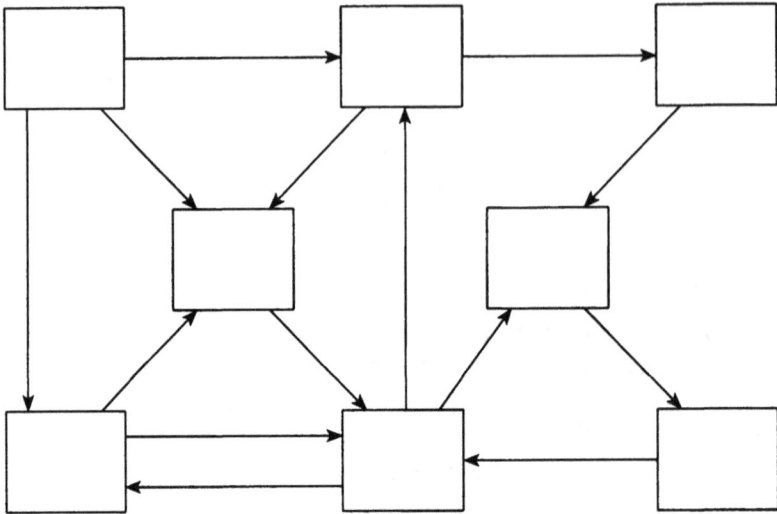

Hier ist keine Bildung von Schichten möglich.

Abbildung 9.1: Freie Aufrufbeziehung zwischen Moduln

---

besteht eine noch stärkere Einschränkung: Ein Modul der Schicht i darf nur Module der unmittelbar darunter liegenden Schicht i-1 verwenden. Die Nummerierung der Schichten ist so gewählt, dass die Schicht 0 die unterste Schicht ist, auf der alle anderen aufbauen. In der Schicht 0 befinden sich also alle Hardware-Komponenten.

Vorteile Durch diese Schichtung ergeben sich Vorteile:

- Es entstehen aufeinander aufbauende Schichten.

- Das System ist bis zu jeder Schicht jeweils in sich abgeschlossen, lauffähig und testbar.

- Es können später weitere Schichten zugefügt werden, ohne dass das Zusammenspiel der vorhandenen Schichten gestört wird.

- Ein Modul benutzt in der Regel nur Module der eigenen oder der nächsttieferen Schicht. Damit bleiben seine Außenbeziehungen überschaubar.

- Der Aufruf von Diensten bei der Bearbeitung eines Auftrags geht immer von oben nach unten. Wenn man von der eigenen Schicht eines Moduls absieht, ist damit sichergestellt, dass keine zirkuläre Beauftragung erfolgen kann.

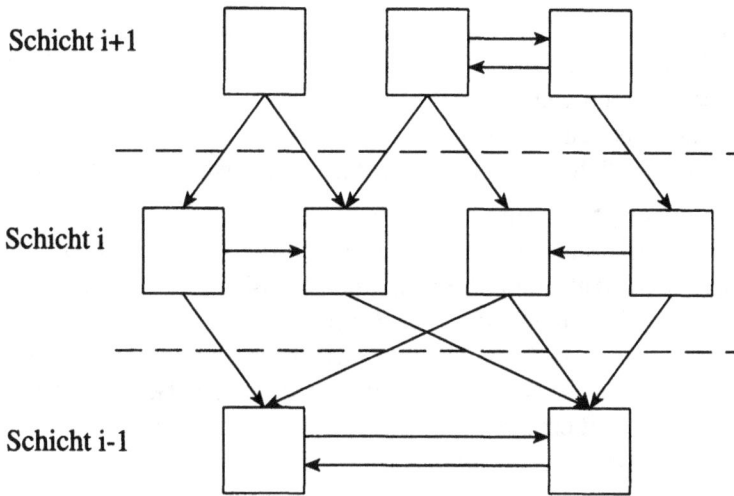

Schicht i+1

Schicht i

Schicht i-1

Hier ist eine Bildung von Schichten möglich.

Abbildung 9.2: Eingeschränkte Aufrufbeziehungen zwischen Moduln

Alle Betriebssysteme sind geschichtet und in Module gegliedert. Die ver- *Betriebssystem-*
schiedenen Betriebssysteme haben aber unterschiedliche Datenabstraktionen *schichten*
und damit unterschiedliche Schichten. Häufig findet man, dass Dienste ohne
Beachtung des Konzepts der Datenabstraktion festgelegt wurden. Dadurch
lassen sich Dienste gar nicht mehr einem Datentyp zuordnen. Weiterhin
werden oft nicht die Dienste für einen Datentyp in einem Modul zusammengefasst, sondern beispielsweise Dienste, die häufig zusammen benutzt
werden.

Mit dem Ziel einer sauberen Schichtung gemäß den Auftragsbeziehungen *Probleme*
zwischen Komponenten wurde schon in den 70er Jahren das Betriebssystem
BSM entworfen (GOOS72, LAGA75, JAMM77). Bestandteil einer sauberen Schichtung waren hierbei vom System überprüfbare, verklemmungsfreie
Kommunikationsbeziehungen zwischen den Prozessen. Deshalb wurde festgelegt, dass die Kommunikationsbeziehungen zwischen je zwei Prozessen
immer aus Botschaft-Antwort-Zyklen bestehen. Ein Prozess A sendet also eine Botschaft (hier: Nachricht mit einem Auftrag) an Prozess B und B
sendet daraufhin an A immer eine Nachricht mit dem Ergebnis zurück. Mit
dieser Festlegung ergibt sich ein charakteristisches Problem einer sauberen

Schichtung. In bestimmten Situationen sind spontan entstehende Signale von unteren Schichten in obere Schichten zu schicken. Ein Beispiel: Der Benutzer drückt am Terminal die Escape-Taste. Hierdurch soll der normale Ablauf seines Prozesses unterbrochen werden. Die Terminalverwaltung muss also einen Prozessalarm an den Benutzerprozess schicken. Die Terminalverwaltung ist dabei in einer tieferen Schicht als der Benutzerprozess angesiedelt.

Behandlung spontan auftretender Signale

Es gibt nun zwei Vorgehensweisen zur Behandlung. Bei der pragmatischen Vorgehensweise ergibt sich die Anordnung der Module in Schichten auf Grund der „normalen" Aufrufbeziehungen. Spontane Signale von unten nach oben werden zusätzlich zugelassen. Bei der idealistischen Vorgehensweise sind „spontan auftretende" Signale von unten nach oben nicht zulässig. Diese müssen daher als Antwort auf einen von oben gegebenen Auftrag realisiert werden. Dies führt zur Forderung, dass alle Module der höheren Schichten permanent einen geeigneten Auftrag bei den Moduln der tieferen Schichten, von denen sie möglicherweise Signale erhalten können, hinterlassen (LAGA75). Das Problem der Aufwärtsaufrufe ist in der Literatur zum Beispiel in (YOKO91) behandelt.

9.2   Aufruf von Moduln

Aufruftechniken

Die Festlegung der Aufruftechnik für die Module eines Systems ist von zentraler Bedeutung. In den verschiedenen Betriebssystemen werden unterschiedliche Techniken verwendet. Es gibt bisher weder eine einheitliche Terminologie noch eine durchgängige Klassifizierung. Ansätze finden sich in (CASP74, JAMM79, LAUE79, SILB98). In diesem Buch sollen folgende Aufruftechniken unterschieden werden:

- Sprungbefehl
- lokaler Prozeduraufruf mit statischer Bindung
- lokaler Prozeduraufruf mit dynamischer Bindung
- Systemaufruf
- nichtlokaler Prozeduraufruf (RPC)
- Erzeugung eines Dienstleistungsprozesses
- Nachrichtenübermittlung
- lokaler nachrichtenbasierter Prozeduraufruf (LPC)
- objektorientierter Methodenaufruf.

Diese werden unter dem Gesichtspunkt ihrer Bedeutung für die Betriebssysteme nachfolgend besprochen.

Der Sprungbefehl ist eine Verzweigung in andere Module, die in demselben Adressraum liegen. Es findet keine Rettung des Kontextes an der Absprungstelle statt, damit ist auch keine Rückkehr zur Aufrufstelle möglich. Sprungbefehle sind daher für den Aufruf von Moduln des Betriebssystems ungeeignet.

Sprungbefehl

Bei einem lokalen Prozeduraufruf mit statischer Bindung als Aufruftechnik ist das aufzurufende Modul eine rechnerlokale Prozedur. Das aufzurufende Modul ist fest an das aufrufende Programm gebunden. Das aufgerufene Modul und das aufrufende Programm liegen damit in einem Adressraum und können auf gemeinsame Variable zugreifen. Dadurch ist ein schneller Zugriff auf die Parameter möglich. Beim Prozeduraufruf findet eine eingeschränkte Rettung des aktuellen Rechnerkernzustands statt. Charakteristisch ist, dass nur die Rücksprungadresse gerettet wird und der Befehlszähler neu besetzt wird. Damit ist die Ausführungszeit des Befehls Prozeduraufruf sehr kurz. In der Software werden dann in der Regel weitere Register, wie beispielsweise der Kellerpegel, abgespeichert. Die Zustandsinformation, die die Rechte beeinflusst, beispielsweise der Arbeitsmodus, bleibt immer unverändert. Die Rechte des aufrufenden Programms unterscheiden sich also nicht von denen des aufgerufenen Moduls.

lokaler Prozeduraufruf statische Bindung

Mit einem Prozeduraufruf wird auch der Rechnerkern weitergegeben. Der Aufrufer wartet also, bis der Rechnerkern bei dem Rücksprung aus dem aufgerufenen Modul wieder zurückgegeben wird. Er kann während dieser Zeit, abgesehen von einer eingeschränkten Alarmbehandlung, nicht auf andere Ereignisse von außen reagieren. Der Rechnerkernfluss ist also an den Aufruffluss gekoppelt. Die Ausführung eines Dienstes über Prozeduraufrufe führt also zu keiner Erhöhung der Parallelarbeit in einem Rechensystem.

Rechnerkernfluss

Aus den oben besprochenen Eigenschaften des Prozeduraufrufs mit statischer Bindung ergibt sich, dass die Module eines Betriebssystems nur dann als lokale Prozeduren realisiert werden können, wenn sie Dienste ausführen, für die die Rechte des Benutzerprogramms ausreichend sind. In einem einfachen Einbenutzersystem ist dies für alle Teile des Betriebssystems gültig. In einem Mehrbenutzerbetriebssystem können beispielsweise die benutzernahen Zugriffsdienste auf Dateien als lokale Prozeduren realisiert werden.

Bewertung

Bei einem lokalen Prozeduraufruf mit dynamischer Bindung wird die aufzurufende Prozedur durch ihren Namen bezeichnet. Sie ist zunächst nicht im Adressraum des Aufrufers eingetragen. Damit besteht der Aufruf aus zwei Teilen, dem Laden der Prozedur in den Adressraum und dem eigentlichen Aufruf. Da kein statischer Bindevorgang erfolgte, kann die aufgerufene Prozedur nicht auf lokale Variablen des Aufrufers zugreifen. Es ist jedoch eine Parameterübergabe an einer fest definierten Prozessadresse möglich.

lokaler Prozeduraufruf dynamische Bindung

Realisierung

Der Prozeduraufruf mit dynamischer Bindung wird in den Rechenanlagen nicht durch einen Maschinenbefehl realisiert, sondern durch einen Systemdienst. Wenn auch die Rückkehr aus einem solchen Modul durch das Betriebssystem kontrolliert wird, könnten die Rechte des Aufrufers und des aufgerufenen Moduls prinzipiell differieren. Bei konventionellen Systemarchitekturen sind die Rechte aber lediglich vom Arbeitsmodus und vom Benutzernamen abhängig. Wir legen auch für den lokalen Prozeduraufruf mit dynamischem Binden sinnvollerweise fest, dass im Unterschied zum Systemaufruf sowohl der aufrufende als auch das aufgerufene Modul im Benutzermodus ablaufen. Damit entstehen in konventionellen Systemen unterschiedliche Rechte des aufgerufenen Moduls und des aufrufenden Moduls nur, wenn ihnen unterschiedliche Benutzernamen zugeordnet werden können. Dies wird in einigen Betriebssystemen unter weiteren Einschränkungen erlaubt. Ein Beispiel dafür ist der Dienst execute in UNIX.

Beispiel:
Systemdienst
execute

Der Systemdienst execute in UNIX entspricht einem lokalen Prozeduraufruf mit dynamischem Binden. Er hat als Parameter einen Dateinamen. Die Datei enthält ein ausführbares Programm, die aufgerufene Prozedur. Diese wird in den Prozessadressraum geladen und ausgeführt. Hierbei gibt es eine Reihe von Konventionen. Jedem Prozess ist ein Benutzerkennzeichen (real id) und ein Schutzkennzeichen (effective id) zugeordnet. Das Benutzerkennzeichen gibt den Benutzer an, für den der Prozess einen Auftrag bearbeitet. Das Schutzkennzeichen enthält ein Benutzerkennzeichen, das für die Abprüfung der Zugriffsrechte, insbesondere beim Zugriff auf Dateien, verwendet wird. Normalerweise sind beide Kennzeichen identisch. Die Rechte des aufrufenden Moduls sind also durch das aktuelle Schutzkennzeichen des Prozesses, in dem sich das Modul befindet, definiert. In jeder Dateibeschreibung sind das Benutzerkennzeichen des Eigentümers, die Zugriffsrechte auf die Datei und die Variable set_user_id enthalten. Ist diese Variable gesetzt, dann wird bei der Ausführung von execute das Schutzkennzeichen des Prozesses auf den Eigentümer der Datei mit der aufgerufenen Prozedur gesetzt. Damit hat die aufgerufene Prozedur andere Rechte als der Aufrufer. Da aufrufendes Modul und aufgerufenes Modul beide im gleichen Prozess, d.h. im gleichen Prozessadressraum sind, ist es schwierig eine gegenseitige unzulässige Beeinflussung zu kontrollieren. Deshalb wird eine weitere Konvention festgelegt: Das aufrufende Modul wird bei Aufruf eines execute gelöscht. Damit kann aber aus dem aufgerufenen Modul nicht mehr zum Aufrufer zurückgekehrt werden.

fork

Dies führt dann zu folgender Programmiertechnik:

- Der Aufrufer erzeugt durch fork einen neuen Sohnprozess mit eigenem Prozessadressraum. Er übergibt als Parameter den Namen des aufzurufenden Moduls. Der Vater wartet auf die Beendigung des Sohnprozesses.

- Im Sohnprozess wird ein entsprechendes execute ausgeführt. Dies führt gegebenenfalls zu einer Änderung des Schutzkennzeichens des Sohnes. Der Sohn führt das aufgerufene Modul unter den geänderten Rechten aus. Anschließend beendet sich der Sohn.

Abgesehen von den besprochenen Unterschieden in der Aufruftechnik und in den Rechten des aufgerufenen Moduls gelten für den lokalen Prozeduraufruf mit dynamischem Binden dieselben Eigenschaften wie für den mit statischem Binden. Damit kann diese Technik ebenfalls nur für Teile des Betriebssystems verwendet werden, die benutzernah sind und keine privilegierten Befehle verwenden. Auf Grund der unterschiedlichen Rechte des Aufrufers und der aufgerufenen Prozedur können dynamisch gebundene Prozeduren aber beispielsweise auf Datenbestände zugreifen, auf die der Benutzer selbst nicht zugreifen kann. Man kann so typischerweise erzwingen, dass bestimmte Datenbestände nur mit den vorgesehenen Prozeduren und den vorgesehenen Zugriffsprüfungen bearbeitet werden. Damit sind die Realisierung von Diensten der Datenverwaltung, von Zugriffsdiensten auf Datenbanken oder von Diensten der Benutzerverwaltung mit dieser Aufruftechnik möglich. *Bewertung*

Der Systemaufruf unterscheidet sich von einem lokalen Prozeduraufruf dadurch, dass der Arbeitsmodus des Rechnerkerns in den Systemmodus geändert wird und das aufgerufene Modul nicht zwingend in dem Prozessadressraum des Aufrufers liegt. Damit ist eine vollständige Ablage des Rechnerkernzustands an der Aufrufstelle erforderlich. Aus Gründen des Zugriffsschutzes ist es außerdem notwendig, dass der Übergang in das Betriebssystem kontrolliert werden kann. Es muss daher sichergestellt werden, dass das Betriebssystem nur an definierten Stellen betreten wird. Hierfür ist bereits eine Technik vorhanden, nämlich die Unterbrechung. Damit liegt es nahe, dass ein Systemaufruf als Unterbrechung behandelt wird. Die Rückkehr zum Aufrufer erfolgt dann mit dem bereits besprochenen Befehl laden_rkzustand in der Rechnerkernzuteilung. *Systemaufruf*

Wie im Namen bereits ausgedrückt, wird der Systemaufruf zum Aufruf des Betriebssystemkerns eingesetzt. Der Systemaufruf kann ebenfalls als prozeduraler Aufruf betrachtet werden, da der Rechnerkern an das aufgerufene Modul übergeben wird und der Aufrufer wartet bis das aufgerufene Modul seine Arbeit beendet hat. Da der Systemmodus eingestellt wird, hat der Betriebssystemkern alle Rechte. Weitere Module innerhalb des Betriebssystemkerns benötigen keine Veränderung des Arbeitsmodus und können daher mit lokalen Prozeduraufrufen aktiviert werden. Für die Parameterübergabe sind folgende Fälle zu unterscheiden: *Systemaufruf Parameterübergabe*

- bei gemeinsamem Adressraum

  In jedem Prozessadressraum eines Prozesses befindet sich gemeinsam mit diesem das Betriebssystem. Das Betriebssystem liegt immer an derselben Stelle. Es läuft ebenfalls mit virtueller Adressierung ab. Hierbei werden die Speicherabbildungstabellen des jeweiligen Aufrufers benützt. Die Rechnerarchitektur ist so festgelegt, dass im Benutzerprogramm auf den Bereich des Betriebssystems nicht zugegriffen werden kann, wohl aber im Betriebssystemkern auf den Bereich des Benutzerprogramms. Damit können im Betriebssystem die Parameter für den Systemaufruf mit den normalen Maschinenbefehlen angesprochen werden. Im Betriebssystem ist allerdings darauf zu achten, dass hierbei ein Seitefehltalarm auftreten kann.

- bei getrenntem Adressraum

  Der Betriebssystemkern liegt nicht in dem Prozessadressraum der Prozesse. Der Betriebssystemkern arbeitet häufig mit direkter Speicheradressierung. Die nicht in Registern übergebenen Parameter des Systemaufrufs sind durch ihre Prozessadressen definiert. Im Betriebssystemkern ist zum Zugriff auf diese Parameter eine Umwandlung der Prozessadressen in Maschinenadressen mit Hilfe der Speicherabbildungstabellen des aufrufenden Prozesses notwendig. In einigen Systemen wird dies durch spezielle Maschinenbefehle unterstützt. Falls die angesprochene Seite nicht im Arbeitsspeicher ist, ergibt sich ein Seitefehltalarm, der im Betriebssystem auftritt. Die fehlende Seite muss dann zugeladen werden. Bei der Konstruktion des Betriebssystems ist darauf zu achten, dass das Zuladen von Seiten ebenfalls Systemdienste und Unterbrechungsbehandlungen erfordert, die nicht durch die geschilderte Übernahme der Parameter bei einem Systemaufruf behindert werden dürfen.

  Wenn mehrere Parameter übergeben werden, können diese oder Teile davon natürlich in unterschiedlichen Seiten sein und deshalb können auch mehrere Seitefehltalarme auftreten. Es ist also zu beachten: Seitengrenzen können bei Parametern, die mehrere Bytes lang sind, irgendwo zwischen zwei aufeinander folgenden Bytes liegen.

Das entsprechende Problem mit den entsprechenden Lösungen tritt natürlich auch bei der Übertragung von Ergebnissen eines Systemdienstes zum Aufrufer eines Systemdienstes auf.

Bei großen Prozessadressräumen ist die Lösung mit einem gemeinsamen Adressraum vorzuziehen. Stets hat man aber das Problem, dass die Seiten, in denen sich Parameter befinden, möglicherweise erst in den Arbeitsspeicher geladen werden müssen. Dies lässt sich nur durch spezielle, allerdings für den Benutzer unangenehme Konventionen vermeiden. Man kann beispielsweise festlegen, dass alle Parameter in einem Kommunikationsbereich liegen müssen. Dieser ist dem Betriebssystem bekannt und wird für aktive Prozesse im Arbeitsspeicher fixiert.

Der nichtlokale Prozeduraufruf (remote procedure call, RPC) wird insbesondere dann eingesetzt, wenn das aufrufende und das aufgerufene Modul in verschiedenen Rechensystemen sind. Die Kommunikation muss daher über Nachrichten erfolgen. Ein gegenseitiger Zugriff der beiden beteiligten Moduln auf den Adressraum des anderen ist nicht möglich. Die Übergabe von Adressen als Parameter ist deshalb normalerweise nicht sinnvoll. Daher werden die Regeln für die Parameterübergabe üblicherweise so eingeschränkt, dass nur Werteparameter in Nachrichten übergeben werden dürfen. Weiterhin wird festgelegt, dass das aufrufende Modul wartet bis das aufgerufene Modul seine Arbeit beendet hat. Damit entsteht allerdings wieder eine Sequenzialisierung der Abläufe. Der nichtlokale Prozeduraufruf wurde insbesondere für den Aufruf von ausgelagerten Dienstleistungsprozessen bei verteilten Systemen vorgeschlagen (WATS81, LISK85) und ist die grundlegende Aufruftechnik in Client-Server-Systemen (vgl. (BIRR84)).

nichtlokaler Prozeduraufruf

Bei Aufruf eines Systemdienstes wird ein eigener Dienstleistungsprozess für die Ausführung des Dienstes erzeugt. Der erzeugte Prozess läuft im Benutzermodus ab. Handelt es sich um normale Prozesse mit eigenem Adressraum, dann entstehen getrennte Adressräume für jeden Ablauf eines Dienstes. Damit ist diese Technik weniger gut geeignet, wenn in dem aufgerufenen Prozess ein Dienst ausgeführt werden soll, für den ein Zugriff auf systemglobale, gemeinsame Datenbestände und eine Synchronisation mit den Zugriffen durch andere Benutzer erforderlich ist. Die Technik ist jedoch sehr gut geeignet, wenn Dienste erbracht werden, die nur Datenbestände für Objekte eines bestimmten Benutzers erfordern. Das oben genannte Problem wird durch Sub- oder Leichtgewichtsprozesse (threads) als Dienstleistungsprozesse vermieden, da solche Prozesse einer Dienstleistungsgruppe in einem gemeinsamen Adressraum sein können. In diesem Adressraum sind auch die benötigten gemeinsamen Variablen eingetragen.

Erzeugung Dienstleistungsprozess

Hierzu ein Beispiel: Es gibt einen Prozess Master_Fileserver. Möchte ein Benutzer B eine Datei D übertragen, dann wendet er sich an diesen Prozess. Der Master_Fileserver erzeugt dann als Kopie von sich einen neuen Prozess B_Fileserver, der ausschließlich die Aufgabe hat, die Datei D für den Benutzer B zu übertragen.

Beispiel

Die Hauptvorteile dieser Aufruftechnik sind:

Bewertung

- Die Bearbeitung der Benutzeraufträge kann unabhängig und parallel erfolgen. Man erhält also sehr hohe Parallelität im System.

- Der aufgerufene Prozess kann sich auf die Bearbeitung eines Auftrags konzentrieren. Seine lokalen Variablen beziehen sich daher nur auf einen Auftrag. Der Prozess kann in Wartezuständen stehen bleiben und muss nicht zwischen Auftragsbearbeitungen multiplexen. Die Programmierung wird daher einfach. Voraussetzung für den Einsatz dieser Technik ist, dass das Erzeugen eines Prozesses wenig aufwendig ist und schnell geht. Dies ist nicht bei allen Betriebssystemen erfüllt. Die Technik verliert ihre Attraktivität für zentrale Teile des Betriebssystems, bei denen eine starke Interaktion der verschiedenen Benutzer stattfindet, beispielsweise weil auf gemeinsame Betriebsmittel synchronisiert zugegriffen werden muss.

Aufruf durch Nachrichten- übermittlung

Der Aufruf eines Dienstes durch Nachrichtenübermittlung trennt zumindest bei der asynchronen expliziten Interprozesskommunikation den Aufruf von der Übergabe des Rechnerkerns. Die beiden beteiligten Module sind ja Bestandteil zweier unabhängiger Prozesse. Daher kann dieser Dienst auch verwendet werden, wenn das beauftragte Modul in einem anderen Rechensystem ist. Durch diese Aufruftechnik kann die Parallelität bei der Bearbeitung eines Auftrags ebenfalls zunehmen. Die Nachrichtenübermittlung ist die mächtigste und flexibelste Aufruftechnik. Sie erfordert jedoch die Ausführung eines komplexen Systemdienstes und ist daher in heutigen Rechenanlagen trotz eventueller Hardware-Unterstützung für manche Anwendungen noch zu langsam. Diese letztgenannte Aufruftechnik ist die Grundlage für botschaften- bzw. nachrichtenorientierte Betriebssysteme.

Prozeduraufruf basierend auf Nachrichtenaus- tausch

Der lokale auf dem Austausch von Nachrichten basierende Prozeduraufruf (LPC) nutzt zum Aufruf und der Parameterübergabe einen Puffer ähnlich zu dem Konzept der Ports, wie sie aus dem Betriebssystem Mach (TANE96) bekannt sind. Der LPC wird benötigt, um Aufrufe über die Grenzen eines Adressraums hinweg innerhalb eines Rechners (lokal) zu tätigen. Dieser LPC findet insbesondere in Windows NT und Nachfolgern Anwendung.

objektorientierter Methodenaufruf

Auch der objektorientierte Methodenaufruf ist eine Aufruftechnik. Seine verschiedenen Ausprägungen lassen sich alle als Kombination auf die bereits beschriebenen Aufruftechniken zurückführen. So ergeben sich teils nachrichtenbasierte, synchrone oder asynchrone Methodenaufrufe mit oder ohne Wechsel des Adressraums.

9.3   Grundstrukturen

botschaften- und prozedur- orientiert

Die beiden Grundstrukturen sind das prozedurorientierte und das botschaftenorientierte Betriebssystem. Die Vor- und Nachteile der beiden Grundkonzepte wurden Ende der 70er Jahre heftig diskutiert, beispielsweise in

botschaftenorientiert	prozedurorientiert
Prozess	Monitor
Prozesserzeugung	Definieren des Monitors
Kommunikationskanal	externe Variable, Parameter
Namen Kommunikationspartner	globale Namen der Monitore
senden Auftrag	Aufruf Monitorprozedur
senden Antwort	Rücksprung aus Monitorprozedur
empfangen Antwort	Rückkehr aus Monitorprozedur
warten auf Nachrichten	warten auf Monitoraufruf
Parallelarbeit:	Parallelarbeit:
senden Auftrag;	fork;
... /* parallele Arbeit */	... /* parallele Arbeit */
empfangen Antwort	join

Tabelle 9.1: Korrespondierende Konzepte bei botschaften- und prozedurorientierten Betriebssystemen

(JAMM77, LAUE79). Die beiden Strukturen werden in diesen Berichten als duale Darstellungen desselben Sachverhalts angesehen. In Tabelle 9.3 sind die korrespondierenden Konstrukte in Anlehnung an (LAUE79, KAIS83) gegenübergestellt.

Die Hauptnachteile der prozedurorientierten Struktur sind bei den Monitoren bereits besprochen worden. Die Stärken einer botschaftenorientierten Struktur sind:

Vorteile der botschaften- orientierten Struktur

- Die Beauftragung eines Prozesses beinhaltet nicht den Rechnerkern-transfer.

- Ein Aufruf kann sich zu parallelen Aktivitäten ausweiten. Damit sind „Pipelining", parallele Bearbeitung und Mischformen davon möglich.

- Ein Prozess kann Aufträge in beliebiger Weise schachteln, überlappen oder verschränken.

- Ein Prozess kann auch noch während der Auftragsbearbeitung auf äußere Ereignisse reagieren.

- Aufrufer und aufgerufener Prozess sind in der Regel in getrennten Prozessadressräumen, daher ist ein leichter Übergang zu Mehrprozessorsystemen und verteilten Systemen möglich. Es können Client-Server-Modelle realisiert werden (WATS81).

- Es entstehen keine unbeabsichtigten Sequenzialisierungen oder unerwartete Verklemmungen wie etwa beim Monitorkonzept.

- Ein Prozess kann als eigenständige Einheit des Betriebssystems realisiert werden, die für einen Datentyp die Zugriffsdienste realisiert. Der Prozess hat dabei die volle Kontrolle über die Strategien zur Synchronisation, zur Festlegung der Bedienungsreihenfolge, zur Zuteilung der von ihm verwalteten Objekte und zur Verhinderung von Verklemmungen. Beim Monitorkonzept sind diese Strategien durch den Monitor nicht beeinflussbar. Beispielsweise wird vom Betriebssystem universell festgelegt, in welcher Reihenfolge mehrere vor dem Monitor wartende Prozesse den Monitor betreten. Damit liegt auch die Reihenfolge der Bedienung weitgehend fest.

- Für Prozesse gibt es methodische Ansätze zur Fehlerbehandlung (RAND81). Die fehlerhafte Aktion kann abgebrochen werden und der Prozess kann sich selbst einen konsistenten Rücksetzpunkt suchen. Da die Prozesse nicht gedächtnislos sind und deshalb auch der Zustand der Umgebung berücksichtigt werden muss, ist das Zurücksetzen auf einen früheren Zustand allerdings nicht trivial.

botschaften-
orientiertes
Betriebssystem

Aus den oben genannten Gründen basiert die Darstellung in diesem Buch weitgehend auf dem Konzept botschaftenorientierter Betriebssysteme. Wir verwenden den Begriff prozessorientiertes Betriebssystem als synonymen Begriff dazu.

9.4   Betriebssystemkern

Eigenschaften

Ein Betriebssystem gliedert sich in den Betriebssystemkern und die Systemprozesse. Für den Betriebssystemkern gilt:

- Er arbeitet im Systemmodus.

- Er arbeitet unter hoher Ablaufpriorität, eventuell zeitweise mit völliger Unterbrechungssperre.

- Er ist permanent im Arbeitsspeicher.

Die weiteren Systemkomponenten arbeiten im Benutzermodus mit niedrige-   *Systemprozesse*
rer Ablaufpriorität und sind zuladbar oder einem Seitenwechsel unterworfen.
In einem prozedurorientierten Betriebssystem sind die weiteren Systemkomponenten vom Typ Monitor. In einem prozessorientierten Betriebssystem
sind die weiteren Systemkomponenten vom Typ Prozess, man nennt sie Systemprozesse.

Der Betriebssystemkern bildet die unterste Schicht des Betriebssystems. Er   *Dienste für Zugriff*
enthält die Basisdienste für den Zugriff auf alle Hardware-Komponenten,   *auf Hardware-*
da hierfür privilegierte Befehle notwendig sind. Damit gehören die Ar-   *Komponenten*
beitsspeicherverwaltung, die Kanalverwaltung und die unterste Ebene der
Gerätetreiber zum Betriebssystemkern. Da der Betriebssystemkern bei Unterbrechungen betreten wird, gehören die Unterbrechungsanfangsbehandlungen auch zu ihm.

Die Betriebssystemschicht oberhalb des Betriebssystemkerns besteht bereits   *Dienste für*
aus Systemprozessen. Daher muss der Betriebssystemkern auch die Dienste   *kooperierende*
für die Erzeugung und den Betrieb von Prozessen enthalten, also: *Prozesse*

- die Dienste der Prozessverwaltung

- die Dienste der Rechnerkernverwaltung

- die Behandlung der Prozessalarme

- die Dienste zur Synchronisation

- die Dienste der Ereignisverwaltung

- die Dienste der Nachrichtenverwaltung

- die Dienste der Zeitverwaltung

Für die Dienste des Betriebssystemkerns ist charakteristisch, dass sie immer   *Synchronisation*
mehrere gemeinsame Betriebsmittel der Prozesse betreffen. Damit kann die   *der Dienste*
Ausführung eines Dienstes für einen Prozess A nicht unabhängig von der
Ausführung der Dienste für einen Prozess B sein, sondern es ist immer ein
Zugriff auf gemeinsame Systemlisten notwendig. Bei der Ausführung eines
Dienstes im Betriebssystemkern sind diese Systemlisten als exklusive Be-
triebsmittel zu betrachten. Man kann nun an zwei Grundstrukturen denken:

- Der Betriebssystemkern kann mehrfach parallel betreten werden. In
  jedem Dienst werden die benötigten Listen individuell gesperrt und
  wieder freigegeben. Ein Beispiel für ein solches System ist UNIX.

- Der ganze Betriebssystemkern wird als exklusives Betriebsmittel betrachtet. Er wird während der Ausführung eines Dienstes oder einer
  Unterbrechungsbehandlung für andere gesperrt. Die Sperrung kann
  durch Setzen einer Unterbrechungssperre oder durch Koordination mit

einer Koordinationsvariablen (Semaphor) für den Systemkern erfolgen. Innerhalb des Betriebssystemkerns tritt also keine parallele oder verschränkte Ausführung von Diensten auf. Diese Struktur wurde beispielsweise im Betriebssystem BS3 für den TR 440 (AEG 65, JESS68) gewählt.

Wird der ganze Betriebssystemkern als exklusives Betriebsmittel betrachtet, dann erhält man einfache, übersichtliche und wenig fehleranfällige Betriebssystemkerne.

Auswahlregeln für Dienste im Betriebssystemkern

Alle genannten Dienste können eher vollständig oder eher rudimentär im Betriebssystemkern angelegt werden. Es ist immer möglich, nach einer einfachen Anfangsbehandlung eines Dienstes, die eigentliche Ausführung an einen Systemprozess zu delegieren. Ein Beispiel hierfür ist der an anderer Stelle besprochene Seitentransportprozess. Damit ist ein weites Spektrum von Möglichkeiten vorhanden, wie die Dienste eines Betriebssystemkerns festgelegt werden können. Diese Festlegung ist ein zentrales Problem des Entwurfs. Die Diskussion um die Verwendung kleinster Betriebssystemkerne (Mikrokerne) in den 90er Jahren gibt Beispiele für mögliche Entwurfsfestlegungen (LIED96).

keine Wartezustände im Betriebssystemkern

In bestimmten Betriebssystemen sind weitere spezielle Regeln als Leitfaden für den Entwurf des Betriebssystemkerns aufgestellt worden. Im Betriebssystem für den TR 440 beispielsweise wurde festgelegt, dass alle Dienste, die bei ihrer Ausführung auf Wartezustände treffen, in Systemprozessen zu realisieren sind (AEG 65). Durch diese Regel lässt sich erreichen, dass der Betriebssystemkern ohne einen Wartezustand mit Prozesswechsel durchlaufen wird. Wenn man weiter dafür sorgt, dass nur einfache Dienste im Betriebssystemkern realisiert werden, dann ist der Durchlauf auch sehr schnell. Es ist dann selbst in einem Mehrprozessorsystem vernünftig, den ganzen Betriebssystemkern als exklusives Betriebsmittel zu betrachten.

9.5   Beispiele

monolithische Systeme

Monolithische Betriebssysteme sind die Systeme, bei denen sämtliche Funktionen sind im Betriebssystemkern realisiert sind. Dieser hat von außen betrachtet keine Struktur und bildet genau eine Schicht. Die Schnittstelle wird prozedural zur Verfügung gestellt. Der Betriebssystemkern ist ein Monitor, dessen Prozeduren im Systemmodus ausgeführt werden.

XINU

Comer gibt in seinem Buch (COME84) die Schichtung des sehr einfachen Betriebssystems XINU an. Dieses ist von UNIX inspiriert. Die Schichtung ergibt sich allerdings nicht auf Grund der Aufrufstruktur, sondern auf Grund der Implementierungsreihenfolge. Die Schicht 0 ist in allen Beispielen die

Hardware-Schicht. Die Schicht 1 ist entsprechend die Hardware-nächste Schicht des Betriebssystems. Die Schichten in XINU sind:

9: Benutzerprozesse

8: Dateisystem

7: rechnerübergreifende Interprozesskommunikation

6: Geräteverwaltung, Gerätetreiber

5: Zeit-/Uhrenverwaltung

4: lokale Interprozesskommunikation

3: Prozesssynchronisation

2: Prozessverwaltung

1: Arbeitsspeicherverwaltung

0: Hardware

Der Darstellung in diesem Buch liegt das Modell eines bereits seit längerem bekannten botschaften- und damit prozessorientierten Betriebssystems zu Grunde, dem aber kein konkret existierendes Betriebssystem voll entspricht. Der Schichtenaufbau dieses Modell-Betriebssystems ist in Abbildung 9.3 dargestellt. Man kann etwa folgende grobe Schichtung daraus entnehmen: *Modell-Betriebssystem*

0: Hardware-Komponenten

1: Unterbrechungsanfangsbehandlungen
Die Unterbrechungsanfangsbehandlungen enthalten die Eintrittsstellen in das Betriebssystem. Sie verzweigen entsprechend der aufgetretenen Unterbrechung auf andere Komponenten des Betriebssystemkerns.

2: Systemalarmbehandlung
Hier erfolgt die Behandlung von Alarmen, die während des Ablaufs im Betriebssystemkern ausgelöst wurden oder die die Anlage insgesamt betreffen, wie der Ausfall der Stromversorgung. Es handelt sich in der Regel um Fehler, die zu einer geordneten Unterbrechung der Arbeit der Anlage und zu einem späteren Wiederanlauf führen.

3: Kanalverwaltung bzw. unterste Ebene der Gerätetreiber, Arbeitsspeicherverwaltung, Zeitverwaltung
Die Kanalverwaltung verwaltet in Systemen mit einem Kanalkonzept die EA-Prozessoren und die Kanäle. Sie koordiniert den Zugriff darauf und startet die EA-Aufträge. Sie behandelt die zugehörigen Unterbrechungen. In den Systemen mit EA-Moduln findet sich an Stelle der Kanalverwaltung die unterste Ebene der Gerätetreiber. Diese haben, da sie im Systemmodus ablaufen, den Zugriff auf die Register der EA-Bausteine. Je EA-Baustein ist ein Treiber vorgesehen. Eine Koordination mit anderen Treibern ist nicht notwendig. Zu den Gerätetreibern gehört auch die Behandlung der zugehörigen Unterbrechungen. Die

10 Auftrags-verwaltung   Operateur-prozess

9   Benutzer-prozess 1   Benutzer-prozess 2   . . .

8   Datei-verwaltung   Spool-prozesse   Interprozess-kommunikation

7   Programmadressraum-verwaltung   Seiten-transport-prozess   Geräte-verwaltung

6   Rechnerkernverwaltung

5   Prozess-verwaltung   Prozessalarm-behandlung

4   Synchronisation   Ereignis-verwaltung   Nachrichten-verwaltung

3   Kanalverwaltung oder unterste Ebene Gerätetreiber   Zeit-verwaltung   Arbeits-speicher-verwaltung

2   Systemalarm-behandlung

1   Unterbrechungsanfangsbehandlungen

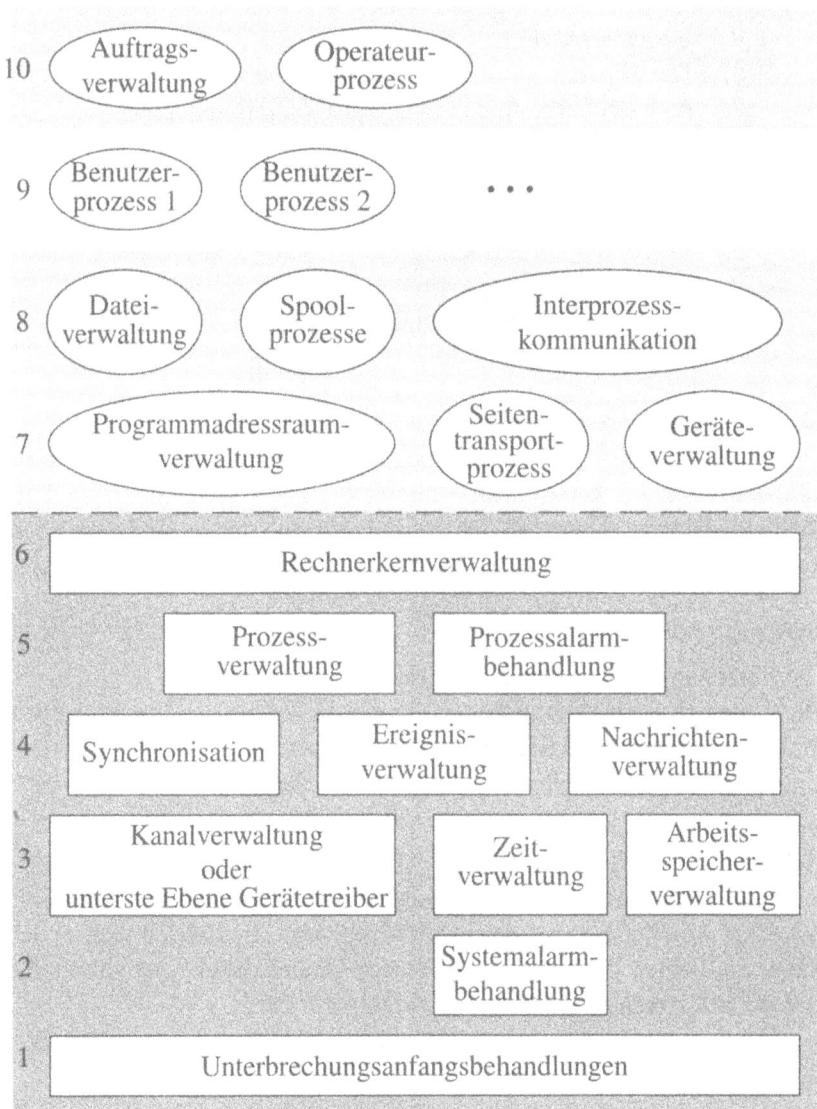

die Schichten 1 bis 6 gehören zum Betriebssystemkern
die Schichten 7, 8 und 10 enthalten die Systemprozesse
die Schicht 9 enthält die Benutzerprozesse

Abbildung 9.3: Struktur eines prozessorientierten Modellbetriebssystems

Arbeitsspeicherverwaltung verwaltet den realen Arbeitsspeicher. Die Zeitverwaltung führt das Datum, die Uhren und eine Liste von Weckzeitpunkten. Sie stellt einem Prozess einen Weckeralarm zu, wenn der nächste diesem Prozess zugeordnete Weckzeitpunkt erreicht ist.

4: Ereignisverwaltung, Nachrichtenverwaltung
Beide Komponenten sind bereits ausführlich besprochen worden. Die Nachrichtenverwaltung enthält nur Dienste für die Interprozesskommunikation innerhalb eines Rechners. Die Kommunikation mit anderen Rechnern über Netze ist in Systemprozessen realisiert. Diese können auch von der Nachrichtenverwaltung im Systemkern beauftragt werden.

5: Prozessverwaltung, Prozessalarmbehandlung
Die Prozessverwaltung ist insbesondere für das Erzeugen und Löschen der Prozesse zuständig. Die Prozessalarmbehandlung stellt den Prozessen Alarme zu, die der Prozess selbst behandelt.

6: Rechnerkernverwaltung
Die Rechnerkernverwaltung ist für den Entzug und die Zuteilung des Rechnerkerns zuständig. Über diese Schicht erfolgt die Rückkehr zum Aufrufer des Betriebssystemkerns.

7: Geräteverwaltung, Seitentransportprozess, Prozessadressraumverwaltung
In der Geräteverwaltung sind zwei Ebenen enthalten. Die Ebene der virtuellen Geräte und die Ebene der physikalischen Geräte. Diese wurden, ebenso wie der Seitentransportprozess und die Prozessadressraumverwaltung, bereits in früheren Kapiteln erläutert.

8: Datenverwaltung, Interprozesskommunikation, Spoolprozesse
Die Datenverwaltung verwaltet die Dateien und stellt Zugriffsdienste darauf bereit. Die Interprozesskommunikation erlaubt eine rechnerübergreifende Kommunikation. Die Spoolprozesse realisieren virtuelle Drucker und andere langsame Ein/Ausgabegeräte, wie beispielsweise virtuelle Plotter. Aus der Sicht des Aufrufers wird direkt ein bestimmtes Gerät angesprochen. In Wirklichkeit wird die Information von einer Datei gelesen oder auf eine Datei geschrieben. Nur komplette Eingabe- oder Ausgabeaufträge werden zwischen der Datei und dem realen Gerät transportiert. Diese Transporte werden unabhängig vom Zustand der Benutzerprozesse durch die Spoolprozesse nach eigenen Strategien abgewickelt.

9: Benutzerprozesse
Die Benutzerprozesse bearbeiten Benutzeraufträge. Sie fordern die benötigten Betriebsmittel an, verwenden Dienste des Betriebssystems und stellen Unteraufträge an die Betriebssystemkomponenten.

10: Auftragsverwaltung, Operateurprozess
Die Aufgabe dieser Schicht ist die Festlegung der Reihenfolge der Auftragsbearbeitung. Die Benutzerprozesse werden beauftragt, einen bestimmten Benutzerauftrag auszuführen. Das Bedienungspersonal kann über den Operateurprozess auf die Bearbeitung Einfluss nehmen. Es kann beispielsweise die Bearbeitung eines Auftrags vorgezogen oder angehalten werden.

Windows XP Ein weiteres Beispiel ist die Schichtenstruktur des Betriebssystems Windows XP (SILB05a) aufbauend auf Windows NT (CUST93, SOLO00). Diese ist in Abbildung 9.4 dargestellt.

Abkürzung	Bedeutung
CM	configuration manager (registry)
DFD	device and file system drivers
FSC	file system cache
GDD	graphics devices drivers
GDI	graphic device (user) interface
IOM	I/O manager
LPC	local procedure call
OM	object manager
PAPM	plug and play manager
PM	process and thread manager
PoM	power manager
SM	security reference monitor
VM	virtual memory manager
WM	window manager

Prozesse im Benutzermodus sind einfache Benutzerprozesse mit deren Anwendungen oder ganze Subsysteme oder Server, beispielsweise Dateiserver. Von den Prozessen im Benutzermodus werden die Funktionen (Systemdienste) des Betriebssystemkerns prozedurorientiert ohne Wechsel des Adressraums genutzt. Dienste eines (Server-) Prozesses werden botschaftenorientiert genutzt. Dieser botschaftenorientierte Aufruf wird durch ein Port-Konzept realisiert und hier als Local Procedure Call (LPC, vgl. Seite 166) in Anlehnung an den RPC bezeichnet. Der Betriebssystemkern legt die Grundlage für den Zugriffsschutz (Sicherheitsmanager SM) und verwaltet Objekte im Objektmanager (OM), Prozesse im Prozessmanager (PM) und den virtuellen Speicher im VM (virtual memory manager). Zudem stellt er die unterschiedlichen Geräteverwalter bzw. Treiber für die Ein/Ausgabe bereit. Diese sind in der Abbildung in der Komponente I/O-Manager (IOM) basierend auf den Treibern (DFD) subsumiert. Hinzu kommt die graphische Benutzeroberfläche, die von einem Fensterverwalter (WM) auf der Basis entsprechender Schnittstellen (GDI) und Treiber (GDD) realisiert wird. Um

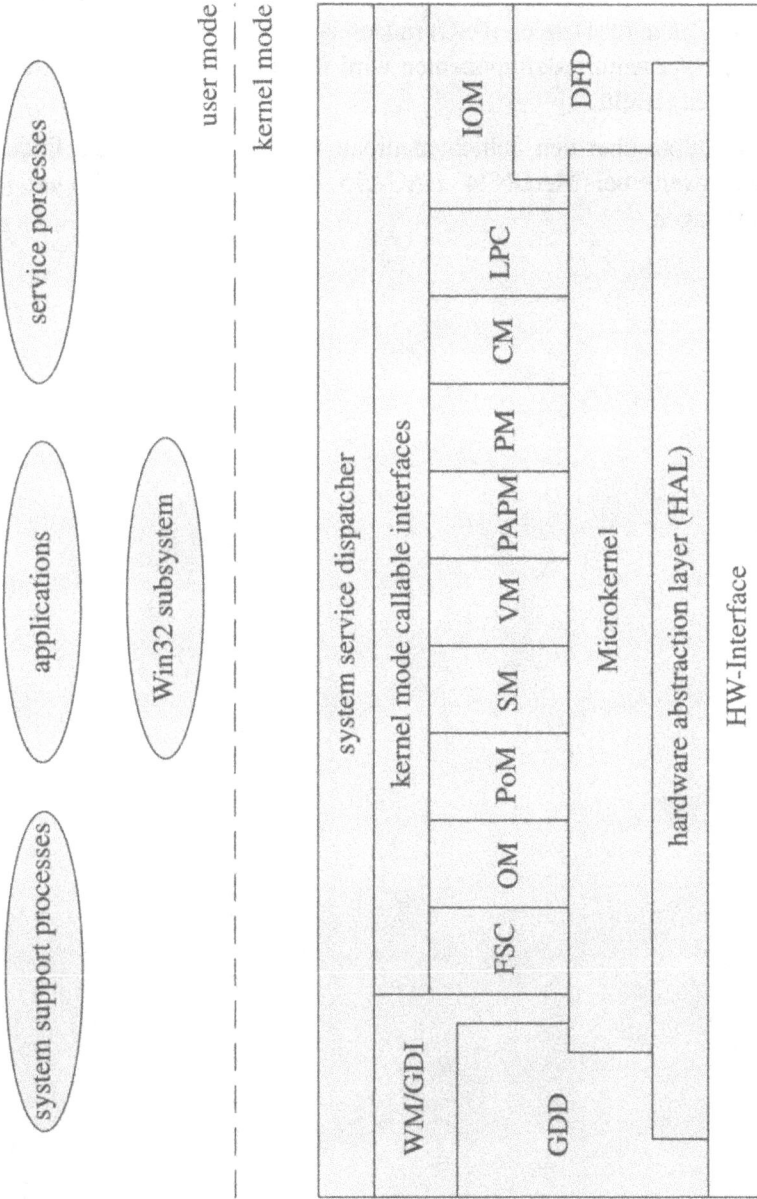

Abbildung 9.4: Struktur von Windows 2000/XP

eine angemessene Ausnutzung der Energie zu ermöglichen, steht ein Energieverwalter (PoM) zur Verfügung. Die Komponenten des Systems werden durch einen Konfigurationsmanager (CM) verwaltet. Mit Hilfe eines weiteren Managers (PAPM) kann die Konfiguration auch dynamisch verändert werden. Ein Cache für Dateien (FSC) rundet das System ab. Die Basisumgebung für alle Verwaltungskomponenten wird in einem Mikrokern oberhalb der HAL bereitgestellt.

andere Konzepte   Weitere Konzepte über den Schichtenaufbau von Betriebssystemen finden sich beispielsweise bei (MADN74, LAGA75, BROW84, DEIT04b) und in Firmenunterlagen.

10   EA-System

Das EA-System besteht aus denjenigen Komponenten eines Betriebssystems, die die Verwaltung von Benutzerdaten und den Zugriff darauf
unterstützen. Traditionell gehört hierzu der Zugriff auf Dateien und auf
Ein/Ausgabegeräte. Zunehmend wird auch die Interprozesskommunikation in das EA-System integriert, da in Rechnernetzen ein Prozess nicht nur
auf lokale, sondern auch auf entfernte Datenbestände zugreifen möchte.
Dabei wird verlangt, dass die Benutzerschnittstelle unabhängig vom Ort
des Datenbestandes ist. Das EA-System besteht aus Schichten von aufeinander aufbauenden Komponenten. Die Schnittstellen der untersten
Komponenten sind Hardware-orientiert, die der oberen sind stark von
den EA-Schnittstellen der höheren Sprachen beeinflusst. Grundsätzliche
Vorstellungen sind im Zusammenhang mit der Virtualisierung bereits angesprochen worden. Die EA-Schnittstellen des Betriebssystems, insbesondere
die Zugriffsdienste auf Dateien sowie die Datenstrukturen für Dateien und
Kataloge, sind bei den verschiedenen Betriebssystemen oft sehr ähnlich.
Abweichende Lösungen finden sich jedoch bei der Strukturierung des EA-
Systems. Das in diesem Kapitel vorgestellte Konzept für ein EA-System ist
daher als ein grundsätzliches Beispiel zu betrachten.

10.1   Zeichenströme

In vielen, insbesondere den schon länger auf dem Markt befindlichen Sys-   *Ziele*
temen, sind getrennte Ein/Ausgabe-Schnittstellen für die Geräte, für die
Dateien und für die Übermittlung von Nachrichten an andere Prozesse festgelegt worden. Seit langem ist es ein Ziel, diese Schnittstellenvielfalt durch
einheitliche Konzepte zu ersetzen. Hierbei sollen die Schnittstellen in den
Benutzerprogrammen und den oberen Schichten des Betriebssystems unabhängig von der Herkunft bzw. dem Ziel der transportierten Daten werden.
Ein wichtiges Konzept mit dieser Zielsetzung ist das Konzept der Zeichenströme (siehe auch Kapitel 7.6).

Ein Zeichenstrom fließt zwischen einem Prozess und einem Kommunikati-   *Tore*
onspartner. Ein solcher Kommunikationspartner kann ein Ein/Ausgabegerät,
eine Datei, ein Betriebssystemteil oder ein anderer Prozess sein. Ein Zei-

chenstrom fließt durch ein Tor (process port) des Prozesses. Ein Prozess kann viele Tore haben. Diese werden durch prozessspezifische Tornamen unterschieden. In dieser Terminologie können übliche Bezeichnungen, wie symbolische Gerätenummer oder symbolische Dateinummer oder Dateideskriptor, als Spezialfälle eines prozessspezifischen Tornamens angesehen werden.

Tore können Ein/Ausgangstore, nur Ausgangstore oder nur Eingangstore sein. In dem ersten Fall sind an das Tor zwei Zeichenströme gekoppelt. Diese gehen üblicherweise zu demselben Kommunikationspartner. Über einen Zeichenstrom können Zeichen von diesem Kommunikationspartner empfangen, über den anderen können Zeichen zu ihm geschickt werden.

Bei der Eröffnung eines Zeichenstroms durch einen Prozess wird einem Zeichenstrom ein Tor zugeordnet. Falls erforderlich, können auch weitere Spezifikationen für die Bearbeitung des Zeichenstroms angegeben werden, beispielsweise das zu verwendende Kommunikationsprotokoll.

Kommunikationspartner

Aus der Sicht des Prozesses wird ein Zeichenstrom zunächst durch den Namen des Kommunikationspartners und nach Eröffnung des Zeichenstroms durch den zugeordneten Tornamen bezeichnet. Für ein Betriebssystem ist ein Zeichenstrom durch Angabe der Namen der beiden beteiligten Kommunikationspartner eindeutig. Diese Namen können (welt- oder netzeindeutige) Prozessnamen, Pfadnamen von Dateien oder fest vereinbarte Gerätenamen sein. Die Lokalisierung des Partners erfolgt durch eine Abbildung des Namens auf eine Adresse. Dies erfolgt mit Datei- oder Objektkatalogen, die lokal oder in Namensservern gehalten werden.

Zeichensequenz

Ein Zeichenstrom besteht aus einer Folge von Zeichen. Diese können als fortlaufend nummeriert angesehen werden. Sie sind also geordnet. Es ist daher wichtig, dass das Betriebssystem in allen Fällen garantiert, dass die Reihenfolge der Zeichen beim Senden auch der Reihenfolge der Zeichen beim Empfangen entspricht. Ein Zeichenstrom kann in Zeichengruppen für die Übertragung gegliedert werden, beispielsweise in eine Sequenz von Nachrichten.

Kontrollblock

Die für den Prozess und das Betriebssystem notwendigen Informationen über einen geöffneten Zeichenstrom werden in einem prozessspezifischen Kontrollblock gehalten. Der Kontrollblock wird vom Betriebssystem verwaltet und aktualisiert. Er ist in einer Liste von Kontrollblöcken enthalten und über den Tornamen zu finden. Bei Dateien nennt man ihn den Dateikontrollblock. Er wird nur für geöffnete Dateien eingerichtet und enthält u.a. den Namen des Kommunikationspartners (Name der Datei), die Nummer des zuletzt geschriebenen und gelesenen Zeichens (die Positionszeiger), einen Ausschnitt der (Datei-) Attribute, die Adressen der zugeordneten EA-Puffer und deren Zustand sowie den zugeordneten Dateideskriptor (Tornamen).

Zusätzliche Informationen werden gespeichert, wenn ein Datenstrom von mehreren Prozessen verwendet wird, beispielsweise wenn mehrere Prozesse auf eine Datei zugreifen. Dateikontrollblöcke werden auch dazu verwendet, bei Beendigung eines Prozesses die geöffneten Dateien durch das Betriebssystem zu schließen. Bei der Erzeugung eines Sohnprozesses werden Kopien der Kontrollblöcke des Vaterprozesses dem Sohn zugeordnet. Dieser kann so auf die geöffneten Ströme des Vaters zugreifen.

10.2   EA-Prozeduren der Sprachen

In Abbildung 10.1 sind die Komponenten eines EA-Systems dargestellt. Die EA-Prozeduren stellen die oberste Ebene der Datenverwaltung dar. Sie sind meistens als Prozeduren an die Benutzerprogramme gebunden. Da keine Interaktion mit anderen Prozessen erforderlich ist, haben die EA-Prozeduren eher die Eigenschaften von Standardprozeduren als die von Betriebssystemteilen. Die EA-Prozeduren arbeiten mit zwei Datenstrukturen: Den Daten in den Benutzerprogrammen und den Zeichen in einem Zeichenstrom.

Zuordnung zu einer Schicht

Die Daten (Variablen) in den Benutzerprogrammen sind durch ihren Namen und durch ihren Datentyp, beispielsweise ganze Zahl oder Boole'sche Größe, vollständig beschrieben. Aus der Angabe des Namens ergibt sich bei der Übersetzung die Speicheradresse. Aus der Angabe des Datentyps ergibt sich die interne Darstellung und die Länge der Variablen. Der Zeichenstrom wird durch den Namen des Kommunikationspartners bezeichnet. Ihm ist ein Tor, hier ein Dateideskriptor, zugeordnet. Ein Positionszeiger zeigt auf die nächste zu lesende oder zu schreibende Dateneinheit im Zeichenstrom. Die Transformation zwischen den Zeichen im Datenstrom und der rechnerinternen Darstellung der Variablen erfolgt durch die Formatbeschreibung. Die Formatangaben bei den EA-Prozeduren sind in allen höheren Sprachen unterschiedlich festgelegt. Sie sollen hier nicht besprochen werden.

Formatangaben

Der folgende Satz von Diensten ist charakteristisch für die Ebene der EA-Prozeduren. Im Parameter f wird wieder eine Rückmeldung an den Aufrufer gegeben, ob der Dienst fehlerfrei ausgeführt werden konnte oder nicht.

- open (torname, partnername, mode, f)
  Es wird der Zugriff auf den Kommunikationspartner (Datei) mit dem Namen partnername eröffnet. Dem Zeichenstrom wird das Tor (Dateideskriptor) mit dem Namen torname zugeordnet. Der Parameter mode spezifiziert spezielle Eigenschaften für die Übertragung, u.a. die Übertragungsrichtung, wie read oder write, und zu verwendende Protokolle. Der Positionszeiger wird bei Lesen auf den Anfang des Datenstromes und bei Schreiben auf das Ende des Datenstromes eingestellt.

Dateidienste

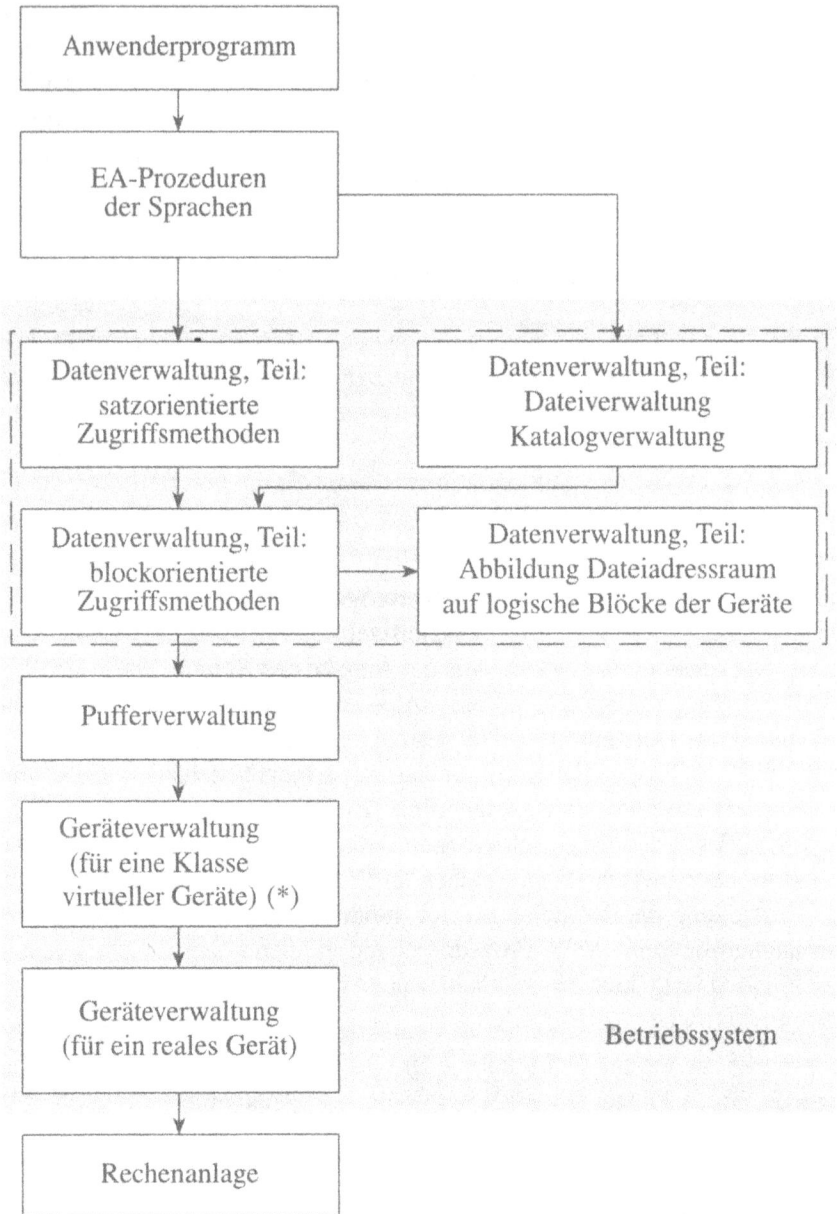

(*) die Komponente kann fehlen

Abbildung 10.1: Die Schichten und die Komponenten des EA-Systems

- close (torname, f)
  Es wird die Bearbeitung des bezeichneten Zeichenstroms beendet. Die für die Bearbeitung des Zeichenstroms belegten Ressourcen werden frei gegeben.

- get (torname, buffer, n, f) *Zugriffsdienste*
  Es werden maximal n Zeichen des Zeichenstroms in den Zeichenpuffer buffer gelesen. Sind weniger als n Zeichen vorhanden, so wird die Anzahl der wirklich gelesenen Zeichen in n zurückgemeldet.

- put (torname, buffer, n, f)
  Es werden n Zeichen aus dem Zeichenpuffer buffer ausgegeben. Falls nicht alle Zeichen übertragen werden konnten, wird in n die Anzahl der wirklich übertragenen Zeichen zurückgemeldet.

- seek (torname, position, f)
  Der Positionszeiger wird auf die angegebene Position eingestellt. Die Position kann je nach der verfügbaren Leistung der Datenverwaltung durch eine laufende Nummer oder einen Schlüssel bestimmt sein. Dieser Dienst ist nur bei wahlfreien Zugriffen auf Datenbestände sinnvoll.

- read (torname, format, v1, v2, ..., f)
  Es werden Zeichen aus dem bezeichneten Zeichenstrom gelesen. Sie werden gemäß der Formatangabe format in die maschineninterne Darstellung der Werte der Variablen v1, v2, ... umgewandelt und diesen zugewiesen. Die Zuweisung erfolgt in der Reihenfolge in der die Variablen in der Variablenliste auftreten.

- write (torname, format, v1, v2, ..., f)
  Die Werte der Variablen werden gemäß der Formatangabe in eine Zeichenfolge umgewandelt. Die Folge dieser Zeichen wird über das bezeichnete Tor ausgegeben, d.h. an den entsprechenden Zeichenstrom angefügt.

- read (torname, v, f)
  Es wird das nächste Zeichen gelesen und ohne Konvertierung in die Variable v gespeichert.

- write (torname, v, f)
  Es wird das Zeichen, das in der Variablen v steht, ohne Konvertierung geschrieben.

Die Schnittstelle kann für alle Ein/Ausgaben eines Prozesses verwendet werden. Allerdings sind nicht alle Dienste für alle Arten der Kommunikationspartner sinnvoll. In vielen Systemen gibt es darüber hinaus noch weitere spezialisierte Dienste, wie lesen_satz oder schreiben_satz für den Zugriff auf Sätze von Dateien. *erweiterte Dienste*

10.3   Datenverwaltung

Zuordnung zu
Schichten

Die Dienste der EA-Prozeduren werden durch den Aufruf von Diensten der Datenverwaltung im Betriebssystem realisiert. Die EA-Prozeduren sind also in einer Schicht oberhalb der Datenverwaltung. Bei den Diensten der Datenverwaltung tritt an die Stelle des Tornamens ein Dateideskriptor, wenn es sich um den Zugriff auf eine Datei handelt. Abgesehen von der Formatierung der gelesenen Information bei den EA-Prozeduren sind die Dienste sehr ähnlich. Eine Realisierung der Dienste der EA-Prozeduren durch Dienste der Datenverwaltung ist also relativ einfach und nahe liegend.

Die Datenverwaltung lässt sich in mehrere Komponenten untergliedern: die Katalogverwaltung, die Dateiverwaltung, die satz- und die blockorientierten Zugriffsdienste (Satzverwaltung und Blockverwaltung).

Katalogverwaltung

Die Katalogverwaltung verwaltet eine Hierarchie von Dateikatalogen. Der Dateiname ist dann ein Pfadname. Er gibt den Pfad an, der von einem Einstiegspunkt in die Katalogstruktur zu dem gewünschten Dateieintrag führt (vgl. auch Abbildung 8.2). Ein Dateieintrag enthält die Adresse der Ortsbeschreibung einer Datei und die Zugriffsrechte auf eine Datei. Die Kataloge können selbst als Datei realisiert sein. Die ursprünglich nur für die Verwaltung von Dateien konzipierten Kataloge können zu Objektkatalogen verallgemeinert werden. Sie erlauben dann die Feststellung des Typs und die Lokalisierung beliebiger Objekte des Systems. Damit entsteht auch ein fließender Übergang der Katalogverwaltung zu einem Namensserver.

Dateiverwaltung

Die Dateiverwaltung verwaltet die Speicherbereiche einer Datei sowie die Dateiattribute (Kennsätze einer Datei) und stellt die Dienste bereit, die sich auf ganze Dateien beziehen. Die Verwaltung der Speicherbereiche beinhaltet die Verwaltung des Dateiadressraums und der Ortsbeschreibung sowie die Abbildung von Adressen aus dem Dateiadressraum auf Hintergrundspeicheradressen. Beispiele hierzu finden sich in Abschnitt 10.4, Abschnitt 10.5 und Abschnitt 10.6.

Dateiattribute

Die Dateiattribute enthalten neben vom System erzeugten Informationen auch die Angaben des Benutzers zur Struktur der Datei. Typische Dateiattribute sind:

- Zugriffsrechte
- Größe der logischen Dateiblöcke
- feste bzw. variable Satzlänge wird verwendet
- (maximale) Satzlänge
- Zugriff sequenziell oder über Satzschlüssel

- Art der Datei und Datenbeschreibung, beispielsweise Textdatei mit einer Folge von ASCII-Zeichen

Die Dienste der Dateiverwaltung variieren von System zu System sehr stark. Oft ist auch keine saubere Trennung zu anderen Diensten der Datenverwaltung erfolgt. Typische Dienste der Dateiverwaltung für die Benutzer sind:

Dateiverwaltung
Dienste

- erzeugen_datei (name, attribute, f)
  Eine Datei mit den angegebenen Attributen und dem angegebenen Pfadnamen wird erzeugt. Es wird eine Ortsbeschreibung angelegt und die Datei in den Objektkatalog eingetragen. Im Parameter f wird eine Rückmeldung an den Aufrufer gegeben, ob der Dienst fehlerfrei erbracht wurde oder nicht.

- löschen_datei (name, f)
  Die angegebene Datei wird gelöscht. Falls andere Benutzer die Datei noch geöffnet haben, muss festgelegt werden, was dann geschehen soll. Eine sinnvolle Festlegung ist, dass der Wunsch, die Datei zu löschen, in den Dateiattributen vermerkt wird. Das Löschen erfolgt dann erst, wenn alle Benutzer die Datei geschlossen haben. Man kann dann zusätzlich noch ein erneutes Öffnen der Datei verbieten.

- lesen_dateiattribute (name, attribute)
  Der Benutzer liest die aktuellen Dateiattribute.

- ändern_dateiattribute (name, attribute, f)
  Die angegebenen Dateiattribute werden verändert. Es können jedoch nicht alle Dateiattribute durch den Benutzer geändert werden.

- öffnen_datei (dateideskriptor, name, modus, f)
  Die Datei mit dem Namen name wird zur Bearbeitung angemeldet. Der Parameter modus gibt nähere Hinweise auf die Art der Bearbeitung, beispielsweise nur lesender Zugriff. Es wird ein Dateikontrollblock eingerichtet. Der Dateideskriptor, meist ein Verweis auf den Dateikontrollblock oder seine Nummer, wird vom Betriebssystem an den Aufrufer zurückgegeben. Für alle folgenden Zugriffe auf die Datei muss der Dateideskriptor verwendet werden. Dies beschleunigt die Zugriffsdienste, da kein langer Dateiname verarbeitet werden muss.

- schließen_datei (dateideskriptor, f)
  Die Datei wird von der Bearbeitung abgemeldet. Soweit noch nicht alle Informationen bezüglich dieser Datei auf Hintergrundspeicher aktualisiert sind, erfolgt dies jetzt.

- formatieren_datenträger (datenträgername, f)
  Der bezeichnete Datenträger wird formatiert. Durch geeignete Prüfungen kann bei Bedarf sichergestellt werden, dass kein unabsichtliches Überschreiben erfolgt.

- aufspannen_datenträger (datenträgername, katalogname, f)[1]
  Der Auftrag wird an die Geräteverwaltung weitergegeben. Diese kennt geeignete freie Geräte und wählt eines davon aus. Alternativ kann das Gerät explizit angegeben werden. Der Bediener der Anlage wird dann durch die Geräteverwaltung aufgefordert, den Datenträger mit dem angegebenen externen Datenträgername auf ein bezeichnetes Gerät aufzuspannen (mount). Nach dem Aufspannen liest die Dateiverwaltung die Datenträgerkennblöcke (Datenträgerattribute). Diese enthalten unter anderem den Namen des Datenträgers, die benötigten Rechte für den Zugriff und die Anfangsadresse des lokalen Dateikatalogs. Mit den ersten beiden Angaben ist eine Überprüfung des Vorgangs durch die Dateiverwaltung möglich. Der lokale Dateikatalog enthält alle Dateien auf dem Datenträger. Die Wurzel dieses lokalen Dateikatalogs wird so in den systemglobalen Objektkatalog eingehängt, dass sie über den als Parameter angegebenen Katalognamen erreicht werden kann.

- abspannen_datenträger (datenträgername, f)
  Im Englischen heißt dieser Dienst unmount. Es wird der bezeichnete Datenträger abgespannt. Dies bedeutet, dass alle Dateien, die sich auf dem Datenträger befinden, aus dem globalen Objektkatalog entfernt werden. Falls nicht ohnehin bei jeder Änderung des Teilkatalogs der datenträgerlokale Dateikatalog auch aktualisiert wird, muss der aktuelle Zustand des Teilkatalogs wieder auf dem Datenträger abgespeichert werden. Meistens bestehen dabei Einschränkungen derart, dass alle Dateien eines Datenträgers genau einen vollständigen Teilbaum bilden müssen.

Datenträger-
verwaltung

Bei der Beschreibung der obigen Dienste wurde davon ausgegangen, dass die externen Datenträger nicht von der Dateiverwaltung verwaltet werden. Der Benutzer muss also wissen, welcher externe Datenträger die von ihm benötigten Dateien enthält. Dies ist bei großen Datenarchiven nicht realistisch. Besser ist es, ein Datenträgerverwaltungssystem auf Anwenderebene einzusetzen, das die Zuordnung von Dateien zu Datenträgern selbständig verwaltet. Bei den nachfolgend beschriebenen Diensten ist f wieder eine Variable zur (Fehler-) Rückmeldung.

---

[1] Die Begriffe aufspannen und abspannen wurden ursprünglich für Magnetbänder verwendet. Die Dienste werden heute aber für alle Wechseldatenträger angewandt.

Die Satzverwaltung stellt die satz- und zeichenorientierten Zugriffsdienste auf eine Datei bereit. Sie muss beim Lesen den gewünschten Satz oder die gewünschten Zeichen in der Datei lokalisieren und an den Aufrufer übergeben. Beim Schreiben muss das Zeichen oder der Satz an der richtigen Stelle in die Datei eingefügt werde. Falls eine Indexstruktur für den wahlfreien Zugriff vorhanden ist, muss diese aktualisiert werden. Vor dem Lesen oder Schreiben von Daten muss die Datei geöffnet worden sein. *Satzverwaltung*

Typische satzorientierte Dienste sind: *satzorientierte Dienste*

- lesen_satz (dateideskriptor, satzkennzeichen, satzpuffer, n, f)
  Es werden maximal n Zeichen des Satzes mit dem angegebenen Satzkennzeichen in den Satzpuffer übertragen. Sind weniger als n Zeichen vorhanden, so wird die Anzahl der wirklich gelesenen Zeichen in n zurückgemeldet.

- lesen_nächsten_satz (dateideskriptor, satzkennzeichen, satzpuffer, n, f)
  Es werden maximal n Zeichen des gemäß eines festen Ordnungskriteriums nächsten Satzes in den Satzpuffer übertragen. Das Satzkennzeichen wird in dem entsprechenden Parameter zurückgegeben. Sind weniger als n Zeichen vorhanden, so wird die Anzahl der wirklich gelesenen Zeichen in n zurückgemeldet. Dieser Dienst ist beispielsweise notwendig, um eine Datei mit unbekannten Satzkennzeichen vollständig lesen zu können.

- schreiben_satz (dateideskriptor, satzkennzeichen, satzpuffer, n, f)
  Es werden n Zeichen aus dem Satzpuffer als Satz mit dem angegebenen Kennzeichen in die Datei übertragen. Falls nicht alle Zeichen übertragen werden konnten, wird in n die Anzahl der wirklich übertragenen Zeichen zurückgemeldet.

Typische zeichenorientierte Zugriffsdienste sind: *zeichenorientierte Zugriffsdienste*

- lesen_zeichen (dateideskriptor, zeichenpuffer, n, f)
  Es werden maximal n Zeichen ab dem Positionszeiger aus der Datei in den Zeichenpuffer übertragen. Sind weniger als n Zeichen vorhanden, so wird die Anzahl der wirklich gelesenen Zeichen in n zurückgemeldet. Der Positionszeiger wird um n erhöht.

- schreiben_zeichen (dateideskriptor, zeichenpuffer, n, f)
  Es werden n Zeichen aus dem Zeichenpuffer in die Datei ab dem Positionszeiger übertragen. Falls nicht alle Zeichen übertragen werden konnten, wird in n die Anzahl der wirklich übertragenen Zeichen zurückgemeldet. Der Positionszeiger wird um n erhöht.

- suchen (dateideskriptor, position, f)
  Der Positionszeiger wird auf die angegebene Position eingestellt. Die
  Position kann insbesondere der Anfang und das Ende der Datei sein. Sie
  kann aber je nach der verfügbaren Leistung der Datenverwaltung auch
  durch eine laufende Nummer oder einen Schlüssel bestimmt sein.

Implementierungs-
aspekte

Dateien liegen, wie mehrfach erwähnt, auf Hintergrundspeichern, insbesondere auf Festplattenspeichern. Diese Speicher sind blockorientiert und nicht
zeichenorientiert. Das bedeutet, dass die Hardware-Schnittstelle nur das Lesen oder Schreiben von Zeichenblöcken erlaubt, nicht aber das Lesen oder
Schreiben einzelner Zeichen. Das Lesen einer Zeichengruppe muss daher
in der Satzverwaltung prinzipiell wie nachfolgend skizziert implementiert
werden. Es werden logische Dateiblöcke definiert. Diese sind Objekte der
später beschriebenen Blockverwaltung. Jeder Teilbereich einer Datei umfasst ein Vielfaches eines logischen Blocks. Logische Dateiblöcke werden
auf logische Blöcke von Geräten oder eventuell auch sofort auf physikalische
Blöcke von Geräten abgebildet. Um eine Zeichengruppe zu lesen, werden zunächst die logischen Dateiblöcke, die diese Zeichengruppe enthalten,
in den Arbeitsspeicher gebracht. Anschließend wird daraus die Zeichengruppe entnommen. Beim Schreiben einer Zeichengruppe werden ebenfalls
zunächst die Blöcke, die die Zeichengruppe enthalten werden, in den Arbeitsspeicher gebracht. Dann wird die Zeichengruppe in die Dateiblöcke
eingefügt, und die Dateiblöcke werden auf Hintergrundspeicher zurückgeschrieben.

Blockverwaltung

Die Blockverwaltung verwaltet die logischen Dateiblöcke. Sie stellt die
Zugriffsdienste auf Dateiblöcke bereit. Logische Dateiblöcke sind innerhalb
einer Datei fortlaufend durchnummeriert und haben in der Regel eine feste
Größe. Typische Dienste sind:

- lesen_dateiblock (dateideskriptor, blocknummer, blockpuffer, f)
  Es wird der Block mit der angegebenen Blocknummer in den Blockpuffer übertragen.

- schreiben_dateiblock (dateideskriptor, blocknummer, blockpuffer, f)
  Es wird der Block aus dem Blockpuffer unter der angegebenen Blocknummer in die Datei übertragen.

Dienste verzweigen
auf Verwalter

Die Dienste der Datenverwaltung, die hier für den Zugriff auf Dateien
beschrieben wurden, können mit gleicher Schnittstelle auch für das Management anderer Zeichenströme, also anderer Kommunikationspartner realisiert
werden. Beispiele sind das Schreiben auf Drucker, das Lesen von an der seri-
ellen Schnittstelle des Rechners angeschlossen Geräten, die Kommunikation
mit anderen Prozessen oder der Zugriff auf Dateien in einem Rechnernetz.

Im Betriebssystem darf dann der Aufruf dieser Dienste nicht grundsätzlich an die Standard-Datenverwaltung gehen, sondern es muss aufgrund des Tornamens (Dateideskriptors) auf die zuständige Verwaltung verzweigt werden.

In UNIX sind die Dienste open, close, read, write und ioctl (Setzen von Spezifikationen) auf Dateien und Geräte anwendbar. Geräte werden wie Dateien mit einem Pfadnamen angesprochen und sind im Dateibaum verzeichnet. Der Dateityp gibt an, ob es sich um ein zeichen- oder ein blockorientiertes Gerät handelt. An die Stelle des normalen I-Knotens (siehe Abschnitt 10.6) tritt die Angabe der Geräteklasse und der Gerätenummer. Wird einer der obigen Dienste aufgerufen, dann wird bei Dateien oder Dateikatalogen auf die Standard-Datenverwaltung gesprungen. Bei Geräten wird aus einer Sprungtabelle (device switch table) aufgrund des gewünschten Dienstes, der Art des Geräts und der Geräteklasse auf den entsprechenden Dienst des zuständigen Geräteverwalters gesprungen. Die Gerätenummer wird neben den benutzerdefinierten Parametern als zusätzlicher Parameter an den aufgerufenen Dienst übergeben. Die Tabelle wird bei der Generierung des Betriebssystems aufgebaut.

Dienste verzweigen auf Verwalter in UNIX

Eine weitere Verzweigung in der Datenverwaltung tritt auf, wenn auf unterschiedliche Dateisysteme zugegriffen werden muss. Dies ist beispielsweise der Fall, wenn andere Dateisysteme an den Dateibaum gebunden werden, beispielsweise eine CD-ROM oder ein MS-DOS-Dateisystem. Jedes Dateisystem hat eigene Konventionen, beispielsweise für Dateinamen, Ortsbeschreibungen oder Dateikataloge. Daher muss für die Dateien eines Dateisystems die zugehörige Datenverwaltung verwendet werden. Dieses kann bei der Beschreibung eines Anbindungspunkts vermerkt werden.

Um diese Verzweigungen auf Geräte und auf andere Dateisysteme in ein vernünftiges Konzept einzubetten, wurde in Linux das virtuelle Dateisystem (virtual file system, VFS) geschaffen, das als eigene Schicht oberhalb der Datenverwaltung realisiert ist. Für das virtuelle Dateisystem wurden allgemeine Dienste, wie oben aufgelistet, für Dateien und Geräte spezifiziert. Die Verzweigung im VFS erfolgt auf Verwalter von Dateisystemen oder Geräten, die vorgegebene Dienste mit vorgegebenen Schnittstellen erbringen. Damit wird die Einbindung neuer Dateisysteme für den Benutzer transparent und für den Programmierer solcher Verwalter einfach.

Virtuelles Dateisystem

10.4 Dateisysteme

In einem Rechner werden die Datenbestände des Benutzers in Datenbanken oder in Dateien gehalten. Durch ein Betriebssystem werden nur Dienste für Dateien realisiert. Es gibt vielfältige Formen der Dateiorganisation. Alle Betriebssysteme unterstützen mehrere Dateisysteme, zumindest Dateisys-

Arten von Dateisystemen

teme für Dateien auf der Festplatte und für Dateien auf CDs und DVDs. Meist werden auch mehrere Dateisysteme für Festplatten unterstützt, wobei ein Dateisystem davon als Standard für dieses System ausgezeichnet ist, beispielsweise das Reiser-Dateisystem bei Linux, das FAT-Dateisystem bei Windows 98 oder das NTFS (New Technology File System) bei Windows 2000 und Windows XP. Die folgenden Ausführungen konzentrieren sich auf die Dateisysteme für Festplattenspeicher.

Anforderungen   Dateien können sehr klein sein (einige Bytes) oder sehr groß (einige Gigabytes und mehr). Die erste Forderung ist, dass der lesende und schreibende Zugriff auf Dateien jeglicher Größe möglichst schnell ist. Die zweite Forderung ist, dass auch bei einem Systemabsturz die Daten nicht verloren gehen und die Zeit zur Wiederherstellung (Recovery) des Dateisystems kurz, d.h. im Sekundenbereich, ist. In welchem Umfang die zweite Forderung erfüllt werden soll, ist eine Designentscheidung, denn je besser die Forderung erfüllt wird, desto größer ist der Leistungsverlust. Eine mögliche Designentscheidung ist, nur zu garantieren, dass das Dateisystem insgesamt nach einem Systemabsturz in einen konsistenten Zustand gebracht werden kann, nicht aber, dass keine Benutzerdaten verloren gehen. Die Lösung dafür besteht in einem Logverfahren (siehe Abschnitt 10.8) für die Metadaten eines Dateisystems. Unter Metadaten versteht man alle Informationen, die die eigentlichen Benutzerdaten und das Dateisystem insgesamt beschreiben, beispielsweise die Katalogstruktur, die Dateinamen, die belegten Speicherbereiche, die Dateiattribute. Die dritte Forderung ist natürlich, den EA-Prozeduren in den Anwenderprogrammen eine geeignete und komfortable Schnittstelle bereitzustellen.

Zugriffsvarianten Bei der Schnittstelle zu den EA-Prozeduren der Anwendungen spielen folgende Gesichtspunkte eine wesentliche Rolle:

- Dateneinheit bei einem Zugriff (Byte, Satz oder Block)
- Art des Zugriffs (wahlfrei oder sequenziell)
- dynamische Größenänderung der Datei (ja, nein)

Dateneinheit Byte   Im einfachsten Fall besteht eine Datei aus einer Folge von Zeichen. Aus
beim Zugriff   der Sicht des Betriebssystems weist die Datei keine weitere Struktur auf. Ein Beispiel dafür sind Textdateien. Es wird ein einzelnes Zeichen oder eine Folge von Zeichen gelesen oder geschrieben. Die Dateneinheit ist dann das Zeichen. Diese Art von Dateien werden in UNIX und Microsoft Windows unterstützt.

Dateneinheit Satz Bei anderen Anwendungen gehört eine bestimmte Menge von Zeichen zu-
beim Zugriff   sammen. Diese bilden einen Satz, der wieder in Felder unterteilt sein kann. Die Unterteilung in Sätze ist Aufgabe der Anwendung und wird vom Be-

triebssystem übernommen, es werden also Sätze gelesen oder geschrieben. Die Unterteilung der Sätze in Felder erfolgt anwendungsintern. Das Betriebssystem betrachtet die Sätze als eine Folge von Bytes. Die Sätze einer Datei können eine feste Länge haben, sie können aber auch variabel lang sein. Bei Sätzen fester Länge steht die Länge üblicherweise als Dateiattribut in der Dateibeschreibung. Bei variabel langen Sätzen steht die Länge des Satzes üblicherweise vor jedem Satz. Jeder Satz kann durch einen eindeutigen Satzschlüssel gekennzeichnet werden. Wenn die Sätze nicht sequenziell gelesen werden, dann muss der Satzschlüssel angegeben werden (siehe Seite 191). Ein satzorientierter Zugriff findet sich bei den klassischen, an kommerziellen Anwendungen orientierten Universalrechnern.

Ein Beispiel für Dateien mit Sätzen sind Personaldateien. Ein Satz bezieht *Sätze in COBOL* sich dann beispielsweise auf einen Angestellten. Felder des Satzes könnten der Nachname, der Vorname, die Adresse und das Gehalt sein. Man geht davon aus, dass bei dem Ablauf eines Anwendungsprogramms immer alle Informationen über einen Angestellten benötigt werden. Es wird also der ganze Satz als Einheit geschrieben oder gelesen. Als Schlüssel beim wahlfreien Zugriff (siehe Seite 191) wird ein eindeutiges Personalkennzeichen verwendet. Die Aufteilung des Satzes in Felder wird in der verwendeten Programmiersprache beschrieben. Ein Beispiel in der Programmiersprache COBOL (COmmon Business-Oriented Language) für die Beschreibung der Felder eines Satzes und den wahlfreien Zugriff auf Sätze ist:

```
ENVIRONMENT DIVISION.
    FILE CONTROL.
        SELECT personaldatei ASSIGN TO gx;
                ACCESS MODE IS RANDOM;
                ACTUAL KEY IS pschluessel.
DATA DIVISION.
    FILE SECTION.
        FD personaldatei; BLOCK CONTAINS 9 RECORDS.
            01 personalsatz.
                02 nachname; PICTURE IS X(20).
                02 vorname; PICTURE IS X(20).
                02 personalkennung; PICTURE IS X(10).
                02 adresse.
                    03 strasse; PICTURE IS X(20).
                    03 plz; PICTURE IS IS 9(5).
                    03 ort; PICTURE IS X(20).
                02 gehalt; PICTURE IS 9(6)V99.
    WORKING STORAGE SECTION.
        77 pschluessel PIC X(10).
```

```
PROCEDURE DIVISION.
    . . .
    OPEN INPUT personaldatei.
    MOVE "mx375-1957-B3" TO pschluessel.
    READ personaldatei RECORD; INVALID KEY . . . .
    . . .
```

Erklärung Beispiel Im obigen Beispiel sind die Schlüsselwörter der Sprache COBOL groß-geschrieben und die frei wählbaren Bezeichner des Benutzers kleinge-schrieben. In der SELECT-Anweisung wird angegeben, dass sich die Datei personaldatei auf dem Gerät gx befindet und ein wahlfreier Zugriff über den Schlüssel in pschluessel erfolgt. Dieser ist in der Working-Storage-Section vereinbart. In der FD-Anweisung (File Description) wird die Datei perso-naldatei beschrieben. Die Datei ist geblockt und je 9 Sätze sind in einem Block. Dann kommt die Beschreibung eines Satzes durch die Datenstruktur personalsatz. Die Nummer am Beginn der Zeile gibt die Zerlegungsstufe an, da Felder wieder in Felder zerlegt werden können, wie im Beispiel die Adresse. Nach dem Namen kommt die Formatbeschreibung des Feldes. Die Formatbeschreibung besteht aus einer Formatangabe für jedes Zeichen. Wie-derholt sich diese, dann wird die Anzahl der Wiederholungen in Klammern zugefügt. Die auftretenden Formatangaben für ein einzelnes Zeichen sind: X für ein alphanumerisches Zeichen, 9 für ein numerisches Zeichen und V für einen gedachten Dezimalpunkt. Die Formatangabe 9(6)V99 bedeutet al-so, dass das Gehalt aus insgesamt 8 Ziffern besteht, dabei stehen 6 Ziffern vor dem gedachten Dezimalpunkt und 2 Ziffern nach dem gedachten Dezi-malpunkt. Wichtig ist, dass im Gegensatz zu Verbunden in anderen höheren Programmiersprachen hier direkt die Struktur eines Datensatzes beschrieben wird und nach dem Lesen eines Datensatzes direkt auf seine einzelnen Felder zugegriffen werden kann. Nachdem die Datei mit OPEN INPUT für lesen-den Zugriff geöffnet wurde, kann mit READ ein Satz gelesen werden. Da ein wahlfreier Zugriff, also ein Zugriff über Satzschlüssel erfolgt, muss die-ser vor einem Zugriff in die Variable pschluessel geschrieben werden. READ hat ja keinen Parameter für den Satzschlüssel! In der Anweisung READ wird auch spezifiziert, was getan werden soll, wenn kein Satz mit dem aktuellen Schlüssel in der Datei gefunden wurde.

Dateneinheit Block beim Zugriff Dateiblöcke haben meist eine feste Größe in einem Betriebssystem, bei-spielsweise die Länge eines logischen oder physikalischen Blocks auf einem Festplattenspeicher. Die Transporteinheit beim Zugriff auf Dateien ist der Dateiblock. Die EA-Puffer haben dann ebenfalls die Größe eines Dateiblocks. Damit werden Blöcke als Einheit gelesen oder geschrieben. Dies ist ein sehr schneller Zugriff, da keinerlei Interpretation der Inhalte im Betriebssystem erfolgt. Das Anwendungsprogramm kann den Inhalt der Blöcke gegebenenfalls strukturieren. Der Blockzugriff ist damit Basis für komplexere Dateistrukturen, die auf Anwendungsebene bereitgestellt werden, beispielsweise Datenbanken.

Bei einem sequenziellen Schreiben werden die Dateneinheiten nacheinander in die Datei geschrieben. Bei einem sequenziellen Lesen werden die Dateneinheiten in der Reihenfolge des Schreibens wieder gelesen. Beim Öffnen der Datei wird implizit auf den Anfang der Datei positioniert. *Zugriffsart sequenziell*

Bei einem wahlfreien Zugriff ist jeder Dateneinheit (hier dem Satz oder Block) ein eindeutiger Schlüssel (das Satzkennzeichen, der Satzschlüssel) zugeordnet. Die einzelnen Dateneinheiten werden durch Angabe ihres Schlüssels gelesen, also in beliebiger Folge. Das Dateisystem verwaltet also die Schlüssel und die zugehörigen Sätze bzw. Blöcke. Normalerweise schreiben die Anwendungsprogramme den Satzschlüssel auch noch zusätzlich in einen Satz. Er steht dann direkt in einem Feld oder kann aus dem Inhalt mehrerer Felder berechnet werden. Dies ist aber Sache des Benutzers, die Datenverwaltung hat davon keine Kenntnis. *Zugriffsart wahlfrei*

Beim wahlfreien Zugriff wird selbstverständlich von der Datenverwaltung eine schnelle Lokalisierung der gewünschten Dateneinheit gefordert. Ein sequenzielles Durchsuchen der Datei wäre nicht tragbar. Wird als Satzschlüssel eine fortlaufende Nummer für die Dateneinheiten benutzt und haben die Dateneinheiten eine feste Länge, dann kann auf Grund der Nummer die gewünschte Position der Dateneinheit in der Datei berechnet werden. Werden beliebige Schlüssel benutzt, dann sind geeignete Indexstrukturen aufzubauen, beispielsweise B-Bäume.

B-Bäume (BAYE72, COME79) sind balancierte Indexbäume. In einem Knoten sind mehrere Indexeinträge, geordnet nach dem Schlüssel. Ein Indexeintrag besteht aus drei Komponenten: Dem Davorverweis, dem Schlüssel, dem Datensatz mit diesem Schlüssel. Der Davorverweis zeigt auf einen Knoten mit Schlüsseln, die kleiner sind als der Schlüssel im Indexeintrag. Am Schluss des Knotens steht ein Danachverweis. Dieser zeigt auf einen Knoten mit größeren Schlüsseln als im aktuellen Knoten. Die Verweise können auch leer sein. Binäre Bäume enthalten nur einen Indexeintrag. Ein Knoten hat also höchstens zwei Folgeknoten. Ein Baum ist balanciert, wenn die größte und kleinste Tiefe des Baumes sich maximal um 1 unterscheidet. Die Suche eines Satzes aufgrund seines Satzschlüssels bei insgesamt n Sätzen bedeutet dann in der Größenordnung $log_2(n)$ Vergleiche. Ein Beispiel zeigt Abbildung 10.2. Dabei steht im Knoten der Schlüssel stellvertretend für den ganzen Indexeintrag. Der Suchpfad zu Ernst ist durch eine dicke Linie markiert. *B-Bäume*

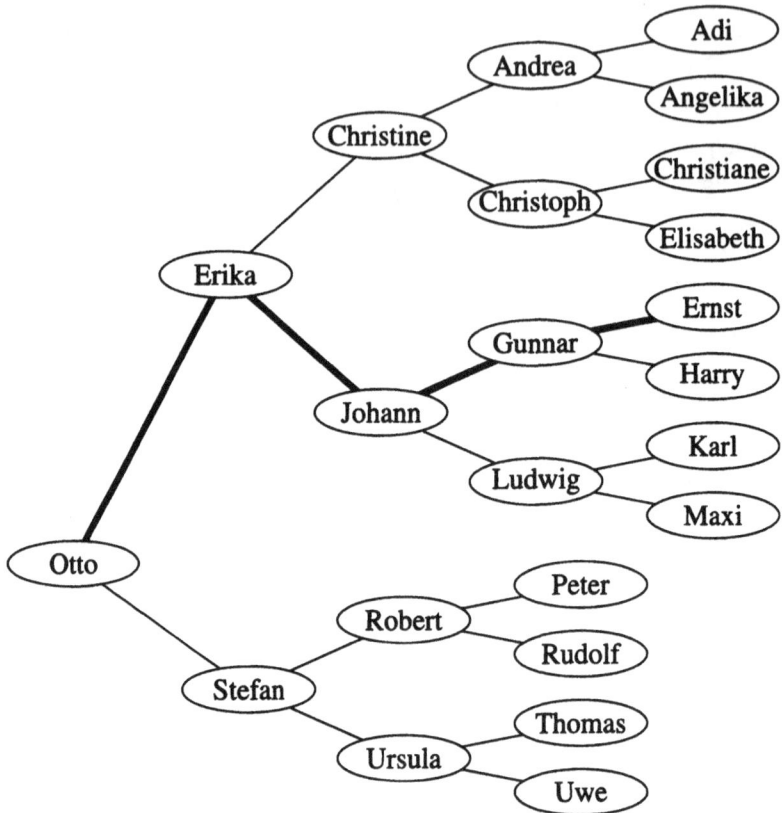

Abbildung 10.2: Beispiel für die Grundstruktur eines B-Baums

B+-Baum Wenn die binären B-Bäume nicht vollständig im Arbeitsspeicher gehalten werden können, sondern auf Festplattenspeichern liegen, dann ist schlimmstenfalls für jedes Lesen eines Knotens ein Festplattenzugriff notwendig. Dies ist bei einem binären Baum zeitlich nicht tragbar. Man ist daher interessiert, die Tiefe des Baums und damit die Zahl der Festplattenzugriffe zu reduzieren. Der Baum wird also entsprechend breiter. Ein balancierter Baum enthält in einem Indexknoten (außer der Wurzel) zwischen n/2 und n Indexeinträge (Schlüssel), wobei n die maximale Anzahl von Indexeinträgen ist, die in einen Block (Zugriffseinheit) der Festplatte passen. Zu einer weiteren Reduktion der Anzahl der Festplattenzugriffe führt folgende Überlegung: Ein Knoten, insbesondere in der Nähe der Wurzel, wird häufiger zum Suchen eines bestimmten Datensatzes durchwandert und seltener wird ein Datensatz im Knoten benötigt. Das Betriebssystem puffert aktuelle Knoten in einem Pufferspeicher (cache). Es ist also wichtig, dass möglichst viel Information, die zur Lokalisierung der Datensätze dient, im Pufferspeicher gehalten wird. Unter diesem Gesichtspunkt ist die Speicherung des Datensatzes in einem Knoten kontraproduktiv, sollte also vermieden werden. Man kommt so zu dem B+-Baum (COME79). Bei diesem werden alle Datensätze in die Blätter verlagert. Die anderen Knoten sind Indexknoten. Ein Indexeintrag besteht dann nur aus dem Schlüssel und dem Davorverweis, enthält also keinen Datensatz. Bei den Verweisen muss vermerkt werden, ob es ein Verweis auf ein Blatt oder einen anderen Indexknoten ist. Man nennt eine solche Datenstruktur B+-Baum. Ein Beispiel zeigt Abbildung 10.3.

Die Datenstruktur Baum wurde für einen wahlfreien Zugriff auf Datensätze mit Schlüsseln eingeführt. Die Datenstrukturen sind aber generell einsetzbar, wenn es um den wahlfreien Zugriff auf Objekte geht, die einen eindeutigen Namen haben. Da Namen sehr lang sein können, ist es auch möglich, nicht den Namen als Schlüssel zu verwenden, sondern ein daraus berechnetes kürzeres Kennzeichen. Falls dabei die Eindeutigkeit des Schlüssels verloren geht, können die geschilderten Datenstrukturen und die Zugriffe darauf entsprechend geändert werden. *Anwendungen*

Bei der Beurteilung der Leistung einer Dateistruktur müssen folgende Punkte betrachtet werden: *Beurteilung der Leistung*

- Zugriffe auf sehr kleine und sehr große Datenbestände
- Häufigkeit der schreibenden Zugriffe und Aufwand dafür
- Häufigkeit der lesenden Zugriffe und Aufwand dafür
- Häufigkeit der Reorganisation des Baums damit dieser balanciert bleibt und Aufwand dafür

Dabei darf die Datenstruktur nicht isoliert betrachtet werden, sondern es müssen das statistische Verhalten der Anwendungen und die Realisierung der Dateizugriffe im Betriebssystem, z.B. die Pufferstrategien, einbezogen werden.

Werden Dateneinheiten nachträglich innerhalb einer Datei eingefügt oder gelöscht, dann ist es wichtig, dass die unveränderten Dateneinheiten möglichst gar nicht oder wenigstens nur selten umgespeichert werden müssen. Da bei dem B+-Baum zwischen $n/2$ und n Einträge in einem Indexknoten sind, wird man erwarten können, dass erst nach mehreren Einfügungen bzw. Löschungen eine Reorganisation des Baums durch Zusammenlegen von zwei Knoten beim Löschen bzw. durch Aufspalten eines Knotens in zwei Knoten beim Einfügen notwendig wird. Trotzdem gibt es *Balancierung*

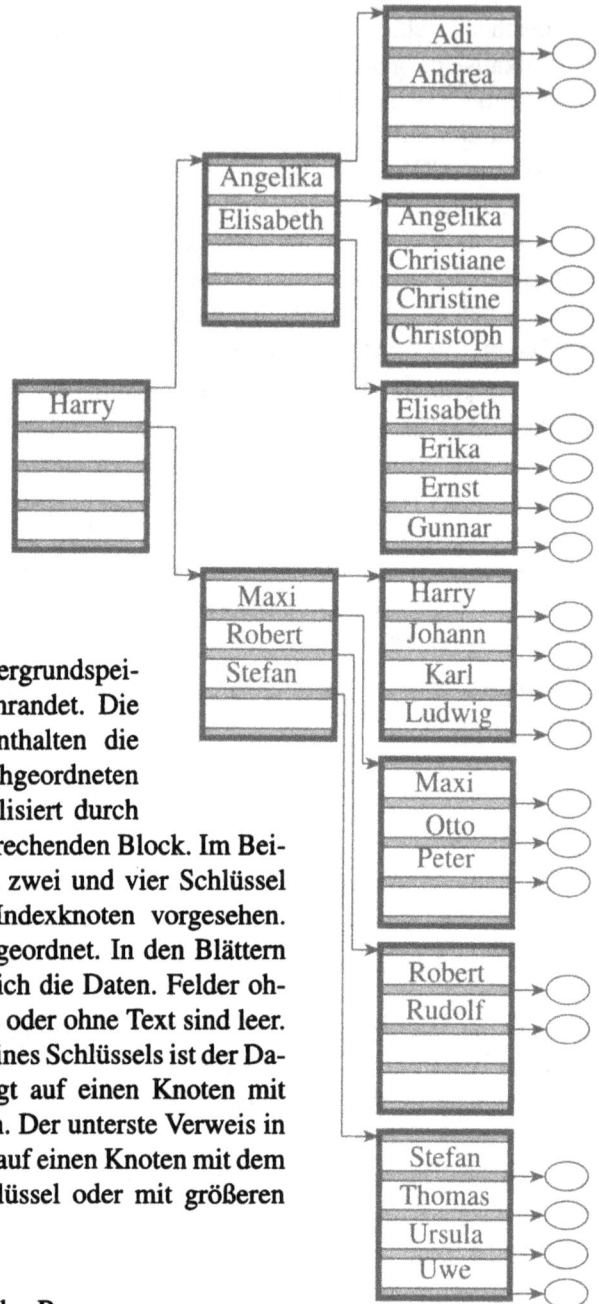

Erläuterung:

Die Blöcke des Hintergrundspeichers sind stark umrandet. Die grauen Bereiche enthalten die Adressen von nachgeordneten Blöcken, hier visualisiert durch Pfeile auf den entsprechenden Block. Im Beispiel sind zwischen zwei und vier Schlüssel mit Verweisen je Indexknoten vorgesehen. Die Schlüssel sind geordnet. In den Blättern des Baums finden sich die Daten. Felder ohne abgehende Pfeile oder ohne Text sind leer. Der Pfeil oberhalb eines Schlüssels ist der Davorverweis und zeigt auf einen Knoten mit kleineren Schlüsseln. Der unterste Verweis in einem Knoten zeigt auf einen Knoten mit dem vorangehenden Schlüssel oder mit größeren Schlüsseln.

○   ist ein Blatt des Baumes

Abbildung 10.3: Beispiel B+-Baum für wahlfreien Zugriff auf Sätze

Sondersituationen, bei denen es sinnvoll sein kann, die Forderung nach zu jedem Zeitpunkt minimalen balancierten Bäumen zu lockern. Beispielsweise kann es bei vielen Neueintragungen und wenig Lesevorgängen effizienter sein, den Baum nur in größeren Zeitabständen zu reorganisieren. Hierzu gibt es aber keine allgemein gültigen Strategien. In den verschiedenen Dateisystemen sind unterschiedliche Strategien zur Belegung der Blöcke und zur Anpassung des Baumes realisiert, je nachdem welches Schreib- und Leseverhalten für Sätze bei den Anwendungen die Entwickler vor Augen hatten.

In Abbildung 10.3 wurde dargestellt, dass die Datenobjekte in den Blättern des Baumes zu finden sind und dass ein Zeiger darauf zeigt. Im Beispiel waren die Datenobjekte Datensätze einer Datei. In einem Dateikatalog wären Datenobjekte andere Kataloge oder Dateien. Die einzelnen Datenobjekte müssen auf Hintergrundspeicher abgelegt werden. Wie ausgeführt können Datenobjekte sehr klein oder sehr groß sein. Wenn nun ein Datenobjekt mehr als einen logischen Block des Hintergrundspeichers belegt, ist es günstig, wenn der belegte Hintergrundspeicher nicht zusammenhängend sein muss. Hierdurch vereinfacht sich die Verwaltung des Hintergrundspeichers erheblich. Außerdem muss keine zeitaufwendige Reorganisation des Plattenspeichers zur Beseitigung einer Fragmentierung durchgeführt werden. Dies ist besonders wichtig, wenn die Dateien ihre Größe dynamisch ändern und dies vielleicht noch über mehrere Zehnerpotenzen. Damit ist das Konzept eines Zeigers, mit dem man direkt auf das Datenobjekt zugreifen kann, zu modifizieren: Im Falle eines Datenobjekts, das mehrere Datenblöcke umfasst, benötigt man vor dem Zugriff auf das Datenobjekt eine Ortsbeschreibung für die einzelnen Blöcke.

Dateiadressraum

Zur Realisierung geht man ähnlich wie bei der virtuellen Adressierung des Arbeitsspeichers vor: Jeder Datei ist ein Dateiadressraum zugeordnet. Jede Dateneinheit hat eine Adresse in diesem Dateiadressraum. Der Dateiadressraum wird in logische Dateiblöcke unterteilt, die dann jeweils auf einen zusammenhängenden Bereich des Hintergrundspeichers, also auf einen oder mehrere logische Blöcke des Hintergrundspeichers, abgebildet werden. Die Beschreibung der Abbildung des Dateiadressraums auf Blöcke des Hintergrundspeichers nennt man Ortsbeschreibung einer Datei. Die Ortsbeschreibung einer Datei beschreibt also die aktuelle Größe des Dateiadressraums und die durch die Datei belegten Blöcke auf Hintergrundspeicher.

Ortsbeschreibung

Im einfachsten Fall wird der belegte Bereich beschrieben durch eine Folge von Tupeln mit den drei Komponenten:

- Anfangsadresse eines Bereichs im Dateiadressraum (Nummer eines logischen Dateiblocks)

- Länge des Bereichs (in logischen Dateiblöcken)

- Anfangsadresse des (zusammenhängenden) Bereichs auf Hintergrund-speicher (Nummer des logischen Blocks des Hintergrundspeichers)

Ortsbeschreibung als Baum

Zum schnelleren Zugriff kann die Ortsbeschreibung ebenfalls als (B+-)Baum realisiert werden, mit der Nummer des logischen Dateiblocks als Schlüssel und dem oben genannten Tupel als zugehörigem Datenobjekt.

Beispiele

Beispiele für sehr einfache und für komplexe Ortsbeschreibungen finden sich in Abschnitt 10.5 (FAT), Abschnitt 10.6 (UNIX), Abschnitt 10.7 (NTFS). Bezüglich des Reiser-Dateisystems sei auf die ausführliche Literatur (REIS06, WIKI06f) verwiesen.

Zugriff auf Dateneinheiten in Dateien

Der Vorgang des Zugriffs auf eine Dateneinheit in einer Datei wurde in den Einzelaspekten geschildert. Zusammenfassend ergeben sich folgende Punkte:

- Dateikataloge und Dateien können grundsätzlich so groß sein, dass sie aus mehreren, nicht zusammenhängenden Speicherbereichen bestehen.

- Vor dem Zugriff auf die Dateneinheiten einer Datei muss die Datei geöffnet werden. Dabei erfolgt eine Abbildung des Dateinamens auf einen Tornamen (Dateideskriptor) und es wird der Dateikontrollblock angelegt. In diesem ist die Ortsbeschreibung der Datei oder ein Verweis darauf.

- Ein Zugriff auf eine Dateneinheit einer Datei ist nur möglich, wenn diese geöffnet ist. Dann laufen folgende Schritte ab:
  – Die logischen Nummern der Dateiblöcke, in denen die Datenein-heit ist, werden bestimmt. Bei einem Zugriff über Satzschlüssel in der oben geschilderten Weise.
  – Den betroffenen logischen Dateiblöcken werden mittels der Orts-beschreibung logische Hintergrundspeicherblöcke zugeordnet.
  – Diese Hintergrundspeicherblöcke werden in Systempuffer geladen. Hierzu wird oft eine Pufferverwaltung (Cache Manager) eingesetzt.
  – Die Puffer können auch in dem virtuellen Systemadressraum des Betriebssystems liegen und sind dann mittels virtueller Adressie-rung zugänglich.
  – Die Dateneinheiten werden in die Puffer geschrieben oder aus diesen gelesen.
  – Die Pufferverwaltung schreibt aufgrund von Verdrängungsstrate-gien, ähnlich wie die Arbeitsspeicherverwaltung, die Pufferinhalte asynchron auf den Festplattenspeicher, aber natürlich nur, wenn die Puffer verändert wurden.

Der Nachteil der gestreuten Speicherung der Datei auf Hintergrundspeicher *Zugriffs-* ist, dass zum Lesen eines Dateiblocks eventuell mehrfache Zugriffe notwen- *optimierung* dig sind. Man kann hier mit folgenden Maßnahmen gegensteuern:

- Verwendung von B+-Bäumen, wie bereits geschildert,
- ausgefeilte Pufferverwaltung,
- Clusterbildung auf Hintergrundspeichern, d.h. die Metadaten und die Daten einer Datei werden so abgespeichert, dass beim Zugriff auf dieselben keine oder nur eine geringe Bewegung des Schreib-/Lesekopfes notwendig ist,
- Zusammenfassung der Metadaten einer Datei in möglichst wenige Dateiblöcke,
- Speicherung kleiner Datenobjekte doch nicht in den Blättern, sondern beim Schlüssel,
- vielleicht doch häufigere oder komplexere Reorganisation eines Baumes, dafür aber möglichst volle Indexknoten und möglichst volle Datenknoten damit die Systempuffer möglichst viel nutzbaren Inhalt haben.

Unter Metadaten versteht man alle Informationen, die eine Datei oder *Metadaten* auch das gesamte Dateisystem beschreiben. Die eigentlichen Nutzdaten einer Datei gehören nicht zu den Metadaten. Einige Metadaten wurden bereits erwähnt: Typ des Dateisystems, Dateinamen, Satzschlüssel, Verweise, Ortsbeschreibungen, belegte Speicherbereiche, Längenangaben, Kataloge. Andere Metadaten sind beispielsweise Zugriffszeitpunkte, Zugriffsrechte oder Logbücher (siehe Abschnitt 10.8). Metadaten werden von der Datenverwaltung im Betriebssystem gespeichert und ausgewertet. Sie können teilweise auch durch die Anwenderprogramme abgefragt werden.

Andere Dateiattribute werden typischerweise (noch) nicht im Betriebssystem verwaltet, sondern sind ausschließlich dem Anwender bzw. im Anwendungsprogramm bekannt. Beispiele:

- Die Struktur der Nutzdaten, beispielsweise beschrieben als eine Folge von Zeichen oder beschrieben durch Datenstrukturen einer höheren Programmiersprache[1] oder impliziert durch die Endung der Datei, wie bei JPG- oder DOC-Dateien, oder erschließbar aus bestimmten Zeichenfolgen in der Datei selbst;
- die Länge und Kodierung von Zeichen, Zahlen oder Texten;
- Daten, die eine Digitalkamera dem aufgenommenen Bild zufügt.

---

[1] Diese sind allerdings für die Beschreibung allgemeiner Dateien nicht mächtig genug.

Dies reicht aus, wenn die Datei immer nur lokal oder mit denselben Anwendungsprogrammen bearbeitet wird. Benutzen verschiedene Anwendungsprogramme in verschiedenen Rechnern mit unterschiedlicher Architektur
eine Datei, dann gibt es Probleme, beispielsweise wenn die Darstellung
der Zahlen oder die Zeichensätze in den unterschiedlichen Rechnern unterschiedlich sind. Die Dateien müssen dann in andere rechnerspezifische
Darstellungen transformiert werden. Im Idealfall sollte dies aufgrund von
hinterlegten Dateibeschreibungen ohne Zutun des Anwenders erfolgen. Ein
Ansatz dafür sind Datenbeschreibungssprachen, beispielsweise die abstrakte Transfersyntax (abstract syntax notation ASN nach ISO 8824). Letztere
ist im Zusammenhang mit dem Zugriff über ein Rechnernetz auf entfernte
Dateien wichtig, beispielsweise bei FTAM (file transfer, access and manipu-
lation) oder FTP (file transfer protocol).

10.5   Dateisystem FAT32 in Windows

Entstehung

Das FAT-Dateisystem wurde 1977 von Microsoft eingeführt und ist patentiert. Es gibt inzwischen drei Varianten: FAT12 (1977), FAT16 (1988) und
FAT32 (1996). Wobei die Zahl im Namen die Anzahl der Bits angibt, die
zur Speicherung bestimmter Metadaten vorgesehen sind. Die Varianten unterscheiden sich daher in der maximalen Größe der Partitionen und der
Dateien. Wir beschränken uns auf eine grundsätzliche Beschreibung des
FAT32-Dateisystems. Ausführlichere Darstellungen finden sich beispielsweise in (SOLO00, WIKI06c, MICR00).

File Allocation
Table

Der Festplattenspeicher oder eine Partition davon wird in fortlaufend nu-
merierte logische Blöcke unterteilt. Im Zusammenhang mit FAT heißen
diese logischen Festplattenblöcke auch Cluster. Jeder logische Block einer
Partition ist gleich groß und besteht aus einer festen Anzahl von aufeinander folgenden Sektoren (physikalischen Blöcken). Aus der Nummer des
logischen Blocks der Partition kann also leicht die physikalische Adresse berechnet werden. Die Größe eines logischen Blocks liegt zwischen 4 KB und
32 KB je nach Größe der Partition. Unter Windows können nur Partitionen
bis 32 GB erzeugt werden, obwohl die Datenstrukturen größere Partitionen
zulassen.

Am Anfang der Partition steht nach dem Bootsektor die so genannte „file
allocation table" (FAT). Sie besteht aus so viel Eintragungen wie es logische
Blöcke gibt. Dem i-ten Eintrag ist der i-te logische Block zugeordnet. Jeder
Eintrag ist 32 Bit lang. Ein Eintrag enthält einen Verweis auf einen anderen
logischen Block oder zeigt durch spezielle Bitmuster, die nicht gültige
Verweisadressen sein können, spezielle Zustände an:

Blöcke des Festplattenspeichers   FAT

			Dateiname	1. Block			

Ausschnitt aus dem
Dateikatalog mit Dateiname
und Ortsbeschreibung:

Dateiname	1. Block
A	12
B	19

Datei A besteht aus
den Blöcken:12, 18, 14

Datei B besteht aus
den Blöcken:19, 15, 21, 13, 10

Blöcke des Festplattenspeichers: 10, 11, 12, 13, 14, 15, 16, 17, 18, 19, 20, 21

FAT:
10:	EOF
11:	
12:	18
13:	10
14:	EOF
15:	21
16:	
17:	
18:	14
19:	15
20:	
21:	13
22:	
23:	
24:	

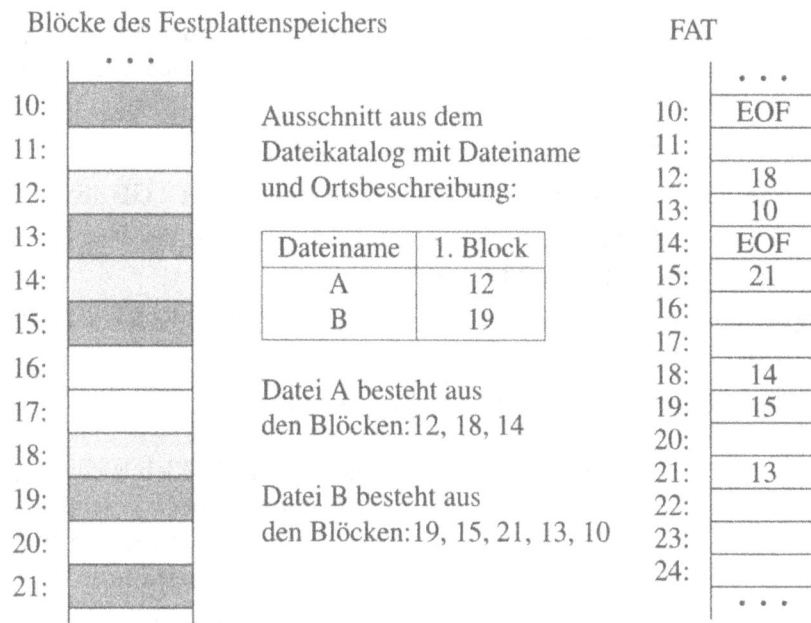

Abbildung 10.4: Ortbeschreibung im Dateisystem FAT

- Block ist beschädigt und nicht verwendbar
- Block ist nicht belegt
- Block bildet das Ende einer Verweiskette (EOF).

Ein Dateikatalog oder eine Datei wird in einer Folge von logischen Blöcken gespeichert. Diese müssen nicht aufeinander folgen, sondern können gestreut liegen. Die Blöcke einer Datei werden durch eine verkettete Liste beschrieben (Abbildung 10.4). Die Nummer des ersten logischen Blockes, dieser sei n, steht in der Dateibeschreibung. Dann steht im n-ten Eintrag der „File Allocation Table" die Nummer des nächsten logischen Blocks der Datei usw. Der Eintrag für den letzten Block einer Datei enthält statt eines Verweises das EOF-Kennzeichen. *Ortsbeschreibung einer Datei*

Der in der Kataloghierarchie oberste Dateikatalog (root directory) beginnt bei einem festen logischen Block. Dateikataloge werden wie Dateien behandelt. Im Dateikatalog stehen Dateibeschreibungen (Metadaten). Jede Dateibeschreibung ist 32 Byte lang. Sie enthält: *Dateikataloge*

- kurze 8.3 Dateinamen, also 8 Bytes für den Namen und 3 Bytes für die Extension (den Dateityp) ohne Unterscheidung von großen und kleinen Buchstaben;

- spezielle Dateinamen zeigen an, dass das Element frei ist;

- 4 Bytes für die Länge der Datei, also ist die größte Datei 4 GB groß;

- 4 Bytes für die Nummer des ersten logischen Blocks der Datei (von Windows werden nur 28 Bit verwendet!);

- Zeitangaben für die Erzeugung, den letzten Zugriff und die letzte Modifikation

- Dateiattribute, wie „nur lesen" oder „Datei ist Katalog".

lange Dateinamen Wird ein langer Dateiname oder ein Name, der auch Kleinbuchstaben enthält, für eine Datei verwendet, dann werden vor die oben geschilderte Dateibeschreibung eine oder mehrere speziell markierte Dateibeschreibungen gestellt. Diese enthalten die Zeichen für den langen Dateinamen.

Bemerkungen Das Konzept stammt aus der Zeit als nur kleine Disketten als Hintergrundspeicher bei den PCs verwendet wurden. Es wird den heutigen Anforderungen an Dateisysteme in vielerlei Hinsicht nicht mehr gerecht. Die Dateinamen sind in einem Katalog nicht alphabetisch geordnet. Lange Dateinamen sind zudem nicht kompakt abgespeichert. Es werden auch keine Datenstrukturen aufgebaut, die eine schnelle Suche ermöglichen. Damit werden Kataloge sequenziell nach Dateinamen durchsucht. Auch kleinste Dateien belegen mindestens einen logischen Block. Damit ist die Leistung schlecht. Die maximale Größe einer Datei oder einer Partition sind für heutige Ansprüche völlig unzureichend. Es sind keine ausreichenden Vorkehrungen gegen Verlust von Daten bei Absturz des Rechners vorgesehen.

10.6   Klassische Dateisysteme in UNIX

Überblick Es gibt mehrere UNIX-Varianten, die im Laufe der Zeit entwickelt und verbessert wurden. Dies gilt auch für die eingesetzten Dateisysteme: Das Dateisystems V6FS wurde 1972 für die Version 6 eingesetzt, UFS/FFS (UNIX File System, Fast File System) wurde 1983 für die Version 4.2BSD an der Universität in Berkeley von McKusick entwickelt. Bei letzterem sind die maximalen Größen sind für Dateinamen 255 Zeichen, für Dateien 4 GB und für Festplatten 2 TB.

Wir betrachten hier nur ausgewählte und grundsätzliche Aspekte der UNIX-Dateisysteme. Eine ausführliche Darstellung findet sich beispielsweise in (BACH86, LEFF89, MCKU96, MCKU04).

Ein logisches Gerät, auf dem sich ein UNIX-Dateisystem befindet, besteht   *I-Knoten*
aus einer Folge von logischen Blöcken. Diese enthalten:

- Block 0: Bootblock für das Hochfahren des Systems
- Block 1: Superblock mit Informationen über das logische Gerät
- Block 2 bis Block n: Liste der I-Knoten (Index Node, inode)
- ab Block n+1: Blöcke mit Daten des Dateisystems

Die I-Knoten sind beginnend mit 0 entsprechend ihrer Speicherfolge fortlaufend nummeriert. Ihre Reihenfolge bleibt unverändert. Die Anzahl der
I-Knoten wird bei der Generierung des Systems festgelegt. Jeder Datei in
dem Dateisystem auf dem betrachteten logischen Gerät wird bei der Erzeugung der Datei ein freier I-Knoten zugewiesen. Der I-Knoten enthält keine
Dateinamen, aber sonst alle Metadaten, insbesondere auch die Ortsbeschreibung der Datei. In den Dateikatalogen bei UNIX steht also nicht direkt die
Ortsbeschreibung einer Datei, sondern nur die Nummer des zugehörigen I-
Knotens. Damit kann eine Datei problemlos über beliebig viele Pfadnamen
angesprochen werden. Ein I-Knoten enthält:

- Name des Eigentümers
- Benutzergruppe
- Art der Datei, u.a. normale Datei, Dateikatalog
- Zugriffsrechte
- Zugriffszeiten, u.a. letzter Änderungszeitpunkt
- Anzahl der Pfade zu dieser Datei (number of links)
- Dateigröße in Bytes
- Ortsbeschreibung der Datei, genauer Ebene 1 der Abbildungstabelle für
  den Dateiadressraum

Die oberste Ebene (Ebene 1) der Ortsbeschreibung steht in dem I-Knoten.   *Ortsbeschreibung*
Sie umfasst 13 Zeiger (siehe Abbildung 10.5). Jeder Zeiger enthält ei-
ne Blocknummer aus dem Datenbereich des logischen Geräts. Die ersten
10 Zeiger zeigen auf die Blöcke, die den ersten 10 Blöcken des Dateiadressraums zugeordnet sind (direkte Abbildung). Es wird also bei UNIX
vorausgesetzt, dass die Blöcke des Dateiadressraums gleich groß wie die
Blöcke des logischen Geräts (des Festplattenspeichers) sind, typisch sind
Blockgrößen von 1 KB. Die Zeiger 11 bis 13 erlauben eine 1- bis 3-stufige
indirekte Abbildung. Bei der i-stufigen indirekten Abbildung zeigt der Zeiger
im I-Knoten ebenfalls auf einen Block des logischen Geräts. Dieser enthält

I-Knoten   Indexblöcke   Datenblock

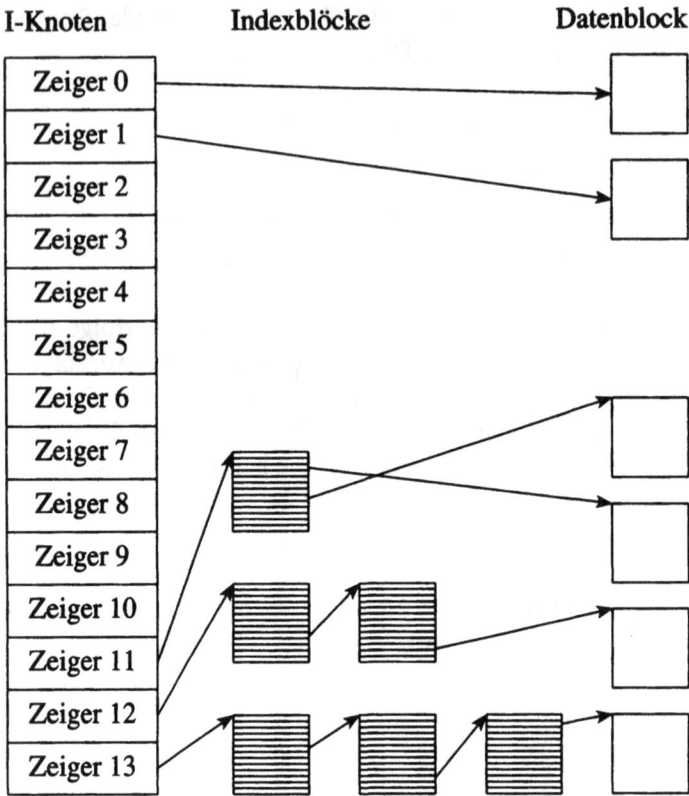

Abbildung 10.5: Ortsbeschreibung für Dateien bei UNIX

---

aber nicht Daten der Datei, sondern eine Folge von Zeigern. Wir nennen diesen Block einen Indexblock. Sind die Blocknummern 32 bit lang, dann gehen in einen 1KB-Block 256 Zeiger. Bei einer i-stufigen indirekten Abbildung gibt es i Ebenen von Indexblöcken. Auf der letzten Ebene stehen im Indexblock dann wieder die Zeiger auf Datenblöcke der Datei. Unter den obigen Annahmen gilt für die adressierbaren Dateiblöcke:

- 10 Blöcke mit direkter Adressierung
- 256 Blöcke mit 1-stufiger indirekter Adressierung
- $256 * 256$ Blöcke mit 2-stufiger indirekter Adressierung
- $256 * 256 * 256$ Blöcke mit 3-stufiger indirekter Adressierung

Insgesamt ergibt das eine maximale Dateigröße von rund 16 GB.

Für eine geöffnete Datei wird ein Dateikontrollblock angelegt und im Ar- *Dateikontrollblock*
beitsspeicher gehalten. Neben dem I-Knoten für die Datei stehen darin noch:

- Name des logischen Geräts, auf dem die Datei ist

- Nummer des I-Knotens

- Referenzzähler, d.h. wie oft die Datei geöffnet ist

- Sperren

- Prozesse warten auf Freigabe von Sperren

- Datei ist Anbindungspunkt für einen Dateibaum (mount point)

- der I-Knoten im Arbeitsspeicher ist verändert

- die Datei ist verändert

- Zeiger für Verkettung mit anderen I-Knoten, wenn dieser I-Knoten
  zusätzlich in einer verketteten Liste von I-Knoten eingetragen ist

Um die Zugriffszeiten zu verbessern, wurden eine Reihe von Modifi- *Modifikationen*
kationen an dem geschilderten Grundkonzept vorgenommen. So wurden
I-Knoten nicht mehr zusammenhängend gespeichert, sondern auf der Festplatte mehrere Cluster mit eigenen Bereichen für I-Knoten und Daten
angelegt. Außerdem wurde das Puffermanagement immer ausgefeilter.

Um den Verschnitt bei Dateien zu reduzieren, kann ein Datenblock in mehrere Teildatenblöcke unterteilt werden. Eine Datei belegt, bis auf den letzten
Datenblock, immer volle Datenblöcke. Der letzte Datenblock einer Datei
kann nur einige zusammenhängende Teildatenblöcke in einem Datenblock
belegen. Die anderen Teildatenblöcke in diesem Datenblock können von anderen Dateien belegt werden.

10.7 Dateisystem NTFS in Windows

Das Dateisystem NTFS (New Technology File System) wurde von Micro- *Überblick*
soft entwickelt und 1993 in dem Betriebssystem Windows NT eingesetzt.
NTFS ist von Microsoft patentiert und große Teile werden als Betriebsge-
heimnis behandelt. Es ist daher den Verfassern nicht möglich, NTFS in einer
diesem Buch angemessenen Tiefe und Präzision zu beschreiben. Es werden daher nur einige Aspekte beispielhaft skizziert (siehe auch (SOLO00,
MICR03, WIKI06e, NTFS06)). NTFS ist das Hauptdateisystem für Festplattenspeicher bei Windows 2000 und den Nachfolgern. Partitionen und
Dateien können 2 TB groß sein. Die Angaben in der Literatur variieren, da
die Datenstrukturen noch deutlich größere Werte zulassen, nicht aber die
konkreten Implementierungen.

Wichtige Konzepte Einige erfolgreiche Konzepte aus der UNIX- und IBM-Welt wurden übernommen, so symbolische Verweise (soft links) und „mount/reparse points".
Es ist weiterhin eine kompakte Speicherung schwach besetzter Dateien
(sparse files) vorgesehen. In solchen Dateien kommen lange Sequenzen von
Nullen vor, die nicht einzeln gespeichert werden. Die Sicherung der Integrität des Dateisystems und das schnelle Wiederherstellen eines konsistenten
Zustands nach Systemabstürzen sind durch Führen eines Logbuchs für Metadaten realisiert (siehe auch Abschnitt 10.8). Weitere zentrale Konzepte, die
nachfolgend kurz besprochen werden, sind:

- Die konsequente und einheitliche Behandlung aller Datenbestände einer
  Partition als Dateien.

- Die Realisierung der Liste der Dateien in einem Katalog als ein Attribut
  einer Datei des Typs Katalog.

- Die Betrachtung der Nutzdaten einer Datei als eines der Dateiattribute.
  Die Nutzdaten sind als unbenanntes Attribut gespeichert.

- Die einheitliche Behandlung aller Attribute einer Datei, also auch der
  Nutzdaten, als Zeichenströme (streams) einer Datei.

- Die Verwendung von B+-Bäumen.

Dateihauptkatalog Die ersten 16 Sektoren einer Partition enthalten den Bootblock. Im Bootblock steht u.a. die Größe und Anzahl der logischen Blöcke (cluster) in
der Partition, die Zahl der Festplatten-Sektoren je logischer Block und die
Anfangsadresse des Dateihauptkatalogs (Master File Table, MFT). Die logischen Blöcke sind fortlaufend numeriert.

Jeder MFT-Eintrag ist, unabhängig von der Größe der logischen Blöcke,
1 KB groß und kann auch durch seine laufende Nummer in der MFT identifiziert werden. Jeder Datei in der Partition ist ein MFT-Eintrag zugeordnet.
Diese Zuordnung bleibt während der Lebensdauer der Datei fest; die Datei
hat also damit auch eine Dateireferenznummer. Hat eine Datei sehr viele
Attribute oder benötigt deren Ortsbeschreibung sehr viel Platz, dann reicht
ein einziger MFT-Eintrag für die Datei nicht aus. Weitere MFT-Einträge, die
zu einer Datei gehören, stehen in dem Attribut $ATTRIBUTE_LIST.

Die ersten 16 MFT-Einträge sind für Standarddateien reserviert, beispielsweise für den Bootsektor ($Boot), die MFT selbst ($Mft), ein Duplikat des
Anfangs der MFT ($MftMirr), die Logbuchdatei ($LogFile), den Dateikatalog mit der Wurzel des Dateibaums ($) und die Belegungsdatei ($Bitmap) für
die logischen Blöcke der Festplatte. In Klammern ist der reservierte Name
der Datei angegeben. Jeder MFT-Eintrag hat dieselbe Struktur. Er beginnt
mit dem Attribut Standardinformation ($STANDARD_INFORMATION),

dann kommt das Attribut Dateiname ($FILE_NAME) und dann weitere Attribute, insbesondere das Attribut mit den Nutzdaten ($DATA).

Alle Attribute bestehen aus einem Attributkopf, dem Attributnamen und dem Attributkörper. Die Zahl der Zeichen des Attributkörpers stehen im Attributkopf. Attribute können vollständig in einem MFT-Eintrag stehen (resident attribute). Bei diesen Attributen steht im Attributkörper der Attributwert selbst. Solche Attribute sind beispielsweise die Standardinformation und der Dateiname. *Dateiattribute*

Passen Attributwerte nicht mehr vollständig in einen MFT-Eintrag (nonresident attribute), dann werden sie in logischen Blöcken der Partition gespeichert. Im Attributkörper und ggf. in weiteren Attributen steht dann wie die Attributdaten zu finden sind. Beispiele für „nonresident attributes" sind die Nutzdaten einer Datei ($DATA) oder die Liste der Dateien ($INDEX_ROOT), wenn die Datei ein Dateikatalog ist. Bei umfangreichen Nutzdaten enthält der Attributkörper die Ortsbeschreibung für die Daten. Bei großen Dateikatalogen enthält das Attribut $INDEX_ROOT die oberste Ebene eines B+-Baums mit den Dateien im Katalog und im Attribut $INDEX_ALLOCATION steht die Ortsbeschreibung für den Baum.

Auf die Nutzdaten einer Datei kann nach dem Öffnen der Datei zugegriffen werden. Beim Öffnen wird der Dateiname angegeben. Die Nutzdaten werden von dem Dateisystem als Folge von Zeichen, also als ein Zeichenstrom, angesehen. Beim NTFS sind, wie bereits erwähnt, die Nutzdaten nur eines von mehreren Attributen einer Datei. Alle Attribute werden als Zeichenströme in einer Datei angesehen. Um darauf zuzugreifen, muss also der Zeichenstrom geöffnet werden. Zur Bezeichnung eines Zeichenstroms wird der Dateiname verwendet und daran angehängt der Attributname. Beide Teile werden durch Doppelpunkt getrennt. Die Nutzdaten sind auch als unbenanntes Dateiattribut zugänglich, so dass sie, wie üblich, durch den Dateinamen allein bezeichnet werden können. *Zeichenstrom*

10.8 Dateisysteme mit Logbuch

Der Benutzer wünscht sich, dass ein Dateisystem nach einem Systemabsturz schnell wieder in einen konsistenten Zustand gebracht werden kann und dass natürlich keine Daten verloren gehen. Dies Forderung ist grundsätzlich weitgehend erfüllbar. Zur Realisierung gibt es Konzepte, die bei Datenbanken (Transaktionskonzept und Logbuch) schon lange eingesetzt werden. Ein Algorithmus dafür ist ARIES[1] (MOHA92a, MOHA92b, GRAY92). Der Einsatz solcher Algorithmen kann jedoch ein Dateisystem deutlich *Forderung* *Zuverlässigkeit*

---

[1] Algorithm for Recovery and Isolation Exploiting Semantics

verlangsamen, da beispielsweise statt eines Schreibvorgangs für Nutzdaten gleich mehrere Schreibvorgänge notwendig werden, einerseits für die Nutzdaten und andererseits für Daten zur Gewährleistung der Konsistenz. Daher machen die wirklich eingesetzten Dateisysteme Abstriche an der Zuverlässigkeit, die sie anbieten.

Logbuch für
Metadaten

Die neueren Dateisysteme, wie NTFS oder ReiserFS, führen als Mittel zur Erreichung einer bestimmten Zuverlässigkeit nur ein Logbuch über Veränderungen an den Metadaten. Zusätzlich sind oberste Ebenen der Dateihauptkataloge dupliziert, damit das Dateisystem nicht vollständig unzugänglich wird, wenn einzelne Sektoren des Plattenspeichers mit wichtigen Metadaten plötzlich physikalisch nicht mehr lesbar sind. Mit dem Logbuch für Metadaten kann erreicht werden, dass das Dateisystem nach einem Absturz wieder in einen konsistenten Zustand überführt werden kann und dass dieser Vorgang schnell geht. Allerdings ist der konsistente Zustand eventuell nicht der Zustand unmittelbar vor dem Absturz, sondern ein früherer.

Problem mit
Nutzdaten

Da nur die Veränderungen an den Metadaten im Logbuch geführt werden, kann nicht sichergestellt werden, dass die Nutzdaten in Dateien erhalten oder wieder hergestellt werden. Beispiel: Der Benutzer schreibt zusätzliche Daten in eine Datei, die dadurch größer wird. Beim Schreiben der Daten stürzt der Rechner ab. Die Größenänderung wurde bereits durchgeführt und spiegelt sich in den Metadaten wieder. Gegebenenfalls wird sie auch über das Logbuch beim Wiederanlauf des Dateisystems regeneriert. Da nur Metadaten im Logbuch erfasst werden, geht das Wissen um den zu schreibenden Dateiblock mit den Nutzdaten verloren. In dem der Datei bereits zugeordneten Dateiblock stehen so nicht die vorgesehenen Nutzdaten, sondern irgendwelche Zeichen von früher.

Transaktion und
Log-Eintrag

Jeder Aufruf eines Dienstes der Datenverwaltung (siehe Abschnitt 10.3) wird als eine Transaktion betrachtet, die entweder vollständig oder gar nicht ausgeführt wird. Bei der Realisierung eines Dienstes, also einer Transaktion, werden in mehreren Teilschritten Veränderungen im Dateisystem vorgenommen. Beispiel: In eine Datei wird geschrieben und der letzte Dateiblock ist schon voll, dann werden folgende Veränderungsschritte vorgenommen:

- Es wird ein freier Block auf der Festplatte belegt,

- die Ortsbeschreibung der Datei wird so geändert, dass der freie Block der Datei zugefügt ist (ggf. müssen in mehreren weiteren Schritten auch noch hierarchisch organisierte Ortsbeschreibungen verändert werden),

- das Dateiattribut Länge muss entsprechend der zu schreibenden Datenmenge verändert werden,

- die Nutzdaten müssen in den neuen Dateiblock geschrieben werden.

Jede Transaktion erhält eine fortlaufende Nummer. Jeder einzelne Veränderungsschritt an den Metadaten wird in ein Logbuch eingetragen. Jeder Log-Eintrag erhält ebenfalls eine fortlaufende Nummer. In einem Log-Eintrag wird gespeichert:

- Der Typ des Log-Eintrags (hier: Veränderung an den Metadaten)

- die fortlaufende Nummer des Log-Eintrags

- die Nummer der zugehörigen Transaktion

- ein Verweis auf den vorherigen Log-Eintrag für diese Transaktion

- die Metadaten vor der beabsichtigten Änderung, allgemeiner die Information, um diesen Vorgang rückgängig zu machen (undo information)

- die Metadaten nach der beabsichtigten Änderung, allgemeiner die Information, um diesen Vorgang nochmals auszuführen, falls er nicht ausgeführt wurde (redo information).

Beenden einer Transaktion

Eine Transaktion ist aus der Sicht der Datenverwaltung vollständig ausgeführt, wenn alle Schreibaufträge für die Log-Einträge der Transaktion, für die Änderungen der Metadaten und für die Nutzdaten an die Pufferverwaltung gegeben wurden[1]. Erst dann wird noch ein Log-Eintrag erzeugt, dass die Transaktion beendet ist (committing a transaction).

Wiederherstellung

Die Wiederherstellung eines konsistenten Zustands des Dateisystems erfolgt beim Neustart des Systems. Die prinzipielle Grundidee ist, in einem ersten Schritt möglichst nahe an den Zustand vor dem Absturz zu kommen. Da nicht bekannt ist, welche Änderungen an den Metadaten noch durchgeführt wurden und welche nicht, werden alle Änderungen vom Beginn des Logbuchs an nochmals ausgeführt. Dies erfolgt aufgrund der „redo information". In einem zweiten Schritt werden alle Transaktionen bestimmt, die nicht beendet sind, für die also ein Log-Eintrag, dass sie beendet wurden, nicht existiert. Die Veränderungen an den Metadaten, die möglicherweise schon ausgeführt wurden, müssen also für diese Transaktionen rückgängig gemacht werden („undo information"). Das Rückgängigmachen erfolgt vom Ende des Logbuchs her. Es muss als eine neue Veränderung der Metadaten betrachtet werden. Da der Rechner während der Wiederherstellung abstürzen kann, ist auch ein Eintrag in das Logbuch notwendig.

Optimierungen

Das geschilderte prinzipielle Vorgehen muss für wirkliche Realisierungen erweitert werden, insbesondere sind auch Maßnahmen notwendig, um das

---

[1] Falls die Reihenfolge der Schreibaufträge durch die Pufferverwaltung oder andere Komponenten optimiert wird, ist je nach Realisierung eventuell eine teilweise Serialisierung erforderlich, beispielsweise, dass Log-Einträge vor den wirklichen Änderungen der Metadaten geschrieben werden.

Verfahren für große und intensiv genutzte Dateisysteme handhabbar und ausreichend schnell zu machen. Weitere Details dazu finden sich in der angegebenen Literatur.

10.9 Geräteverwaltung

Gerätetreiber

Eine Geräteverwaltung ist für jedes Gerät vorhanden, unabhängig davon, ob dieses virtuell oder real ist. Geräteverwaltungen für reale Geräte nennt man auch Gerätetreiber, insbesondere wenn in einfachen Betriebssystemen die Geräteverwaltung auf die Bereitstellung der Zugriffsdienste reduziert ist. Allgemein kennt die Geräteverwaltung den Zustand des Gerätes, verwaltet die Zugriffsrechte von Benutzern auf das Gerät und stellt Dienste für das Gerät, insbesondere Zugriffsdienste, bereit. Die Geräteverwaltung für ein virtuelles (logisches) Gerät bildet ihre Dienste auf die Dienste der Geräteverwaltungen für reale Geräte ab. Siehe hierzu auch Abschnitt 8.8. Geräteverwaltungen, insbesondere die für reale Geräte, sind normalerweise Bestandteil des Betriebssystemkerns.

Zuordnung Gerät und Datenträger

Die Verwaltung der Geräte beinhaltet in großen Betriebssystemen mit mehreren Benutzern oft auch die Zuteilung freier Geräte an Prozesse. Bestimmte Geräte können fest einem Prozess zugeteilt sein, so beispielsweise ein Festplattenspeicher einem Datenbankprozess, andere Geräte werden nach Bedarf zugeordnet, beispielsweise Bandgeräte. In der Geräteverwaltung wird auch die Zuordnung eines Datenträgers zu einem Gerät gespeichert. Dies gilt insbesondere für Datenträger, die ausgewechselt (auf- und abgespannt) werden können. Typische Dienste dafür sind:

- belegen_gerät (typ, art, gerätename, f)
  Ein Gerät eines bestimmten Typs wird belegt. Der Parameter art spezifiziert die vorgesehene Benutzungsform. Der Gerätename wird bei erfolgreicher Belegung zurückgemeldet. Ob der Dienst erfolgreich war oder nicht, steht in f. Der Parameter f wird auch bei den anderen Diensten dafür verwendet.

- freigeben_gerät (gerätename, f)

- aufspannen_datenträger (gerätename, datenträgername, f)

- abspannen_datenträger (gerätename, datenträgername, f)

Zugriffsdienste

Bei den Zugriffsdiensten sind zeichenorientierte und blockorientierte Geräte zu unterscheiden. Bei den zeichenorientierten Geräten kann als kleinste Einheit ein einzelnes Zeichen vom Gerät gelesen oder an das Gerät geschickt werden. Bei den blockorientierten Geräten können nur Blöcke übertragen werden. Die Größe der Blöcke ist geräteabhängig und hat normalerweise für jedes Gerät einen festen Wert. Bei Festplattenspeichern beispielsweise ist die kleinste Übertragungseinheit ein Sektor. Typische Dienste sind:

- lesen_zeichen (gerätename, zeichenpuffer, n, f)
  Es werden die nächsten n Zeichen vom Gerät geholt und in den Zeichen-puffer übertragen. Sind weniger als n Zeichen vorhanden, so wird die Anzahl der wirklich gelesenen Zeichen in n zurückgemeldet. Wie auch in den folgenden Diensten steht in f die Rückmeldung, ob der Dienst erfolgreich war oder nicht.

- schreiben_zeichen (gerätename, zeichenpuffer, n, f)
  Es werden n Zeichen aus dem Zeichenpuffer an das Gerät übertragen.

- lesen_block (gerätename, adresse, blockpuffer, f)
  Es wird der Block ab der angegebenen (logischen) Geräteadresse gelesen und in den Blockpuffer übertragen.

- schreiben_block (gerätename, adresse, blockpuffer, f)
  Es wird der Block im Blockpuffer unter der angegebenen (logischen) Geräteadresse auf das Gerät geschrieben.

- abfragen_zustand (gerätename, zustand, f)

Die Geräteverwaltung muss daneben noch eine Schnittstelle zur Bedienung des Geräts durch einen Operateur haben. Bei Arbeitsplatzrechnern über-nimmt der Benutzer diese Operateurfunktion. Der Operateur kann Geräte blockieren und wieder freigeben. Er erhält die Aufforderung, einen Daten-träger einzuspannen, und meldet zurück, wenn dies erfolgt ist. *Bedienung des Geräts*

In größeren Betriebssystemen erfolgt die Kommunikation des Operateurs mit dem System oft über einen so genannten Operateurprozess. Dieser stellt dann eine einheitliche Schnittstelle zur Bedienung des Systems bereit und führt Protokoll über die vorgenommenen Aktionen. Ist ein solcher Operateurprozess vorhanden, dann kommuniziert auch die Geräteverwaltung nicht direkt mit dem Bediener, sondern sendet die bedienungsbezogenen Nachrichten an den Operateurprozess und empfängt auch Nachrichten von dort. *Operateurprozess*

Einfache Geräteverwaltungen arbeiten sequenziell, nehmen also einen Auf-trag entgegen, bearbeiten diesen und sind erst dann bereit, den nächsten Auftrag zu empfangen. Dies ist problematisch, da bei dem Transport von und zu den Geräten immer Wartezustände auf das Ende des Transports auf-treten. In dieser Zeit steht dann eine sequenziell arbeitende Geräteverwaltung still. Geräteverwaltungen in Mehrprozesssystemen sind daher meist komple-xer. Sie nehmen während der Bearbeitung eines Auftrags neue Aufträge an, führen also eine Auftragsliste. Je nach den technischen Randbedingungen *Arbeitsweise Geräteverwaltung*

werden Aufträge aus der Auftragsliste dann parallel, verschränkt (im Zeitmultiplex) oder sequenziell abgearbeitet. Bei paralleler Bearbeitung in einem
prozessorientierten System ist es angezeigt, jeden Auftrag durch einen eigenen Prozess, insbesondere einen Leichtgewichtsprozess, zu bedienen.

10.10 Realisierung der Gerätetreiber

EA-Modul
Register

Die Gerätetreiber sind im Betriebssystemkern und arbeiten im Systemmodus. Sie können daher privilegierte Befehle ausführen und auf alle
Adressen des Maschinenadressraums zugreifen, also auch auf die Register der EA-Module. Die Programmierschnittstelle der EA-Module ist durch
die möglichen Inhalte dieser Register gegeben. Die Schnittstelle eines EA-
Moduls hängt von seiner Intelligenz und den Geräteeigenschaften ab. Wir
betrachten aus der möglichen Vielfalt zwei Beispiele, ein EA-Modul für eine zeichenorientierte Datenübertragung und eines für eine blockorientierte
Datenübertragung von und zu einem Festplattenspeicher.

Grundformen
Transportauftrag

Für die Ausführung der Transportaufträge gibt es die folgenden Grundformen:

- den integrierten Transport in einer Transportschleife, beispielsweise bei
  der zeichenorientierten Datenübertragung

- den sequenzialisierten Transport bestehend aus Transportauftrag und
  Abfrage des Transportendes (Polling), beispielsweise bei der blockorientierten Datenübertragung

- den parallelen Transport bestehend aus Transportauftrag und nach-
  folgender Endemeldung durch Unterbrechung, beispielsweise bei der
  blockorientierten Datenübertragung

- die spontane Eingabe, beispielsweise bei Tastatureingaben oder bei über
  das Datennetz eintreffenden Nachrichten

Nachfolgend werden diese Grundformen zusammen mit der oben genannten
Programmierschnittstelle näher erläutert.

zeichenorientierte
Datenübertragung
Register für
Empfangskanal

Das EA-Modul für die zeichenorientierte Datenübertragung hat einen
Empfangs- und einen Sendekanal. Über die Kanäle werden die Daten bitse-
riell übertragen. An der Rechnerschnittstelle werden die Daten als Folge von
Zeichen (Bytes) bereitgestellt. Es gibt folgende Register für den Empfangskanal:

- das Empfangssteuerregister
  Es enthält Angaben zur Steuerung des Empfangs von Zeichen, wie
  die Empfangsbereitschaft des Empfangskanals, die eingestellte Übertra-

gungsgeschwindigkeit, die Anzahl der zu empfangenden Bits je Zeichen und die Parität der Zeichen. Es enthält auch das Startbit, welches angibt, ob das EA-Modul Zeichen empfangen soll.

- das Empfangsunterbrechungsregister
  Falls der Inhalt nicht null ist, wird bei Empfang eines Zeichens eine Unterbrechung ausgelöst. In diesem Fall enthält das Register die Unterbrechungsnummer und die Nummer des zu unterbrechenden Rechnerkerns. Die Unterbrechungsnummer gibt die Position im Unterbrechungsvektor an, an der die zugeordnete Unterbrechungsanfangsbehandlung steht. Zusätzlich muss, falls dies nicht Hardware-mäßig fest eingestellt ist, festgelegt werden, welchem Rechnerkern die Unterbrechung zugestellt werden soll.

- das Empfangsdatenregister
  Es enthält das empfangene Zeichen (ein Byte). Wird das Register gelesen, ohne dass ein Zeichen abholbereit ist, dann wird der Leser angehalten bis ein Zeichen vollständig eingetroffen ist.

- das Empfangszustandsregister
  Es enthält den Zustand des Empfangskanals, insbesondere Fehlermeldungen. Es werden alle aufgetretenen Fehler akkumuliert, die seit dem letzten Abfragen des Registers aufgetreten sind. Beispiele für Fehler sind Paritätsfehler und Überlauffehler. Ein Paritätsfehler tritt auf, wenn die Parität eines empfangenen Zeichens nicht der Einstellung entspricht. Ein Überlauffehler tritt auf, wenn die Zeichen langsamer abgeholt werden als sie vom Kanal eintreffen. In diesem Fall sind nicht abgeholte Zeichen überschrieben worden.

Für den Sendekanal gibt es ebenfalls einen Satz von Registern, die analog den Registern für den Empfangskanal gestaltet sind:

zeichenorientierte Datenübertragung
Register für Sendekanal

- das Sendesteuerregister
  Es enthält Angaben zur Steuerung des Sendens von Zeichen, wie die Sendebereitschaft des Sendekanals, die eingestellte Übertragungsgeschwindigkeit, die Anzahl der zu sendenden Bits je Zeichen (Byte) und die Parität des Zeichens. Es enthält auch das Startbit, welches angibt, ob das EA-Modul Zeichen senden soll.

- das Sendeunterbrechungsregister
  Falls der Inhalt nicht null ist, wird nach vollständiger Übertragung eines Zeichens eine Unterbrechung ausgelöst. In diesem Fall enthält das Register die Unterbrechungsnummer und die Nummer des zu unterbrechenden Rechnerkerns.

- das Sendedatenregister
  Es enthält das zu sendende Zeichen (ein Byte). Wird in das Register geschrieben, ohne dass das vorangehende Zeichen schon vollständig übertragen ist, dann wird der Schreibvorgang solange angehalten.

- das Sendezustandsregister
  Es enthält den Zustand des Sendekanals, insbesondere Fehlermeldungen. Es werden alle aufgetretenen Fehler akkumuliert, die seit dem letzten Abfragen des Registers aufgetreten sind. Beispiele für Fehler sind Paritätsfehler und Unterlauffehler. Ein Unterlauffehler tritt auf, wenn die Zeichen langsamer angeliefert werden als sie vom Kanal auf Grund der Übertragungsgeschwindigkeit benötigt werden. In diesem Fall erfolgte das Senden von Füllzeichen und damit oft auch der Abbruch der Übertragung.

zeichenorientierte
Datenübertragung
Dienste

Typische Dienste des Gerätetreibers für die zeichenorientierte Datenübertragung sind:

- schreiben_zeichen (gerätename, spezifikation, zeichen, zustand)
- lesen_zeichen (gerätename, spezifikation, zeichen, zustand)
- schreiben_block (gerätename, spezifikation, puffer, n, zustand)
- lesen_block (gerätename, spezifikation, puffer, n, zustand).

Der Parameter spezifikation enthält alle weiteren Informationen, die vom EA-Modul zur Übertragung benötigt werden, beispielsweise die Übertragungsrate oder die Parität. Der Gerätetreiber kennt möglicherweise einen Teil der Spezifikationen schon, beispielsweise weil diese für ein Gerät unveränderlich sind, dann müssen diese natürlich nicht im Auftrag spezifiziert werden. Der Parameter zustand enthält die Zustandsinformation aus dem Zustandsregister des EA-Moduls nach Abschluss des Transports. Daraus ist entnehmbar, ob ein Fehler aufgetreten ist und welcher Fehler es war. Der Gerätetreiber kann möglicherweise einige Fehlerbehandlungen selbst ausführen, so die Wiederholung eines Leseauftrags.

zeichenorientierte
Datenübertragung
Algorithmus
integrierter
Transport

Die Übertragung ganzer Blöcke von Zeichen wird normalerweise durch einen integrierten Transport in einer Transportschleife realisiert. Das Vorgehen wird am Beispiel des Dienstes schreiben_block erläutert. In dem nachfolgenden Beispiel ist vorausgesetzt, dass bereits eine Koordinierung der Zugriffe auf das EA-Modul und das Gerät (bei mehreren Geräten je EA-Modul) stattgefunden hat, so dass sichergestellt ist, dass das EA-Modul und das Gerät bei Beginn des Transports nicht arbeiten.

```
void schreiben_block (gerätename, spezifikation, puffer, n, zustand)
{   /* die Register beziehen sich auf das durch den Gerätenamen
        bezeichnete EA-Modul */
   if (sendesteuerregister.startbit == 1) {
      zustand = fehler;
      return ;
   }
   sendeunterbrechungsregister = 0;
    /* jetzt alte Fehlermeldungen löschen */
   zustand = sendezustandsregister;
   sendesteuerregister = spezifikation;
   sendesteuerregister.startbit = 1;
   for (i = 1; i ≤ n; i++)
      { sendedatenregister = puffer [i] ; }
   sendesteuerregister.startbit = 0;
   zustand = sendezustandsregister;
}
```

Charakteristisch für die obige Implementierung ist, dass keine Parallelarbeit zwischen Gerät und Rechnerkern auftritt. Dies ist ein Nachteil, wenn die Übertragung längere Zeit dauert und es noch rechenbereite Prozesse im System gibt, die den Rechnerkern nutzbringend verwenden könnten. Der Vorteil ist, dass die Übertragung der Zeichen vom Arbeitsspeicher zum Gerät sehr schnell sein kann. Eine solche Transportschleife ist daher bei höherer Übertragungsgeschwindigkeit der Kanäle oft notwendig. Für Übertragungen mit sehr hoher Geschwindigkeit ist allerdings auch diese Arbeitsweise noch zu langsam. Es ist dann eine blockweise Übertragung der Zeichen notwendig. Dies ist beispielsweise für Festplattenspeicher, sehr schnelle Rechnernetze oder Video-Ströme charakteristisch. Die blockweise Übertragung kann in solchen Fällen in das EA-Modul integriert sein oder auch von einem speziellen Baustein, dem DMA-Controller, der zwischen EA-Modul und Speicher sitzt, organisiert werden. Der DMA-Controller (direct memory access) ist programmierbar und kann selbständig n Zeichen zwischen dem Arbeitsspeicher und einem EA-Modul übertragen. Er realisiert also im Wesentlichen die Transportschleife des oben dargestellten Algorithmus.

zeichenorientierte Datenübertragung Bewertung

Das EA-Modul für den Festplattenspeicher überträgt selbständig einen Datenblock zwischen Arbeitsspeicher und Festplattenspeicher. Am Ende des Transports löst es auf Wunsch eine Unterbrechung aus. Die folgenden Register enthalten alle zur Durchführung eines Transportauftrags benötigten Informationen:

blockorientierte Datenübertragung Register

- das Steuerregister
  Es enthält Angaben zur Durchführung des Auftrags, u.a. die gewünschte Funktion, wie Lesen oder Schreiben.

- das Startregister
  Wird auf true gesetzt, wenn ein Transport begonnen werden soll. Das EA-Modul setzt das Register am Ende des Transports wieder auf false. An Stelle des Startregisters reicht auch ein Startbit im Steuerregister aus.

- das Unterbrechungsregister
  Falls der Inhalt nicht null ist, wird nach vollständiger Übertragung des Datenblocks eine Unterbrechung ausgelöst. In diesem Fall enthält das Register die Unterbrechungsnummer und die Nummer des zu unterbrechenden Rechnerkerns.

- das Speicheradressregister
  Es enthält die Anfangsadresse des Datenblocks im Arbeitsspeicher. Die Adresse ist eine Maschinenadresse.

- das Plattenadressregister
  Es enthält die Adresse des Datenblocks auf dem Hintergrundspeicher. Diese setzt sich typischerweise zusammen aus den Nummern für das Laufwerk, die Plattenoberfläche, die Spur und den Sektor.

- das Längenregister
  Es enthält die Länge des Datenblocks.

- das Zustandsregister
  Es enthält Angaben über den Zustand des letzten Transportauftrags, insbesondere Fehlermeldungen. Es akkumuliert alle Fehlermeldungen und wird durch Lesen des Registers gelöscht.

blockorientierte Datenübertragung Dienste

Ein typischer Dienst des Gerätetreibers für einen Festplattenspeicher ist:

- transportieren_block (gerätename, spezifikation, adresse, puffer, n, zustand)
  Es wird ein Block mit n Zeichen zwischen dem angegebenen Gerät und dem angegebenen Puffer im Arbeitsspeicher transportiert. Die Transportrichtung ist neben anderen Angaben zur Ausführung des Dienstes in dem Parameter spezifikation enthalten. Der Parameter adresse ist die Adresse der Daten auf dem Festplattenspeicher. Im Parameter zustand werden die (Fehler-)Rückmeldungen, d.h. die Zustandsmeldungen des EA-Moduls am Ende des Transportauftrags, eingetragen. Anmerkung: Bei fester, gerätespezifischer Blocklänge ist n nicht frei wählbar.

Es wird vorausgesetzt, dass der Puffer ein Systempuffer ist. Für einen Systempuffer gilt, dass er sich in einem zusammenhängenden Bereich des Maschinenadressraums befindet. Dementsprechend wird im Parameter puffer auch eine Maschinenadresse übergeben. Der Grund für diese Festlegung ist, dass EA-Moduln normalerweise nur mit Systempuffern arbeiten können. Diese Voraussetzung ist normalerweise erfüllt, wenn der Gerätetreiber von anderen Systemkomponenten aufgerufen wird. Lässt man zu, dass der Gerätetreiber direkt von Prozessen aus aufgerufen werden darf, dann wird als Aufrufparameter ein Benutzerpuffer im Prozess angegeben. Ein Benutzerpuffer ist zusammenhängend im Prozessadressraum, aber nicht mehr im Maschinenadressraum, wenn er über Seitengrenzen hinweg geht. In diesem Fall muss der Gerätetreiber einen Systempuffer bereitstellen und die Daten zwischen einem Systempuffer und dem Benutzerpuffer transportieren. Bei diesem Transport können Seitefehltalarme auftreten, die für den Seitentransport selbst wieder einen Gerätetreiber benötigen. Bei der Konstruktion des Betriebssystems ist dann dafür zu sorgen, dass der Dienst „Seite zuladen" immer möglich ist.

Voraussetzungen

Eine direkte Verwendung des Benutzerpuffers ist nur möglich, wenn

- das EA-Modul gestreutes Schreiben und Lesen zulässt, also der Puffer nicht zusammenhängend sein muss. Der Benutzerpuffer kann ja über Seitengrenzen gehen und liegt deshalb nicht zusammenhängend im Maschinenadressraum.

- das Betriebssystem die Seiten für den Benutzerpuffer für die Dauer des Transports fixiert. Seiten sind ja prinzipiell dem Seitenwechsel unterworfen.

Dieser Dienst kann entweder in der Form des sequenzialisierten oder in der Form des parallelen Transports realisiert werden. Wir stellen nachfolgend diese beiden Implementierungen dar. Hierbei wird vorausgesetzt, dass für eine Sequenzialisierung der Transportvorgänge bereits gesorgt ist.

Bei dem sequenzialisierten Transport wird der Transportauftrag angestoßen und dann auf das Ende gewartet. Das Warten erfolgt in einer Warteschleife, in der der Zustand des Auftrags periodisch abgefragt wird (polling). Der Vorteil dieses Verfahrens ist, dass die blockweise Datenübertragung selbständig durch das EA-Modul abgewickelt werden kann. Die Übertragung ist damit sehr schnell, insbesondere wenn auch größere Dateneinheiten als ein Byte in einer Portion zwischen Arbeitsspeicher und EA-Modul übertragen werden können. Der Nachteil der obigen Lösung ist, dass der Rechnerkern während des Transports keine produktive Arbeit leistet. Da die mittlere Zugriffszeit bei einem Festplattenspeicher in der Größenordnung 10 Millisekunden liegt,

blockorientierte Datenübertragung sequenzialisierter Transport könnte ein Rechner mit einer Leistung von 100 Millionen Instruktionen je Sekunde in dieser Zeit etwa 1 Million Befehle ausführen. Insbesondere in Mehrbenutzersystemen ist man deshalb daran interessiert, den Rechnerkern auch während eines Transportvorgangs auszunützen. Dies wird mit der Technik des parallelen Transports erreicht.

blockorientierte Datenübertragung Implementierung

Als Beispiel für die Implementierung des sequenzialisierten Transports wird der Zugriff auf einen Festplattenspeicher dargestellt:

```
void transportieren_block (gerätename, spezifikation, adresse, puffer, n,
    zustand)
{   /* die Register beziehen sich auf das durch den Gerätenamen
        bezeichnete EA-Modul für einen Festplattenspeicher */

    steuerregister = spezifikation;
    speicheradressregister = maschinenadresse des puffers;
    plattenadressregister = adresse;
    längenregister = n;
    unterbrechungsregister = 0;
    startregister = true;
    while (startregister == true) { skip; }  /* jetzt Transportende */

    zustand = zustandsregister;
}
```

blockorientierte Datenübertragung paralleler Transport

Bei dem parallelen Transport wird der Transportauftrag angestoßen und der auftraggebende Prozess wartend auf Transportende gesetzt. Der Rechnerkern wird dann an einen anderen rechenbereiten Prozess vergeben. Am Ende des Transports erfolgt durch das EA-Modul eine Unterbrechung. Daraufhin wird dem auf das Transportende wartenden Prozess das Ereignis Transportende gemeldet. Der Prozess wird daraufhin wieder rechenbereit, es sei denn, er wartet inzwischen auch noch auf andere Ereignisse. Als Beispiel der Implementierung wird wieder der Festplattenspeichertransport verwendet:

```
void transportieren_block (gerätename, spezifikation, adresse, puffer, n,
    zustand)
{   /* die Register beziehen sich auf das durch den Gerätenamen
        bezeichnete EA-Modul für einen Festplattenspeicher */

    steuerregister = spezifikation;
    speicheradressregister = maschinenadresse des puffers;
    plattenadressregister = adresse;
    längenregister = n;
    unterbrechungsregister = unterbrechungsnummer und zu
        unterbrechender rechnerkern für die spätere
        unterbrechungsbehandlung für diesen festplattenspeicher;
```

```
    startregister = true;
    p = name des auftraggebenden prozesses;
    p und adresse des aufrufparameters zustand und beauftragtes ea-modul
        in interner liste des gerätetreibers für die spätere
        unterbrechungsbehandlung vermerken;
    anhalten (p, "transportende", f);
    goto rechnerkernzuteilung;
}
```

```
unterbrechungsbehandlung für diesen festplattenspeicher:
{   /* hier nicht relevante Anfangsbehandlung */
    ...
    p = name des vorher vermerkten auftraggebenden prozesses;
     /* Rückmeldung des Zustands an den auftraggebenden Prozess */
    zustandsregister des ea-moduls lesen und in den vermerkten parameter
        zustand des prozesses p übertragen;
     /* jetzt Wartezustand auflösen */
    melden (p, "transportende", f);
    goto rechnerkernzuteilung;
}
```

Spontane Eingaben kommen von aktiven Komponenten in Form von Unterbrechungen. Beispiele sind die Tastatureingabe oder das Eintreffen einer Nachricht von einem anderen Rechner. Der Zeitpunkt einer spontanen Eingabe ist nicht bekannt. Spontane Eingaben müssen daher auf der Ebene der Gerätetreiber behandelt werden. Dabei sind zwei wichtige Fälle zu unterscheiden. Der erste Fall trifft auf die Eingabe über eine Tastatur zu. Hier ist die Anzahl der ankommenden Zeichen nicht bekannt, und die einzelnen Zeichen können in beliebig großem Zeitabstand ankommen. Deshalb muss mit einer Unterbrechung für jedes ankommende Zeichen gearbeitet werden. Der zweite Fall entspricht einer Kommunikationsschnittstelle zu einem anderen Rechner über ein Datennetz. Hier kommen Nachrichten an. Der Zeitpunkt des Eintreffens des ersten Zeichens einer Nachricht ist nicht bekannt. Jedoch kommen dann alle folgenden Zeichen in einem festen Zeitabstand gemäß der Übertragungsgeschwindigkeit an. In diesem Fall muss also nur mit einer Unterbrechung für das erste Zeichen einer Nachricht gearbeitet werden. Alternativ kann die Unterbrechung auch erst beim letzten Zeichen einer Nachricht ausgelöst werden. Dies setzt aber voraus, dass ein leerer Nachrichtenpuffer bereit steht und vom EA-Modul selbständig gefüllt werden kann.

spontane Eingaben
Problem

Zur Realisierung   Bei der einfachsten Realisierung stellt der Gerätetreiber für alle EA-Moduln,
bei denen mit spontanen Eingaben zu rechnen ist, zwei Systempuffer (Wechselpuffer) bereit und gibt ihnen EA-Aufträge. Bei den EA-Aufträgen wird
immer eine Unterbrechung verlangt. Ist eine spontane Eingabe beendet, dann
erfolgt eine Unterbrechung und der Gerätetreiber kann diese behandeln.
Wir nehmen an, dass der erste Systempuffer gefüllt wurde. Der Gerätetreiber wird dann das Zustandsregister abfragen und einen neuen Auftrag
an den EA-Modul mit dem zweiten freien Systempuffer geben. Damit ist
der EA-Modul schnell wieder eingabebereit. Anschließend muss der gefüll-
te Systempuffer zur Verarbeitung weitergegeben werden. Wir nehmen an,
die Eingabe wird von einem Benutzerprozess verarbeitet. Dann gibt es zwei
Möglichkeiten:

1. Der Benutzerprozess wartet bereits auf eine Eingabe. Dann kann der
   Systempuffer in den Benutzerpuffer übertragen werden. Der Prozess
   wird fortgesetzt und der Systempuffer ist wieder frei.

2. Es wartet kein Prozess auf die Daten. Der Gerätetreiber kann dann
   nichts weiter tun. Er muss hoffen, dass sich ein Prozess für die Daten
   interessiert, bevor der nächste Systempuffer auch gefüllt ist. Sind beide
   Systempuffer gefüllt, dann gehen Daten verloren, entweder weil der EA-
   Modul vom Gerätetreiber keinen neuen Auftrag bekommt oder weil der
   Gerätetreiber einen Systempuffer wieder löscht.

11 Zugriffsschutz

In Rechensystemen, die mehreren Benutzern zugänglich sind, ist eine Kontrolle des Zugriffs auf das Rechensystem, die Dienstleistungen und die Datenbestände erforderlich. In diesem Buch werden lediglich die Techniken des Zugriffsschutzes in Betriebssystemen skizziert, nicht aber die in darauf aufsetzenden anwendungsorientierten Schichten.

Es wird gezeigt, dass die von der Hardware in Verbindung mit dem Betriebssystemkern bereitgestellten Schutzkonzepte Basis aller Schutzmechanismen in einem Rechensystem sind. Als Basis des Zugriffsschutzes findet man in konventionellen Systemen die Berechtigtenlisten (Zugriffslisten) und die Passwörter. Ein differenzierterer Zugriffsschutz ist in objektorientierten Systemen mit Zugriffsausweisen (capabilities) möglich. In militärischen Systemen werden die objektorientierten Zugriffsrechte durch das Konzept der Sicherheitsstufen ergänzt. Ein Modell hierfür ist das Bell-LaPadula-Modell.

In verteilten Systemen und in Rechnernetzen sind für den Zugriffsschutz die genannten Techniken der zentralen Systeme allein nicht mehr ausreichend. Hier müssen zusätzlich Verschlüsselungstechniken eingesetzt werden. Grundkonzepte ihrer Anwendung werden dargestellt.

11.1 Einführung

In Rechensystemen, die mehreren Benutzern zugänglich sind, ist eine Kontrolle des Zugriffs auf das Rechensystem, die Dienstleistungen und die Datenbestände erforderlich. Hierzu ist ein Bündel von abgestimmten Maßnahmen vorzusehen. Techniken, Methoden und Kriterien beim Entwurf und der Beurteilung sicherer Systeme finden sich beispielsweise in dem Buch von Claudia Eckert (ECKE06) und in den Normen (ISOI05a, ISOI05b, COM06). In Anlehnung an (WECK84) sind folgende Teilaufgaben bei einem umfassenden Zugriffsschutz zu unterscheiden (siehe auch Abbildung 11.1):

- Objektschutz (auch physikalische Sicherheit):   *Objektschutz*
  Hier wird der physische Zugang zum Rechensystem und zum Kom-

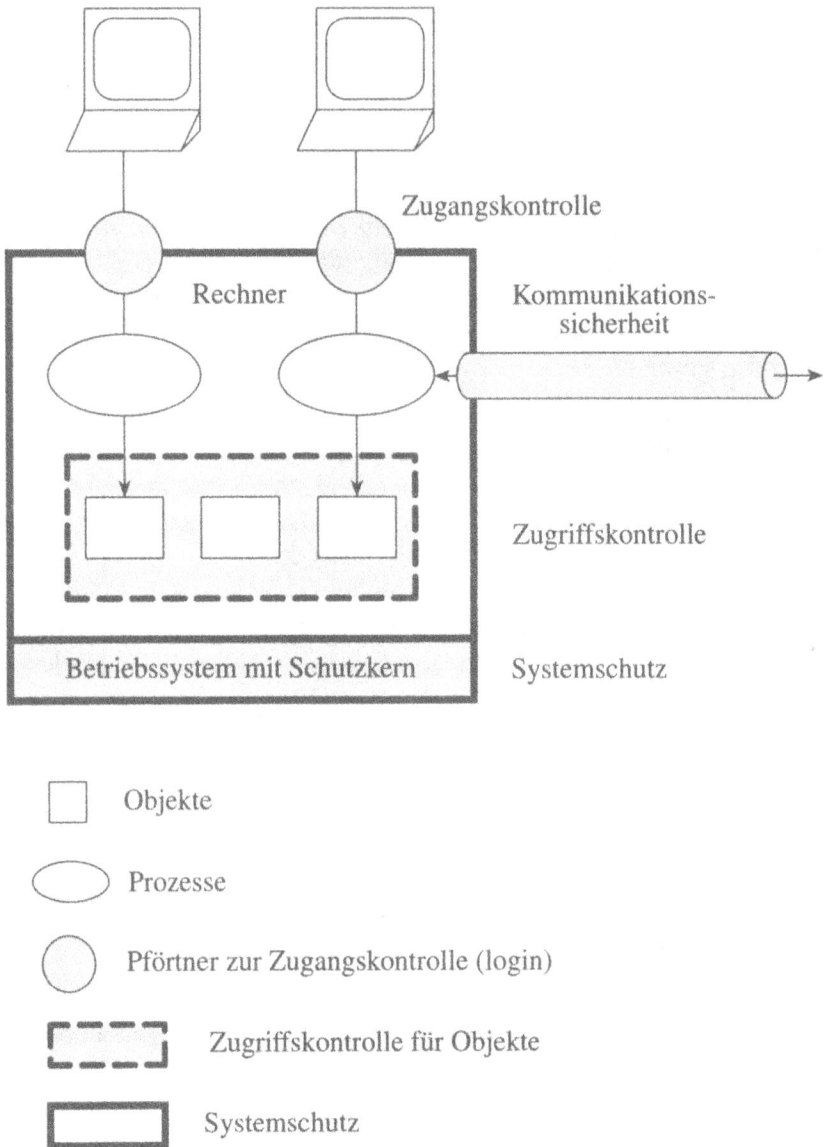

Zugangskontrolle

Rechner

Kommunikations-
sicherheit

Zugriffskontrolle

Betriebssystem mit Schutzkern   Systemschutz

☐ Objekte

⬭ Prozesse

◯ Pförtner zur Zugangskontrolle (login)

⌐ - - ⌐ Zugriffskontrolle für Objekte

☐ Systemschutz

Abbildung 11.1: Komponenten eines sicheren Rechensystems

munikationsnetz durch organisatorische und bauliche Maßnahmen kontrolliert, beispielsweise Zugang zu Rechnerräumen nur mit Chipkarte, Sichtgeräte in abgeschirmten Räumen oder Datenübertragung nur über Glasfaserleitungen, die keine elektromagnetischen Wellen ausstrahlen und bei denen ein Anzapfen der Leitung entdeckt werden kann.

- Kommunikationssicherheit:
  Rechnernetze können nur in Sonderfällen durch technische Maßnahmen, wie baulichen Schutz oder Verwendung abhörsicherer Medien, gegen unbefugtes Mithören oder unbefugtes Eindringen geschützt werden. In der Regel ist bei der Übertragung über Rechnernetze der Einsatz kryptografischer Verfahren erforderlich. Manche staatliche Organisationen sind allerdings daran interessiert, Verschlüsselungstechniken vorzuschreiben und so einzuschränken, dass ein Mithören durch staatliche Stellen ermöglicht wird.

  Kommunikations-sicherheit

  Da über die Rechnernetze immer mehr Bild-, Audio- und Videodaten übertragen werden, ist eine Alternative zur Verschlüsselung kleinerer Datenmengen das Verbergen (Steganographie, z.B. (BAUE00)) in Audio- oder Bilddaten (JOHN98). Die übertragene Information verbirgt sich hier hinter kleinen Farb-, Helligkeits-, Lautstärke- und Frequenzänderungen, die für den Menschen nicht erkennbar sind. Bei geeigneten Verfahren ist das Vorhandensein solcher Information auch bei Rechnereinsatz praktisch nicht erkennbar. Diese Technik wurde auch zum Anbringen von „unsichtbaren" Herkunfts- und Copyrightvermerken in solchen Daten vorgeschlagen.

  Der Übergang von Nachrichten zwischen Rechnernetzen lässt sich durch spezielle Einrichtungen, wie beispielsweise Gateways oder Firewalls kontrollieren oder unterbinden (FORD93). Dabei werden alle ein- und ausgehenden Nachrichten auf den Leitungen überwacht und es wird entschieden, welche Nachrichten passieren dürfen und welche nicht. Diese Entscheidung kann je nach vermuteten Gefahren von der Art der Nachricht, dem Absender, dem Empfänger und/oder bestimmten Schlüsselwörtern im Nachrichtentext abhängig sein.

- Zugangskontrolle:
  Hier wird der logische Zugang zum Rechensystem, d.h. die Übergabe von Aufträgen an das Rechensystem kontrolliert. Hierzu sind Hardware- und Software-Einrichtungen, insbesondere zur Identifizierung bzw. Authentifizierung des Benutzers, notwendig. Bei der Identifizierung wird gemäß Merkmalen, die dem Benutzer fest zugeordnet sind, beispielsweise Fingerabdrücke, die Identität des Benutzers bestimmt. Bei der Authentifizierung gibt der Benutzer seine Identität selbst an und das Rechensystem überprüft diese. Im Rechensystem ist dann ein Verfah-

  Zugangskontrolle

ren vorgesehen, das die Korrektheit der angegebenen Identität durch ergänzende Eingaben mit ausreichender Sicherheit überprüft. Zur Authentifizierung können beispielsweise benutzt werden:

- was jemand weiß, beispielsweise Passwörter
- welche körperlichen Merkmale jemand hat, beispielsweise Form der Hand, Fingerabdrücke, Sprachcharakteristika, Augenhintergrund
- was jemand besitzt, beispielsweise maschinenlesbare Ausweise, Chipkarten mit kryptografischen Schlüsseln

Zugriffskontrolle
- Zugriffskontrolle:
Hier werden der Zugriff auf einzelne Datenbestände und die Ausführung einzelner Dienste des Benutzers kontrolliert. Beispielsweise soll sichergestellt werden, dass der Benutzer B auf die Datei D nur lesend zugreifen kann. Hierzu sind wiederum Hardware- und Software-Einrichtungen notwendig.

Systemschutz
- Systemschutz:
Hier ist die Integrität der Schutzmechanismen in Hardware und Software zu gewährleisten. Dies erfolgt durch eine geeignete schutzorientierte Architektur der Hardware und Software, beispielsweise durch privilegierte Befehle und Implementierung eines Schutzkerns im Betriebssystem.

Gefahren-analyse
Die Ausgangspunkte zur Festlegung und Beurteilung der Schutzmaßnahmen sind eine umfassende Gefahrenanalyse und eine Schadensabschätzung. Da kein absoluter Schutz möglich ist und die Kosten möglicher Schutzvorkehrungen nach oben unbegrenzt sind, müssen die Schutzmaßnahmen so festgelegt werden, dass sich für einen Eindringling der Aufwand zur Überwindung der Schutzmaßnahmen nicht lohnt. Bei jeder Maßnahme ist immer das „schwächste Glied der Kette" und die vermutete Kreativität eines Eindringlings für den erreichten Schutz bestimmend.

Beispiel für die Grenzen
Hierzu ein Beispiel aus dem täglichen Leben, das natürlich auf die Situation bei Rechnern übertragen werden kann: Zur Verbesserung des Schutzes einer Villa hat es keinen Sinn, die Erdgeschoßfenster noch stärker zu vergittern, wenn über eine durch Nachlässigkeit manchmal im Garten liegende Leiter ein Fenster des ersten Stocks leicht zu erreichen ist. Sind alle Zugänge zu einer Villa stark vergittert, dann wird sich ein interessierter und kreativer Eindringling nicht unbedingt mit roher Gewalt Zutritt verschaffen, wie beispielsweise durch das Sprengen einer Wand, sondern subtiler vorgehen. Eine Villa ist ja auch noch zu einer „bestimmungsgemäßen Nutzung" da, es müssen also noch Bewohner, Gäste und Reparaturpersonal die Villa betreten können. Genauso wenig wie ein Rechner, kann sie daher vollständig in Beton eingegossen und in der Erde versenkt werden. Ein kreativer Ein-

dringling wird sich also mit der Situation vertraut machen, die einschlägige Literatur studieren und als einen Schritt zur Erreichung seines Zieles vielleicht das Bestechen eines Hausangestellten, den Diebstahl des Schlüssels, die Bewerbung um eine Anstellung in diesem Haushalt oder den Aufbau einer freundschaftlichen oder geschäftlichen Beziehung zu Bewohnern des Hauses in Betracht ziehen.

Bei Rechensystemen entstehen viele Angriffspunkte durch Nachlässigkeit der Benutzer (beispielsweise Notierung von Passwörtern im Telefonbuch), durch Erraten zu einfacher Passwörter und durch Ausnützung von Entwurfs- und Programmierfehlern in der Software. Auch „Phishing" ist in jüngster Zeit verbreitet. Hier wird ein Benutzer, beispielsweise durch E-Mails, verleitet, Passwörter oder andere geheime Information preiszugeben. *Angriffspunkte*

In Systemen, an die hohe Sicherheitsanforderungen gestellt werden, muss die Übertragung von Daten zwischen Prozessen auf allen denkbaren Wegen, den Kommunikationskanälen, kontrolliert werden. Die Kanäle, die für die Prozesskommunikation vorgesehen sind, gliedern sich in breitbandige und schmalbandige Kommunikationskanäle. Beispiele für die „offiziellen" Kommunikationskanäle finden sich in Abbildung 7.1. Daneben ist es prinzipiell möglich über „inoffizielle" Kommunikationskanäle, also auf dafür nicht vorgesehenen Wegen, Information auszutauschen. Diese erlauben meist nur einen geringen Nachrichtenfluss. Man spricht deshalb von inoffiziellen schmalbandigen Kanälen. Beispiele für die Nutzung inoffizieller schmalbandiger Kanäle sind: *schmalbandige Kanäle*

- Beobachtung der zeitlichen Veränderung der Seitenwechselrate eines Prozesses durch einen anderen Prozess.

- Beobachtung des Zugriffsmusters auf exklusive Betriebsmittel, beispielsweise dadurch, dass dem beobachtenden Prozess zeitweise der Zugriff verwehrt wird.

- Beobachtung von zeitlich schwankenden Aktivitäten eines Prozesses, beispielsweise bezüglich Festplattenspeichern oder Rechnernetzen.

Aus den angeführten Beispielen erkennt man, dass der Informationsfluss über inoffizielle schmalbandige Kanäle schwierig zu kontrollieren ist, da diese Kanäle beim Systementwurf oft nicht bekannt sind und ihre spätere Nutzung im Einzelfall schwer zu erkennen ist. Man kann als Gegenmaßnahmen versuchen, solche schmalbandigen Kanäle grundsätzlich so schmalbandig wie möglich zu machen und durch geeignete Systemmaßnahmen die Kanäle zu stören, beispielsweise dadurch, dass die genannten Zeitverhältnisse durch das System unvorhersehbar beeinflusst werden.

In diesem Buch sollen lediglich die Techniken des Zugriffsschutzes für breitbandige Kommunikationskanäle in Betriebssystemen skizziert werden. Es
zeigt sich, dass die von der Hardware in Verbindung mit dem Betriebssystemkern bereitgestellten Schutzkonzepte Basis aller Schutzmechanismen
in einem Rechensystem sind. Als Basis des Zugriffsschutzes findet man
in konventionellen Systemen die Berechtigtenlisten (Zugriffslisten) und
die Passwörter. Ein differenzierterer Zugriffsschutz ist in objektorientierten Systemen mit Zugriffsausweisen möglich. Diese Technik ist bisher
vorwiegend in experimentellen Systemen zu finden, eine der Ausnahmen
war das IBM System/38. In militärischen Systemen werden die objektorientierten Zugriffsrechte durch das Konzept der Sicherheitsstufen ersetzt
bzw. ergänzt. Ein bekanntes Modell hierfür ist das Bell-LaPadula-Modell
(BELL73, DENN82). In Rechnernetzen sind die Zugriffsschutztechniken
der zentralen Systeme nicht mehr ausreichend. Hier müssen Verschlüsselungstechniken eingesetzt werden.

11.2   Anforderungen

Objektbezug
Grundsätzlich wird in diesem Kapitel eine objektorientierte Betrachtung
zu Grunde gelegt. Es geht also um den Schutz des Zugriffs auf Objekte.
Ein Objekt gehört einer bestimmten Objektklasse an. Für jede Objektklasse
gibt es eine Objektverwaltung, die die (Zugriffs-) Dienste für die Objekte
einer Objektklasse bereitstellt. Die Ausführung eines Dienstes wird nur
erlaubt, wenn das zugreifende Objekt geeignete, dienstspezifische Rechte
bezüglich des Objekts, auf das zugegriffen wird, besitzt. Damit werden
Dienste in einem Rechensystem prinzipiell nur dann ausgeführt, wenn die
entsprechenden Rechte vorliegen.

Objekt-
hierarchie
Dienste bezüglich eines Objekts werden wieder auf Dienste einfacherer Objekte abgebildet. Man sagt etwas ungenau dafür auch: ein Objekt besteht aus
Teilobjekten. Jedes Teilobjekt eines Objekts kann von einem unterschiedlichen Objekttyp sein. Durch die Abbildung von Diensten auf einfachere
Dienste entsteht eine Aufrufhierarchie. In Abbildung 11.2 ist ein Beispiel
für einen Ausschnitt einer solchen Aufrufhierarchie dargestellt: Ein Benutzerprozess B greift auf eine von ihm erzeugte Datei Z durch Aufruf
der Dateiverwaltung lesend zu. Weiterhin greift er auf eine Personaldatei
V ebenfalls lesend zu. Der Zugriff auf ein Objekt des Typs Personaldatei,
beispielsweise auf Objekt V, erfolgt entsprechend über die Personaldateiverwaltung. Eine Personaldatei besteht selbst wieder aus zwei Objekten des
Typs Datei. Man kann sich hierbei vorstellen, dass eine Datei die Personal-
information enthält und in einer zweiten Datei protokolliert wird, wer wann
welche Operationen in der Personaldatei ausgeführt hat. Dementsprechend

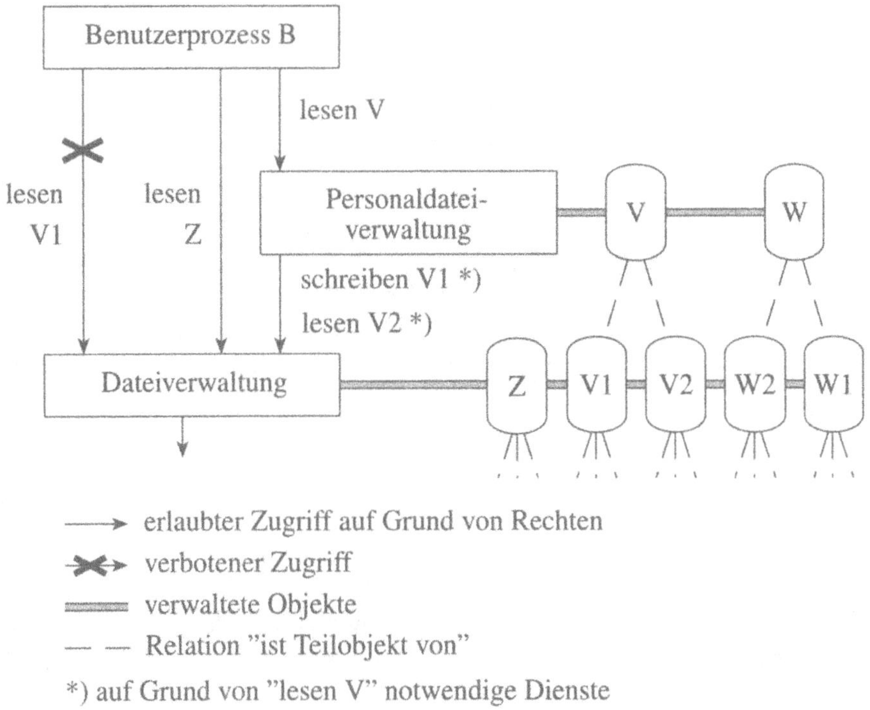
Benutzerprozess B
lesen V
lesen V1
lesen Z
Personaldatei-verwaltung
V
W
schreiben V1 *)
lesen V2 *)
Dateiverwaltung
Z
V1
V2
W2
W1
erlaubter Zugriff auf Grund von Rechten
verbotener Zugriff
verwaltete Objekte
Relation "ist Teilobjekt von"
*) auf Grund von "lesen V" notwendige Dienste

Abbildung 11.2: Beispiel für eine Hierarchie von Objektverwaltungen

bestehe die Personaldatei V aus den beiden Dateien V1 und V2. Die Personaldateiverwaltung kann auf V1 und V2 über die Dateiverwaltung zugreifen. Der Benutzerprozess kann aber nicht direkt auf V1 und V2 zugreifen.

Anforderungen

Bei der Beschreibung des vorangehenden Beispiels sind einige Forderungen an ein Schutzsystem bereits angeklungen. Diese sollen nachfolgend allgemein für einen objektorientierten Zugriffsschutz zusammengestellt werden:

1. Alle Objekte eines Systems müssen eindeutig und fälschungssicher identifiziert werden. Insbesondere muss auch der Aufrufer eines Dienstes eindeutig und fälschungssicher identifiziert werden.
2. Ein externer Benutzer des Systems muss eindeutig und fälschungssicher identifiziert werden. Die Zuordnung des Benutzers zu seinem Benutzerprozess muss fälschungssicher sein.
3. Der Zugriff auf ein Objekt darf nur über die zugehörige Objektverwaltung möglich sein.

4. Der Zugriff auf ein Objekt darf nur dann ausgeführt werden, wenn der Aufrufer bezüglich dieses Objekts und des verlangten Dienstes die erforderlichen Rechte besitzt.

5. Die Rechte müssen fälschungssicher gespeichert werden. Die Erzeugung und die Weitergabe von Rechten muss kontrolliert werden.

6. Es gilt das Prinzip der minimalen Rechte. Dementsprechend soll ein Programm stark modularisiert werden und in jedem Modul sollen Rechte nur soweit vorhanden sein, wie es für die momentane Arbeit zwingend erforderlich ist. Dies gilt insbesondere auch für die Objektverwaltung. Eine Objektverwaltung soll daher nur dann auf die Teilobjekte eines Objekts X zugreifen können, wenn sie selbst einen Auftrag zum Zugriff auf das Objekt X hat.

7. Die grundlegenden Schutzmechanismen sollen ohne großen Aufwand überprüft und mit hoher Sicherheit verifiziert werden können. Dies bedeutet, dass ein einheitliches Schutzkonzept für alle Objekte verwendet werden muss und dass die Implementierung zentral in einem möglichst kleinen Baustein, dem Schutzkern des Betriebssystems, erfolgt. Ist zusätzlich in den Objektverwaltern ein noch differenzierterer, objektabhängiger Zugriffsschutz zu realisieren, dann sollte auch dieser dort in ein Modul konzentriert werden.

In den heutigen kommerziellen Betriebssystemen sind nur Teile dieser Forderungen erfüllt. Ursachen hierfür sind, dass Schutzmechanismen höhere Entwicklungskosten und Entwicklungszeiten der Betriebssysteme zur Folge haben, dass sie Ressourcen verbrauchen und dass die Benutzerschnittstelle deutlich komplexer wird. Der Stellenwert eines guten Zugriffsschutzes beim Endbenutzer ist noch nicht so hoch, dass er gewillt ist, dafür diese Nachteile zu akzeptieren.

objekt-unabhängiger Zugriffsschutz Der grundlegende Zugriffsschutz in einem Betriebssystemkern oder in einem Schutzkern muss weitgehend objektunabhängig sein. Es sollten auf dieser Ebene nur die bei vielen Objekten auch wirklich verwendeten Basisrechte vorgesehen werden, beispielsweise Aufruf-, Lese- und Schreibrecht, da sonst der Normalfall bei der Prüfung der Rechte zu stark durch die Sonderfälle belastet würde. Wir nennen diese Basisrechte auch objektunabhängige Rechte, da sie für alle Objekte definiert sind und an einer zentralen Stelle des Betriebssystems für alle Zugriffe auf Objekte geprüft werden könnten.

objekt-spezifischer Zugriffsschutz Ist der Zugriff auf ein Objekt nach den objektunabhängigen Rechten erlaubt, so kann es weitere objektspezifische Rechte geben. Die Verwaltung dieser objektspezifischen Rechte und ihre Überprüfung ist Aufgabe der zugehörigen Objektverwaltung. Über den generellen Schutzmechanismus des Betriebssystems muss dann aber auch dafür gesorgt werden, dass diese

Prüfungen nicht umgangen werden können, dass also der Zugriff auf ein Objekt nur über die zugehörige Objektverwaltung möglich ist.

Beispiele für objektspezifische Rechte beim Zugriff auf eine Gehaltsdatei durch ein anderes Objekt sind:

- lesender Zugriff nur werktags von 9 bis 13 Uhr; schreibender Zugriff nur am Montag von 14 bis 16 Uhr und am Donnerstag von 14 bis 15 Uhr
- Zugriff nur über ein Sichtgerät im Gehaltsbüro
- Zugriff nur auf Gehälter von Personen einer bestimmten Abteilung
- Zugriff nur auf Gehälter unter einem bestimmten Betrag.

Die beiden erstgenannten Rechte könnten im Prinzip auch noch als objektunabhängige Rechte vorgesehen sein. Die beiden letztgenannten Rechte hängen auch von den zu lesenden Daten selbst ab. Sie können also grundsätzlich nur in der Objektverwaltung abgeprüft werden. Damit lassen sich in einem realistischen System objektspezifische Rechte prinzipiell nicht vermeiden.

Gemäß allgemeiner Grundsätze der Systementwicklung besteht ein Prozess aus Moduln, die sich auf die Erledigung einer bestimmten Aufgabe konzentrieren. Diese Module benötigen für ihre Aufgabe unterschiedliche Rechte. Folgt man der Forderung nach minimalen Rechten, dann müssen für jedes Modul eines Prozesses eigene Rechte gelten. Man nennt die Programmteile eines Prozesses, die eigene Rechte haben, Schutzbereiche oder Schutzdomänen eines Prozesses. Die Rechte eines Prozesses wechseln daher beim Betreten und Verlassen eines Schutzbereichs. Der Wechsel des Schutzbereichs muss also durch den Schutzkern kontrolliert werden, insbesondere wenn beim Wechsel eine Erweiterung der Rechte erfolgen soll. *Schutzbereiche*

Ein Schutzbereich könnte beispielsweise eine Prozedur sein. Die Rechte eines Schutzbereichs setzen sich dann aus den aufruferabhängigen Rechten (den Rechten der Umgebung) und den aufruferunabhängigen Rechten (den Rechten der Prozedur) zusammen. Die Kombination der Rechte kann zu neuen Rechten führen, die keiner der beiden Beteiligten hatte. Dies wird in Abschnitt 11.4 noch genauer behandelt.

Heutige kommerzielle Systeme kennen keine Unterteilung der Prozesse in Schutzbereiche. Ein rudimentärer Ansatz findet sich in UNIX. Dort ist es möglich, dass ein Benutzer ein Programm startet, das nicht mit den Rechten des Benutzers, sondern mit den Rechten des Eigentümers der Programmdatei abläuft. Dies wird vom Eigentümer der Programmdatei festgelegt und bei den Zugriffsrechten vermerkt (sticky bit). Eine Kombination der Rechte des Aufrufers und des aufgerufenen Programms ist nicht möglich.

11.3 Konventionelle Systeme

Schichten

In den konventionellen Systemen wird der Zugriffsschutz durch eine Reihe von aufeinander aufbauenden Maßnahmen unterstützt. Diese beginnen bei der Gestaltung der Hardware-Schnittstelle und enden mit den Schutzmechanismen in den obersten Schichten des Systems. In den konventionellen Systemen ist der Zugriffsschutz in der Regel nur bezüglich der Dateien differenziert. Daher liegt der Schwerpunkt der nachfolgenden Beschreibung auf den Schutzmechanismen für Dateien.

Schutz der Hardware-Komponenten

Um einen Zugriffsschutz im Betriebssystem realisieren zu können, muss die Maschinenschnittstelle so festgelegt werden, dass alle Komponenten der Hardware, abgesehen von den nachfolgenden Ausnahmen, nur über privilegierte Befehle angesprochen werden können. Ausnahmen sind dabei die Zugriffe auf die programmierbaren Register des Rechnerkerns und die Speicherbereiche in dem Prozessadressraum.

Schutz im Betriebssystem-kern

Da nur der Betriebssystemkern im Systemmodus arbeitet und daher nur dort privilegierte Befehle verwendet werden können, kann ein Zugriff auf Hardware-Komponenten nur durch Aufruf von den Diensten des Betriebssystemkerns erfolgen. Ein Bestandteil dieser Dienste ist dann die Prüfung der Zugriffsrechte. Solche Zugriffsrechte können bei der Belegung einer Hardware-Komponente erzeugt und vergeben werden. Normalerweise werden jedoch die Hardware-Komponenten fest Systemprozessen zugeordnet, beispielsweise die Festplattenspeicher der Festplattenspeicherverwaltung. Damit liegen zeitlich unveränderliche Rechte vor.

Anmerkung: Da, wie früher bereits besprochen, die Systemdienste auf Unterbrechungen geführt werden, ist gewährleistet, dass der Betriebssystemkern nur an den vorgesehenen Stellen betreten werden kann. Damit ist es einem feindlichen Benutzer nicht möglich, durch die Wahl geeigneter Einsprungstellen (wie bei einem Sprungbefehl) die Schutzmechanismen des Betriebssystemkerns zu umgehen. Es ist jedoch bei Entwurfs- und Realisierungsfehlern des Betriebssystems möglich, den Zugriffsschutz zu unterlaufen. Ein prominentes Beispiel hierfür ist, Pufferspeicher bei der Eingabe (aus einem Rechnernetz) gezielt überlaufen zu lassen. In dem Überlaufbereich stehen statt normalen Daten geeignete Befehle. Wenn dann der Überlaufbereich in einen ausführbaren Teil des Betriebssystems ragt, werden die über den Überlauf eingeschleusten Fremdbefehle ausgeführt. Weitere kritische Einbruchsstellen sind vorhanden, wenn Teile der Anwenderprogramme, des Programmiersystems oder der Bibliotheksprogramme als vertrauenswürdig gelten oder gar im privilegierten Modus ausgeführt werden.

In dem genannten Fall, dass die Festplattenverwaltung alle Rechte bezüglich der Festplatten vom Betriebssystem erhält, kann immer nur die Festplattenspeicherverwaltung auf die Festplattenspeicher zugreifen. Damit ist sichergestellt, dass alle Zugriffe auf den Festplattenspeicher über Dienste der Festplattenspeicherverwaltung gehen müssen. Diese kann nun wieder für ihre Benutzer Zugriffsrechte vergeben und abprüfen. Auch auf dieser Ebene wird meist sehr einfach verfahren. Der Festplattenspeicher ist üblicherweise in höchstens zwei Bereiche aufgeteilt: den Seitenwechselbereich und den Dateibereich. Im Seitenwechselbereich liegen ausgelagerte Seiten der Prozesse. Hierauf hat nur der Seitentransportprozess Zugriff. Dieser ist ein Systemprozess und wird als vertrauenswürdig angesehen. Man muss also nicht unbedingt überprüfen, ob er die Grenzen des Seitenwechselbereiches wirklich einhält. Der Dateibereich wird von der Datenverwaltung angesprochen und verwaltet. Die Datenverwaltung wird ebenfalls als Bestandteil des Betriebssystems betrachtet. Sie ist damit ebenfalls vertrauenswürdig. Die Festplattenspeicherverwaltung muss bei einem Zugriff also lediglich überprüfen, ob der Auftrag vom Seitentransportprozess oder von der Datenverwaltung kommt. Ist dies nicht der Fall, dann wird der Zugriff abgelehnt.

Schutz in der Festplatten- speicherverwaltung

Damit ist sichergestellt, dass alle Zugriffe der Benutzer auf den Festplattenspeicher über Dienste der Datenverwaltung gehen müssen. Die Datenverwaltung kann nun wieder Zugriffsrechte für Dateien vergeben und kontrollieren. Hierzu wird häufig folgendes Vorgehen gewählt:

Schutz in der Datenverwaltung

- Beim Erzeugen einer Datei wird der erzeugende Prozess der Eigentümer der Datei. Er erhält alle Rechte bezüglich dieser Datei.

- Der Eigentümer kann festlegen, welche anderen Benutzer mit welchen Rechten auf die Datei zugreifen dürfen. Dies wird in einer dateispezifischen Berechtigtenliste (Zugriffsliste) festgehalten. Diese Zugriffsliste wird oft auch als Attribut der Datei gespeichert.

- Eine Berechtigtenliste kann vom Eigentümer jederzeit geändert werden.

- Beispiele: In UNIX ist die Berechtigtenliste stark vereinfacht, denn es werden nur drei Benutzer unterschieden: Der Eigentümer, die Benutzer, die zur Benutzergruppe des Eigentümers gehören, und der Rest der Welt. Damit ist kein differenzierter, namensabhängiger Zugriffsschutz möglich. In älteren Versionen von Microsoft Windows gibt es überhaupt keine Berechtigtenliste, alle Benutzer und das Betriebssystem haben dieselben Rechte. Eine Datei kann lediglich schreibgeschützt werden.

- Eine Datei kann auch eine Liste von Dateien enthalten. Falls dies der Datenverwaltung bekannt ist, nennt man eine solche Datei auch Ordner oder Katalog (directory). Jede Datei ist in einem Katalog eingetragen. In einem Katalog können auch wieder Kataloge eingetragen sein. Man erhält so ein Netz von Katalogen (Abbildung 11.3). Jede Datei ist durch ihren Pfadnamen in dem Netz der Kataloge eindeutig bezeichnet. Beispielsweise bezeichnet der Pfadname Wurzel/Benutzer/Maier/Work2 die Datei Work2 des Beispiels.

- Auch für jeden Katalog gibt es eine Berechtigtenliste. Neben dem lesenden oder schreibenden Zugriff auf Kataloge gibt es auch die Nutzung eines Katalogs zur Verfolgung eines Pfades, also zur Dateilokalisierung. Für alle drei Nutzungsarten müssen Rechte vorgesehen werden. Veränderungen im Katalog sind nur durch spezielle Systemdienste möglich. Dadurch sind die Rechte kontrollierbar und die Kataloge sind immer korrekt aufgebaut. Der Erzeuger eines Katalogs ist wieder dessen Eigentümer. Dieser legt auch hier fest, welche anderen Benutzer mit welchen Rechten auf diesen Katalog zugreifen dürfen.

- Beispiel: In dem Beispiel in Abbildung 11.3 kann Maier die Berechtigtenliste des Katalogs Maier verändern sowie die Dateien dieses Katalogs lesen und verändern. Schmitz kann diesen Katalog lesen und verändern, d.h. ebenfalls neue Dateien eintragen. Beide können den Katalog zur Lokalisierung einer Datei benutzen. Die Benutzer Maier und Schmitz können die Datei Work2 lesen und beschreiben.

Bewertung

Es sollen nun einige Aspekte zur Beurteilung dieses Verfahrens gemäß den Anforderungen an ein Schutzsystem diskutiert werden. Bei dem geschilderten Verfahren mit Berechtigtenlisten sind die Rechte an Namen von Benutzern bzw. von Prozessen geknüpft. Es ist mit dieser Technik also nicht möglich, innerhalb eines Prozesses einzelne Schutzbereiche zu unterscheiden oder auftragsabhängige Rechte einzuführen. Beispielsweise haben dadurch die Benutzerprozesse unabhängig von der jeweiligen Aufgabe immer alle Rechte des Benutzers. Die Objektverwaltungen haben ebenfalls unabhängig von ihren Aufträgen immer alle Rechte bezüglich aller von ihnen verwalteten Objekte. Das Prinzip der minimalen Rechte ist also nicht erfüllbar.

Schutz der Berechtigten-liste

Die Berechtigtenlisten liegen im Klartext auf Hintergrundspeicher. Gelingt ein unberechtigter Schreibzugriff auf diese Listen, so kann der Schutzmechanismus leicht unterlaufen werden. Es ist also sinnvoll, durch Verschlüsselung der Berechtigtenlisten eine unberechtigte Änderung zu erschweren.

Authentifizierung des Benutzers

Die Identifizierung des Aufrufers eines Dienstes oder des Absenders einer Nachricht wird in konventionellen, zentralen Systemen durch den Betriebssystemkern gewährleistet. Dieser kennt die Identität aller Prozesse. Der Betriebssystemkern ordnet weiterhin einem Benutzerprozess den Benutzernamen unveränderbar zu. Hierzu muss der Benutzer bei der Erzeugung seines Benutzerprozesses (log_in) eindeutig erkannt werden. In der Literatur

Berechtigtenliste   Katalog Wurzel

Jaeger(P)
Maier (P)
Schmitz (P)
Administrator (E)

k System
k Benutzer

Berechtigtenliste   Katalog Benutzer

Jaeger(P)
Maier (P)
Schmitz (P)
Administrator (E)

k Jaeger
k Maier
k Schmitz

Berechtigtenliste   Katalog Maier

Maier (E)
Schmitz (R,W,P)

k Dat
d Ergeb
k Work1
d Work2

Berechtigtenliste   Datei Work2

Maier (E)
Schmitz (R,W)

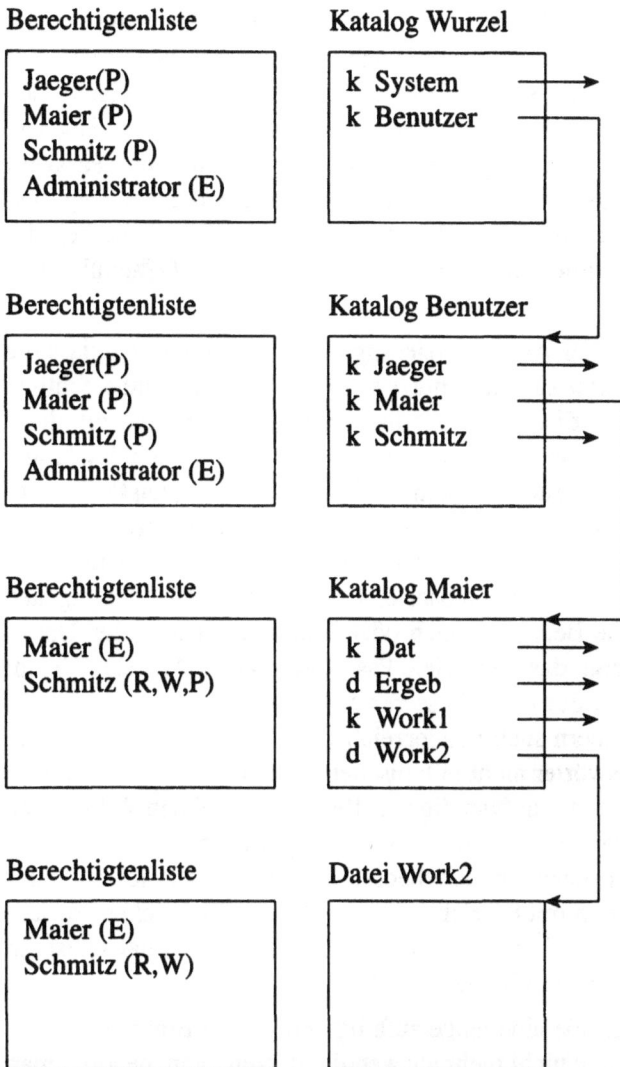

Bezeichnungen:
E Eigentumsrecht, R Leserecht, P Recht den Katalog zur Suche zu
nutzen, W Schreibrecht, k Kennzeichen für Kataloge, d Kennzeichen
für Dateien

Abbildung 11.3: Ausschnitt aus einem Netz von Katalogen und zugehörigen
Dateien; Zugriffsschutz durch Berechtigtenlisten

sind eine Reihe von Varianten hierfür vorgeschlagen worden, die entweder darauf basieren was jemand weiß, welche körperlichen Merkmale jemand hat oder was jemand besitzt. In konventionellen Systemen wird meist mit einer Authentifizierung in der einfachsten und unsichersten Variante, den im Klartext eingetippten Passwörtern, typischerweise der Länge 8 Zeichen, gearbeitet. Im System wird zu jedem Benutzerkennzeichen ein Passwort gespeichert. Gibt ein Benutzer ein gültiges Paar Benutzerkennzeichen und Passwort ein, so wird er als dieser Benutzer akzeptiert. Die Sicherheit der richtigen Identifizierung des Benutzers beruht also auf der Geheimhaltung des Passwortes.

Probleme bei Passwörtern

Ein erstes Problem bei der Authentifizierung durch Passwörter ist, dass die Zuordnung der Passwörter zu den Benutzerkennzeichen durch unberechtigte Zugriffe auf die Passwortlisten veränderbar ist. Es ist daher sinnvoll, diese Zuordnung fälschungssicher zu speichern. Dies ist mit Verschlüsselungstechniken möglich. Ein zweites Problem ist, dass die eingetippten Passwörter für den Benutzer merkbar sein müssen. Sie haben daher vielfach eine Beziehung zum Leben des Betreffenden, beispielsweise sind es Vornamen von Verwandten und Bekannten, Urlaubsorte, Geburtsorte, Teile der eigenen Adresse, geographische Bezeichnungen oder Wörter einer Sprache. Untersuchungen haben gezeigt, dass sehr viele Passwörter dieser Art relativ leicht erraten werden können. Für einen besseren Schutz sollten nicht nur Buchstaben und Ziffern, sondern auch Sonderzeichen im Passwort enthalten sein. Außerdem dürfen Passwörter nicht in typischen Wörterbüchern oder Lexika vorkommen, da es nicht sehr aufwendig ist, alle Wörter in einem Wörterbuch auf Verwendung als Passwort zu überprüfen. Die Zahl der Wörter in einem Wörterbuch ist ja klein gegenüber den theoretisch möglichen Zeichenkombinationen: bei Passwörtern mit 8 Zeichen, die aus 96 ASCII-Zeichen gewählt werden, gibt es etwa $7 * 10^{15}$ Kombinationen. Demgegenüber hat selbst ein großes Wörterbuch nur etwa 150 000 Stichwörter.

Ideal wären Passwörter, die eine lange zufällige Folge von Binärziffern darstellen. Da man sich diese nicht mehr auswendig merken kann, benötigt man dann für die Passworteingabe maschinenlesbare Ausweise oder Chipkarten. Mit letzteren ließen sich auch wesentlich komplexere Authentifizierungsalgorithmen zwischen menschlichem Benutzer und Rechner realisieren. Besonders attraktiv ist dabei die Möglichkeit, auf die Übermittlung des Passworts im Klartext über ungeschützte Übertragungsmedien zu verzichten.

Authentifizierung ohne Übertragung des Passworts

Ein Beispiel: Das Passwort ist auf der Chipkarte und im Rechner gespeichert. Mit dem Passwort ist eine Operation auf Zahlen definiert, beispielsweise die Verschlüsselung der Zahl mit dem Passwort als Schlüssel. Der Rechner schickt eine zufällige große Zahl Z an die Chipkarte des Benutzers. Diese führt die Operation auf Z aus und schickt das Ergebnis Z' an den Rechner zurück. Der Rechner führt selbst ebenfalls die Operation auf Z aus. Falls die beiden Ergebnisse übereinstimmen, ist der Benutzer authentifiziert. Ein Mithören auf dem Übertragungsmedium ist dann nicht hilfreich, da nur Z und Z' übertragen werden. Hieraus lässt sich das Passwort nicht bestimmen. Und da Z vermutlich nie mehr benutzt wird, führt auch die Kenntnis des Paars Z und Z' nicht zu einer relevanten Sicherheitslücke.

Anmerkung: Diese Art der Authentifizierung nennt man auch Challenge-Response-Verfahren. Es kann immer verwendet werden, wenn bei beiden Partnern Rechenleistung verfügbar ist, also insbesondere auch zwischen zwei Rechnern oder Prozessen.

11.4 Systeme mit Zugriffsausweisen

In objektorientierten Systemen, wie sie beispielsweise aus Programmierspra- *Objektorientierung* chen bekannt sind, gibt es Objektklassen (Objekttypen), die eine Hierarchie bilden. Eigenschaften der Klassen werden entsprechend der Klassenhierarchie an Unterklassen vererbt. Zu den Eigenschaften gehören insbesondere die Beschreibung der Datenstrukturen der Objekte (Datentypen) und die Spezifikation und Realisierung der Operationen auf den Objekten (Methoden). Die Erzeugung eines konkreten Objekts einer bestimmten Objektklasse nennt man Instantiierung. Hierbei wird ein Objekt eines bestimmten Namens erzeugt und ein Speicherbereich für seine Daten und Methoden reserviert. Eine Methode für ein bestimmtes Objekt wird durch Angabe des Objektnamens und des Methodennamens aufgerufen. Sind die Methoden für alle Objekte eines Objekttyps gleich, dann kann man sie zur Speicherplatzeinsparung nur einmal zentral speichern. Hiervon merkt der Benutzer aber nichts. Man erkennt also, dass Objekte, selbst eines einzigen Benutzers, weitestgehend isoliert sind und dass eine parallele Ausführung der Methoden zumindest konzeptionell möglich ist.

Bei objektorientierten Betriebssystemen ist nun sauber zu trennen:

1. Die objektorientierte Programmierung des Betriebssystems selbst.
2. Die objektorientierte Verwaltung der Daten, die das Betriebssystem dem Benutzer bereit stellt.

Wir wollen uns hier nur mit dem zweiten Fall beschäftigen. Wegen der vielfältigen Abhängigkeiten der Objekte, der langen Lebensdauer der Objekte und wegen Speicherplatzeffizienz wird nicht für jedes Objekt, sondern nur für jeden Objekttyp eines Betriebssystems eine Objektverwaltung bereitgestellt. Diese Sicht wurde auch bereits in den anderen Kapiteln des Buches vertreten.

Aufrufparameter In objektorientierten Betriebssystemen mit Zugriffsausweisen erfolgt der Zugriff auf ein Objekt durch Aufruf einer Methode, d.h. durch Angabe des Tupels Operation, Typ des Objekts und Name des Objekts. Hinzu kommen je nach Bedarf weitere Parameter, beispielsweise die Angabe eines Ausschnitts aus einem Objekt, auf den sich die Operation beziehen soll. Beispiele sind der Zugriff auf den Satz einer Datei oder der Zugriff auf ein Wort im Prozessadressraum.

universelle Objektnamen Jedem Objekttyp ist eine Objektverwaltung zugeordnet. Diese führt die Operationen auf den Objekten eines bestimmten Typs aus. Der Name eines Objekttyps muss daher innerhalb eines Systems eindeutig sein, damit die richtige Objektverwaltung zugeordnet werden kann. Die Objektverwaltung muss das Objekt auf Grund seines Namens lokalisieren. Der Name des Objekts muss daher innerhalb aller aktuellen Objekte dieses Typs in einem vernetzten System eindeutig sein. Es wird später noch begründet, dass sogar die Forderung besteht, dass Typ und Name eines Objekts weltweit eindeutig über die gesamte Lebensdauer des Systems sein müssen. Systemeindeutige Namen können durch das Betriebssystem erzeugt werden. Sie sind nicht zur direkten Verwendung durch den Benutzer gedacht. Man nennt sie daher auch interne (Objekt-)Namen.

Beispiel Ein geeigneter interner Name besteht beispielsweise aus dem Zeitpunkt der Erzeugung des Objekttyps bzw. des Objekts. Das Zeitmaß wird hierbei so fein gewählt, dass es auf Grund der Rechengeschwindigkeit in einem Rechner nicht möglich ist, mehrere Objekte zum gleichen Zeitpunkt zu generieren. Ist das System in ein Rechnernetz integriert und müssen Objekte auch von anderen Rechnern aus zugänglich sein, dann muss der interne Namen auch innerhalb eines Rechnernetzes eindeutig sein. Dies kann durch einen zusammengesetzten internen Namen erreicht werden. Dieser besteht dann aus dem rechnereindeutigen Zeitpunkt der Erzeugung, dem netzeindeutigen Namen des Rechners, in dem das Objekt erzeugt wurde, und dem welteindeutigen Namen des Rechnernetzes.

Zugriffsausweis und Zugriffsausweisliste Der Typ des Objekts, der universelle Name des Objekts und die Zugriffsrechte eines Prozesses auf dieses Objekt werden zu einem objektbezogenen Zugriffsausweis zusammengefasst. Jedem Prozess ist eine Liste von Zugriffsausweisen zugeordnet (Abbildung 11.4). Da in dieser Liste die Zugriffsrechte des Prozesses auf Objekte stehen, kann diese Liste nicht durch den Prozess, sondern nur durch das Betriebssystem verändert werden. Wie aus Abbildung 11.4 bereits ersichtlich, ist nicht nur Objekten des Typs Prozess, sondern generell allen Objekten eine Zugriffsausweisliste zugeordnet. Dies wird später begründet. Die Zugriffsausweise in Abbildung 11.4 korrespondieren zur Situation, die in Abbildung 11.2 aufgezeigt ist. Dementsprechend ist B ein Prozess, der eine Datei z lesen und schreiben darf. Er darf die Dateiverwaltung (Prozess dv) und die Personaldateiverwaltung (Prozess pdv) aufrufen. B hat schließlich noch Schreib- und Leserechte bezüglich des Objekts v vom Typ Personaldatei (pdatei). B hat keine Rechte bezüglich der Teilobjekte v1 und v2 von v.

Um einer möglichen Frustration der Leserin/des Lesers beim Studium von Abbildung 11.4 vorzubeugen, sei darauf hingewiesen, dass die typbezogenen Zugriffsausweise, die kontrollierte Erzeugung von Zugriffsausweisen und die Konzepte der Rechterweiterung beim Aufruf von Schutzdomänen noch nicht so weit behandelt sind, dass Abbildung 11.4 schon in allen Details verstanden werden kann. Die genannten Themen werden erst am Ende von Abschnitt 11.4 ab Seite 241 eingeführt und besprochen. Das oben begonnene Beispiel wird auf Seite 243 wieder aufgegriffen, dabei werden die restlichen Bestandteile von Abbildung 11.4 erläutert und es wird gezeigt, dass auf z bzw. v nur über die zugeordnete Objektverwaltung dv bzw. pdv zugegriffen werden kann.

Hinweise zur Abbildung

Die universellen Objektnamen sind, da sie ja eine lange, nicht merkbare Bitfolge darstellen, zur direkten Verwendung durch den Benutzer ungeeignet. Sie sind auch im Hinblick auf Speichereffizienz zu lang, um in jedem Dienst oder jedem Befehl der Maschine verwendet werden zu können. Man führt deshalb zusätzlich lokale Namen ein. Jeder Zugriffsausweis erhält einen solchen lokalen Namen, der nur bezüglich der aktuellen Zugriffsausweisliste dieses Prozesses eindeutig sein muss. Damit besteht ein Eintrag in der Zugriffsausweisliste aus dem Tupel lokaler Name und Zugriffsausweis. Der lokale Name könnte im einfachsten Fall, wenn auch nicht sehr benutzerfreundlich, nur die relative Position des Zugriffsausweises sein.

lokale Namen

Bei konventionellen Systemen wird beim Zugriff auf Objekte in den Hardware-nahen Schichten meist die Adresse eines Objekts oder eines Ausschnitts davon angegeben; beispielsweise die Adresse eines Datensatzes auf der Festplatte. Bei Systemen mit Zugriffsausweisen muss bei jedem Zugriff auf Objekte die Rechteüberprüfung anhand des Zugriffsausweises stattfinden. Der Zugriff auf ein Objekt wird deshalb hier auf jeder Ebene durch das Tupel Operation, lokaler Name eines Zugriffsausweises und Bezeichnung des Ausschnitts im Objekt spezifiziert. Jeder Zugriffswunsch läuft grundsätzlich über das Betriebssystem. Dieses ermittelt aus dem Objekttyp im Zugriffsausweis die zuständige Objektverwaltung, trägt eine Kopie des bezeichneten Zugriffsausweises aus der Zugriffsausweisliste des Aufrufers in die Zugriffsausweisliste der Objektverwaltung ein und ruft diese auf. In dem kopierten Zugriffsausweis steht der interne Name des Objekts. Damit kann die Objektverwaltung das Objekt lokalisieren und den Zugriff durchführen. Dieser Vorgang wird später noch vertieft behandelt.

Zugriff auf Objekte

Objekt B   Zugriffsausweisliste für Objekt B

lokaler Name	Objekttyp	Objektname	Rechte
n1	datei	z	R, W
n2	prozess	pdv	A
n3	pdatei	v	R, W
n4	prozess	dv	A

Objekt v   Zugriffsausweisliste für Objekt v

lokaler Name	Objekttyp	Objektname	Rechte
m1	datei	v1	R, W
m2	datei	v2	R, W

Objekt pdv   Zugriffsausweisliste für Objekt pdv

lokaler Name	Objekttyp	Objektname	Rechte
r1	pdatei	- - -	R, W, Z
r2	pdatei	v	R, W, Z
r3	prozess	dv	A

Objekt dv   Zugriffsausweisliste für Objekt dv

lokaler Name	Objekttyp	Objektname	Rechte
s1	datei	- - -	R, W, Z

Bezeichnungen:
A Aufrufrecht, R Leserecht, W Schreibrecht, Z Zugriffsrecht auf die Zugriffsausweise

Hinweise:
Die Sitation entspricht der in Abbildung 11.2 dargestellten. Die Abbildung kann erst am Ende von Abschnitt 11.4 vollständig verstanden werden. r1 und s1 sind typbezogene Zugriffsausweise. Sie beziehen sich auf Objekttypen und nicht auf Objekte, deshalb ist das Feld Objektname ohne Bedeutung. Der Zugriffsausweis r2 bei pdv wird vom Betriebssystem bei Beauftragung von pdv durch B aus den Zugriffsausweisen n3 und r1 erzeugt. Über ihn können die Zugriffsausweise m1 und m2 verwendet werden. Diese sind bei Zugriffen auf v1 und v2 durch dv im Auftrag von pdv erforderlich. Am Ende des Auftrags für B wird r2 wieder durch das Betriebssystem gelöscht.

Abbildung 11.4: Beispiel für ein System mit Zugriffsausweisen

Die Seitenadressierung in konventionellen Systemen kann als Spezialfall eines Systems mit Zugriffsausweisen bezüglich des Objekttyps Seite angesehen werden. Bei der Seitenadressierung wird in den Befehlen eine Prozessadresse verwendet. Diese setzt sich aus einer Seitennummer s und einer Relativadresse r in der Seite zusammen. Die Seitennummer ist nur innerhalb eines Prozesses eindeutig. Wir betrachten den Prozess p. Für den Zugriff auf die Seite s wird die zugehörige Kachelnummer k (p, s) des Arbeitsspeichers bestimmt und dort zugegriffen.

Spezialfall: Speicherabbildungstabellen

Mit den bisher eingeführten Begriffen lässt sich die Seitenadressierung dann wie folgt beschreiben: Die Relativadresse r bezeichnet einen Ausschnitt des Objekts s vom Objekttyp Seite. Die Seitennummer ist der lokale Name eines Zugriffsausweises. Der Rechnerkern bildet zusammen mit den Teilen des Betriebssystems, die Seiten verwalten und transportieren, die Objektverwaltung für Objekte des Typs Seite. Die Speicherabbildungstabelle eines Prozesses p ist dessen Zugriffsausweisliste. Sie kann nur vom Betriebssystem verändert werden. Die Zugriffsausweise sind die Seitendeskriptoren. Es gibt nur Zugriffsausweise für Objekte des Typs Seite, daher muss der Objekttyp im Zugriffsausweis nicht explizit angegeben werden. Der interne Name eines Objekts soll einen Zugriff auf das Objekt ermöglichen. Bei der Seitenadressierung wurde eine besonders effiziente, aber nicht universelle Namensgebung gewählt: Als Objektname wird die der Seite s zugeordnete Kachelnummer k (p, s) verwendet, die allerdings nur rechnerlokale Bedeutung hat. Der interne Objektname ist auch nur dadurch eindeutig, dass das Betriebssystem dafür sorgt, dass bei Änderungen der Kachelzuordnungen zu Seiten alle alten Zuordnungen gelöscht werden. Probleme auf Grund der nur lokalen Bedeutung des Objektnamens zeigen sich sofort, wenn beispielsweise das Konzept auf die Adressierung gemeinsamer Arbeitsspeicher in einem vernetzten System von Rechnern erweitert werden soll. Eine Literaturstelle für die Verwendung von Zugriffsausweisen bei der Speicherabbildung ist (CART94).

Das Konzept einer Adressierung beliebiger Objekte mit Zugriffsausweisen wurde historisch aus einer Verallgemeinerung der Seitenadressierung hergeleitet. Das Grundkonzept geht auf Dennis und Van Horn (DENN66) zurück. Wichtige Erweiterungen wurden von Fabry (FABR74) beschrieben. Die experimentellen Betriebssysteme CAL-TSS (LAMP76), HYDRA (WULF74), StarOS (JONE77) und CAP-OS (NEED77) verwandten Zugriffsausweise. Die kommerziellen Systeme Plessey 250 (ENGL72, ENGL74), das IBM System/38 (IBM78) und das Mikrokern-Betriebssystem KeyKOS von Shapiro (SHAP92) hatten als Basis ebenfalls Zugriffsausweise. Eine detailliertere Behandlung findet sich beispielsweise bei A.K. Jones (JONE78).

Beispiele für Systeme mit Zugriffsausweisen

Das Konzept der Zugriffsausweise hat sich nicht durchgesetzt, da die Systeme sehr komplex sind, hohen Ressourcenverbrauch haben, die Handhabung durch den Benutzer auch im Normalfall schwierig bis lästig ist und da Grundanforderungen aus dem militärischen Anwendungsbereich dem Konzept etwas widersprechen. Zur Begründung seien einige Probleme genannt:

- Jeder Wechsel des Schutzbereichs muss über den Systemkern abgewickelt werden; auch ein Prozeduraufruf, wenn damit Rechterweiterungen verbunden sind.

- Vor jedem Zugriff auf ein Objekt muss mindestens ein Zugriff auf die Zugriffsausweisliste erfolgen.

- Zugriffsausweise müssen gegen Verlust, Verfälschung, unberechtigte Erzeugung und unberechtigte Benutzung geschützt werden.

- Zugriffsausweise können nicht aus dem Systemschutz des Betriebssystems genommen werden, es sei denn, in verschlüsselter Form. Also können auch nur verschlüsselte Zugriffsausweise in Archivdateien gespeichert werden.

- Zugriffsausweise haben die Lebensdauer der zugehörigen Objekte. Geht ein Zugriffsausweis, beispielsweise durch Systemfehler oder Benutzerfehler verloren, dann ist kein Zugriff auf das Objekt mehr möglich, auch wenn dieses noch existiert, da Zugriffsausweise nur kontrolliert durch das Betriebssystem bei bestimmten Situationen erzeugt werden dürfen. Beispiel: Eine große Datenbank einer Firma enthält die Kunden, ihre Bestellungen und Rechnungen. Durch menschliches oder technisches Versagen geht der Zugriffsausweis auf diese Datenbank verloren. Der Rechenzentrumsleiter erklärt dem Vorstand, dass wegen des schönen, hochsicheren und überaus fortschrittlichen Zugriffsschutzes des Systems ab jetzt leider die Daten der Kunden nicht mehr zugreifbar sind.

- In der Praxis ist also der strenge Zugriffsschutz nie und nimmer durchzuhalten. Es ergibt sich die Frage, unter welchen Randbedingungen von wem für Notfälle beliebige Zugriffsausweise erzeugt werden dürfen, ohne die Gesamtsicherheit ernstlich zu gefährden.

- Alle Zugriffe auf Objekte, die nicht explizit über Zugriffsausweise erlaubt sind, sind verboten. Dies führt zu einem umfangreichen Zugriffsausweismanagement der Benutzer, insbesondere wenn diese mit anderen kooperieren wollen.

- Praktische Betriebsfragen, wie die Migration von konventionellen Systemen zu Systemen mit Zugriffsausweisen oder der gemischte Betrieb solcher Systeme, wurden in der Literatur nicht gelöst.

- Im militärischen Bereich ist bei höheren Schutzklassen für ein Betriebssystem beispielsweise verlangt, dass man einfach feststellen kann, welche Zugriffsausweise für welches Objekt insgesamt vorhanden sind, einmal um Zugriffsausweise zurückrufen zu können und andererseits zur jederzeitigen Kontrolle der Berechtigten bezüglich eines Objekts durch Dritte, beispielsweise durch Sicherheitsbeauftragte.

Wir sehen nachfolgend von diesen Problemen ab und beschäftigen uns mit der Komplettierung des Konzepts und zeigen: Auf der Basis von Zugriffsausweisen lässt sich ein sehr viel mächtigeres und flexibleres Zugriffsschutzkonzept aufbauen als es mit Berechtigtenlisten möglich wäre. Die zu Beginn dieses Kapitels aufgestellten Anforderungen lassen sich alle erfüllen. Zentral ist das Konzept des Schutzkerns. Der Schutzkern ist ein Teil des Betriebssystems. Er erzeugt und verwaltet die Zugriffsausweise. Nur er kann Eintragungen in einer Zugriffsausweisliste verändern. Die gröbste Form des Zugriffsschutzes besteht darin, dass sichergestellt ist, dass auf ein Objekt überhaupt nur zugegriffen werden kann, wenn ein Zugriffsausweis für dieses Objekt bei dem Zugreifer vorhanden ist, da die Lokalisierung von Objekten ausschließlich über die Objektnamen in den Zugriffsausweisen erfolgt. Ein differenzierterer Zugriffsschutz ist auf Grund von objektunabhängigen und objektspezifischen Rechten im Zugriffsausweis möglich. Ein Dienst bezüglich eines Objekts wird nur dann ausgeführt, wenn ein entsprechendes Recht im vorgezeigten Zugriffsausweis enthalten ist oder daraus herleitbar ist.

Schutzkern

Bevor die Diskussion der Zugriffsausweise fortgesetzt wird, soll ein kurzer Vergleich mit dem Konzept der Berechtigtenlisten anhand eines Beispiels aus dem täglichen Leben gebracht werden. Wir nehmen als Beispiel den Besuch eines Kinos. Berechtigtenlisten entsprechen dem Fall, dass eine Liste mit den Namen der Eintrittsberechtigten am Eingang verfügbar ist. Jeder Besucher muss sich ausweisen und kann nach der Feststellung, dass er in der Liste aufgeführt ist, das Kino betreten. Der Fall der Zugriffsausweise entspricht dem bei Kinos üblichen Zutrittsverfahren. Jemand der das Kino betreten möchte, zeigt seine Eintrittskarte, d.h. seinen Zugriffsausweis, vor. Falls sichergestellt wird, dass die Kinokarte nicht oder nur mit erheblichem Aufwand gefälscht werden kann, reicht dies als Zugangsberechtigung voll aus.

Vergleich mit Berechtigtenlisten

Man sieht durch den obigen Vergleich unmittelbar Perspektiven für interessante Anwendungen in Rechensystemen:

Erweiterungen

- Ein Zugriffsausweis kann weitergegeben werden. Hierbei können die vorhandenen Rechte eingeschränkt werden.

- Die Gültigkeit der Zugriffsausweise kann zeitlich begrenzt werden.

- Ein Zugriffsausweis ist nur in Kombination mit anderen Zugriffsausweisen gültig.

- Es wird ein Kontofeld in den Zugriffsausweisen vorgesehen. Der Kontostand wird bei jeder Verwendung des Zugriffsausweises reduziert. Ein Zugriff ist nur möglich, wenn der Kontostand für die geforderte Dienstleistung ausreichend hoch ist. Damit kann ein Zugriffsausweis nur für eine begrenzte Anzahl von Zugriffen verwendet werden.

Solche Varianten und ihre Konsequenzen auf die Systemeigenschaften werden hier nicht weiter diskutiert. Stattdessen soll das Grundkonzept der Systeme mit Zugriffsausweisen vervollständigt werden.

Erzeugung Zugriffsausweise

Wie bisher ausgeführt, sind die Zugriffsausweise Träger der Zugriffsrechte. Ein Prozess kann selbstverständlich Rechte, die er selbst bezüglich eines Objekts hat, weitergeben. Dies entspricht der Weitergabe bzw. dem Kopieren eines vorhandenen Zugriffsausweises unter Rechteinschränkungen. Das Weitergeben und Kopieren von Zugriffsausweisen erfolgt über den Schutzkern. Es kann selbst wieder an das Vorhandensein entsprechender objektunabhängiger Rechte im Zugriffsausweis gebunden sein, beispielsweise ein Weitergaberecht. Dann könnte ein Prozess A einem Prozess B einen Zugriffsausweis mit Zugriffsrechten auf ein Objekt X von A übergeben, ohne B zu erlauben, seinerseits wieder Rechte bezüglich X weiterzugeben.

Es ist aber genauso selbstverständlich, dass es nicht möglich sein darf, dass Prozesse selbst Rechterweiterungen in vorhandenen Zugriffsausweisen oder gar beliebige Zugriffsausweise erzeugen können. Damit erhebt sich die Frage nach dem Zeitpunkt und den Regeln für die Erzeugung neuer Zugriffsausweise. Der Zeitpunkt ist klar: Neue Zugriffsausweise entstehen bei der Erzeugung neuer Objekttypen und neuer Objekte sowie beim Wechsel von Schutzbereichen. Die Regeln werden nachfolgend im Zusammenhang mit diesen Vorgängen besprochen.

Löschen Zugriffsausweise

Durch die unbeschränkte Weitergabe von Zugriffsausweisen und ggf. deren Export in Archive, ist es praktisch unmöglich, in dem Schutzkern eine Liste zu führen, bei welchen Prozessen und sonstigen Objekten es Zugriffsausweise bezüglich eines bestimmten Objekts gibt. Damit ist das Löschen aller Zugriffsausweise bezüglich eines Objekts faktisch nicht möglich. Der eindeutige Bezug eines Zugriffsausweises auf ein Objekt lässt sich also nur dadurch aufrecht erhalten, dass sichergestellt wird, dass Objekttypen und Objektnamen über die Lebensdauer der beteiligten Systeme eindeutig sind.

Ein Prozess kann ohne Einschränkung einen neuen Objekttyp erzeugen und dabei die zugehörige Objektverwaltung festlegen. Beides wird im Schutzkern registriert. Die Objektverwaltung erhält vom Schutzkern einen typbezogenen Zugriffsausweis. Dieser typbezogene Zugriffsausweis bezieht sich auf den neuen Objekttyp. Es ist ein spezieller Zugriffsausweis, der nicht für den Zugriff auf ein konkretes Objekt geeignet ist, sondern Rechte bezüglich eines Objekttyps enthält. Der neue typbezogene Zugriffsausweis enthält alle überhaupt möglichen Rechte bezüglich des neuen Objekttyps. Er kann, wie jeder andere Zugriffsausweis auch, weitergegeben werden. Es muss offensichtlich sichergestellt sein, dass der Objekttyp bisher noch nie erzeugt wurde und auch bis zum Ende der Lebensdauer des Systems nie mehr erzeugt wird.

Erzeugung Objekttyp und typbezogene Zugriffsausweise

Möchte ein Prozess ein neues Objekt erzeugen, so ruft er den Dienst erzeugen_objekt der Objektverwaltung für den entsprechenden Objekttyp auf. In der Objektverwaltung wird dann das neue Objekt erzeugt und der Aufrufer erhält als Ergebnis einen Zugriffsausweis für das neue Objekt mit allen überhaupt möglichen Rechten. Hierbei laufen die nachfolgend beschriebenen Einzelschritte ab:

Erzeugung Objekt und objektbezogene Zugriffsausweise

- In der Objektverwaltung werden durch Aufruf anderer Objektverwaltungen die Teilobjekte erzeugt. Die Objektverwaltung erhält als Auftraggeber dementsprechend auch die Zugriffsausweise für die Teilobjekte. Diese behält sie bis das Objekt wieder gelöscht wird. Sie kann also immer auf alle Teilobjekte aller von ihr verwalteten Objekte zugreifen.

- Bei der Erzeugung eines neuen Objekts wird dieses initialisiert. Hierzu muss die Objektverwaltung schreibend auf die neuen Teilobjekte zugreifen. Die Objektverwaltung hat auf Grund des vorangehenden Schritts die notwendigen Zugriffsausweise dazu.

- Die Objektverwaltung fordert von dem Schutzkern die Erzeugung eines neuen Zugriffsausweises für das neue Objekt. Der Typ des Objekts, sein interner Name und die Rechte werden durch die Objektverwaltung vorgegeben. Der Schutzkern erzeugt den geforderten Zugriffsausweis, falls die Objektverwaltung einen typbezogenen Zugriffsausweis hat, dessen Typ mit dem des neuen Objekts übereinstimmt und in dem das Recht, Objekte zu erzeugen, vorhanden ist. Dies ist aber nur bei der zugehörigen Objektverwaltung der Fall. Damit können neue Objekte eines bestimmten Typs nur von der Objektverwaltung für diesen Typ erzeugt werden. Der neue Zugriffsausweis für das neue Objekt wird dann an den jeweiligen Aufrufer des Dienstes erzeugen_objekt weitergegeben.

Schutzbereiche und
Rechterweiterung
Bei den bisher geschilderten Festlegungen hat die Objektverwaltung alle Rechte bezüglich der von ihr verwalteten Objekte, da sie alle Zugriffsausweise für die zugehörigen Teilobjekte bei sich speichert. Die Zugriffe auf ein Objekt können daher auch nur über die zugehörige Objektverwaltung ausgeführt werden. Jedoch ist durch diese Festlegung das Prinzip der minimalen Rechte nicht erfüllt. Durch Ergänzungen des bisherigen Konzepts lässt sich das Prinzip der minimalen Rechte verwirklichen. Diese Ergänzungen sind:

- Ein Prozess wird in Schutzbereiche (auch Schutzdomänen genannt) untergliedert. Jeder Schutzbereich hat eine eigene Zugriffsausweisliste. Diese wird bei Betreten des Schutzbereichs aufgebaut und bei Verlassen wieder gelöscht.

- Es werden Zugriffsausweislisten für alle Objekte, nicht nur für Prozesse, eingerichtet. Im Zugriffsausweis für ein Objekt gibt es auch ein Recht zur Benutzung der Zugriffsausweisliste des Objekts.

- Bei dem Betreten eines Schutzbereichs S, beispielsweise dem Aufruf einer Prozedur S zur Erzeugung eines Objekts, wird die Zugriffsausweisliste ZL (S) des betretenen Schutzbereichs S neu erzeugt und wie folgt initialisiert:
  - Aufruferabhängige Rechte:
    Der Aufrufer übergibt für den Zugriff auf Objekte (Aufrufparameter) Zugriffsausweise mit ausgewählten Rechten, die er selbst hat. Diese Rechte können nicht weitergegeben werden. Damit entsteht eine Absicherung gegen Trojanische Pferde, also gegen weniger vertrauenswürdige Schutzbereiche.
  - Aufruferunabhängige Rechte:
    Der aufgerufene Schutzbereich sei ein Ablauf über einem Objekt P, beispielsweise einem Prozedurobjekt. Jedes Objekt, also auch P, hat eine eigene Zugriffsausweisliste, die bei der Erzeugung des Objekts vom Erzeuger aufgebaut wurde. Die Zugriffsausweisliste des Objekts P wird in ZL (S) kopiert.
  - Kombinierte Rechte:
    Aus einem objektbezogenen Zugriffsausweis oZ des Aufrufers und einem passenden typbezogenen Zugriffsausweis tZ des aufgerufenen Objekts P wird durch den Schutzkern ein neuer Zugriffsausweis nZ mit erweiterten Rechten erzeugt. Voraussetzung ist, dass sich oZ und tZ auf den gleichen Datentyp beziehen. Der neue Zugriffsausweis nz ist eine Kopie des Zugriffsausweises oZ, jedoch werden zusätzliche Rechte eingetragen. Die zusätzlichen Rechte sind bestimmte Rechte in tZ, beispielsweise das Zugriffsrecht auf

die Zugriffsausweisliste des Objekts. Damit entsteht eine Rechterweiterung für den Schutzbereich sowohl gegenüber den Rechten des Aufrufers als auch denen des Aufgerufenen. Der neue Zugriffsausweis nZ kann nicht weitergegeben werden.

Der aufgerufene Schutzbereich kann als Teil der Objektverwaltung betrachtet werden, da nur diese typbezogene Zugriffsausweise enthält.

- Die Objektverwaltung legt bei der Erzeugung eines Objekts die Zugriffsausweise für die Teilobjekte in der Zugriffsausweisliste des Objekts ab. Im Zugriffsausweis für das Objekt löscht sie vor Weitergabe an den Aufrufer das Benutzungsrecht für die Zugriffsausweisliste des Objekts. Damit kann der Aufrufer der Objektverwaltung nicht selbst auf die Teilobjekte zugreifen.

- Bei Beauftragung der Objektverwaltung gibt der Auftraggeber den Zugriffsausweis auf ein Objekt mit. Es erfolgt dann eine Rechterweiterung so, dass das Benutzungsrecht der zugeordneten Zugriffsausweisliste wieder eingetragen wird. Damit kann die Objektverwaltung wieder auf die Teilobjekte zugreifen.

- Durch eine geeignete Kontrolle der Auftragsbeziehungen, der Weitergabe von Zugriffsausweisen und ein Löschen der auftragsbezogenen Zugriffsausweise am Ende eines Auftrags durch den Schutzkern lässt sich erzwingen, dass eine Objektverwaltung nur während der Ausführung eines Dienstes bezüglich eines Objekts auf dessen Teilobjekte zugreifen kann.

Damit ist das Prinzip der minimalen Rechte erfüllbar.

In Abbildung 11.4 ist das oben geschilderte Konzept am Beispiel aus Abbildung 11.2 dargestellt. Die Objekte des Beispiels sind vom Typ Prozess (prozess), Personaldatei (pdatei) oder Datei (datei). Die mit ihren Zugriffsausweisen dargestellten Objekte sind der Benutzerprozess B, die Personaldatei v, die Personaldateiverwaltung pdv und die Dateiverwaltung dv.

Anwendungs-beispiel

Der Benutzerprozess B kann auf die Datei z lesend und schreibend zugreifen. Hierzu muss er die Dateiverwaltung aufrufen, für die er das Aufrufrecht hat. Die Lese- und Schreibzugriffe gehen analog den nun beschriebenen Zugriffen auf die Personaldatei v über die Personaldateiverwaltung.

Die Personaldateiverwaltung ist daran erkennbar, dass sie einen typbezogenen Zugriffsausweis r1 für den Objekttyp pdatei besitzt. Der typbezogene Zugriffsausweis r1 entsteht, wenn der Objekttyp pdatei erzeugt wird und dabei der Prozess pdv als zugehöriger Objektverwalter benannt wird. Der Erzeuger, der in der Abbildung nicht erscheint, hat auch die Zugriffsrechte auf das Objekt pdv, da er dieses vorher ja auch erzeugen musste. Er gibt geeignete Zugriffsausweise an diejenigen, die die Personaldateien verwenden wollen und dürfen, insbesondere den Zugriffsausweis n2 an B. Weil darin das Aufrufrecht für pdv enthalten ist, kann B die Dienste des Prozesses pdv in Anspruch nehmen.

Zu den Diensten einer Objektverwaltung gehört das Erzeugen von Objekten des betreffenden Typs. Wir gehen davon aus, dass B die Personaldatei v über pdv erzeugt hat und dabei den Zugriffsausweis n3 erhalten hat. Dabei liefen folgende Schritte ab:

- B ruft den Dienst erzeugen_objekt der Personaldateiverwaltung auf. Hierzu ist zusätzlich im Zugriffsausweis n2 das bisher nicht erwähnte Recht Erzeugen Objekt notwendig. Da v aus den beiden Dateien v1 und v2 besteht, ruft die Personaldateiverwaltung wiederum die Dateiverwaltung auf. Letztere erzeugt die Teilobjekte v1 und v2 analog dem hier geschilderten Ablauf und gibt die Zugriffsausweise m1 und m2 dafür an die Personaldateiverwaltung pdv zurück.

- Die Personaldateiverwaltung initialisiert v1 und v2 und erzeugt durch Vorweisen des typabhängigen Zugriffsausweises r1 über den Schutzkern ein neues Objekt v vom Typ pdatei. Die Erzeugung des Objekts v durch den Schutzkern ist ein logisches Erzeugen und besteht im Erzeugen einer leeren Zugriffsausweisliste für das neue Objekt v und dem Erzeugen des Zugriffsausweises r2 bezüglich v für den Erzeuger von v.

- Die Personaldateiverwaltung lässt durch den Schutzkern ihre beiden Zugriffsausweise für die Teilobjekte v1 und v2 unter den lokalen Namen m1 und m2 in die Zugriffsausweisliste von v übertragen. Sie hat damit selbst keine Zugriffsausweise für die Teilobjekte von v mehr.

- Die Personaldateiverwaltung lässt durch den Schutzkern den Zugriffsausweis r2 ohne das Recht Z in die Zugriffsausweisliste von B unter dem lokalen Namen n3 eintragen und r2 bei sich löschen.

- Die Personaldateiverwaltung kehrt zum Auftraggeber B zurück. Damit ist für B das neue Objekt v erzeugt. Die Personaldateiverwaltung hat keine Rechte mehr bezüglich Objekt v oder dessen Teilobjekte. Der Prozess B kann selbst auch nicht auf die Teilobjekte von v über Dienste der Dateiverwaltung zugreifen, da das Recht Z in n3 fehlt! Anmerkung: Der lokale Namen n3 wurde von B als Parameter übergeben.

Der an diesem Punkt erreichte Zustand der Zugriffsausweislisten ist in Abbildung 11.4 dargestellt. Der Benutzerprozess B kann jetzt auf die Personaldatei v zugreifen, beispielsweise lesend. Hierzu ruft B wieder die Personaldateiverwaltung pdv auf und gibt eine Kopie n3' seines Zugriffsausweises n3 mit. Die Personaldateiverwaltung pdv hat zu diesem Zeitpunkt nur den Zugriffsausweis r1. Die Personaldateiverwaltung überprüft die Rechte, die B bezüglich v hat, und legt dem Schutzkern die Zugriffsausweise n3' und r1 vor. Daraus bildet der Schutzkern den neuen Zugriffsausweis r2. Dieser erlaubt den Zugriff auf die Zugriffsausweisliste von v. Damit sind die dort befindlichen Zugriffsausweise m1 und m2 für die Teilobjekte v1 und v2 von v zugänglich. Die Personaldateiverwaltung kann also den gewünschten Zugriffsdienst, beispielsweise lesen v durch Aufruf geeigneter Dateidienste bezüglich v1 und v2 ausführen.

Falls der Schutzkern noch die Weitergabe der auftragsabhängigen Zugriffsausweise unterbindet und ihr Löschen am Ende eines Auftrags vornimmt oder zumindest überwacht, sind alle eingangs gestellten Forderungen erfüllt. Eine solche Überwachung ist mit dem Konzept der Schutzbereiche möglich, da der Schutzkern dann die auftragsabhängigen Zugriffsausweise kennt. Der Aufruf von pdv durch B und die Rückkehr von pdv zu B ist dann jeweils ein Wechsel des Schutzbereichs, der durch den Schutzkern kontrolliert wird.

11.5 Vernetzte Systeme

In einem zentralen System beruhte der Zugriffsschutz letztendlich auf der Kontrolle aller Hardware-Komponenten durch ein einziges, vertrauenswürdiges Betriebssystem. Diese Kontrolle durch das Betriebssystem kann auf Grund der Hardware-Schnittstelle mit den privilegierten Befehlen durch die Benutzer nicht umgangen werden. In einem vernetzten System gibt es aus technischen Gründen aber keine zentrale Instanz, die alle Komponenten kontrollieren kann. Jeder Rechner hat ja sein eigenes Betriebssystem, das in der Verantwortung des jeweiligen Eigentümers dieses Rechners liegt. Man muss daher sogar mit der Möglichkeit rechnen, dass ein Eigentümer die Schutzmechanismen absichtlich durchbrechen und so unberechtigt Zugang zu bestimmten Daten oder Betriebsmitteln des Rechnernetzes erhalten will. Jeder Rechner muss daher davon ausgehen, dass jeder andere Rechner in dem Rechnernetz nicht vertrauenswürdig ist, also beispielsweise seine Identität verfälscht oder abstreitet, bestimmte Nachrichten jemals geschickt zu haben. Eine weitere Gefährdung kommt durch die Verbindung der Rechner des vernetzten Systems über ein Kommunikationsnetz. In eine Kommunikation zwischen zwei Partnern kann sich ein Dritter passiv oder aktiv einschalten und dadurch folgende weitere Gefährdungen hervorrufen:

Gefährdungen im Unterschied zum zentralen System

- Abhören der übermittelten Daten
- Wiedereinspielen früher abgehörter Daten (Replay)
- Verfälschen der übermittelten Daten

- Unterbrechen oder Überlasten der Kommunikationsverbindung, so dass keine Verbindung zum Partner mehr möglich ist.

In einem sicheren vernetzten System müssen mindestens die drei erstgenannten Gefährdungen durch ein geeignetes Schutzkonzept verhindert werden. In militärischen Anwendungen beispielsweise müssen Maßnahmen gegen alle vier Gefährdungen getroffen werden.

Verschlüsselungs-
techniken
DES, AES, RSA

Die Schutzkonzepte in Rechnernetzen basieren auf der Anwendung von Verschlüsselungstechniken (RYSK80, MEYE82, DENN82, BETH83, DAVI89, RIES94, KAHN97, BAUE00). Man kann bei der Entwicklung eines Schutzkonzepts davon ausgehen, dass geeignete Verschlüsselungsverfahren bekannt sind. Zwei wichtige Grundvarianten sind die Verschlüsselungssysteme mit geheimen Schlüsseln (secret key systems) und die mit öffentlichen Schlüsseln (public key systems). Ein Verfahren mit geheimen Schlüsseln ist der Data Encryption Standard (DES), siehe beispielsweise MEY82. DES wurde 1974 von IBM als Standard vorgeschlagen und 1977 als nationaler Standard in den USA von NBS (National Bureau of Standards) verabschiedet. Als Nachfolger von DES wurde im Jahr 2001 der Algorithmus Rijndael (DAEM00, DAEM02a) als Advanced Encryption Standard (AES) von dem National Institute of Standards and Technology (NIST) angenommen. Ein Verfahren mit öffentlichen Schlüsseln ist das RSA-Verfahren nach Rivest, Shamir und Adleman (RIVE78). Geeignete Schutzkonzepte für Rechnernetze lassen sich auf der Basis beider Verfahren festlegen. Eine genauere Beschreibung der Verfahren und die genaue Bewertung ihrer Vor- und Nachteile würde hier zu weit führen. Hierzu sei auf die angegebene Literatur verwiesen. Die nachfolgende Darstellung beschränkt sich daher auf eine Skizzierung der Grundideen.

System mit
geheimen
Schlüsseln

Ein Verschlüsselungssystem mit geheimen Schlüsseln, auch symmetrisches Verschlüsselungssystem genannt, besteht aus drei Komponenten:

- einem geheimen Schlüssel K einer festen Länge von L_S bit
- der Verschlüsselungsfunktion V (K, M), die einen Klartext M der Länge L in einen Schlüsseltext S der Länge L umwandelt
- der Entschlüsselungsfunktion E (K, S), die einen Schlüsseltext S der Länge L in einen Klartext der Länge L umwandelt.

Die Verschlüsselungs- und die Entschlüsselungsfunktionen sind nicht geheim. Bei geeigneten Verschlüsselungsverfahren verringert sich die Sicherheit auch dann nicht, wenn beliebig viele zusammengehörende Paare von Klar– und Schlüsseltext bekannt sind. Die Sicherheit des Verfahrens beruht daher lediglich auf der Geheimhaltung des Schlüssels. Der Schlüssel wird zufällig gewählt und dem Partner mitgeteilt. Er kann dann von anderen nur durch systematisches Ausprobieren aller denkbaren 2^{L_S} Schlüssel gefunden werden. Es ist also prinzipiell möglich, das Verschlüsselungsverfahren zu brechen, jedoch kann der hierzu im Mittel erforderliche Aufwand durch Vergrößern der Schlüssellänge beliebig groß gemacht werden. Die Vergrößerung der Schlüssellänge erhöht also die Sicherheit des Verfahrens.

Bei DES ist L_S = 56 bit und L = 64 bit. Die Schlüssellänge von 56 bit bei DES wird zunehmend als kritisch gesehen, so hat die National Security Agency (NSA) in den USA 1987 die Zulassung von DES für Regierungsbehörden nicht verlängert. Abschätzungen zur Zeitdauer und den Kosten eine DES-Codierung zu brechen finden sich in (GARO91, SCHN95a). Zur Erhöhung der Sicherheit wurde eine mehrfache Verschlüsselung mit mehreren Schlüsseln beim DES-Verfahren vorgeschlagen, insbesondere das Verfahren TRIPLE-DES. Dabei werden mit zwei Schlüsseln K1 und K2, die jeweils 56 bit lang sind, nach dem normalen DES-Verfahren folgende Schritte zur Verschlüsselung eines 64 Bit-Blocks M durchgeführt: *TRIPLE-DES EDE*

- Verschlüsselung mit K1: S' = V (K1, M)
- Entschlüsselung mit K2: S" = E (K2, S')
- Verschlüsselung mit K1: S = V (K1, S")

Hierbei ist S der M zugeordnete Schlüsseltext. Die Gewinnung von M aus S erfolgt durch:

- Entschlüsselung mit K1: S" = E (K1, S)
- Verschlüsselung mit K2: S' = V (K2, S")
- Entschlüsselung mit K1: M = E (K1, S')

Dieser encrypt-decrypt-encrypt-Prozess (EDE) entspricht der Sicherheit eines Schlüssels der Länge 112 bit (CHES03). Selbstverständlich könnten als Variante statt der zwei Schlüssel auch drei verschiedene Schlüssel verwendet werden. Weitere Varianten von TRIPLE-DES sind u.a. von IBM (COPP96) vorgeschlagen worden. Nachdem AES definiert ist, empfiehlt es sich jedoch, auf diesen neuen Standard umzustellen. AES basiert auf einem anderen Verfahren wie DES und erlaubt verschiedene Schlüssellängen. Vorgeschlagen sind Schlüssel mit bis zu 256 bit. Dafür sind auch die Ver- und Entschlüsselungsalgorithmen öffentlich verfügbar. Rijndael erlaubt aber prinzipiell auch größere Schlüssellängen.

IDEA (international data encryption algorithm) ist ebenfalls ein Verfahren, das mit geheimen Schlüsseln arbeitet. Es arbeitet mit 64-Bit-Blöcken und einem Schlüssel der Länge 128 bit. Das Verfahren wurde 1991 von Lai and *IDEA*

Massey (LAI91) entwickelt und vorgeschlagen. IDEA wird im Software-Paket PGP (pretty good privacy) von P. Zimmermann (ZIMM95, SCHN95a, SCHN95b) verwendet.

System mit öffentlichen Schlüsseln

Verschlüsselungssysteme mit öffentlichen Schlüsseln werden auch als asymmetrische Verschlüsselungssysteme bezeichnet. Der prominenteste Vertreter ist das 1978 von Rivest, Shamir und Adleman (RIVE78) vorgeschlagene RSA-Verfahren. Es besteht aus folgenden Komponenten:

- einem privaten (geheimen) Schlüssel (secret key): SK

- einem öffentlich bekannten Schlüssel (public key): PK

- einer ganzen Zahl n, die als Bestandteil des Schlüssels betrachtet werden kann und die wegen der auszuführenden Arithmetik modulo n des Verfahrens bekannt sein muss

- der Funktion F (K, n, M), die $M^K mod\ n$ bildet

- der Verschlüsselungsfunktion V (PK, n, M) = F (PK, n, M), die einen Klartext M der Länge n in einen Schlüsseltext S der Länge n umwandelt

- der Entschlüsselungsfunktion E (SK, n, S) = F (SK, n, S), die einen Schlüsseltext S der Länge n in einen Klartext der Länge n umwandelt, es gilt also M = F (SK, n, F (PK, n, M))

- der für das RSA-Verfahren geltenden Beziehung

    M = F (PK, n, F (SK, n, M)),

welche für das Erzeugen digitaler Unterschriften und für die Absenderauthentifizierung von Bedeutung ist.

Um eine vergleichbare Sicherheit wie bei DES zu erhalten, muss n in der Größenordnung 400 bit liegen.

EES

Neuere Vorschläge der National Security Agency der USA zu Verschlüsselungsverfahren, wie Clipper-Chip und Escrowed Encryption Standard (EES), basieren zusätzlich auf der Geheimhaltung der zu Grunde gelegten Verfahren (HELL87). Außerdem fließt seit einigen Jahren in die Standardisierung auch der Wunsch staatlicher Behörden ein, beispielsweise zur Verbrechensbekämpfung, verschlüsselte Nachrichten abhören zu können. Die Vorschläge hierzu konzentrieren sich auf Verfahren (key escrow) mit hinterlegten Schlüsseln. Die hinterlegten Schlüssel (data recovery keys) sind bei einer (staatlichen) Hinterlegungsstelle (escrow agency) verfügbar zu machen und können dort bei Bedarf benutzt werden, um die bei einem Nachrichtenaustausch verwendeten Schlüssel zu bestimmen. Zur Realisierung könnte einem Verschlüsselungschip schon bei der Herstellung eine eindeutige Seriennummer und ein unveränderlicher, chipspezifischer Universalschlüssel einprogrammiert werden. Der chipspezifische Universalschlüssel ist hinterlegt. Das Gesamtsystem stellt sicher, dass jeder übertragenen Nachricht die Seriennummer des Chips und der verwendete Schlüssel, letzterer mit dem Universalschlüssel verschlüsselt, angehängt wird. Eine Taxonomie der vorgeschlagenen Verfahren findet sich in (DENN96, WALK96). Kritiker des Verfahrens sehen die Gefahr, dass die bestimmungsgemäße Nutzung der Schlüssel schwer zu kontrollieren sein wird, und damit ein Missbrauch der hinterlegten Schlüssel, beispielsweise zur Wirtschaftsspionage, möglich wird.

Eine wichtige Eigenschaft aller geeigneten Verschlüsselungsverfahren ist, dass der Schlüsseltext wie ein zufälliges Bitmuster erscheint. Bei Änderung eines Bit im Klartext ändert sich jedes Bit des Schlüsseltextes mit der Wahrscheinlichkeit 1/2. Der Schlüsseltext zeigt also auch dann keine Strukturen, wenn solche, wie es praktisch immer der Fall ist, im Klartext auftreten. Damit kann man solche Schlüsseltexte nicht mehr mit statistischen Untersuchungen, beispielsweise auf Grund der Häufigkeitsverteilung von Einzelzeichen und Zeichenpaaren, brechen. Auch ist es unmöglich, Schlüsseltexte gezielt so zu verändern, dass ein geänderter, aber sinnvoller Klartext entsteht.

statistische Eigenschaften

Es ist angezeigt, Schlüssel nicht zu lange zu benutzen und für spezielle Zwecke jeweils einen anderen Schlüssel zu verwenden. Für jede Kommunikationssequenz (Sitzung) mit einem Partner wird daher ein eigener Sitzungsschlüssel verwendet. Bei den symmetrischen Verfahren wird zur Verschlüsselung der Nachrichten einer Sitzung zwischen zwei Partnern A und B ein geheimer Sitzungsschlüssel KAB benutzt. Dieser muss beiden Partnern bekannt sein. Die Erzeugung eines Sitzungsschlüssels bei einem Partner und die sichere Übermittlung eines solchen Sitzungsschlüssels zum anderen Partner wird später besprochen. Bei den asymmetrischen Verfahren ist jeweils der öffentliche Schlüssel des anderen Partners für die Sitzung bekannt. Dieser muss nicht geheim gehalten werden. Man könnte deshalb daran denken, dass der öffentliche Schlüssel ohne Vorsichtsmaßnahmen über ein Rechnernetz zum Partner übertragen werden kann. Dies ist nicht so. Es muss ja sichergestellt werden, dass die Zuordnung eines öffentlichen Schlüssels zu einem Subjekt nicht gefälscht ist. Daher muss man das Paar öffentlicher Schlüssel und Eigentümer entweder verschlüsselt übertragen oder mit einer Signatur versehen. So wird verhindert, dass ein Teil ausgetauscht werden kann.

Sitzungsschlüssel

Die erste Anforderung an ein sicheres Rechnernetz war, dass eine übertragene Nachricht M geheim bleibt. Bei symmetrischen Verfahren schickt A an B die mit KAB verschlüsselten Daten M. Bei asymmetrischen Ver-

Schutz gegen Abhören

fahren schickt A an B die mit dem öffentlichen Schlüssel von B (PKB) verschlüsselten Daten. Zusätzlich werden Empfänger und Absender im Klartext zugefügt. In den folgenden Beispielen ist der Deutlichkeit halber die wirklich übertragene Nachricht schwarz umrandet. Das Zeichen ∘ bedeutet die Konkatenation von Zeichenfolgen. Nachrichten:

symmetrische Verfahren:

$$A \rightarrow B: \boxed{B \circ A \circ V(KAB, M)}$$

asymmetrische Verfahren:

$$A \rightarrow B: \boxed{B \circ A \circ V(PKB, n, M)}$$

Bei symmetrischen Verfahren wird vorausgesetzt, dass nur A und B der Schlüssel KAB bekannt ist. Damit kann die Nachricht nicht durch andere entschlüsselt werden. Außerdem weiß B, dass die Nachricht wirklich von A kommt, wenn beim Entschlüsseln mit KAB eine sinnvolle Nachricht entsteht. Bei asymmetrischen Verfahren kann die Nachricht nur von B entschlüsselt werden, da nur B den geheimen Schlüssel SKB kennt. Eine Absenderauthentifizierung ist bei asymmetrischen Verfahren möglich, wenn folgende Nachricht verschickt wird:

$$A \rightarrow B: \boxed{B \circ A \circ V(PKB, n, X)}$$
$$\text{mit } X = E(SKA, n, M)$$

In diesem Fall kann nur B mit SKB die Nachricht X korrekt entschlüsseln. Aus X ergibt sich dann mit dem öffentlichen Schlüssel PKA von A die eigentliche Nachricht $M = V(PKA, n, X)$. Damit kann die Nachricht M nur von B entschlüsselt werden und B weiß, dass die Nachricht von A kommt, da PKA sonst nicht gepasst hätte, d.h. der entschlüsselte Klartext für X keine „sinnvolle" Nachricht ergeben hätte.

Schutz gegen
Wiedereinspielen
Die zweite Forderung ist, das Wiedereinspielen früher abgehörter Nachrichten zu erkennen. Solche Nachrichten stellen gültige Verschlüsselungen dar, sie führen also zu sinnvollen Klartexten. Durch das Wiedereinspielen kann der Empfänger möglicherweise zu Aktionen veranlasst werden, die den Anforderungen an ein Schutzsystem widersprechen, beispielsweise zu einer erneuten Überweisung von Geld. Als Gegenmaßnahme werden zufällige Kennzahlen eingeführt. Der Absender einer Nachricht fügt jeder Nachricht eine eigene, zufällige Kennzahl i und beispielsweise die um eins erhöhte Kennzahl der vorher empfangenen Nachricht des Partners zu. Es kann natürlich auch eine andere vereinbarte Operation auf der Kennzahl i ausgeführt werden. Seien M1, M2, usw. die einzelnen Nachrichten einer Folge von Nachrichten und i1, i2, usw. zufällige Zahlen, dann erfolgt der Austausch von Nachrichten beim symmetrischen Verfahren wie folgt:

A → B: $\boxed{\text{B} \circ \text{A} \circ \text{V}(\text{KAB}, \text{i}1 \circ \quad 0 \quad \circ \text{M1})}$

B → A: $\boxed{\text{A} \circ \text{B} \circ \text{V}(\text{KAB}, \text{i}2 \circ \text{i}1{+}1 \circ \text{M2})}$

A → B: $\boxed{\text{B} \circ \text{A} \circ \text{V}(\text{KAB}, \text{i}3 \circ \text{i}2{+}1 \circ \text{M3})}$

B → A: $\boxed{\text{A} \circ \text{B} \circ \text{V}(\text{KAB}, \text{i}4 \circ \text{i}3{+}1 \circ \text{M4})}$ usw.

Dieses Verfahren kann analog auch beim asymmetrischen Verfahren verwendet werden. Da die Nachrichten verschlüsselt sind, kann ein Dritter die
Kennzahlen nicht erfahren. Er kann daher auch nicht die um 1 erhöhten
Kennzahlen erzeugen. Falls die Kennzahlen zufällig und genügend lang sind,
dann ist auch die Wahrscheinlichkeit, dass eine wieder eingespielte Nachricht zufällig passt, beliebig klein. Der Absender einer Nachricht kann also
beim Empfang der nächsten Nachricht in Gegenrichtung jeweils prüfen, ob
die richtige veränderte Kennzahl zurückgeschickt wurde, und weiß dann:

- Der Absender hat die vorher empfangene Nachricht entschlüsselt. Der
  Absender war der intendierte Partner, da nur dieser die empfangene
  Nachricht entschlüsseln konnte.

- Die Nachricht kommt als Antwort auf die vorher abgeschickte Nachricht. In der Nachrichtensequenz fehlen also keine Nachrichten und
  es sind auch keine Nachrichten zugefügt worden. Da die Sequenz der
  zufälligen Zahlen mit ausreichender Sicherheit als eindeutig für alle
  Kommunikationen mit einem Partner betrachtet werden kann, können
  die Kommunikationspartner ein Replay erkennen.

Die dritte Forderung ist, dass Nachrichten nicht verfälscht werden können. *Schutz gegen*
Dieses Problem besteht aus zwei Teilproblemen: Es muss verhindert werden, *Verfälschung einer*
dass eine einzelne Nachricht und dass ein Teil einer Nachrichtensequenz *Nachricht*
verfälscht wird. Wir gehen zunächst davon aus, dass eine einzelne Nachricht genügend Redundanz enthält, um zu entscheiden, ob sie sinnvoll ist.
Eine solche redundante Information könnte auch eine Kennzahl, ein ver-
abredetes Prüfzeichen oder eine digitale Unterschrift (RIVE78, JUEN87,
ACM92) sein. Da bei allen geeigneten Verschlüsselungsverfahren, wie oben
besprochen, eine gezielte Veränderung des Schlüsseltextes nicht möglich ist,
entsteht nur bei unverfälschtem Schlüsseltext ein sinnvoller Klartext. Wird
ein Prüfzeichen aus n beliebigen Binärziffern verabredet, beispielsweise
auch lauter Nullen, dann ist auf Grund der weiter oben besprochenen statistischen Eigenschaften die Wahrscheinlichkeit, dass die Nachricht verändert
wurde, aber das richtige Prüfzeichen entsteht 2^{-n}. Es lässt sich also leicht
eine bedarfsgerechte Sicherheit gegen Veränderungen einer Nachricht realisieren.

Schutz gegen Verfälschung durch Empfänger

In manchen Situationen ist es erforderlich, vor Dritten nachzuweisen, dass eine Nachricht von einem Absender Z kommt und unverfälscht ist. Beispiel: Eine Firma behauptet, von einem Klienten einen großen Kaufauftrag elektronisch bekommen zu haben. Der Klient streitet dies ab. Man trifft sich vor Gericht. Beim asymmetrischen Verfahren ist der Nachweis Dritten gegenüber möglich, wenn die beim Sichern gegen Abhören geschilderte zusätzliche Verschlüsselung mit dem geheimen Schlüssel des Absenders verwendet wird und der Absender nicht behauptet, sein geheimer Schlüssel sei anderen bekannt geworden. Bei einem symmetrischen Verfahren kennen beide Partner den geheimen Schlüssel. Der Empfänger kann also die Nachricht verändern oder sogar eine beliebige Nachricht erzeugen und behaupten, diese käme von seinem Partner. Durch symmetrische Verschlüsselung ist das Problem also nicht lösbar. Zur Lösung dieser Probleme sind so etwas wie elektronische Notare erforderlich. Dies sind vertrauenswürdige Knoten (trusted third parties) im Netz zur „notariellen" Beurkundung von Nachrichten. Sie können von privaten oder von staatlichen Stellen betrieben sein.

Schutz gegen Verfälschung der Verkettung

Die Verfälschung einer Nachrichtensequenz durch Zufügen oder Entfernen einer Nachricht kann zunächst durch das bereits besprochene Verfahren der Kennzahlen entdeckt werden. Dieses Verfahren löst aber das Problem nicht vollständig. Bisher wurde nämlich stillschweigend immer von der Verschlüsselung einer ganzen, beliebig langen Nachricht gesprochen, ohne diesen Sachverhalt genauer zu beleuchten. Da aber durch das Verschlüsselungsverfahren immer nur Portionen zu L Bit verschlüsselt werden, besteht eine verschlüsselte Nachricht ja immer aus einer Folge von Schlüsseltextblöcken zu je L Bits. Diese Schlüsseltextblöcke werden in der bisher geschilderten Grundform der Verschlüsselungsverfahren unabhängig voneinander erzeugt und entschlüsselt. Auf Grund seiner Größe kann nicht jeder einzelne Block zusätzlich zu der zu übermittelnden Information noch Prüfzeichen oder Kennzahlen enthalten. Damit lässt sich ein Vertauschen, Entfernen und/oder ein Zufügen eines Schlüsseltextblockes nicht sicher entdecken. Beim Zufügen ist insbesondere ja auch damit zu rechnen, dass bereits früher übersandte und damit sinnvolle Schlüsseltextblöcke verwendet werden. Eine Lösung des Problems besteht darin, die einzelnen Schlüsseltextblöcke fest miteinander zu verknüpfen ohne zusätzliche Information im Klartext zuzufügen. Eine solche Lösung wird nachfolgend beschrieben.

Verkettungs-funktionen

Wir führen zunächst folgende Bezeichnungen ein:

- M [i] mit i = 1, 2, ..., m seien die aufeinander folgenden Klartextblöcke der Nachricht M zu je L Binärziffern,

- S [i] mit i = 1, 2, ..., m seien die daraus gebildeten Schlüsseltextblöcke zu je L Binärziffern,

$\alpha*S\,[i\text{-}1]$ Verschlüsselung $\gamma*S\,[i\text{-}1]$
beim Sender

M[i]   M'[i] $S'[i] = V(K, M'[i])$ S'[i]   S[i]

$\beta*M\,[i\text{-}1]$ $\delta*M\,[i\text{-}1]$

$\alpha*S\,[i\text{-}1]$ Entschlüsselung $\gamma*S\,[i\text{-}1]$
beim Empfänger

M[i]   M'[i] $M'[i] = E(K, S'[i])$ S'[i]   S[i]

$\beta*M\,[i\text{-}1]$ $\delta*M\,[i\text{-}1]$

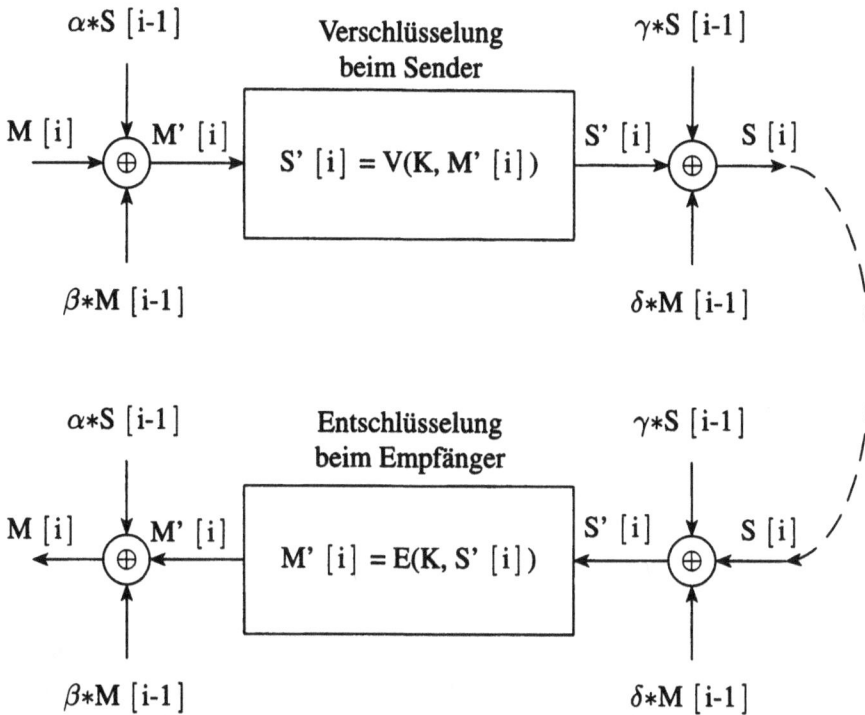

Abbildung 11.5: Verkettung von Blöcken einer Nachricht

- S[0] und M[0] seien zwei zufällige Initialisierungsvektoren mit L
  Binärziffern, die durch die Partner fest vereinbart sind.

- ⊕ bedeute die binärziffernweise Verknüpfung zweier Größen durch ein
  exklusives Oder.

Eine Verkettung von Blöcken ist durch Verknüpfung eines Blocks mit
einer Auswahl aus den vorangehenden Blöcken vor und/oder nach der Verschlüsselung eines Blocks möglich. In Abbildung 11.5 sind alle Varianten,
die nur den vorangehenden Block benutzen, anschaulich dargestellt. Die
Konstanten α, β, γ und δ können 0 oder 1 sein. Sie sind zwischen Sender
und Empfänger fest vereinbart, bei beiden Partnern gleich und bestimmen
das Verfahren. Die möglichen Verfahren sind durch zwei neue Funktionen
definiert:

- Eine neue Verschlüsselungsfunktion VN (K, M) für eine Nachricht M, definiert als VN (K, M) = S, wobei

  S = S [1] ∘ S [2] ... ∘ S [m]

  und

  S [i] = V (K, M [i] ⊕ α*S [i-1] ⊕ β*M [i-1]) ⊕ γ*S [i-1] ⊕ δ*M [i-1]   für i > 0

- Eine neue Entschlüsselungsfunktion EN (K, S) für den Schlüsseltext S, definiert als EN (K, S) = M, wobei

  M = M [1] ∘ M [2] ∘ ... ∘ M [m]

  und

  M [i] = E (K, S [i] ⊕ γ*S [i-1] ⊕ δ*M [i-1]) ⊕ α*S [i-1] ⊕ β*M [i-1]   für i > 0

Varianten der Verkettung

electronic codebook

Die obigen Formeln für symmetrische Verfahren lassen sich leicht für die asymmetrischen Verfahren modifizieren. Die neuen Funktionen werden an Stelle der bisher verwendeten Funktionen für das Ver- und Entschlüsseln von Nachrichten eingesetzt. Der Fall $\alpha = \beta = \gamma = \delta = 0$ ist die Verschlüsselung ohne Verknüpfung (electronic codebook, ECB). Der Wert $\gamma = 1$ macht keinen Sinn, da die verschlüsselte Nachricht mit S [i-1] modifiziert wird, was durch jeden Angreifer erfolgen kann. Daher setzen wir nachfolgend immer $\gamma = 0$ voraus. Falls $\alpha = 0$ ist, hängt der Schlüsseltext eines Blocks nur vom Klartext des Blocks selbst und dem Klartext des vorangehenden Blocks ab. Damit werden gleiche Paare von aufeinander folgenden Blöcken auch gleich verschlüsselt. Dies ist unerwünscht. Daher muss $\alpha = 1$ gewählt werden. Da der Inhalt einzelner Nachrichtenblöcke von einem Angreifer mit einer gewissen Wahrscheinlichkeit richtig geraten werden kann, bietet das Modifizieren mit M [i-1] nach der Verschlüsselung, also $\delta = 1$, keinen ausreichenden Schutz gegen Veränderungen durch einen Angreifer. Damit bleiben zwei interessante Fälle übrig:

cipher block chaining

- $\alpha = 1, \beta = 0$: Bei der Veränderung eines Schlüsselblocks S [j] durch ein Fehlermuster F [j] infolge eines Übertragungsfehlers oder eines Angriffs wird M [j] falsch entschlüsselt und M [j+1] weicht entsprechend dem Fehlermuster von dem wirklichen Klartext ab. Alle nachfolgenden Blöcke sind wieder richtig. Das Verfahren (cipher block chaining, CBC) ist daher selbstsynchronisierend. Da nach Voraussetzung bei den einzelnen Blöcken keine Prüfzeichen sind, lassen sich Fehler nur erkennen, wenn über die gesamte Nachricht zusätzlich ein Authentifizierungsalgorithmus läuft (message authentication code, MAC), der eine digitale Unterschrift für den Text erstellt.

- $\alpha = 1, \beta = 1$: Bei der Veränderung eines Schlüsselblocks S [j] werden *authentifizierende* alle Nachrichtenblöcke M [k] mit $k \geq j$ falsch entschlüsselt. Ent- *Verknüpfung* sprechend den statistischen Eigenschaften ist beim Empfänger in M [j] jedes Bit mit der Wahrscheinlichkeit 1/2 falsch. Dieses Fehlermuster wird auf alle folgenden entschlüsselten Blöcke übertragen. Damit ist mit einem Prüfzeichen am Ende der Nachrichten oder Nachrichtensequenz jede Veränderung erkennbar. Die Nachricht kann also authentifiziert wer- den. Anmerkung: Falls zusätzlich $\delta = 1$ ist, würde sich das Fehlermuster von Block zu Block verändern.

Mit dem geschilderten Verfahren könnten auch alle Nachrichten einer Sit- *Verknüpfung der* zung verknüpft werden. Man kann dann auf die Verknüpfung durch zufällige *Nachrichten einer* Sequenznummern verzichten. Allerdings besteht dann noch die Gefahr, dass *Sitzung* die gesamte Nachrichtensequenz als Replay von einem Angreifer erneut abgeschickt wird. Abwehr ist beispielsweise durch einen Zeitstempel am Anfang der Nachricht möglich. Die Verknüpfung aller Nachrichten einer Sitzung ist aber, abgesehen von Sonderfällen wie beispielsweise Datei- übertragungen, meist unhandlich, da erst am Ende der Nachrichtensequenz erkannt wird, ob eine Veränderung stattgefunden hat oder nicht. Bei der *Problem:* bisher durchgeführten Betrachtung wurde vorausgesetzt, dass die beiden *Austausch* Kommunikationspartner A und B einen gemeinsamen Sitzungsschlüssel *Schlüssel* KAB kennen. Eine physische Übermittlung des Schlüssels durch Boten oder eine Mitteilung über eine sichere Übertragungsleitung ist sehr un- handlich und für die Vielzahl zu erzeugender Schlüssel in Rechnernetzen nicht möglich. Man ist in Rechnernetzen ja daran interessiert, den benutzten Schlüssel häufig zu wechseln. Hierdurch wird der Anreiz, einen Schlüssel zu brechen, verringert und falls ein Schlüssel doch bekannt wird, wird die hierdurch zugängliche Information begrenzt. Es muss also ein Verfahren zur sicheren Verteilung von Schlüsseln in einem Rechnernetz gefunden werden. Es gibt hierzu drei wichtige Ansätze:

- Man verwendet das asymmetrische Verfahren, um dem Partner, dessen öffentlicher Schlüssel bekannt ist, einen geheimen Sitzungsschlüssel mitzuteilen. Anmerkung: Dies macht Sinn, da symmetrische Verfahren deutlich schneller sind als das asymmetrische Verfahren RSA.

- Es gibt Verfahren nach Merkle (MERK78) oder Diffie und Hellman (DIFF76), die nicht direkt die Schlüssel austauschen, sondern bei de- nen die Partner die Schlüssel aus übermittelten Informationen berechnen. Daher wird weder eine sichere Verbindung noch ein dritter vertrau- enswürdiger Partner gefordert. Allerdings ist eine Authentifizierung des Partners mit diesen Verfahren, im Gegensatz zu den anderen genannten, nicht möglich. Zu den Verfahren sei auf die angegebene Literatur ver- wiesen.

- Man führt das allgemeine Problem durch Einführung eines Schlüsselverteilzentrums (key distribution center, KDC) auf ein einfacheres Problem mit wenigen speziell zu schützenden Schlüsseln zurück. Dieses Verfahren wird nachfolgend am Beispiel der symmetrischen Verfahren noch genauer erläutert.

Geräte-
schlüssel

Jeder Rechner eines Rechnernetzes erhält einen speziell geschützten, geheimen Geräteschlüssel. Dieser Schlüssel wird zusammen mit der Rechnerbezeichnung dem vertrauenswürdigen Schlüsselverteilzentrum KDC bekannt gegeben. Da es sich hier um vergleichsweise wenige Schlüssel mit langer Lebensdauer handelt, können diese auch unter besonderen Sicherheitsmaßnahmen durch Personen übertragen werden. Damit ist eine sichere Kommunikation mit Authentifizierung zwischen den Betriebssystemen der Rechner und dem Schlüsselverteilzentrum möglich.

Sitzungsschlüssel

Auf Aufforderung erzeugt das Schlüsselverteilzentrum dann Sitzungsschlüssel. Als Beispiel sei wieder die Kommunikation zwischen den Prozessen A und B zu Grunde gelegt. A (B) befinde sich im Rechner RA (RB) mit dem Geräteschlüssel KGRA (KGRB). Die Kommunikation wird von A initiiert. Die Ver- und Entschlüsselung mit den Geräteschlüsseln erfolgt durch eine geschützte Ver/Entschlüsselungseinheit in den jeweiligen Rechnern. Es laufen folgende Schritte ab:

- A $\rightarrow$ KDC: $\boxed{\text{KDC} \circ \text{RA} \circ \text{VN} (\text{KGRA}, \text{RA} \circ \text{A} \circ \text{RB} \circ \text{B})}$
  Das KDC entschlüsselt die Nachricht mit dem ihm bekannten Schlüssel KGRA. Da nur bei Verwendung des richtigen Schlüssels im entschlüsselten Klartext RA erkennbar ist, weiß das KDC, dass die Nachricht von RA kommt. Das KDC erzeugt einen zufälligen Sitzungsschlüssel KAB und verschickt ihn an A und an B.
- KDC $\rightarrow$ A: $\boxed{\text{A} \circ \text{KDC} \circ \text{VN} (\text{KGRA}, \text{A} \circ \text{B} \circ \text{KAB})}$
- KDC $\rightarrow$ B: $\boxed{\text{B} \circ \text{KDC} \circ \text{VN} (\text{KGRB}, \text{A} \circ \text{B} \circ \text{KAB})}$

Die entsprechenden Nachrichten des KDC können nur im Rechner RA bzw. RB entschlüsselt werden. In der entschlüsselten Nachricht stehen die Kommunikationspartner und der Sitzungsschlüssel. Solange das KDC und die lokale Ver/Entschlüsselungseinheit vertrauenswürdig arbeiten, können sich also A und B darauf verlassen, dass nur der festgelegte Partner den Schlüssel KAB kennt.

Schutz der
Schlüssel

Stellt man sich nun nach der bisher geführten Diskussion auf den Standpunkt eines Angreifers, dann erscheint das Brechen des Schutzsystems durch eine systematische Suche nach dem richtigen Schlüssel sehr aufwendig. Der Angreifer wird sich also überlegen, ob es nicht einen bequemeren Weg gibt, um an die Schlüssel zu kommen. Bei einer Analyse des Schutzkonzepts wird er dann feststellen, dass die Schlüssel und die Zuordnung von Schlüsseln zu Objekten in den Rechnern gespeichert sind. Es ist also vermutlich „einfach" diese Schlüssel und diese Zuordnungen zu lesen oder zu verändern. Um dieser nahe liegenden Gefahr zu begegnen, dürfen Schlüssel in den Rechnern nie im Klartext gespeichert werden. Sie sind also selbst zu verschlüsseln. Eine Möglichkeit ist die Verschlüsselung mit einem so genannten Hauptschlüssel KH, der von Benutzerprogrammen nie lesbar oder veränderbar sein darf. Der Hauptschlüssel KH ist daher nur in der geschützten Ver/Entschlüsselungseinheit bekannt. Bei der Verschlüsselung von Schlüsseln werden grundsätzlich nicht die ursprünglichen Schlüssel, sondern immer die nach einer festen Vorschrift modifizierten Schlüssel verwendet, so wird an Stelle des Hauptschlüssels KH der modifizierte Hauptschlüssel KH' verwendet. Damit wird erreicht, dass die Entschlüsselung von verschlüsselten Schlüsseln mit den Standarddiensten der Ver/Entschlüsselungseinheit nicht möglich ist.

Die Ver/Entschlüsselungseinheit stellt dann über das Betriebssystem die benötigten Ver- und Entschlüsselungsdienste bereit: *Dienste der Ver/Entschlüsselungseinheit*

* verschlüsseln_daten (V (KH', K), M)
  liefert M verschlüsselt mit K, also den Schlüsseltext von M;

* entschlüsseln_daten (V (KH', K), S)
  liefert S entschlüsselt mit K, also den zu S gehörenden Klartext.

Die Parameter sind der mit einem modifizierten Hauptschlüssel KH' verschlüsselte Schlüssel und der Klartext bzw. der Schlüsseltext.

Man kann nun fordern, dass nie ein Schlüssel außerhalb der Ver/Entschlüsselungseinheit im Klartext erscheint. In diesem Fall wird die Übermittlung von Sitzungsschlüsseln wesentlich komplexer, da Sitzungsschlüssel ebenfalls verschlüsselt sind und daher Umschlüsselungen in Verschlüsselungen mit anderen Schlüsseln notwendig werden. Hierzu sind in der Ver/Entschlüsselungseinheit zwei weitere Dienste realisiert: *Schlüsselaustausch*

* umschlüsseln_eigener_schlüssel (V (KH', K2), V (KH', K1))
  liefert als Ergebnis V (K2', K1), also den mit K2' verschlüsselten Schlüssel K1;

* umschlüsseln_fremder_schlüssel (V (KH', K2), V (K2', K1))
  liefert als Ergebnis V (KH', K1), also den mit KH' verschlüsselten Schlüssel K1.

Ein Ablaufbeispiel für den Schlüsselaustausch ist dann:

- Es wird im KDC eine zufällige Zahl N generiert und als Sitzungsschlüssel KAB verschlüsselt mit einem modifizierten Hauptschlüssel
KHKDC' von KDC interpretiert, also N = V (KHKDC', KAB).

- Durch Aufruf von
umschlüsseln_eigener_schlüssel (
      V (KHKDC', KGRA), V (KHKDC', KAB))
umschlüsseln_eigener_schlüssel (
      V (KHKDC', KGRB), V (KHKDC', KAB))
erzeugt das KDC den Sitzungsschlüssel KAB verschlüsselt mit KGRA'
und mit KGRB'.

- Der Sitzungsschlüssel V (KGRA', KAB) wird an RA geschickt.

- Der Sitzungsschlüssel V (KGRB', KAB) wird an RB geschickt.

- Durch Aufruf von
umschlüsseln_fremder_schlüssel (
      V (KHRA', KGRA), V (KGRA', KAB))
in RA ergibt sich der für die Entschlüsselung der Nachrichten erforderliche Schlüssel V (KHRA', KAB). Analog ist das Vorgehen in RB.
Bezüglich weiterer Details sei auf die Literatur verwiesen.

Schutz Zuordnung Ein weiterer Angriffspunkt bietet die Veränderung der Zuordnung von Ob
Schlüssel zu Objekt jekten und Schlüsseln, wenn der Angreifer schreibend darauf zugreifen kann.
Er könnte so beispielsweise seinen eigenen öffentlichen Schlüssel einem
anderen Kommunikationspartner zuordnen. Werden Nachrichten an diesen
Partner geschickt, kann sie der Angreifer entschlüsseln. Die Zuordnung von
Objekten zu Schlüsseln muss also gegen Verfälschung gesichert werden,
beispielsweise durch Konkatenation zu einer einzigen Zeichenfolge und gemeinsamer verketteter Verschlüsselung.

Folgerungen Auf Grund der Diskussion in diesem Kapitel ergibt sich, dass Mechanismen zur Realisierung des Zugriffsschutzes auf Objekte bereits im Entwurf
eines Betriebssystems voll berücksichtigt werden müssen. Insbesondere ist
eine geschützte Ver/Entschlüsselungseinheit zu realisieren, die mindestens
die besprochenen Dienste bereitstellt (JOHN91, YEH91). Weiter gehende Einrichtungen sind bei verteilten Systemen notwendig, um den Zugriff
auf entfernte Ressourcen, beispielsweise Dateien, zu kontrollieren. Hier
ist insbesondere eine fälschungssichere Authentifizierung der Benutzer und
eine fälschungssichere Kommunikation zwischen Benutzer und Server erforderlich. Das Kerberos-System (STEI88) ist als Schutzmechanismus in
Client-Server-Systemen verbreitet. Weitere Verfahren finden sich u.a. in
(LAMP91, KAO95, LIEB93, SYVE93, WOBB93, ECKE06).

12   Verteilte Systeme

Mit zunehmender Vernetzung der Rechensysteme stehen für die Benutzer und ihre Applikationen Betriebsmittel sowohl lokal als auch entfernt zur Verfügung. Es wird nicht nur ein einzelnes Rechensystem vor Ort, sondern ein verteiltes System genutzt. Damit ergeben sich nicht nur für die Anwendungen, sondern auch für das Betriebssystem Konsequenzen. Diese sind einerseits struktureller Art, betreffen andererseits aber auch die Funktionalität des Betriebssystems. Kann die gewohnte Sichtweise als ein einziges einheitliches System (single system image) aufrechterhalten werden? Sollen die Betriebsmittel stellenübergreifend verwaltet werden, wie kann dieses geschehen?

Verteilte Systeme stellen eine Weiterentwicklung klassischer Systeme dar. In diesem Kapitel werden die grundlegenden Begriffe und Konzepte vorgestellt. Die Hardware-Grundlagen verteilter Systeme, ihre Struktur sowie die Funktionsbereiche, in denen sie sich von klassischen Systemen unterscheiden, werden erläutert und eingeordnet. Da es derzeit noch keine am Markt etablierten verteilten Betriebssysteme gibt, werden aus Teilbereichen Beispiele zur Illustration herangezogen.

12.1   Einordnung

Für den Übergang auf verteilte Systeme gibt es viele Gründe. Steigerung der Leistung, Steigerung der Zuverlässigkeit sowie eine bessere Ausnutzung der Betriebsmittel und eine bessere Anpassung rechnergestützter Lösungen an die von Natur aus verteilten Problemstellungen sind die wichtigsten.

Gründe für die Verteilung

Grundsätzlich haben die Betriebssysteme für verteilte Systeme mit denen klassischer, nicht verteilter Architekturen viele Gemeinsamkeiten. Die Hardware-Architekturen für verteilte Systeme bestehen aus vernetzten Einzelsystemen, zu denen konventionelle Großrechner, Workstations und Personal-Computer auf der Basis unterschiedlichster Mikroprozessoren sowie Multiprozessorsysteme gehören. Die Problematik der Verwaltung und Organisation der Betriebsmittel bleibt im Grundsatz erhalten, wird allerdings um den wesentlichen Aspekt der Verteiltheit mit seinen vielfältigen Vorteilen und Konsequenzen angereichert.

Verteiltes System

Aufgaben   Im Folgenden werden die charakteristischen Eigenschaften verteilter Systeme und ihrer Betriebssysteme kurz angesprochen. Da sie auf klassischen,
nicht verteilten Architekturen basieren, wird auf die dortigen Abschnitte
verwiesen. Die Hardware-Konfigurationen sind in Kapitel 3 ausreichend
eingeführt. Die strukturellen Eigenschaften verteilter Betriebssysteme basieren im Wesentlichen auf dem Konzept der Mikrokerne (Kapitel 14) sowie
dem Client-Server-Modell (Kapitel 9) und sind dort hinreichend behandelt. Die zentralen Betriebsmittel (Speicher, Rechnerkern) sind in einem
erweiterten Kontext zu betrachten, ohne dass dadurch aber wesentliche
Neuerungen entstehen. Wesentliche Aufgabe ist die Überwindung der Verteiltheit durch Kommunikation. Dabei spielt der Nachrichtenaustausch sowie
das darauf basierende Konzept des RPC (Kapitel 7) eine wichtige Rolle.
Die Verteiltheit sowie die zu Grunde liegenden, häufig unzuverlässigen und
fehleranfälligen Kommunikationsmedien verstärken das Bedürfnis nach Sicherheit und Zugriffsschutz. Verschlüsselungstechniken, Schlüsselvergabe
und Authentifizierung aller Beteiligten gewinnen an Bedeutung und sind
vom Betriebssystem grundlegend zu unterstützen (Kapitel 11).

Zielsetzung   Die Zielsetzung verteilter Systeme ist nach (LAM81):

- die Erhöhung von Rechenleistung;
- die leichte Erweiterbarkeit durch schrittweise Ergänzung des Systems
  mit zusätzlichen Rechensystemen, wenn ein Bedarf nach mehr Rechenleistung auftritt (Skalierbarkeit);
- die leichte Erweiterbarkeit durch Zufügung eines Rechensystems mit
  neuen Dienstleistungen, wenn ein Bedarf nach neuen Funktionen auftritt;
- die leichtere Installation und Wartung eines verteilten Systems, da es
  aus vielen, weitgehend gleichartigen Rechensystemen besteht, also sehr
  modular aufgebaut ist;
- die bessere Verfügbarkeit, da bei Ausfall eines Rechensystems in dem
  verteilten System ein anderes die Bearbeitung des Auftrags übernehmen
  kann;
- eine höhere Sicherheit gegen den Verlust der Benutzerdaten, da Kopien
  der Datenbestände an mehreren Stellen des verteilten Systems vorhanden
  sein können;
- die Verwendung gemeinsamer Ressourcen, beispielsweise teurer Spe-
  zialgeräte.

charakteristische   Ausgewählte, charakteristische Probleme der verteilten Betriebssysteme
Probleme   werden in den nachfolgenden Absätzen kurz gestreift. Eine detaillierte Darstellung der Lösungsvorschläge würde den Rahmen dieses Buchs sprengen.

Hierzu sei auf die Literatur verwiesen, u.a. (LAMP81, HERR94, AUTE90, CHOW97, COUL05).

Die einzelnen Rechner können nur über Nachrichten Information austauschen. Die Nachrichten haben eine Übertragungszeit, die viel größer als die Ausführungszeit von Befehlen ist. Damit hat keiner der Rechner in einem verteilten System die Kenntnis über den aktuellen und konsistenten Zustand des Gesamtsystems. Es gibt damit beispielsweise keine gemeinsame Uhr und keine sichere Aussage darüber, welche Komponenten im Moment arbeitsfähig und welche ausgefallen sind.

Problemkreis konsistenter Zustand

Es muss damit gerechnet werden, dass jederzeit Komponenten des verteilten Systems ausfallen können, sich fehlerhaft verhalten und auch wieder arbeitsfähig werden. Auch unter diesen Umständen muss eine produktive und zuverlässige Arbeit des Gesamtsystems möglich sein.

Problemkreis Ausfall von Komponenten

Da Datenbestände mehrfach im Rechner gespeichert sind, tritt das Problem auf, auch bei oder nach Ausfall von Komponenten die Konsistenz der Daten zu erhalten oder wieder herzustellen.

Problemkreis Konsistenz der Daten

Es sind neue Techniken zur Synchronisation erforderlich, da kein gemeinsamer Arbeitsspeicher mehr vorhanden ist. Zudem sind die beteiligten Komponenten gemäß den obigen Ausführungen unsicher, d.h. sie können beispielsweise ausfallen oder sich irgendwie fehlerhaft verhalten. Eine typische Grundidee der neuen Synchronisationsverfahren ist das Votieren, d.h. im einfachsten Fall kann ein Vorgang nur ausgeführt werden, wenn die Mehrzahl der vorhandenen Rechner dem zustimmt.

Problemkreis verteilte Synchronisation

Um eine zuverlässige Arbeit des Systems zu erreichen, ist es nach den heutigen Vorstellungen notwendig, dass sichergestellt wird, dass eine Teilaufgabe entweder vollständig und korrekt oder gar nicht ausgeführt wird. Man nennt dies eine atomare Teilaufgabe bzw. Transaktion. Dieses Ziel erfordert, dass bei Auftreten eines Fehlers vor Abschluss der Teilaufgabe, alle Veränderungen auf Grund der Bearbeitung dieser Teilaufgabe rückgängig gemacht werden, d.h. der Zustand vor Beginn der Bearbeitung wieder eingestellt wird.

Problemkreis atomare Transaktionen

In verteilten Rechensystemen ist die Verwendung von Netzstandards und die Einbindung von Standardprotokollen von entscheidender Bedeutung. Erstens sind verteilte Systeme wie alle Rechensysteme zukünftig in Netze integriert und müssen daher in der Lage sein, mit anderen Rechensystemen zu kommunizieren. Zweitens sind verteilte Rechensysteme selbst heterogen. Sie bestehen von Anfang an oder im Laufe der Zeit aus Rechnern mit unterschiedlichen Hardware- und/oder Software-Schnittstellen.

Problemkreis Netzstandards

12.2 Verteilung und Transparenz

Transparenz

Die Bereitstellung und Nutzung verteilt angesiedelter Betriebsmittel erfordert, dass diese geeignet verwaltet werden. Wem wird diese Aufgabe übertragen, wie wird sie gelöst, für wen ist überhaupt erforderlich, dass er von der verteilten Bereitstellung und Nutzung der Betriebsmittel Kenntnis hat? Aus der Sicht der Benutzer sind das Erscheinungsbild eines verteilten Systems sowie die Schnittstellen zu seiner Nutzung von wesentlichem Interesse. Dazu ist ein einheitliches, von dem gewohnten möglichst wenig abweichendes Bild wünschenswert. Hier spielt der Begriff der Transparenz eine wesentliche Rolle. Eine Eigenschaft eines Betriebsmittels heißt transparent, wenn die Benutzer dieses Betriebsmittels diese Eigenschaft nicht sehen und das Betriebsmittel diesbezüglich für die Benutzer auch keine Verhaltensunterschiede aufweist. Für die Betriebsmittelnutzung und -verwaltung hat es sich als nützlich erwiesen, folgende Eigenschaften hinsichtlich der Transparenz zu unterscheiden:

Ortstransparenz

- Ortstransparenz: Dem Benutzer ist nicht bekannt, an welchem Ort sich das Betriebsmittel befindet.

Namenstransparenz

- Namenstransparenz: Dem Benutzer ist das Betriebsmittel unter nur einem einheitlichen, globalen Namen bekannt, eine unterschiedliche Benennung in verschiedenen Systemen bleibt ihm verborgen.

*Migrations-
transparenz*

- Migrationstransparenz: Ändert sich während der Benutzung des Betriebsmittels der Ort, an dem sich das Betriebsmittel befindet, so ist dieses für die Benutzer nicht ersichtlich.

*Replikations-
transparenz*

- Replikationstransparenz: Werden, zum Beispiel zur Erhöhung der Zuverlässigkeit oder zur Beschleunigung des Zugriffs, Replikate eines Betriebsmittels angelegt, so sind diese für den Benutzer nicht sichtbar. Die Replikate können vorübergehend inkonsistent sein, dem Benutzer wird aber immer eine aktuelle Kopie zur Verfügung gestellt. Der Benutzer muss sich nicht um die Konsistenzerhaltung kümmern.

*Parallelitäts-
transparenz*

- Parallelitätstransparenz: Werden die Berechnungen, die die Rechensysteme für einen Benutzer ausführen, parallel erbracht, so hat der Benutzer keine Kenntnis und insbesondere keine Nachteile davon.

*Nebenläufigkeits-
transparenz*

- Nebenläufigkeitstransparenz: Werden eine oder mehrere Betriebsmittel gleichzeitig von mehreren Benutzern verwendet, so hat der Benutzer trotzdem den Eindruck, er würde diese Betriebsmittel alleine nutzen.

*Wahl der
Transparenz*

Die Entscheidung, welche dieser Eigenschaften für wen in welchem Maße transparent sein sollen und von welchen Komponenten dieses geleistet werden soll, kann nicht allgemein getroffen werden, da Interessenkonflik-

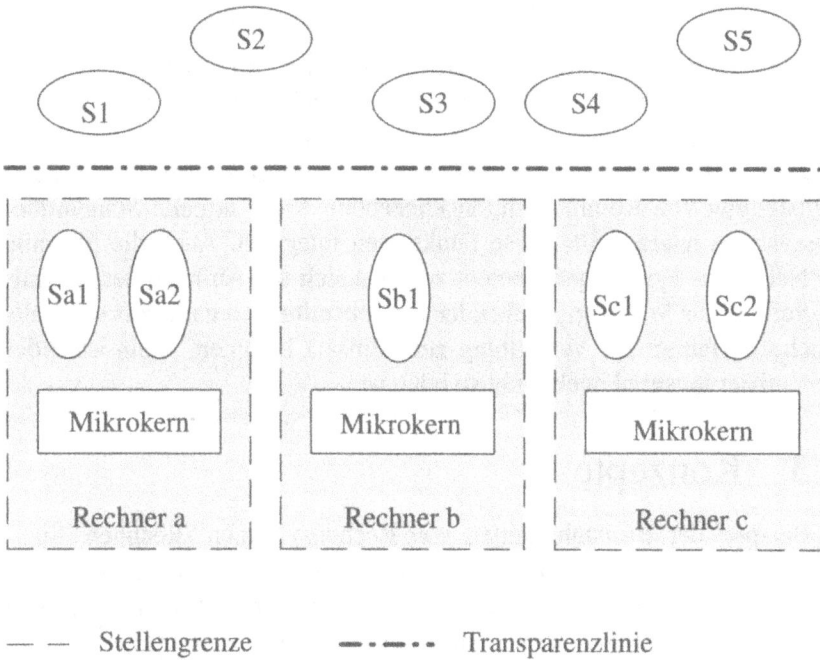

Abbildung 12.1: Struktur

te zu lösen sind. So kann zum Beispiel die Migration eines Prozesses auf ein weniger stark ausgelastetes Rechensystem, auf dem aber auch eines seiner Replikate zur Ausführung kommt, zwar die Leistungsfähigkeit steigern, gleichzeitig aber die Zuverlässigkeit senken. Ob die Verteilung der Betriebsmittel im Betriebssystemkern, sehr Hardware-nah in einem Mikrokern oder aber eher anwendungsnah in Servern verschattet wird, hängt vom jeweiligen System, seiner Konfiguration und den Anforderungen der Benutzer ab. Wie die Entscheidung aber auch getroffen wird, es wird auf jeden Fall für jede Eigenschaft eine Transparenzlinie etabliert, unterhalb derer die Verteilung verwaltet wird und oberhalb derer diese Eigenschaft nicht mehr sichtbar ist. Abbildung 12.1 stellt eine mikrokernbasierte Systemstruktur mit lokalen Serverprozessen (vertikale Ovale, Sa1 bis Sc2) sowie verteilungsunabhängigen Servern (horizontale Ovale, S1 bis S5) dar. Die Transparenzlinie ist exemplarisch für eine beliebige Eigenschaft[1].

---

[1] Anmerkung: Manchmal soll eine Eigenschaft bewusst nicht transparent sein, so dass sie den Benutzern dann gewahr ist (Awareness). Ein Beispiel bilden die bei der Gruppenarbeit verwendeten Dokumente.

Struktur verteilter
Betriebssysteme

Fast alle aktuellen Entwicklungen im Bereich der verteilten Betriebssysteme nutzen Mikrokerne. Entwicklungshistorisch sind die Netzwerkbetriebssysteme die Vorläufer der verteilten Betriebssysteme. Sie basieren auf existierenden (zentralen, also nicht verteilten) Betriebssystemen und ergänzen diese um Komponenten zur Überwindung der Verteilung für ausgezeichnete Betriebsmittel, wie beispielsweise Drucker- oder Dateiserver, sowie durch Bereitstellung von Kommunikationskonzepten. Viele aktuelle Standardbetriebssysteme haben heute diese Funktionen integriert. Auch die Systeme zum Netz- und Systemmanagement widmen sich der Aufgabe der Verwaltung verteilt zur Verfügung stehender Betriebsmittel, so dass dort ebenfalls ähnliche Verfahren zur Verwaltung zum Einsatz kommen, wenn auch der Automatisierungsgrad noch nicht so hoch ist.

12.3 Konzepte

Basisfähigkeiten

Am Beispiel der Basisfähigkeiten von Rechensystemen (Rechnen, Speichern, Kooperieren) lassen sich die wichtigsten Konzepte und Unterschiede, die in verteilten Systemen bei der verteilten Nutzung und Verwaltung von Betriebsmitteln auftreten, veranschaulichen. Allen Konzepten gemeinsam ist das Problem der Benennung der zu verwaltenden Einheiten, deshalb wird dieses getrennt behandelt.

Rechenfähigkeit

Hinsichtlich der Rechenfähigkeit sind die wichtigsten Konzepte die Prozesse und die Threads. Daran ändert sich auch in verteilten Systemen nichts. Lediglich die Zuordnung der Prozesse (oder Threads) zu nun vielen, auch entfernt vorhandenen Rechnerkernen erweitert die Aufgaben über die lokale Rechnerkernverwaltung hinaus. Damit spielen die Platzierung und Migration von Prozessen (oder Threads) bzw. Verfahren zur Lastverteilung (load sharing) und zur Lastbalancierung (load balancing) eine gewichtige Rolle. Bei der Erzeugung eines Prozesses ist zu entscheiden, ob er auf dem lokalen oder auf einem entfernten Rechnerkern ausgeführt werden soll. Als Kriterien können die Auslastung der Rechnerkerne oder die Kommunikationskosten für die Übertragung zu einem entfernten Rechnerkern herangezogen werden. Diese Kriterien können auch später genutzt werden, um Prozesse zu verlagern. Zentrale Verfahren werden schnell zu einem Engpass. Um skalierbar in der Anzahl der Rechnerkerne zu sein, können hierarchische (verteilte) Verfahren eingesetzt werden. Die Initiative kann von einem überlasteten Rechnerkern, der Prozesse abgeben möchte, oder einem zu wenig ausgelasteten Rechnerkern, der weitere Prozesse ausführen möchte, ausgehen.

verteilte
Koordination

Die Verfahren zur Koordination von Prozessen (Synchronisation, exklusive Nutzung, Nebenläufigkeitskontrolle und Verklemmungen) tragen der verteilten Situation Rechnung und werden (abhängig vom unterliegenden

Kommunikations- bzw. Speichermodell) komplexer. Wichtig ist, dass ein für alle Beteiligten gleichermaßen sichtbarer globaler Zustand nicht existiert. Grundlegend sind Verfahren zur Uhrensynchronisation, die zum Beispiel auf physischen Uhren, logischen Uhren oder Vektoruhren beruhen. Weiterhin kommen verteilte Verfahren zum wechselseitigen Ausschluss (z.B. Token-Verfahren), zur Auswahl von Koordinatoren sowie zur Behandlung verteilter Verklemmungen zum Einsatz. Zeitstempel und Abstimmungen sind dort wichtige Grundideen. Transkationen bzw. allgemeine atomare Aktionen sind ein weiteres Konzept, mit dem nebenläufige Aktivitäten koordiniert werden können. Viele Verfahren sind ausführlich in (CHOW97) dargestellt. Damit werden hinsichtlich der Rechenfähigkeiten die Migrations-, Orts-, Namens- sowie Nebenläufigkeitstransparenz durchgesetzt.

Hinsichtlich der Speicherfähigkeit sind sowohl die kurzfirstige Speicherung (virtueller Speicher) als auch die längerfristige Speicherung (Dateisysteme, persistente Objektspeicher) betroffen. Abhängig von der Hardware und der Systemarchitektur kann ein gemeinsamer (virtueller) Speicher, ein verteilter (virtueller) Speicher oder ein verteilter gemeinsamer (virtueller) Speicher zur Verfügung stehen. Dementsprechend werden Verfahren zum Seiten- oder Objekttransport realisiert, wobei die Probleme des Cachings (Konsistenz, Kohärenz) und der Granularität der Transporteinheiten (z.B. false sharing) berücksichtigt und gelöst werden. Bei einem verteilten gemeinsamen Speicher werden zur Verarbeitung lokal Replikate in einem Cache angelegt. Damit steht bei paralleler Nutzung und mehreren (veränderbaren) Replikaten die Frage der Konsistenz im Vordergrund. Sehr unterschiedliche Konsistenzarten werden realisiert, zu denen schwache, strenge, sequenzielle und kausale gehören. Wesentlich dabei sind die Reihenfolge und die Abhängigkeiten von Speicherzugriffen. Neben Seiten als Körnung werden alternativ Objekte oder Variablen als Transport- und Zugriffseinheiten verwendet. (TANE95) enthält eine ausführliche Diskussion der Speicherformen. Hier werden Orts-, Namens-, Migrations- und insbesondere Replikationstransparenz durchgesetzt. Im Bereich der verteilten Dateisysteme haben sich einige Produkte, wie das Network File System (NFS) oder das Andrew File System (AFS) etabliert. Beide werden bei den Beispielen kurz angedeutet.

Speicherfähigkeit

Die Grundlagen der Kooperationsfähigkeit, die hier primär als Kommunikationsfähigkeit betrachtet werden soll, sind in Kapitel 7 bei der Prozesskommunikation beschrieben. Auch für die verteilten Systeme sind die implizite (mittelbare) und die explizite (unmittelbare) Kommunikation zu unterscheiden. Nur wenn die Architektur einen gemeinsamen verteilten Speicher bereitstellt, kann mittelbar speicherbasiert kommuniziert werden. In allen anderen Fällen ist der Nachrichtenaustausch als unmittelbare Kommunikation die Grundlage für weitere Kommunikationskonzepte.

*Kommunikations-
fähigkeit*

Internet Protokolle   Weite Verbreitung hat auf der Netzwerkebene die Internet-Protokollfamilie mit dem IP (internet protocol) und den beiden Transportprotokollen TCP (transport control protocol) und UDP (user datagram protocol) gefunden; beispielsweise (COME95, COME96a, COME97a). Zur Prozesskommunikation stellen viele Betriebssysteme ein Socket-Konzept zur Verfügung, mit Hilfe dessen Prozesse Nachrichten austauschen können. Die Realisierung

RPC   der Sockets nutzt die oben genannten Protokolle. Die Kommunikationskonzepte der (verteilten) Anwendungen setzen wiederum darauf auf. In einer unmittelbaren Form können die Anwendungsprozesse unmittelbar (über die Sockets) Nachrichten austauschen. Den traditionellen Programmierparadigmen (imperativer Programmierstil) kommt aber der Remote Procedure Call (RPC) wesentlich stärker entgegen. Er ist ebenfalls auf der Basis der Socket-Kommunikation realisiert. Schnittstellendefinitionssprachen sowie die Werkzeuge zur Verarbeitung und Ausführung entlasten die Anwender von vielen Aufgaben, wie der Adressierung von Kommunikationspartnern (Server), der Verpackung von Nachrichten für den Transport und der Reaktion auf Fehlersituationen.

Benennung   Alle Einheiten, unabhängig davon, ob die Komponenten dem Rechnen, Speichern oder der Kommunikation dienen, müssen benannt werden. Hier sind (wie allgemein üblich) die Forderungen nach Eindeutigkeit der Namen und deren einfacher Verwaltung wesentlich. Das Namensschema kann globale oder lokale Namen, Transparenz des Orts und andere Eigenschaften berücksichtigen. Beispiele sind Namen für Prozesse, Speicherseiten, Dateien, Kommunikationspartner oder Dienste. Häufig werden Namensserver mit Namensdiensten eingesetzt.

12.4 Beispiel: Network File System (NFS)

Realisierung von Einzelaspekten   Marktreife, eingeführte verteilte Betriebssysteme existieren derzeit noch nicht. Lediglich Einzelaspekte sind produktreif realisiert. Dabei ist die Transparenzlinie in der Gesamtarchitektur eher niedrig angesiedelt. Bereits seit längerer Zeit sind jedoch verteilte Dateisysteme im Einsatz. Für diese sind von Interesse die Transparenz, die Schnittstelle zu den Benutzern bzw. Anwendungen, die logische Struktur des bzw. der Dateisysteme, der Ort der Verarbeitung von Dateioperationen sowie das Kommunikationsprotokoll.

NFS (Network File System)   Das NFS (Network File System) wurde Mitte der 80er Jahre von der Firma SUN eingeführt (COUL05). In der Regel ist in Dateisystemen die Menge der Dateien baumartig strukturiert. Die Hauptidee des NFS ist, dass in eine vorhandene Baumstruktur Teilbäume eingebunden werden können (mount), die auf einem entfernten Medium gespeichert sind. Abbildung 12.2 zeigt eine derartige Struktur. Speicherung, Zugriff und Verarbeitung der Dateien wird

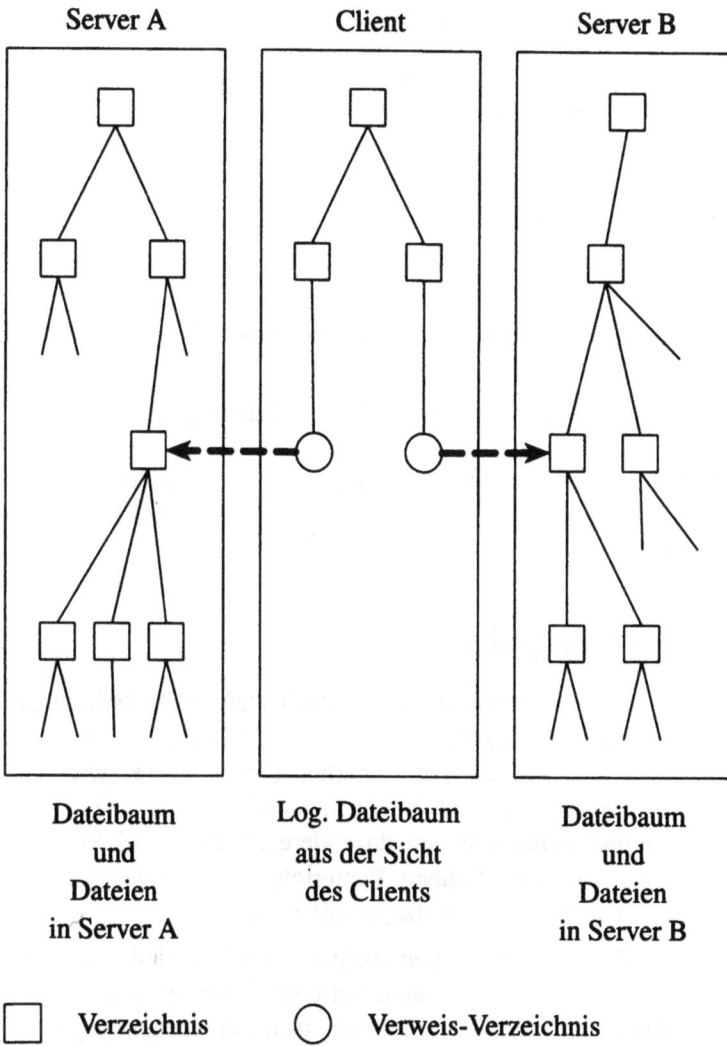

Abbildung 12.2: NFS-Dateisystem

von einer Client-Server-strukturierten Software vorgenommen. Ein Server stellt einen Teilbaum zur Verfügung, der von einem Client eingebunden werden kann. Die Dateien werden durch die üblichen Pfadnamen benannt, so dass den Anwendungen die Verteilung, also der Übergang auf einen entfernten Teilbaum, sowohl hinsichtlich des Orts als auch der Migration verborgen bleibt (orts- und migrationstransparent).

12.5 Beispiel: Andrew File System (AFS)

AFS (Andrew File System)

Das an der Carnegie Mellon University entwickelte Andrew File System (COUL05), kurz AFS, erzeugt Replikate vor Ort bei den nutzenden Clients. Eine genutzte Datei wird vollständig zum Benutzer transportiert und dort in das lokale Dateisysteme integriert. Damit steht die Datei dann wie eine lokale Datei zur Nutzung zur Verfügung.

Durch dieses Konzept werden zwei Vorteile erreicht:

- Engpässe durch Überlastung der Kommunikationskanäle treten sehr viel später als beim NFS-Konzept auf,
- die Clients können zeitweise auch ohne Netzverbindung arbeiten.

Der Nachteil ist, dass Replikate vorhanden sind. Das daraus entstehende Konsistenzproblem wird für veränderbare Dateien durch den Einsatz von Rückrufen behandelt.

12.6 Weitere Aspekte

Sicherheit

Neben den oben genannten Aspekten spielen noch weitere Anforderungen und die daraus resultierenden Konzepte für verteilte Systeme eine wichtige Rolle. Dazu gehören insbesondere die Sicherheit (vergleiche Kapitel 11), da die Angriffsflächen in vernetzten Systemen deutlich größer sind, und die Zuverlässigkeit und Fehlertoleranz, da andere Rechner und Kommu-

Fehlertoleranz

nikationseinrichtungen ausfallen können. Fehlertoleranz wird insbesondere durch Transaktions- und Recovery-Konzepte unterstützt.

Rechner-Cluster

Dass die in diesem Kapitel aufgezeigten Aufgaben wichtig sind, zeigt sich im Bereich der Computercluster, bei dem verteilte Systeme zu speziellen Zwecken, zum Beispiel einem Hochverfügbarkeitscluster, zusammengesetzt werden (WIKI06b). Im Bereich des Grid-Computings werden ebenfalls verteilte Ressourcen genutzt und verwaltet, ohne allerdings so eng gekoppelt zu sein (WIKI06d). Dadurch entstehen Betriebsmittelversorgungsnetze.

Grundlegende und weiterführende Literatur zu verteilten Systemen und verteilten Betriebssystemen ist in (SLOM87, MULL89, GOSC91, BORG92, COUL05, CHOW97, TANE96, TANE95) zu finden.

13   Virtuelle Maschinen

Für einige aktuelle Anwendungen spielen Befehlsinterpreter, hier auch Befehls- oder allgemeiner Maschinensimulatoren genannt, eine wichtige Rolle. Ein Beispiel ist die Interpretation des Java-Codes. In Erweiterung der Gedankengänge im Kapitel 8, Virtualisierung, kann dies auch als die Realisierung eines virtuellen Rechnerkerns mit beliebigen Eigenschaften durch einen realen Rechnerkern aufgefasst werden. Ein weiterer Schritt ist es, nicht nur einzelne Komponenten einer Rechenanlage zu virtualisieren, sondern gleich die gesamte Rechenanlage. Je stärker sich die virtuelle Maschine und die reale Maschine unterscheiden, desto zeitaufwendiger ist i.d.R. die Abbildung, d.h. desto geringer wird die Nutzleistung.

Ein wichtiger Grenzfall ist eine virtuelle Maschine im engeren Sinn. Sie virtualisiert die Rechenanlage, auf der sie läuft. Den Maschinensimulator, der diese virtuelle Maschine realisiert, nennt man VM-Monitor. Dieser kann auch als spezielles Betriebssystem betrachtet werden. Es gibt viele Querbezüge zu den Mikrokernen.

In diesem Kapitel wird nach der Beschreibung der Anwendungsbereiche virtueller Maschinen deren Realisierung besprochen. Diese gibt interessante Einblicke in grundsätzliche Gesichtspunkte einer Maschinen- und Betriebssystemarchitektur. Die Darstellung gliedert sich in die Problemkreise Realisierung virtueller Geräte, Realisierung virtueller Arbeitsspeicher und Realisierung virtueller Rechnerkerne. Auf Grund dieser Diskussion lässt sich der grundsätzliche Aufbau eines VM-Monitors verstehen. Im Anschluss daran werden einige Erweiterungen der grundsätzlichen Lösung skizziert.

Virtuelle Maschinen haben in den letzten Jahren wieder eine erhebliche Bedeutung bei Serverfarmen und PCs erlangt. Es ist bekannt, dass die normale x86-Architektur nicht zur Realisierung klassischer virtueller Maschinen geeignet ist. Als Abschluss des Kapitels wird gezeigt, wie durch Paravirtualisierung, durch Interpretation des Betriebssystems oder durch die Einführung neuer Arbeitsmodi bei der x86-Architektur trotzdem virtuelle Maschinen realisiert werden können.

13.1   Einführung

Befehlsinterpreter

Für einige Anwendungen spielen Befehlsinterpreter, hier auch Befehls- oder allgemeiner Maschinensimulatoren genannt, eine wichtige Rolle. Beispiele sind:

- die Interpretation von Java-Byte-Code
- der Test oder die Evaluierung von neuen, noch nicht realisierten Befehlssätzen

In Erweiterung der Gedankengänge im Kapitel 8, Virtualisierung, kann dies auch als die Realisierung eines virtuellen Rechnerkerns mit beliebigen Eigenschaften durch einen realen Rechnerkern aufgefasst werden.

Begriff virtuelle Maschine

Ein weiterer Schritt ist es, nicht nur einzelne Komponenten einer Rechenanlage, wie den Rechnerkern oder die Speicher, zu virtualisieren, sondern gleich die gesamte Rechenanlage. Noch allgemeiner ist es, sich von der Hardware-nahen Schnittstelle zu lösen und die virtuelle Maschine zur abstrakten Maschine zu erweitern, die eine beliebig „hohe" Schnittstelle hat, beispielsweise die einer Programmierumgebung für den Benutzer. In jedem Fall entstehen viele virtuelle Maschinen, möglicherweise unterschiedlicher Eigenschaften, die auf eine einzige reale Maschine abgebildet werden. Je stärker sich die virtuelle Maschine und die reale Maschine unterscheiden, desto zeitaufwendiger ist i.d.R. die Abbildung, d.h. desto schlechter wird die Leistung.

Ein wichtiger Grenzfall ist daher die virtuelle Maschine im engeren Sinn. Sie ist ein durch Programme realisiertes Duplikat einer realen Maschine. Virtuelle Maschinen werden durch ein spezielles Betriebssystem, den VM-Monitor realisiert, der viele Querverbindungen zu den später besprochenen Mikrokernen hat. Im Folgenden wird der Begriff virtuelle Maschine immer im engeren Sinn gebraucht.

Systeme

Betriebssysteme, die virtuelle Maschinen realisieren, wurden von einigen Herstellern in den 70er-Jahren angeboten. Das bekannteste, kommerziell eingesetzte Produkt war das System VM370 von IBM. Dieses war eine Weiterentwicklung des Systems IBM CP-67. Die Anfänge der Entwicklung liegen am Beginn der 60er Jahre. Die damaligen Hardware-Architekturen waren jedoch noch nicht für die Realisierung virtueller Maschinen geeignet, da nicht alle Forderungen nach Goldberg (siehe Seite 279) erfüllt waren. Deshalb wurden einzelne Spezialmaschinen gebaut (SEAW79), die die zitierten Forderungen erfüllten. Einige Rechensysteme unterstützen sogar durch umfangreiche spezielle Einrichtungen in der Hardware die effiziente Implementierung von virtuellen Maschinen (IBM79, SIEG79). Mit dem Be-

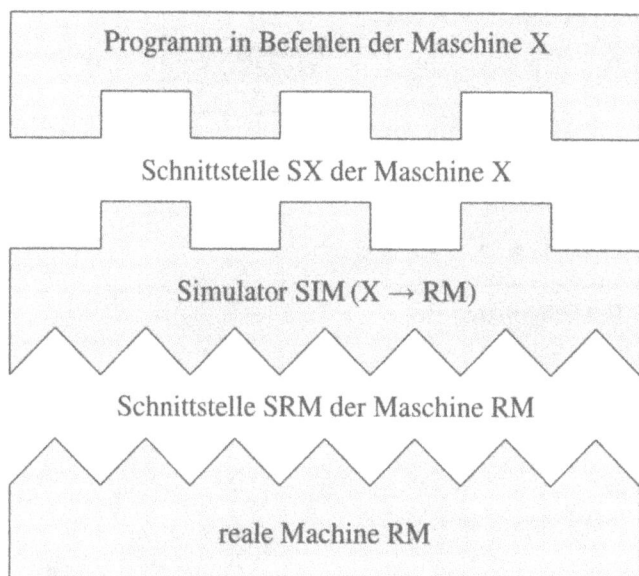

Abbildung 13.1: Schichten eines Rechensystems mit einem
                Maschinensimulator

ginn der dezentralen Datenverarbeitung durch den Einsatz von Workstations,
PCs und Servern verloren die virtuellen Maschinen zunächst ihre Bedeutung.
Sie erleben jedoch seit Anfang dieses Jahrtausends eine neue Blüte im Bereich Serverfarmen und PCs. Weitere Ausführungen dazu finden sich in den
letzten Abschnitten dieses Kapitels.

Zur Definition einer virtuellen Maschine gehen wir von der in Abbil-   *Maschinen-*
dung 13.1 dargestellten Situation aus. Eine reale Rechenmaschine RM bietet   *simulator*
die Maschinenschnittstelle SRM an, definiert durch die Befehle und Objekte
der realen Maschine. Auf dieser Schnittstelle setzt ein Maschinensimulator
SIM (X→RM) auf. Dieser realisiert die Objekte und Befehle einer Maschine
X. Er stellt also die Maschinenschnittstelle SX zur Verfügung. Auf diesem
Simulator können dann Programme aufsetzen, die in Befehlen der Maschine X geschrieben sind. Der Simulator führt diese Befehle aus. Er ist selbst
in Befehlen der Maschine RM geschrieben und realisiert die Befehle und
Objekte der Maschine X durch Verwendung von Objekten und Befehlen der
Maschine RM. Man kann auch sagen, der Simulator SIM (X→RM) bildet
die Maschinenschnittstelle von X auf die Maschinenschnittstelle von RM ab.
Bei beliebiger Wahl der Schnittstelle SX und ohne Hardware-Unterstützung

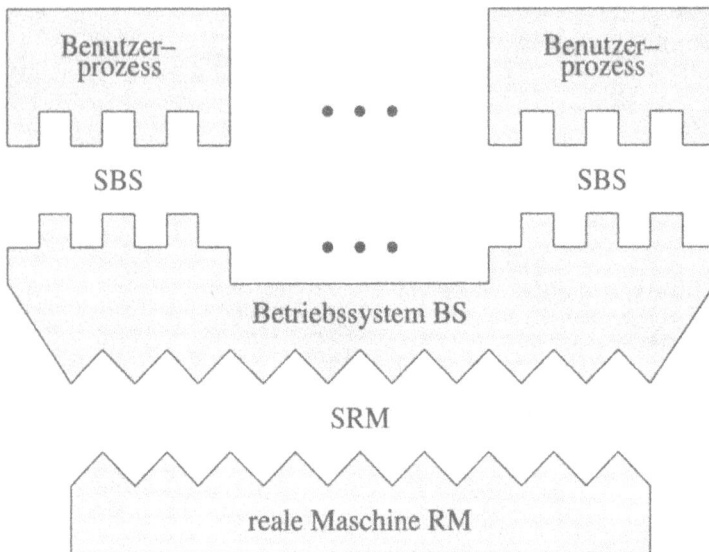

Erklärung:
Das Betriebssystem setzt auf der Schnittstelle SRM auf und stellt
die Betriebssystemschnittstelle SBS nach oben zur Verfügung. Die
Schnittstelle SBS ist die Prozessschnittstelle. Es werden mehrere
Prozesse gleichzeitig unterstützt, deshalb wird diese Schnittstelle
mehrfach gezeichnet.

Abbildung 13.2: Schichten eines konventionellen Rechensystems

---

ist diese Simulation meist sehr zeitaufwendig. Deshalb ist ein Simulator nur
in Sonderfällen für eine Produktionsumgebung geeignet.

Definition   Man nennt nun die Maschine X eine virtuelle Maschine VM und den
Simulator SIM(X→RM) einen VM-Monitor, wenn folgende Sachverhalte
zutreffen:

1. Die Schnittstellen der realen Maschine und der virtuellen Maschine sind
    weitgehend identisch. Das Ziel ist, dass dadurch bis auf die privilegierten
    Befehle alle Befehle der Maschine X direkt durch die Maschine RM
    ausgeführt werden können. Hieraus entstehen bestimmte Anforderungen
    an eine geeignete Rechnerarchitektur, die von Goldberg (GOLD74)
    formuliert wurden. Diese Anforderungen werden im Abschnitt über die
    Arbeitsmodi (Abschnitt 13.3) noch besprochen.

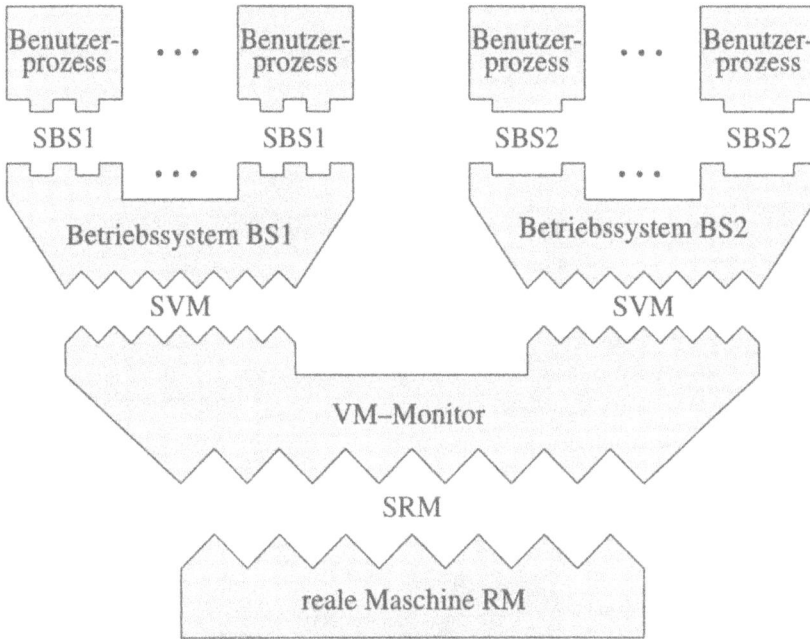

Anmerkung: Schnittstelle SVM ≈ SRM

Abbildung 13.3: Schichten eines Rechensystems mit virtuellen Maschinen

2. Die virtuelle Gerätekonfiguration der virtuellen Maschine unterscheidet sich von der realen Gerätekonfiguration der realen Maschine. Es ist jedoch eine ausreichend einfache Abbildung der virtuellen Geräte auf die realen Geräte möglich. Typisch ist, dass beispielsweise der virtuelle Festplattenspeicher sehr klein ist und daher mehrere virtuelle Festplattenspeicher auf einen realen Festplattenspeicher so abgebildet werden, dass der virtuelle Festplattenspeicher einen oder mehrere Zylinder des realen Festplattenspeichers umfasst.

3. Die Schnittstelle der virtuellen Maschine ist mehrfach vorhanden. Ein VM-Monitor unterstützt also viele virtuelle Maschinen. Dieser Sachverhalt ist in Abbildung 13.3 dargestellt. Zum Vergleich findet sich in Abbildung 13.2 die entsprechende Darstellung einer konventionellen Systemstruktur.

4. Die Abläufe in der realen Maschine und in einer virtuellen Maschine unterscheiden sich höchstens durch die Zeitverhältnisse. Ein Betriebssystem oder sonst ein Programm kann daher nicht feststellen, ob es direkt

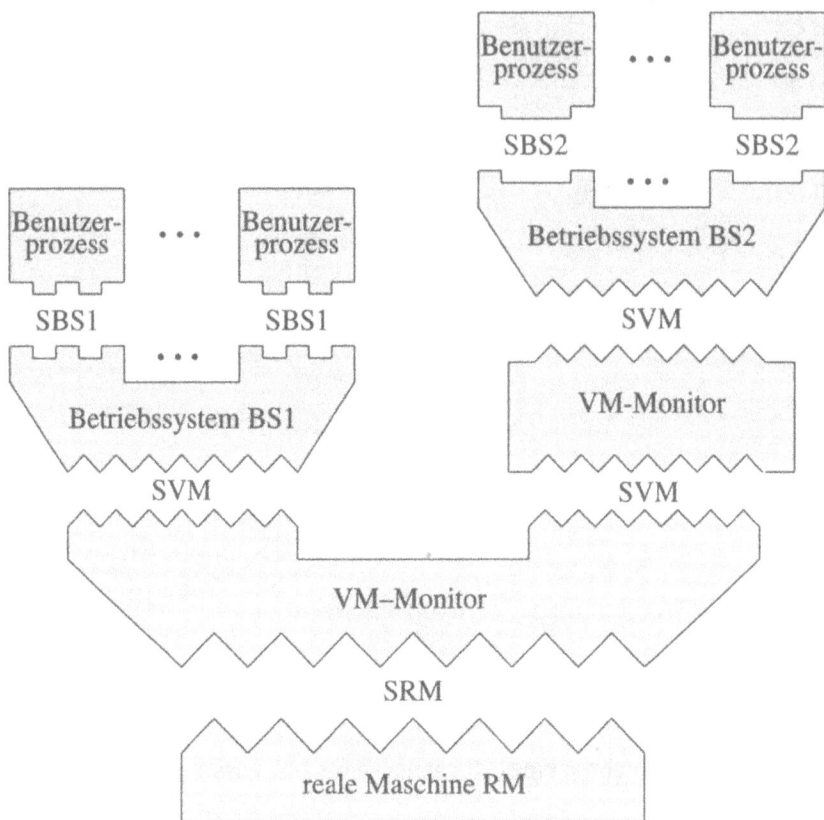

Anmerkung: Schnittstelle SVM ≈ SRM

Abbildung 13.4: Schichten eines Rechensystems mit rekursiv eingesetzten
                virtuellen Maschinen

auf der realen Maschine RM aufsetzt, oder ob es über einer virtuellen
Maschine VM läuft. Damit lässt sich auch eine rekursive Struktur virtu-
eller Maschinen realisieren, also eine Struktur, bei der in einer virtuellen
Maschine wieder ein VM-Monitor läuft (Abbildung 13.4) .

Definition nach   Diese Sachverhalte lassen sich zu einer knappen Definition einer virtuellen
Goldberg   Maschine gemäß Goldberg zusammenfassen: „Eine virtuelle Maschine ist
                     ein durch Programme realisiertes Duplikat einer realen Maschine. Hierbei
                     muss eine nichttriviale Teilmenge der Dienste der virtuellen Maschine direkt
                     durch die reale Maschine ausgeführt werden."

13.2 Einsatzbereiche

Einige Einsatzbereiche sind nachfolgend aufgelistet. Bei den ersten sechs Bereichen wurden bereits klassische virtuelle Maschinen eingesetzt. Die letzten vier Bereiche sind bei PCs und Serverfarmen neu hinzugekommen.

Einsatzbereiche

- Migration zu einer neuer Anlage
- Migration zu einer neuen Version des Betriebssystems
- Test neuer Versionen eines Betriebssystems
- Einsatz neuester Geräte
- Isolation der Benutzer
- paralleler Einbenutzerbetrieb
- Betrieb von Windows unter Linux oder umgekehrt
- Nutzung alter Anwendungen
- Einsatz neuester Rechner
- virtuelle Rechner-Infrastruktur

Die Migration zu einer neuen Anlage soll dadurch erleichtert werden, dass die Anwender ihre Programme nicht sofort bei Einsatz der neuen Anlage umstellen müssen. Hierzu wird auf der neuen Anlage eine virtuelle Maschine mit der Konfiguration der alten Anlage eingerichtet. In dieser virtuellen Maschine läuft dann das Betriebssystem der alten Anlage. Andere virtuelle Maschinen laufen mit dem Betriebssystem der neuen Anlage.

Migration zu neuer Anlage

Die Migration zu einer neuen Version des Betriebssystems wird erleichtert, wenn eine gewisse Zeit die alte und die neue Version in verschiedenen virtuellen Maschinen parallel betrieben werden. Die Anwender können dadurch ihre Programme ohne Zeitdruck umstellen und bei Bedarf die alte und die neue Version parallel betreiben.

Migration zu neuer Version des Betriebssystems

Um eine neue Version eines Betriebssystems zu testen, wird diese in einer virtuellen Maschine installiert. Damit ist der Test ohne Störung und Beeinflussung des normalen Produktionsbetriebs auf dieser Anlage möglich. Dies ist ein großer Vorteil, da für den Test nicht mehr wie früher Blockzeiten – möglicherweise während der Nacht – erforderlich sind.

Test des Betriebssystems

Die Benutzung neuester und damit meist leistungsfähigerer Geräte an der realen Maschine ist möglich, ohne dass die Anwenderprogramme oder die eingesetzten Betriebssysteme sofort umgestellt werden müssen. Voraussetzung hierzu ist, dass der VM-Monitor die neuen Geräte unterstützt und die alten Geräte auf die neuen abbildet.

Einsatz neuester Geräte

Isolation der
Benutzer

Für bestimmte Anwendungen ist eine sichere Isolation der Aufgaben und Daten einzelner Benutzer oder Benutzergruppen wünschenswert. Laufen die Anwendungen in einem Rechner und unter einem einzigen Betriebssystem können sich die Anwendungen gegenseitig stören, beispielsweise kann eine Anwendung durch Fehler den Rechner zum Absturz bringen. Anwendungen in verschiedenen virtuellen Maschinen sind dagegen isoliert. So kann – ein fehlerfreier VM-Monitore vorausgesetzt – eine Anwendung höchstens das Betriebssystem in der eigenen virtuellen Maschine zum Absturz bringen. Jede virtuelle Maschine hat ihre eigenen virtuellen Ressourcen. Jede Kommunikation der virtuellen Maschinen untereinander kann durch den VM-Monitor kontrolliert werden. Damit ergibt sich ein hoher Schutz gegen unberechtigte Zugriffe auf Daten anderer virtueller Maschinen und gegen wechselseitige Störung im Fehlerfall.

paralleler
Einbenutzerbetrieb

Da über einem VM-Monitor beliebig viele virtuelle Maschinen verfügbar sind, kann eine virtuelle Maschine auch einem einzigen Benutzer zugeordnet werden. In jeder virtuellen Maschine läuft ein Einbenutzerbetriebssystem, das z.B. den Dialog mit einem einzigen Benutzer abwickelt. Ein Beispiel hierfür war das System CMS (Cambridge Monitor System, Conversational Monitor System (IBM79)). Der Mehrprogrammbetrieb und die Parallelarbeit mehrerer Benutzer erfolgt dabei nicht auf der Betriebssystemebene, sondern nur auf der Ebene der virtuellen Maschinen.

Betrieb von
Windows unter
Linux

Für viele Linux-Anwender ist es interessant, möglichst bequem auch Windows-Anwendungen ablaufen zu lassen. Dazu wird kommerziell eine virtuelle Maschine angeboten, die als Anwendung unter Linux läuft. Auch die umgekehrte Lösung, Linux in einer virtuellen Maschine als Anwendung unter Windows, ist möglich. Diese Realisierungen fallen nicht unter die klassischen Lösungen, bei denen der VM-Monitor direkt auf der realen Maschine aufsetzt und alle Betriebssysteme in virtuellen Maschinen ablaufen.

Nutzung alter
Anwendungen

Anwendungen, die ältere Betriebssysteme und/oder ältere Rechnerkonfigurationen voraussetzen, können unter einer virtuellen Maschine ablaufen. Damit entfällt der Druck, die alte Anwendung umzustellen. Gleichzeitig kann dieses Vorgehen sehr viel kostengünstiger sein, da alte Rechner durch neue ersetzt werden können. Auch die Mitbenutzung schon vorhandener neuerer Rechner ist attraktiv.

Einsatz neuester
Rechner

Der Einsatz neuester Geräte wurde bereits besprochen. Eine Erweiterung ist, vollständig neue Rechner einzusetzen. Da diese meist sehr viel leistungsfähiger sind, kann man die Anwendungen von den bisherigen Rechnern in einzelne virtuelle Maschinen auf dem neuen Rechner übertragen. Die Konfigurationen der virtuellen Maschinen entspricht denen der abgelösten Rechner.

Noch einen Schritt weiter geht der Aufbau einer virtuellen Infrastruktur. Der VM-Monitor setzt dann nicht auf einem einzelnen realen Rechner auf, sondern auf einem System vernetzter Rechner und Speicher, allgemein: Auf einem System vernetzter realer Ressourcen. Er bildet die virtuellen Ressourcen einer virtuellen Maschine auf die realen Ressourcen der Infrastruktur ab. So entsteht eine virtuelle Infrastruktur. Die Abbildung kann sich zeitlich ändern, so dass beispielsweise einer virtuellen Maschine verschiedene reale Maschinen zugeordnet werden. Dies bedeutet eine weitgehende Entkopplung der Betriebssysteme von der realen Infrastruktur mit dem Potential für höhere Ausfallsicherheit durch Redundanz und bessere Auslastung der Ressourcen durch mehrere gleichzeitige Nutzer und dynamische Allokation. Außerdem kann der Betrieb der gesamten Rechnerinfrastruktur zentralisiert und damit vereinfacht werden.

virtuelle Rechner-Infrastruktur

13.3   Arbeitsmodi

Der Ausgangspunkt dieser Darstellung ist ein konventionelles Rechensystem. In einem konventionellen System sind gemäß Abbildung 13.2 zwei Schichten von Programmen zu unterscheiden: Die Schicht des Betriebssystems und die Schicht der Prozesse mit den Anwendungen. Jede Schicht wird in einem anderen Arbeitsmodus des Rechnerkerns bearbeitet. Die Prozesse laufen im Benutzermodus, das Betriebssystem im Systemmodus. Den Benutzerprozessen stehen die nichtprivilegierten Befehle zur Verfügung. Prozesse arbeiten mit einem virtuellen Rechnerkern und in allen hier betrachteten Fällen auch mit einem virtuellen Arbeitsspeicher. Das Betriebssystem verwendet neben den Befehlen, die im Benutzermodus verfügbar sind, die privilegierten Befehle[1]. Es arbeitet direkt mit dem Arbeitsspeicher und den Geräten der realen Maschine.

konventionelles System

In einem System mit virtuellen Maschinen sind gemäß Abbildung 13.3 drei Schichten von Programmen zu unterscheiden: Die Schicht des VM-Monitors, die Schicht der Betriebssysteme und die Schicht der Prozesse. Grundsätzlich ist wiederum je Schicht ein eigener Arbeitsmodus des Rechnerkerns erforderlich. Wir bezeichnen die hier auftretenden drei Modi als VMM-Modus, BS-Modus und P-Modus.

Virtuelle Maschine

Im P-Modus sind die Befehle des Benutzermodus einer normalen Anlage zugänglich. Insbesondere die Benutzerprozesse arbeiten also in diesem Modus. Der P-Modus einer virtuellen Maschine entspricht also dem Benutzermodus einer konventionellen Anlage.

P-Modus

---

[1]   Es wäre natürlich auch denkbar, dass die Befehlssätze disjunkt sind. Dies ist aber bei den üblichen Maschinen nicht der Fall.

VMM-Modus   Der VMM-Modus enthält die Befehle des P-Modus und die privilegierten Befehle für die reale Maschine. Wir nennen letztere der Deutlichkeit
halber RM-privilegierte Befehle. Die unterste Schicht der Software, der VM-
Monitor, benützt offensichtlich wieder direkt die reale Hardware. Er spricht
ihre Komponenten durch RM-privilegierte Befehle an. Der VMM-Modus
entspricht also dem Systemmodus der konventionellen Anlage.

BS-Modus   Der BS-Modus enthält die Befehle des P-Modus und die VM-privilegierten
Befehle. Dieser Sachverhalt soll nun etwas genauer erläutert werden. Nach
Voraussetzung soll ein konventionelles Betriebssystem unverändert über einer virtuellen Maschine ablaufen. Es ist mit den Befehlen des Systemmodus
einer konventionellen Anlage realisiert. Läuft es über einer virtuellen Maschine ab, dann beziehen sich seine privilegierten Befehle aber nicht mehr
auf die Komponenten der realen Maschine, sondern auf die vom VMM
realisierten virtuellen Komponenten der virtuellen Maschine. Die Wirkung
der privilegierten Befehle des Betriebssystems muss daher offensichtlich bei
Ausführung in einer konventionellen Anlage und bei Ausführung in einer
virtuellen Maschine differieren, auch wenn das Aussehen dieser Befehle
unverändert bleibt. Wir nennen die in dem Betriebssystem verwendeten privilegierten Befehle daher der Deutlichkeit halber VM-privilegierte Befehle.
Man erkennt nun auch, dass die zwei Arbeitsmodi eines heutigen kommerziellen Rechensystems ein Spezialfall einer allgemeineren Betrachtung ist.

Problem der   Die Realisierung virtueller Maschinen lässt sich leicht verstehen, wenn man
Realisierung   die drei geschilderten Arbeitsmodi im realen Rechnerkern verfügbar hat.
Dies ist aber in den klassischen Rechensystemen aus Kostengründen nicht
der Fall. Erst in jüngster Zeit hat Intel in seiner Architektur neue Arbeitsmodi
eingeführt, so dass klassische virtuelle Maschinen möglich werden (siehe
Abschnitt 13.9).

Es erhebt sich daher die Frage, ob und wie eine virtuelle Maschine auf einer
konventionellen Anlage mit nur zwei Arbeitsmodi realisiert werden kann.
Es zeigt sich, dass dies nur möglich ist, wenn der Befehlssatz bestimmten
Anforderungen genügt und virtuelle Adressierung vorgesehen ist. Diese
Anforderungen an den Befehlssatz werden nicht bei allen Maschinen erfüllt,
insbesondere überhaupt nicht von der klassischen x86-Architektur. Daher
mussten bei dieser Architektur andere Lösungen gefunden werden, nämlich
die Paravirtualisierung und die volle Interpretation des Betriebssystems. Wir
werden später darauf zurückkommen (Abschnitt 13.8).

sensitive Befehle   Die Befehle einer Rechenanlage werden in sensitive und in nichtsensitive Befehle klassifiziert. Alle Befehle einer Maschine, die sich auf
Hardware-Komponenten beziehen oder die die Arbeitsumgebung eines Programms beeinflussen, werden sensitive Befehle genannt. Bei den Hardware-
Komponenten sind dabei nur die benutzerspezifischen Rechnerkernregister,

die die normalen Benutzerdaten enthalten und die ausschließlich für das Benutzerprogramm von Bedeutung sind, sowie der jeweilige Speicherbereich für die Benutzerdaten im Prozessadressraum ausgeklammert. Beispiele für sensitive Befehle sind: Lesen oder verändern des Arbeitsmodus, lesen oder verändern des Registers mit der Adresse der Speicherabbildungstabellen, lesen oder verändern der Ablaufpriorität, Start eines EA-Geräts, Zugriff auf ein EA-Register, Umwandlung einer virtuellen Adresse in eine reale Adresse, Systemaufruf. Alle übrigen Befehle sind nichtsensitive Befehle.

Bei der Realisierung einer virtuellen Maschine mit einer konventionellen Rechnerarchitektur ist es klar, dass der P-Modus durch den Benutzermodus und der VMM-Modus durch den Systemmodus ersetzt werden muss. Da die VM-privilegierten Befehle nach dem oben Gesagten eine andere Wirkung als im Systemmodus haben müssen, kann der BS-Modus nicht durch den Systemmodus realisiert werden. Das Betriebssystem muss also im Benutzermodus ablaufen. Die Realisierung der VM-privilegierten Befehle muss folglich durch Programme im VM-Monitor erfolgen, d.h. die VM-privilegierten Befehle werden dort simuliert. Damit dies möglich ist, sind nach Goldberg (GOLD74) folgende Forderungen an die Rechnerarchitektur zu stellen:

Forderungen an die Rechnerarchitektur

- Der Rechnerkern ist entziehbares Betriebsmittel, d.h. er kann virtualisiert werden.

- Das Rechensystem hat virtuelle Adressierung. In der Regel wird also im Benutzermodus virtuell adressiert.

- Die Ausführung der nichtprivilegierten Befehle ist im Systemmodus und im Benutzermodus identisch, abgesehen davon, dass sich die Adressen auf den jeweiligen Prozessadressraum beziehen.

- Im Benutzermodus dürfen keine sensitiven Befehle verfügbar sein.

- Alle sensitiven Befehle müssen privilegierte Befehle sein.

- Der Befehlscode eines privilegierten Befehls darf im Benutzermodus keine andere Bedeutung haben, sondern muss auf einen Befehlsalarm geführt werden.

Nur eine Rechnerarchitektur, die alle diese Forderungen erfüllt, ist zur Bildung klassischer virtueller Maschinen geeignet. Denn nur dann kann ein Betriebssystem anstatt im Systemmodus auch im Benutzermodus ablaufen, wobei die Ausführung eines jeden VM-privilegierten Befehls einen Befehlsalarm erzeugt. Beim Befehlsalarm wird die Unterbrechungsbehandlung des VM-Monitors betreten. Damit kann der VM-privilegierte Befehl, wie oben gefordert, im VM-Monitor simuliert werden.

<table>
<tr><td>*Erfüllung*
Leistungsforderung</td><td>Da nach diesem Konzept nur die VM-privilegierten Befehle nicht direkt in der Hardware ausgeführt werden können, sondern simuliert werden müssen, ist eine nicht allzu große Leistungseinbuße zu erwarten. Es ist die eingangs erhobene Forderung, dass bis auf die privilegierten Befehle des Betriebssystems alle Befehle direkt durch die reale Maschine ausgeführt werden, erfüllt. Allerdings hat sich beim Einsatz virtueller Maschinen gezeigt, dass es im Hinblick auf die Leistung des Systems doch wünschenswert ist, Ergänzungen bei Hardware und Betriebssystem vorzunehmen, siehe Abschnitt 13.7. Beispielsweise wird der BS-Modus als dritter Modus in der Hardware unterstützt und im Betriebssystem der Rechnerkern an den VMM abgegeben, wenn kein Prozess im Betriebssystem rechnen kann.</td></tr>
</table>

13.4 Geräte

<table>
<tr><td>*EA-Parameter*</td><td>Beim Zugriff auf die Geräte werden EA-Parameter verwendet. Diese enthalten u.a.:</td></tr>
</table>

- Bezeichnungen von EA-Komponenten, beispielsweise die Bezeichnung des angesprochenen Geräts;

- Versorgungsparameter für die Durchführung eines EA-Transports, beispielsweise die Transportrichtung, die Anzahl der Zeichen, die Adresse der Daten auf Festplattenspeicher und die Adresse eines Puffers im Arbeitsspeicher;

- Rückmeldungen am Ende eines EA-Auftrags, beispielsweise Fehlermeldungen des Geräts.

<table>
<tr><td>*reale Geräte*</td><td>Im VMM-Modus wird auf die realen Geräte der Anlage zugegriffen. Die EA-Parameter beziehen sich dabei natürlich auf die Geräte der realen Maschine. Wir nennen diese Parameter der Deutlichkeit halber REA-Parameter und diese Geräte RM-Geräte.</td></tr>
<tr><td>*virtuelle Geräte*</td><td>Die virtuellen Geräte einer virtuellen Maschine nennen wir VM-Geräte. Dementsprechend nennen wir die zugehörigen EA-Parameter VEA-Parameter. Läuft ein Betriebssystem über einem VMM, dann greift es nicht auf die realen Geräte zu, sondern auf gleichartige virtuelle Geräte. Dabei wird nicht immer ein virtuelles Gerät genau durch ein reales Gerät mit gleichen Eigenschaften realisiert. Im allgemeinen Fall müssen deshalb die VM-Geräte auf reale Geräte der realen Maschine, d.h. die RM-Geräte, abgebildet werden. Hierbei wird der Zugriff auf VM-Geräte in Zugriffe auf RM-Geräte transformiert. Dazu sind selbstverständlich Transformationen zwischen VEA- und REA-Parametern in beiden Richtungen erforderlich. Dies bedeutet im Einzelnen: Für jedes VM-Gerät, jeden VM-Kanal und jeden VM-EA-Prozessor</td></tr>
</table>

ist eine Abbildung auf eine geeignete reale Komponente definiert. Die Simulation eines VM-privilegierten Befehls erfolgt unter Verwendung geeigneter
RM-privilegierter Befehle. Hierzu werden die VEA-Parameter vor Start des
realen Geräts in die korrespondierenden REA-Parameter transformiert. Nach
dem Ende des Transports werden die REA-Parameter, die das Ergebnis
beschreiben (beispielsweise Fehlermeldungen), wieder in die korrespondierenden VEA-Parameter zurücktransformiert. Diese werden dann an das
Betriebssystem zurückgegeben und können durch das Betriebssystem weiter
verarbeitet werden. Dieser Sachverhalt wird in Abbildung 13.5 nochmals
anschaulich dargestellt.

Ganz oben in der Abbildung sind zwei Kästchen, die jeweils einen Aus-
schnitt aus dem Betriebssystem darstellen, das über einer virtuellen Ma-
schine läuft. Links befindet sich ein Ausschnitt der Bearbeitung eines
EA-Auftrags, rechts ein Ausschnitt der Unterbrechungsbehandlung bei der
Endemeldung des EA-Auftrags. In der Auftragsbearbeitung werde mit dem
Befehl starte_ea ein Auftrag an das Gerät G1 gegeben. Dieses ist aus der
Sicht des BS ein reales Gerät. In Wirklichkeit ist es aber ein virtuelles
Gerät, das durch den VM-Monitor auf das reale Gerät G0 abgebildet wird.
Da das Gerät G1 virtuell ist, ist es gestrichelt gezeichnet. Die Unterbre-
chungsbehandlung im BS erwartet eine Rückmeldung, beispielsweise eine
Transportendemeldung, in der Form, wie diese vom Gerät G1 erzeugt würde.
Eine solche Rückmeldung wird vom VM-Monitor bereitgestellt. Da das Be-
triebssystem über einer virtuellen Maschine läuft, führen die privilegierten
Befehle zur Unterbrechung der virtuellen Maschine und zum Betreten des
VM-Monitors. In der Abbildung ist das beim Befehl starte_ea der Fall. Dabei
wird die Unterbrechungsbehandlung des VM-Monitors betreten. Ein Ausschnitt daraus für die Realisierung des Befehls starte_ea ist in dem Kästchen
in der Mitte der Abbildung zu finden. Hier findet eine Abbildung des Geräts
G1 auf das Gerät G0 statt. Das Gerät G0 wird dann gestartet. Die Rückmeldung des Geräts G0 erfolgt über eine Unterbrechung des Typs Eingriff.
Dabei wird wieder die Unterbrechungsbehandlung des VM-Monitors betreten. Dort wird insbesondere die Rückmeldung des Geräts G0 in eine
korrespondierende von Gerät G1 umgewandelt und diese dem auftraggebenden Betriebssystem durch eine Unterbrechung mitgeteilt.

Erläuterungen zu Abbildung 13.5

Wenn die korrespondierenden Geräte sehr unterschiedliche Programmierschnittstellen besitzen, ist je nach Situation die Abbildung der REA-
Parameter in die VEA-Parameter und umgekehrt nicht einfach oder sehr
zeitaufwendig oder sogar unmöglich. Man betrachte beispielsweise die Abbildung eines virtuellen Druckers auf eine Datei des VMM, die dann später
wirklich ausgedruckt wird. Hier treten beim Beschreiben der Datei ganz
andere Fehler auf als beim Druckertreiber des Betriebssystems erwartet wer-

Probleme bei der Abbildung

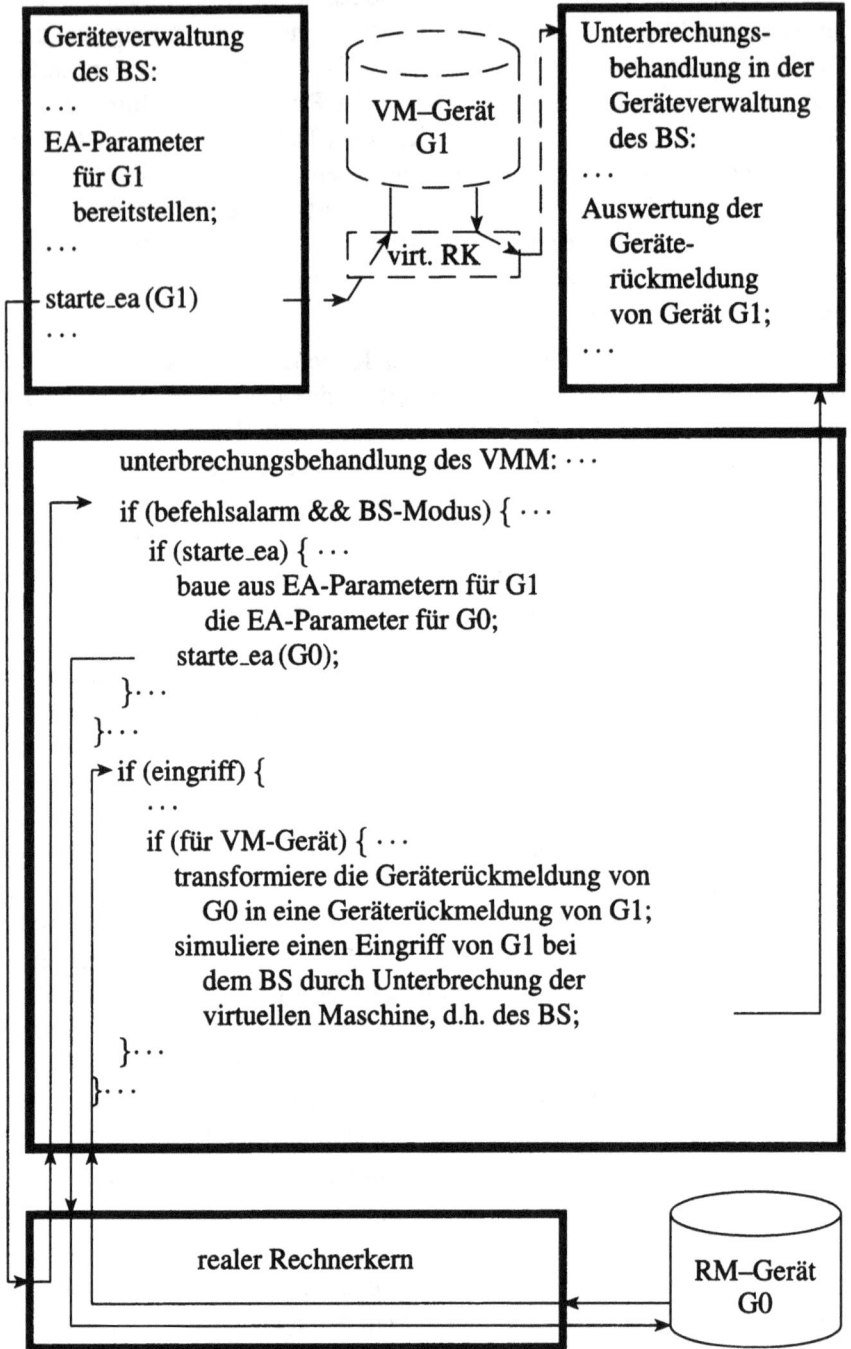

Abbildung 13.5: Gerätesimulation in einem VM-Monitor

den. Die Fehlermeldungen des realen Druckers treten erst beim Ausdrucken auf, also zu einem Zeitpunkt, zu dem der Druckauftrag aus der Sicht des Betriebssystems schon längst abgeschlossen ist und kein Bezug mehr zu dem Auftrag und dem auftraggebenden Prozess besteht.

13.5 Arbeitsspeicher

Wir betrachten zunächst wieder eine konventionelle Rechenanlage. Das Betriebssystem arbeitet mit direkter Adressierung. Die Prozesse arbeiten mit virtueller Adressierung. Durch die Speicherabbildungstabellen im Betriebssystem BS wird der Prozessadressraum eines Prozesses p auf den Arbeitsspeicher der realen Maschine RM abgebildet. Wir bezeichnen die dadurch definierte Speicherabbildungsfunktion mit fasp (BS, p→RM).

Speicherabbildung im konventionellen System

In einer Rechenanlage mit virtuellen Maschinen arbeitet der VM-Monitor mit direkter Adressierung. Er benutzt also Maschinenadressen der realen Maschine zum Zugriff auf den Arbeitsspeicher der realen Maschine. Dieser werde mit ASP (RM) bezeichnet.

ASP (RM)

Ein Betriebssystem BS in einer virtuellen Maschine VM arbeitet aus seiner Sicht ebenfalls mit direkter Adressierung. Es greift aus seiner Sicht also direkt auf den realen Arbeitsspeicher zu, in Wirklichkeit greift es aber über Maschinenadressen der virtuellen Maschine auf deren (virtuellen) Arbeitsspeicher zu. Dieser werde mit ASP (VM) bezeichnet. Falls das Betriebssystem direkt auf der realen Maschine ablaufen würde, wäre der ASP (VM) gleich dem ASP (RM). In dem betrachteten Fall muss jedoch der virtuelle Arbeitsspeicher ASP (VM) auf den realen Arbeitsspeicher ASP (RM) abgebildet werden. Dies geht durch die virtuelle Adressierung problemlos, da das Betriebssystem in einer virtuellen Maschine ja im Benutzermodus und mit virtueller Adressierung abläuft. Der VM-Monitor stellt dann die benötigten Speicherabbildungstabellen für die Abbildung des ASP (VM) in den ASP (RM) ganz konventionell bereit. Wir nennen die damit realisierte Speicherabbildungsfunktion fasp (VMM, VM→RM).

ASP (VM)

Die Prozesse in einer virtuellen Maschine laufen im Benutzermodus ab. Sie arbeiten in einem prozessspezifischen virtuellen Arbeitsspeicher (Prozessadressraum). Dieser werde für den Prozess p mit ASP (p) bezeichnet. Das Betriebssystem bildet aus seiner Sicht mit seinen Speicherabbildungstabellen ASP (p) auf ASP (RM) ab. Falls das Betriebssystem aber über einem VMM läuft, bildet es ja in Wirklichkeit ASP (p) auf ASP (VM) ab. Wir bezeichnen die Speicherabbildung, die das Betriebssystem durchführt, daher mit fasp (BS, p→VM). Der Rechnerkern einer konventionellen Rechenanlage benötigt aber bei Ausführung eines Prozesses zum Zugriff auf den Speicher die realen Maschinenadressen. Wir müssen also für den Rechnerkern

ASP (p) Schattentabelle

durch den VMM die zusätzliche Speicherabbildung fasp (VMM, p→RM) bereitstellen. Diese Abbildung ergibt sich durch Anwendung der Abbildungen fasp (BS, p→VM) und fasp (VMM, VM→RM) nacheinander. Die Abbildung fasp (VMM, p→RM) wird durch die so genannte Schattentabelle für den Prozess p realisiert. Die Schattentabelle steht im Adressraum des VM-Monitors. Sie wird von dem VM-Monitor erzeugt und aktualisiert. Hierbei entsteht fasp (VMM, VM→RM) durch das Arbeitsspeichermanagement des VMM und fasp (BS, p→VM) durch das davon unabhängige Arbeitsspeichermanagement des Betriebssystems.

Läuft ein Prozess p ab, so wird also im Rechnerkern seine Schattentabelle fasp (VMM, p→VM) für die Speicherabbildung verwendet. Hierbei kann es natürlich auch zu einem Seitefehltalarm beim Zugriff auf eine Seite s des Prozesses p kommen. Dieser Alarm kann nun drei Ursachen haben. Diese werden nachfolgend beschrieben. Ein Vergleich mit dem Beispiel in Abbildung 13.6 ist dabei hilfreich.

Fall 1: Der Seite s ist gemäß fasp (BS, p→VM) die virtuelle Kachel vk in dem virtuellen Speicher ASP (VM) zugeordnet. Sie ist also in den virtuellen Speicher ASP (VM) geladen. Der virtuellen Kachel vk ist auch gemäß der Abbildung fasp (VMM, VM→RM) eine reale Kachel k zugeordnet. Sie ist also in den realen Arbeitsspeicher ASP (RM) geladen. Gemäß der Schattentabelle ist der Seite s jedoch keine Kachel im ASP (RM) zugeordnet. In diesem Fall muss beim Seitefehltalarm der VM-Monitor lediglich die Zuordnung der Seite s zur Kachel k in die Schattentabelle fasp (VMM, p→RM) eintragen. Die Schattentabelle wird so inkrementell nach Bedarf aufgebaut.

Fall 2: Der Seite s ist gemäß fasp (BS, p→VM) die virtuelle Kachel vk in dem virtuellen Speicher ASP (VM) zugeordnet. Sie ist also in den virtuellen Speicher ASP (VM) geladen. Der virtuellen Kachel vk ist jedoch gemäß der Abbildung fasp (VMM, VM→RM) keine reale Kachel zugeordnet. Sie ist also nicht in den realen Arbeitsspeicher ASP (RM) geladen. In diesem Fall muss beim Seitefehltalarm der VM-Monitor die virtuelle Kachel vk in eine freie Kachel k des Arbeitsspeichers ASP (RM) laden. Falls erforderlich, muss vorher eine virtuelle Kachel verdrängt werden. Die Zuordnung von vk zur Kachel k wird in die Speicherabbildungstabelle fasp (VMM, VM→RM) eingetragen. Anschließend muss noch die Zuordnung der Seite s zur Kachel k in die Schattentabelle fasp (VMM, p→RM) eingetragen werden.

Fall 3: Der Seite s ist gemäß fasp (BS, p→VM) keine virtuelle Kachel in dem virtuellen Speicher ASP (VM) zugeordnet. Sie ist also nicht in den virtuellen Speicher ASP (VM) geladen. In diesem Fall muss beim Seitefehltalarm der VM-Monitor einen Seitefehltalarm bezüglich der Seite s an das Betriebssystem in der virtuellen Maschine VM schicken. Der Ablauf der virtuellen Maschine wird hierzu unterbrochen und das Betriebssystem wie

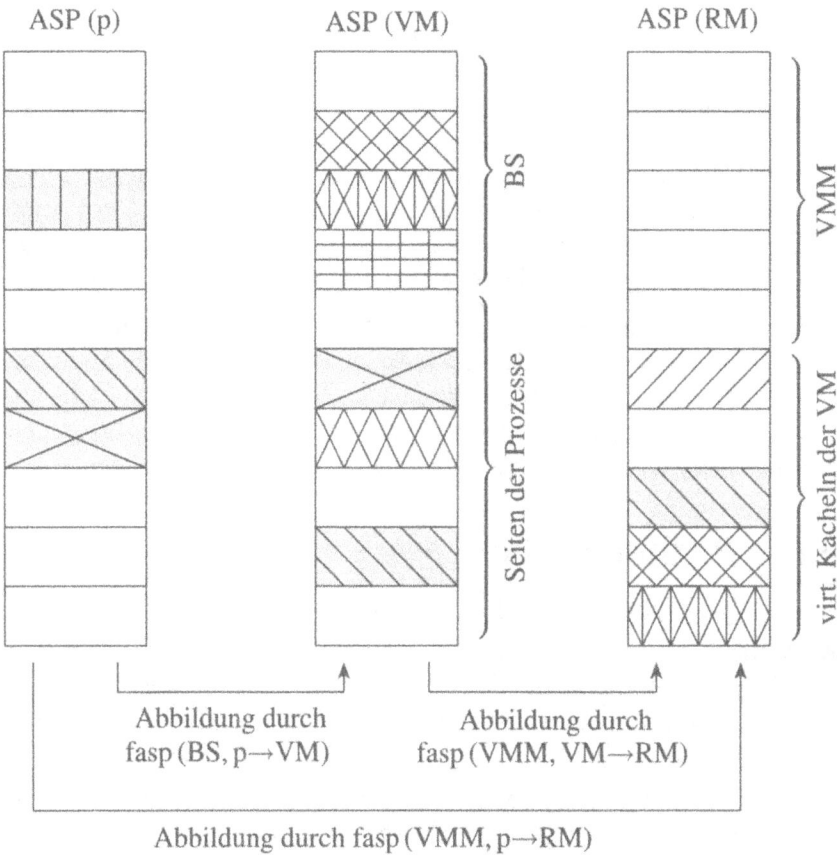

Abbildung durch
fasp (BS, p→VM)

Abbildung durch
fasp (VMM, VM→RM)

Abbildung durch fasp (VMM, p→RM)

Erklärung:
Ein gleiches Muster bedeutet, dass die entsprechende Seite oder
die virtuelle Kachel oder die reale Kachel einander zugeordnet sind.

Gemäß Text liegen folgende Fälle bei folgenden Mustern vor:

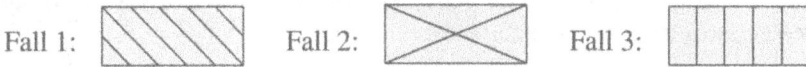

Fall 1:   Fall 2:   Fall 3:

Abbildung 13.6: Speicherabbildungen bei virtuellen Maschinen

bei der realen Anlage mit seiner Unterbrechungsbehandlung für Seitefehltalarme fortgesetzt. Das Betriebssystem wird daraufhin die fehlende Seite
zuladen, also die Seite s in den ASP(VM) laden. Hierbei wird s die virtuelle
Kachel vk zugeordnet. Danach wird das Betriebssystem die Speicherabbildungstabelle fasp (BS, p→VM) aktualisieren und den Prozess fortsetzen.
Der Prozess wiederholt dann den Zugriff auf die Seite s. Dies führt gemäß
dem besprochenen Fall 2 zu einem weiteren Seitefehltalarm. Auf Grund
dieses Alarms lädt der VM-Monitor die virtuelle Kachel vk in den realen
Arbeitsspeicher ASP(RM) und aktualisiert die Schattentabelle. Der Prozess
wird dann wieder fortgesetzt und wiederholt nochmals den Zugriff auf die
Seite s. Dieses Mal ist die Abbildung definiert und der Zugriff erfolgreich.

Problem

Sowohl das Betriebssystem als auch der VM-Monitor führen also unabhängig voneinander und möglicherweise mit unterschiedlichen Strategien
einen dynamischen Seitenwechsel durch. Dies führt zu unnötigen Lade- und
Verdrängungsvorgängen. Eine Verbesserung dieser Situation wird später bei
den Erweiterungen des Konzepts der virtuellen Maschinen behandelt.

13.6   Rechnerkerne

*die virtuellen
Rechnerkerne
RK (P) und
RK (VM)*

In Abschnitt 8.2 wurde bereits die Virtualisierung der Rechnerkerne besprochen. Gemäß diesem Konzept ordnet das Betriebssystem jedem Prozess p
einen virtuellen Rechnerkerne RK (p) zu. In einer virtuellen Maschine findet
man nun dieselbe Vorgehensweise: Der VM-Monitor ordnet jeder virtuellen
Maschine VM einen virtuellen Rechnerkern RK (VM) zu. Um die Erklärun-
gen und Formalismen nicht zu überfrachten, betrachten wir den Fall, dass
einer virtuellen Maschine mehrere Rechnerkerne zugeordnet werden nicht.
Die Erweiterung auf diesen Fall ist problemlos.

Bei der Rechnerkernzuteilung im Betriebssystem wird einem virtuellen
Rechnerkern RK (p) aus der Sicht des Betriebssystems der reale Rechnerkern zugeordnet. Aus der Sicht des Gesamtsystems wird jedoch nicht der
reale Rechnerkern, sondern nur der virtuelle Rechnerkern RK (VM) der
virtuellen Maschine zugeordnet. Der VM-Monitor besitzt ebenfalls eine
Rechnerkernzuteilung. Hier wird dem virtuellen Rechnerkern RK (VM) ein
realer Rechnerkern RK (RM) zugeordnet.

*Zustands-
beschreibung*

Nachfolgend werden nun Beziehungen zwischen den Zuständen der virtuellen und realen Rechnerkerne beschrieben. Dabei ist immer der Einfachheit
halber vorausgesetzt, dass sich eine Änderung des Zustands des realen
Rechnerkerns sofort im zugeordneten virtuellen Rechnerkern auswirkt. In
Wirklichkeit erfolgt eine Aktualisierung ja immer erst bei Unterbrechungen.
Wir betrachten nachfolgend den Arbeitsmodus (am), den Befehlszähler (bz),
ein nichtsensitives Register (reg) und die Adresse der Speicherabbildungsta-

bellen (aspa) als charakteristisch für den Zustand eines virtuellen oder eines realen Rechnerkerns. Es gibt drei Zustände:

- Wenn der VM-Monitor läuft, dann ist nur der Zustand des realen Rechnerkerns von Bedeutung. Dieser ist: *RK-Zustand, wenn der VM-Monitor läuft*

  rk (rm).am == systemmodus
  rk (rm).bz == aktueller wert
      /* bz enthält eine Adresse im ASP (RM) */
  rk (rm).reg == aktueller wert
  rk (rm).aspa == ohne bedeutung

- Wenn das Betriebssystem BS läuft, dann bestehen folgende Beziehungen: *RK-Zustand, wenn ein Betriebssystem läuft*

  rk (vm).am == systemmodus
  rk (rm).am == benutzermodus
  rk (vm).bz == rk (rm).bz
      /* bz enthält eine Adresse im ASP (VM) */
  rk (vm).reg == rk (rm).reg
  rk (vm).aspa == ohne bedeutung
  rk (rm).aspa == adresse von fasp (VMM, VM→RM)
      /* aspa enthält eine Adresse im ASP (RM) */

- Wenn der Prozess p läuft, dann bestehen folgende Beziehungen: *RK-Zustand, wenn ein Prozess läuft*

  rk (p).am == rk (vm).am == rk (rm).am == benutzermodus
  rk (p).bz == rk (vm).bz == rk (rm).bz
      /* bz enthält eine Adresse im ASP (p) */
  rk (p).reg == rk (vm).reg == rk (rm).reg
  rk (p).aspa == rk (vm).aspa == adresse von fasp (BS, p→VM)
      /* aspa enthält eine Adresse im ASP (VM) */
  rk (rm).aspa == adresse von fasp (VMM, p→RM)
      /* aspa enthält die Adresse der Schattentabelle im ASP (RM) */

Alle Unterbrechungen, die von dem realen Rechnerkern ausgelöst werden, führen zum Aufruf der zuständigen Unterbrechungsbehandlung des VM-Monitors. Unterbrechungen in Unterbrechungsbehandlungen des VM-Monitors sind hier nicht interessant. Wir betrachten daher nur die Unterbrechung einer virtuellen Maschine vm. Als Erstes wird der Befehlszähler und die Register des Rechnerkerns in rk (vm) abgespeichert. Eine vollständige *Unterbrechungsbehandlung im VM-Monitors*

Übernahme des Rechnerkernzustandes wäre falsch, da in rk (vm) die Adresse der Speicherabbildungstabelle und der Arbeitsmodus erhalten bleiben müssen (siehe oben). Bei der Behandlung der Unterbrechung gibt es dann drei Fälle:

- Die Unterbrechung betrifft nur den VM-Monitor und wird voll im VM-Monitor abgehandelt. Sie ist also transparent für alle virtuellen Maschinen. Es wird daher bei keiner der virtuellen Maschinen der Zustand zusätzlich verändert. Dieser Fall tritt nur bei externen Unterbrechungen auf, beispielsweise bei einer Gerätemeldung, die nur für den VM-Monitor Bedeutung hat.

- Die Unterbrechung betrifft die unterbrochene virtuelle Maschine. Der VM-Monitor löst dann eine Unterbrechung der unterbrochenen virtuellen Maschine aus. Dieser Fall liegt beispielsweise vor bei internen Unterbrechungen, wie arithmetischen Alarmen, Befehlsalarmen, Speicherschutzalarmen, Seitefehltalarmen oder Systemaufrufen. Er liegt auch vor bei einer externen Unterbrechung, die im Betriebssystem der unterbrochenen virtuellen Maschine zu behandeln ist.

- Die Unterbrechung betrifft nicht die unterbrochene virtuelle Maschine, sondern eine andere. Der VM-Monitor löst dann eine Unterbrechung dieser virtuellen Maschine aus. Ein solcher Fall liegt vor, wenn eine externe Unterbrechung gemeldet wird, die im Betriebssystem dieser virtuellen Maschine zu behandeln ist.

Unterbrechung einer virtuellen Maschine

Bei der Unterbrechung einer virtuellen Maschine simuliert der VM-Monitor das Unterbrechen des Betriebssystems der virtuellen Maschine entsprechend der im Betriebssystem vorausgesetzten Maschinenschnittstelle. Der aktuelle Rechnerkernzustand rk (vm) dieser virtuellen Maschine wird auf den Systemkeller dieser Maschine gelegt und es wird ein neuer Rechnerkernzustand durch den VM-Monitor eingestellt:

rk (vm).am = systemmodus;
rk (vm).bz = adresse der unterbrechungsbehandlung;
        /∗ Adresse in ASP (VM) ∗/
rk (vm).aspa = ohne bedeutung

Rechnerkern-vergabe im VM-Monitor

Am Ende jeder Unterbrechungsbehandlung im VM-Monitor wird die Rechnerkernvergabe des VM-Monitors aufgerufen und eine virtuelle Maschine ausgewählt und dieser der Rechnerkern zugeteilt. Dabei wird als Arbeitsmodus des realen Rechnerkerns immer der Benutzermodus eingestellt. Die Adresse der Speicherabbildungstabelle für den realen Rechnerkern ist entweder fasp (VMM, VM→RM), wenn rk (vm).am = systemmodus, oder die

Adresse fasp (VMM, p→RM) der Schattentabelle, wenn rk (vm).am = benutzermodus. Diese Schattentabelle wird entweder neu erzeugt oder zumindest aktualisiert. Die Aktualisierung ist immer notwendig, wenn sich eine der beiden Ausgangstabellen geändert haben könnte, beispielsweise wenn das Betriebssystem dieser virtuellen Maschine aktiv war.

Das betrachtete Betriebssystem laufe über dem VM-Monitor in einer virtuellen Maschine vm. Bekommt es Unterbrechungen zugestellt, dann verhält es sich wie ein konventionelles Betriebssystem, das es ja auch ist. Es aktualisiert den Rechnerkernzustand rk (p), falls der Prozess p unterbrochen wurde. Im Laufe der weiteren Unterbrechungsbehandlung ändert es eventuell den Rechnerkernzustand irgendwelcher Prozesse. Anmerkung: Die Rechnerkernzustände rk (p) werden von dem Betriebssystem verwaltet und sind dem VM-Monitor nicht bekannt.

Unterbrechungs-behandlung im Betriebssystem

Als Abschluss der Unterbrechungsbehandlung wird die Rechnerkernvergabe des Betriebssystems aufgerufen. Wenn wir wieder von der Fortsetzung unterbrochener Abläufe im Betriebssystem absehen, dann wird in der Rechnerkernvergabe ein Prozess p ausgewählt und ihm mit dem VM-privilegierten Befehl lade_rkzustand der Rechnerkern zugeteilt. Dieser Befehl führt zur Unterbrechung der virtuellen Maschine und zum Betreten des VM-Monitors. Dort wird dieser Befehl lade_rkzustand simuliert, d.h. der zu ladende Rechnerkernzustand wird in rk (vm) übernommen. Erhält dann später in der Rechnerkernvergabe des VM-Monitors die virtuelle Maschine vm den realen Rechnerkern, dann rechnet der Prozess p.

Rechnerkern-vergabe im Betriebssystem

Bei der Arbeit des realen Rechnerkerns treten, wie oben bereits aufgeführt, folgende drei Fälle auf: Es läuft der VM-Monitor, das Betriebssystem in einer virtuellen Maschine oder ein Prozess in einer virtuellen Maschine. Die Übergänge zwischen diesen Zuständen sind in Abbildung 13.7 dargestellt und werden nachfolgend beschrieben.

Zustandsübergänge

Beim Übergang a tritt ein interner Alarm oder eine externe Unterbrechung beim Lauf eines Prozesses auf. Entsprechend der oben geschilderten Unterbrechungsbehandlung im VM-Monitor treten zwei Fälle auf:

Übergänge

- Die Unterbrechung wird nur im VM-Monitor behandelt. Die unterbrochene virtuelle Maschine (hier der Spezialfall unterbrochener Prozess) wird später an der Unterbrechungsstelle fortgesetzt (Übergang d1).

- Die Unterbrechung wird im Betriebssystem behandelt, daher wird die virtuelle Maschine unterbrochen (Übergang c). Im Betriebssystem kann daraufhin je nach Unterbrechungsart der Rechnerkernzustand von Prozessen verändert werden. Nach der Unterbrechungsbehandlung wird in der Rechnerkernvergabe des Betriebssystems ein Prozess mit dem Befehl lade_rkzustand fortgesetzt (Übergang f).

Prozess läuft

BS läuft

a   b   c   d2   e   f   d1

VM–Monitor läuft

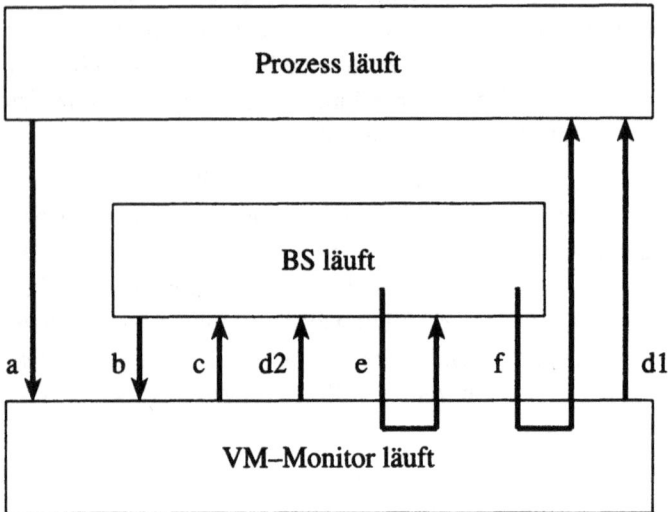

a   Alarm im Prozess, Systemaufruf, externe Unterbrechung
b   Alarm im BS, privilegierter Befehl, externe Unterbrechung
c   Unterbrechung der virtuellen Maschine durch den VM-Monitor
     bei Unterbrechungen, die das BS behandeln muss
d   transparente Fortsetzung einer virtuellen Maschine nach einer
     Unterbrechung, die nicht dem BS zugestellt werden musste
e   Fortsetzung des BS durch den VM-privilegierten Befehl
     lade_rkzustand nach einer Unterbrechung im BS
f   Zuteilung des Rechnerkerns an einen Prozess über den
     VM-privilegierten Befehl lade_rkzustand

Abbildung 13.7: Zustandsübergangsdiagramm für die Schichten in einem
                Rechensystem mit virtuellen Maschinen

Beim Übergang b tritt ein interner Alarm oder eine externe Unterbrechung
beim Lauf des Betriebssystems auf. Auch hier sind zwei Fälle zu beachten:

- Die Unterbrechung wird nur im VM-Monitor behandelt. Die unterbrochene virtuelle Maschine (hier der Spezialfall unterbrochenes Betriebssystem) wird später an der Unterbrechungsstelle fortgesetzt (Übergang
  d2).

- Die Unterbrechung wird im Betriebssystem behandelt, daher wird die
  virtuelle Maschine unterbrochen (Übergang c). Nach Voraussetzung lief

vorher das Betriebssystem. Es handelt sich also um eine Unterbrechung in einer Unterbrechungsbehandlung des Betriebssystems. Bei der ausgelösten Unterbrechungsbehandlung im Betriebssystem kann zwar der Rechnerkernzustand der Prozesse verändert werden, aber nach der Unterbrechungsbehandlung wird normalerweise an der Unterbrechungsstelle im Betriebssystem, ebenfalls mit dem Befehl lade_rkzustand fortgesetzt (Übergang e).

13.7 Erweiterungen

Die bisher beschriebenen Realisierungen der Hardware und der Software für eine virtuelle Maschine stellen ein idealisiertes Konzept dar, beispielsweise durch die Forderung, dass die Betriebssysteme nicht erkennen können und auch nicht erkennen sollen, ob sie über einer virtuellen Maschine oder über einer realen Maschine ablaufen. Es zeigt sich, dass dieses Konzept für reale Anwendungen nicht ausreichend tragfähig ist, da keine befriedigende Leistung erreicht werden kann, siehe (SEAW79). Deshalb sind Abweichungen vom idealisierten Konzept erforderlich (IBM79, SEAW79). Die wichtigsten Konzepte zur Verbesserung der Leistung sind nachfolgend skizziert.

unbefriedigende Leistung

Es werden neue privilegierte Befehle eingeführt, die die Simulation der VM-privilegierten Befehle im VM-Monitor unterstützen, beispielsweise die Umrechnung von Prozessadressen in Maschinenadressen oder die Abbildung virtueller Geräte auf reale Geräte. Alle diese Befehle dürfen natürlich nur im VM-Monitor benutzt werden.

neue privilegierte Befehle

Es wird ein dritter Arbeitsmodus des realen Rechnerkerns eingeführt. Dieses ist der BS-Modus, in der Literatur auch Systemmodus der virtuellen Maschine genannt. In diesem BS-Modus werden die VM-privilegierten Befehle – zumindest die einfacheren und häufigeren Fälle – direkt im Rechnerkern ausgeführt. Hierzu kann auch der Befehl starte_ea im BS-Modus gehören. Dieser Befehl wird dann im realen Rechnerkern ausgeführt. Der Algorithmus entspricht der besprochenen Simulation dieses Befehls im VM-Monitor. Dies ist sehr aufwendig. Man wird deshalb diesen Befehl nur für häufig verwendete virtuelle Geräte realisieren und zur Behandlung spezieller Fälle auf den VMM verzweigen.

dritter Arbeitsmodus

Das Betriebssystem und der VM-Monitor führen unabhängig und eventuell mit sich widersprechenden Strategien einen Seitenwechsel durch. Dies führt zu einem erheblichen Leistungsverlust. Daher wird versucht, den doppelten Seitenwechsel im Betriebssystem und im VM-Monitor so weit wie möglich zu vermeiden. Deshalb wird der Grundsatz durchbrochen, dass das Betriebssystem nicht feststellen kann, ob es direkt auf der realen Maschine aufsetzt oder in einer virtuellen Maschine läuft. Hierzu wird ein weiterer privile-

Reduktion Seitenwechselrate

gierter Befehl in der realen Maschine eingeführt. Das Betriebssystem kann diesen Befehl aufrufen und erhält als Ergebnis die Mitteilung, ob es direkt auf einer realen Maschine aufsetzt oder ob es in einer virtuellen Maschine läuft. Das Betriebssystem erkennt so beim Hochfahren, dass es in einer virtuellen Maschine läuft. Es setzt dann erstens eine virtuelle Maschine mit einem sehr sehr großen Arbeitsspeicher voraus. Dies ist möglich, da es sich ja um den virtuellen Arbeitsspeicher ASP (VM) handelt. Das Betriebssystem verwendet dann zweitens eine andere Strategie zur Speicherverwaltung. Es bringt, soweit dies möglich ist, die Prozessadressräume an fester Stelle des Arbeitsspeichers ASP (VM) unter und lädt alle Seiten der Programme in den Arbeitsspeicher ASP (VM). Dadurch führt lediglich der VM-Monitor noch Seitenwechsel durch, was die Anzahl der Seitefehltalarme und die Anzahl der Seitentransporte vermindert.

Unterstützung der Parallelarbeit

Die Parallelarbeit in einer Rechenanlage mit virtuellen Maschinen erfolgt zunächst auf der Ebene der virtuellen Maschinen. Es kann aber, wie in den konventionellen Systemen auch, eine weitere Parallelität auf der Ebene der Prozesse über einem Betriebssystem stattfinden. Grundsätzlich ist man in einer Rechenanlage an möglichst hoher Parallelität interessiert. Daher hat sich in einem Betriebssystem mit Prozessen eine Programmiertechnik herausgebildet, gemäß der die Wartezustände eines Prozesses dem Betriebssystem bekannt gegeben werden. Ein Prozess erhält damit den Rechnerkern nur, wenn er ihn auch produktiv einsetzen kann. In Rechensystemen mit virtuellen Maschinen ergibt sich auf der Ebene der virtuellen Maschinen jedoch ein Problem, denn auf der Schnittstelle zwischen Betriebssystem und realer Rechenanlage wird vorausgesetzt, dass nur ein Betriebssystem existiert und dieses allein die Rechnerkerne verwenden kann. Das Betriebssystem erhält damit den Rechnerkern auch dann, wenn es keine produktive Arbeit erbringen kann. In der Regel wird dabei, wie früher besprochen, der Rechnerkern einem immer rechenbereiten Trivialprozess zugeteilt. Eine solche unproduktive Beschäftigung des Rechnerkerns muss aber bei virtuellen Maschinen vermieden werden. Das Problem besteht nun darin, dass darüber auf der Maschinenschnittstelle und damit für den VM-Monitor keine Information vorliegt. Falls das Betriebssystem in einer virtuellen Maschine läuft, muss es daher immer dann den Rechnerkern an den VM-Monitor abgeben, wenn es keine produktive Arbeit leisten kann. Hierzu gibt es wiederum einen neuen privilegierten Maschinenbefehl.

VM-Dienste für das BS

Man sieht aus den obigen Darstellungen, dass für reale Anwendungen eine zusätzliche Kommunikationen zwischen Betriebssystem und VMM notwendig wird. Man kann dies verallgemeinern auf die Bereitstellung von Diensten des VMM für ein Betriebssystem in einer virtuellen Maschine. So wie die Prozesse Dienste des Betriebssystems über Systemaufrufe anfordern, so können Betriebssysteme Dienste des VMM über VMM-Aufrufe anfordern. In der Literatur heißt ein VM-Monitor auch Hypervisor und entsprechend ein VMM-Aufruf auch Hypercall.

Abschließend soll noch auf das Uhren-Problem hingewiesen werden, das in ähnlicher Form auch an anderen Stellen auftritt. In den konventionellen Rechensystemen wird eine einzige Realzeituhr für die verschiedensten Zwecke verwendet, beispielsweise zur Führung von Datum und Uhrzeit einerseits und zur Berechnung der verbrauchten Rechenzeit andererseits. Man erkennt unschwer, dass diese Sachverhalte in einer virtuellen Maschine nicht mehr durch eine einzige Uhr zu erfassen sind. Man benötigt also Uhren für Datum und Uhrzeit als auch Relativzeituhren für die einzelnen virtuellen Maschinen, die nur zählen, solange der virtuellen Maschine ein realer Rechnerkern zugeordnet ist. Das Zeitmanagement von Betriebssystemen, die in einer virtuellen Maschine laufen, ist also entsprechend anzupassen.

Uhren

13.8 Paravirtualisierung und Interpretation

Die weit verbreiteten x86-Prozessoren erfüllen die Voraussetzungen nach Goldberg (Seite 279) für die Realisierung klassischer virtueller Maschinen überhaupt nicht. Beispielsweise sind im Benutzermodus lesende Zugriffe auf einige sensitive Informationen zulässig oder privilegierte Befehle werden als Leerbefehle behandelt.

Ausgangslage und Definition

Die gegenüber den klassischen virtuellen Maschinen neu zu lösenden Probleme sind dadurch nun:

- Anwenderprogramme können lesend auf sensitive Daten zugreifen. Sollen die Anwenderprogramme unverändert ablaufen, dann muss dies weiterhin zulässig sein. Es wäre jedoch falsch, dem Programm den entsprechenden Wert der realen Maschine zugänglich zu machen, da dieser nicht relevant ist. Stattdessen muss dem Programm ein entsprechender Wert der virtuellen Maschine angeboten werden. Die Lösung ist das Führen von Schattenregistern in der virtuellen Maschine so, dass das Anwenderprogramm auf diese statt auf die realen Maschinenregister zugreift.

- Die privilegierten Befehle im Betriebssystem müssen im VM-Monitor simuliert werden. Der VM-Monitor erhält aber keine Unterbrechung, wenn solche Befehle auftreten. Es gibt drei grundsätzliche Vorgehensweisen:
    1. Modifikation des Betriebssystems (Paravirtualisierung)
    2. Interpretation des Betriebssystems
    3. Dynamische Übersetzung des Betriebssystems

Durch Paravirtualisierung können virtuelle Maschinen, wenn auch mit Einschränkungen, realisiert werden. Bei der Paravirtualisierung gibt es ebenfalls
direkt über der Maschinenschnittstelle einen VM-Monitor (Hypervisor). Die
virtuellen Maschinen laufen ebenfalls im Benutzermodus ab[1]. Das Betriebssystem wird so verändert, dass es auf der Schnittstelle des Hypervisors
aufsetzt. Diese Schnittstelle ist kein Duplikat der realen Maschinenschnittstelle, denn sie ist nur ähnlich, aber es fehlen die sensitiven Befehle einerseits
und es gibt Aufrufe des Hypervisors andererseits. Folgende Sichtweise
ist hilfreich: Anwendungsprogramme greifen über Systemaufrufe auf die
Dienste des Betriebssystems zu, um Komponenten der virtuellen Maschine
anzusprechen. Das Betriebssystem greift über Hypervisor-Aufrufe auf den
Hypervisor zu, um Komponenten der realen Maschine anzusprechen. Damit
muss das Betriebssystem so geändert werden, dass es anstelle der sensitiven
Befehle die Hypervisor-Aufrufe und die zugehörigen Parameter und Datenstrukturen des Hypervisors verwendet. Es ist also oft kein direktes Ersetzen
eines sensitiven Befehls durch einen Hypervisor-Aufruf. Bei der Modifikation des Betriebssystems sind auch Stellen mit Zugriffen auf die sensitiven
Befehle im Betriebssystem zu ändern, beispielsweise könnte ein sensitiver
Befehl gelesen oder dynamisch erzeugt werden. Der Aufwand für die Modifikation hält sich in Grenzen, da der Zugriff auf Komponenten der Maschine
in modernen Systemen weitgehend in einem Modul (Hardware Abstraction
Layer, HAL) konzentriert ist.

Eine zusätzliche Leistungssteigerung ist möglich, wenn Gerätetreiber des ursprünglichen Betriebssystems ersetzt werden durch solche, die speziell für
die Nutzung der virtuellen Schnittstelle entwickelt wurden. Dies ist ohne
tiefere Eingriffe in die Betriebssysteme möglich, da diese darauf eingerichtet sind, dass Gerätetreiber verschiedener Hersteller zugeladen werden
können. Dies ist beispielsweise auch bei Produkten von VMware (ROSE04,
VMWA05) eine Methode der Leistungssteigerung.

Ein kommerzielles Produkt ist Xen, entwickelt an der Universität Cambridge
(BARH03, XEN06, ROSE06).

Eine zweite Lösung ist die Interpretation der Maschinenbefehle des Betriebssystems. Die Befehle des Betriebssystems in einer virtuellen Maschine
werden nicht direkt durch den realen Rechnerkern ausgeführt, sondern durch
einen Simulator im VM-Monitor. Dabei werden die sensitiven Befehle erkannt und entsprechend der in diesem Kapitel besprochenen Techniken zur
Virtualisierung ausgeführt. Durch die Simulation der Betriebssystembefehle
entsteht ein hoher Leistungsverlust, dem aber der Nutzen aus der Virtualisierung gegenübersteht.

---

[1] Die Nutzung mehrerer Zugriffsringe bei der x86-Architektur betrachten wir hier nicht.

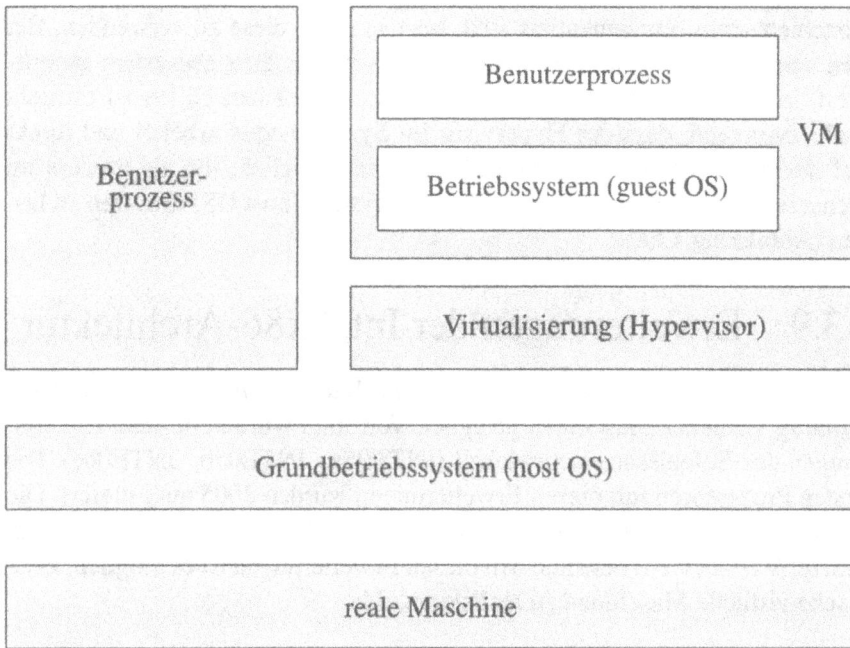

Abbildung 13.8: Hypervisor als Anwendung

Das oben geschilderte Verfahren lässt sich verbessern, da Arbeitsspeicher bei modernen Rechnern keine knappe Ressource ist. Hierzu werden Ausschnitte des Betriebssystems bei Bedarf übersetzt und in einen Puffer abgelegt. Bei der Übersetzung werden wie im vorherigen Verfahren die sensitiven Befehle durch geeignete Befehlsfolgen oder durch Aufrufe des Hypervisors ersetzt. Der übersetzte Ausschnitt kann dann direkt durch den realen Rechnerkern ausgeführt werden. Je nach Größe des Pufferspeichers können mehrere übersetzte Ausschnitte gespeichert werden. Falls später Abläufe in den Teilen des Betriebssystems auftreten, die bereits im Puffer übersetzt vorliegen, können diese direkt ausgeführt werden. So wird eine Verbesserung der Leistung gegenüber der Interpretation erreicht.

Lösung dynamische Übersetzung BS

Produkte der Firma VMware verwenden die beiden vorher genannten Konzepte (ROSE04, VMWA05).

Die bisher in diesem Abschnitt unterlegte Grundarchitektur war, dass ein VM-Monitor oder Hypervisor direkt auf der realen Maschine aufsetzt. Da in einem VM-Monitor, insbesondere bei dem Zugriff auf die Peripherie,

Hypervisor als Prozess

vielfältige Treiber und Algorithmen benötigt werden, die in den Betriebs-systemen schon implementiert sind, liegt es nahe, diese zu verwenden. Bei den oben genannten drei Realisierungen wird das Betriebssystem modifi-ziert, interpretiert oder bei Bedarf übersetzt. In solchen Fällen ist es nicht mehr zwingend, dass der Hypervisor im Systemmodus arbeitet und direkt auf der realen Maschine aufsetzt. Es ist dann möglich, ihn als Prozess im Benutzermodus über einem Grundbetriebssystem (host OS) ablaufen zu las-sen (Abbildung 13.8).

13.9   Erweiterungen der Intel x86-Architektur

Grundlegendes

Wie oben bereits erwähnt, ist die normale Intel x86-Architektur nicht zur Bildung virtueller Maschinen geeignet. Von Intel wurden deshalb Erweite-rungen des Befehlssatzes entwickelt (INTE05a, INTE05b, INTE06e). Die ersten Prozessoren mit diesen Erweiterungen wurden 2005 ausgeliefert. Die Erweiterungen des Befehlssatzes für die IA-32[1] (IA-64) sind auch unter dem Kürzel VT[2]-x (VT-i) bekannt. Mit diesen Erweiterungen ist es möglich, klas-sische virtuelle Maschinen zu realisieren, d.h.

- das Betriebssystem und die Anwendungen in der virtuellen Maschine bleiben unverändert

- auch die Befehle des Betriebssystems in der virtuellen Maschine werden vom Rechnerkern ausgeführt

- die sensitiven Befehle in der virtuellen Maschine führen zum Aufruf des VM-Monitors

Allerdings ist nur eine Struktur wie in Abbildung 13.3 möglich und keine Kaskadierung wie in Abbildung 13.4. Zwei Aspekte der vorgenommenen Erweiterungen des Befehlssatzes, die für dieses Buch interessant sind, wer-den nachfolgend skizziert. Die Beschreibung basiert auf der Terminologie dieses Buchs und nicht auf der von Intel. Allerdings werden Bezüge zur Intel-Architektur hergestellt.

Arbeitsmodi

Mit dem Befehl VMXON wird der Maschine signalisiert, dass ab jetzt die „Erweiterungen für Virtualisierung" (VMX) gelten. Es wird der VMM-Modus (VMX root operation) eingestellt. In diesem Modus läuft der VM-Monitor. Der Modus entspricht weitgehend dem Systemmodus der realen Maschine, es gibt jedoch Einschränkungen einerseits und zusätzliche Be-fehle andererseits. Zu den Einschränkungen gehört beispielsweise, dass die virtuelle Maschine auch virtuelle Adressierung verwenden muss. Zu den

---

[1]   Intel Architektur 32-Bit-Rechner
[2]   Intel Virtualization Technology

zusätzlichen Befehlen (VMX-Befehle) gehören beispielsweise Befehle zum Setzen der Eigenschaften einer virtuellen Maschine und zum Übergang vom VM-Monitor zu einer virtuellen Maschine. Beim Übergang zu einer virtuellen Maschine wird der VM-Modus (VMX non-root operation) eingestellt. Durch Kombination mit den klassischen Arbeitsmodi gibt es dann für jede Schicht einen eigenen Arbeitsmodus:

- für den VM-Monitor den VMM-Modus
- für das Betriebssystem den VM-Modus in Verbindung mit dem Systemmodus[1]
- für den Benutzerprozess den VM-Modus in Verbindung mit dem Benutzermodus[2]

Mit dem Befehl VMXOFF wird der VM-Monitor endgültig verlassen und die Befehlserweiterungen ausgeschaltet.

Im VM-Modus sind bestimmte sensitive Befehle umdefiniert oder besitzen Einschränkungen, so dass sie für eine gedachte virtuelle Umgebung die richtige Wirkung haben und einfachere VM-Monitore ermöglichen. Andere sensitive Befehle führen grundsätzlich zu einer Unterbrechung der virtuellen Maschine. Bei einer dritten Gruppe von sensitiven Befehlen kann der VM-Monitor das Verhalten durch Angaben in der Datenstruktur „Virtual Machine Control Structure" (VMCS) festlegen. So kann dort festgelegt werden, wie auf einen bestimmten sensitiven Befehl reagiert werden soll, insbesondere dass eine Unterbrechung ausgelöst werden soll, wenn der Befehl im VM-Modus gegeben wird. Diese Maßnahmen ermöglichen die Bildung klassischer virtueller Maschinen. *sensitive Befehle*

---

[1] Entspricht bei IA32 dem protection mode 0. Dieser steht im Deskriptor für das Kellersegment und in der unten erwähnten VMCS.
[2] Entspricht bei IA32 dem protection mode 3.

14 Mikrokerne

Mikrokerne wurden Ende der 90er-Jahre als Basis zukunftsträchtiger Betriebssystemkonzepte betrachtet. Diese basieren auf einer Trennung in einen universellen Mikrokern und in Betriebssystemserver. Letztere laufen als Prozesse im Benutzermodus über dem Mikrokern ab. Der Mikrokern realisiert eine maschinenunabhängige und betriebssystemorientierte Schnittstelle. Systeme mit Mikrokernen sollen Vorteile gegenüber traditionellen, monolithischen Betriebssystemen bringen. In diesem Kapitel werden die Ziele und exemplarisch die Realisierungskonzepte gezeigt. Es wird auf die Schwächen traditioneller Mikrokerne hingewiesen und aufgezeigt in welche Richtung Weiterentwicklungen gehen. Die nahe Verwandtschaft zu dem Betriebssystemkern wird aufgezeigt. Die Bezüge zum VM-Monitor helfen beim Verständnis der Konzepte und bei deren Bewertung.

14.1 Grundstruktur und Anforderungen

Den grundsätzlichen Aufbau eines Rechensystems mit einem Mikrokern zeigt Abbildung 14.1. Hierbei wurde die Terminologie aus dem Kapitel über virtuelle Maschinen verwendet. Der Mikrokern und der Betriebssystemserver bilden zusammen das Betriebssystem der Anlage. Der Betriebssystemserver stellt die Schnittstelle SBS eines Betriebssystems, beispielsweise von UNIX oder Windows bereit. Aufsetzend auf dieser Schnittstelle wird dann durch Prozeduren in Laufzeitbibliotheken die eigentliche Anwenderschnittstelle für den Programmierer (API, application programming interface) realisiert. Der Betriebssystemserver selbst setzt auf der Schnittstelle SMK des Mikrokerns auf.

Betriebssystemserver

Der Mikrokern setzt auf der Schnittstelle (SRM) der realen Maschine auf. Er hat näherungsweise die Funktion eines Betriebssystemkerns, wie er den Ausführungen in diesem Buch zu Grunde liegt. Er stellt eine Schnittstelle (SMK) bereit, die aber nicht mehr ein Duplikat der realen Maschine ist, sondern eine neue abstrakte Maschine darstellt. In dieser abstrakten Maschine sind die wichtigsten Betriebsmittel, die von den Betriebssystemen verwaltet werden, virtualisiert. Es wird also insbesondere ein virtueller Rechnerkern, ein virtueller Arbeitsspeicher und ein virtueller Plattenspeicher

Mikrokern

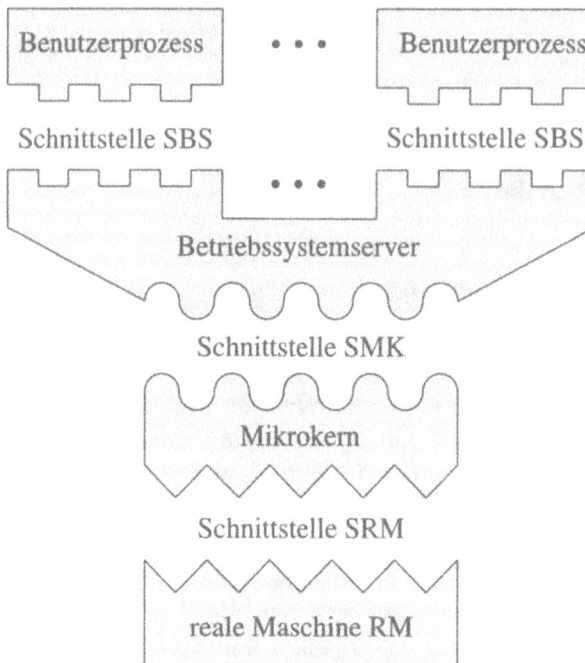

Abbildung 14.1: Schichten eines Rechensystems mit einem Mikrokern

bereitgestellt. Die Schnittstelle sollte so gestaltet sein, dass unterschiedlichste Betriebssystemserver leicht realisiert werden können und alle Maschinenabhängigkeiten im Mikrokern gekapselt sind. Die Schnittstelle des
Mikrokerns ist demnach im Idealfall universell und betriebssystemneutral.
Sie legt also die Eigenschaften der Betriebssystemserver nicht fest. Beispielsweise erlaubt und unterstützt sie im Idealfall eine beliebige Strategie
zur Zuteilung der Betriebsmittel, wie Rechnerkern oder Arbeitsspeicher, in
den Betriebssystemservern. Die Strategie ist also im Betriebssystemserver
und die Mechanismen dazu sind im Mikrokern.

Beispiele

Mikrokerne wurden in den 90er-Jahren als Strukturierungskonzept für
Betriebssysteme intensiv untersucht, insbesondere in der Umgebung von
UNIX. Grundlegende Beispiele für Mikrokerne sind:

- Chorus von Rozier (ROZI88, ROZI92)
- Hawk von Harris und Holmes (HOLM87, HARR88, HOLM89)

- KeyKOS von Shapiro (SHAP92)

- L3 und L4 von Liedtke (LIED91, LIED95, LIED96, LIED97)

- Mach von Rashid (ACCE86)

- Muse (YOKO91)

- Pordos von Nehmer (NEHM89)

- SPIN (BERS95)

- V von Cheriton (CHER84, CHER85, CHER88)

- V++ (Cache-Kernel) von Cheriton (CHER94, CHER95)

Wie oben bereits erwähnt, soll der Mikrokern eine betriebssystemneutrale *Ziele*
Schnittstelle zur leichten Realisierung der verschiedensten Betriebssystemserver bereitstellen. Hieraus ergeben sich konkret folgende Anforderungen,
siehe auch (CHER88, CHEU95):

- Der Mikrokern soll leicht an die unterschiedlichsten Rechnerschnittstel-
len anpassbar sein und alle Maschinenabhängigkeiten kapseln, so dass
die Betriebssystemserver maschinenunabhängig werden.

- Der Mikrokern soll unterschiedlichste Betriebssystemserver so gut unterstützen, dass der Aufwand, einen Betriebssystemserver zu schreiben,
deutlich unter dem Schreiben eines vollständigen Betriebssystems liegt.

- Der Mikrokern soll nur die Mechanismen, aber nicht die Strategien zur
Betriebsmittelverwaltung bereitstellen.

- Der Mikrokern sollte klein, effizient, sehr gut strukturiert und leicht
wartbar sein; Gesichtspunkte, mit denen man bei traditionellen Betriebssystemen nicht zufrieden war. Im Mikrokern sollten nur die absolut
notwendigen Elementardienste realisiert sein. Die Realisierung darauf
aufbauender Dienste kann in Service-Module, die betriebssystemneutral
oder betriebssystemspezifisch sind, ausgelagert werden. Solche Service-
Module sind in Abbildung 14.1 in der Komponente Betriebssystemserver
zusammengefasst worden. Die Service-Module sind vorzugsweise als
vom Mikrokern verwaltete Prozesse organisiert. Sie werden beispielsweise über abgesetzte Prozedur-Aufrufe (remote procedure call, RPC)
oder über einen Nachrichtenaustausch im Rahmen der Interprozesskommunikation (IPC) angesprochen. Letztere wird oft wie ein RPC als
Senden mit anschließendem Empfangen der Antwort realisiert.

- Der Mikrokern sollte möglichst ein verteilter Betriebssystemkern sein,
also Zugriffe auf örtlich verteilte Betriebsmittel in einem Cluster von
Workstations unterstützen. Zeitkritisch ist dabei insbesondere die Kommunikation zwischen den Prozessen.

Workstation: Server:

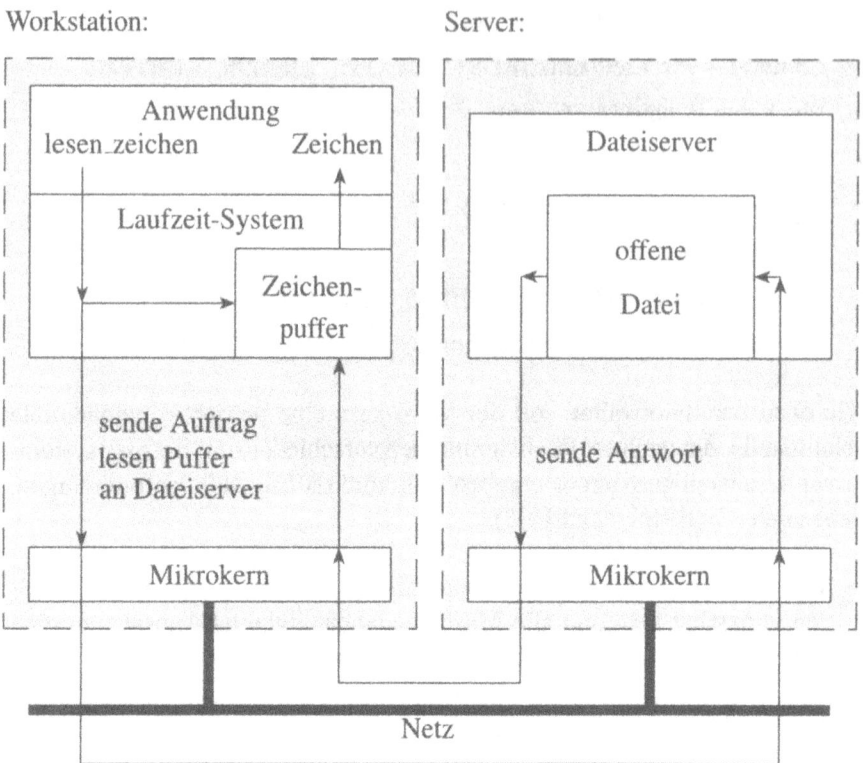

Abbildung 14.2: Ablauf beim Lesen eines Zeichens

- Zur Erhöhung der Leistung des Systems sollten die Anwendungen nur
  Dienste der Laufzeitbibliotheken benutzen. Diese Dienste sollten aus
  Effizienzgründen so realisiert werden, dass sie soweit möglich im eigenen Prozess ohne Außenkontakte ausgeführt werden können. Ein Aufruf
  von Service-Moduln sollte möglichst selten erfolgen, da hierfür System-
  und eventuell sogar IPC-Aufrufe erforderlich sind. Beispielsweise sollten Ein/Ausgabepuffer im Anwendungsprozess realisiert sein, damit der
  zeichenweise Zugriff auf diese Puffer im Normalfall ohne Systemaufruf
  möglich ist. Nur wenn der Puffer insgesamt zu lesen oder zu schreiben
  ist, wird ein Systemdienst aufgerufen. Für den Fall eines verteilten Mikrokerns sind die Abläufe in Abbildung 14.2 dargestellt.

Anwendungen 1   Anwendungen 2

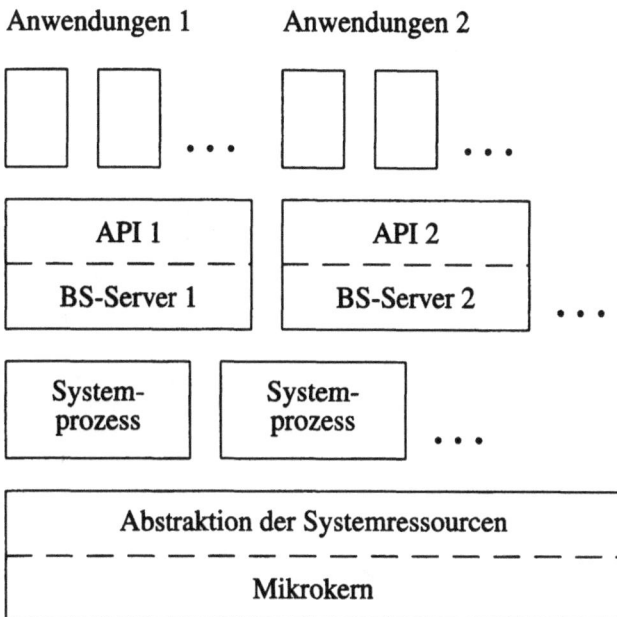

Abbildung 14.3: Systemstruktur mit einem Mikrokern nach Cheung

---

14.2 Schnittstellen und Realisierungskonzepte – Mikrokern V

Nachfolgend werden einige Schnittstellen und Realisierungskonzepte, teilweise in freier Anlehnung an den verteilten Mikrokern V, herausgegriffen. Die Zielsetzung besteht dabei nicht darin, einen konkreten Mikrokern zu beschreiben, sondern darin, einerseits ein Gefühl für typische Objekte und Dienste der Schnittstelle SMK eines Mikrokerns zu vermitteln und andererseits einige Realisierungsprobleme aufzuzeigen.

Die in Abbildung 14.1 dargestellte Struktur kann entsprechend den Ausführungen des vorangehenden Abschnitts verfeinert dargestellt werden. In Abbildung 14.3 findet sich zunächst die Architektur eines Systems mit Mikrokern nach Cheung (CHEU95) und in Abbildung 14.4 die Architektur des V-Systems nach Cheriton (CHER88). *Verfeinerte Struktur*

In Abbildung 14.3 ist zusätzlich die Schicht der betriebssystemneutralen Systemkomponenten (Systemprozesse) eingezeichnet. Außerdem stellt der Mikrokern eine Schnittstelle bereit, die die Parallelarbeit mehrerer Betriebssystemserver erlaubt. In Abbildung 14.4 ist der verteilte Mikrokern V als

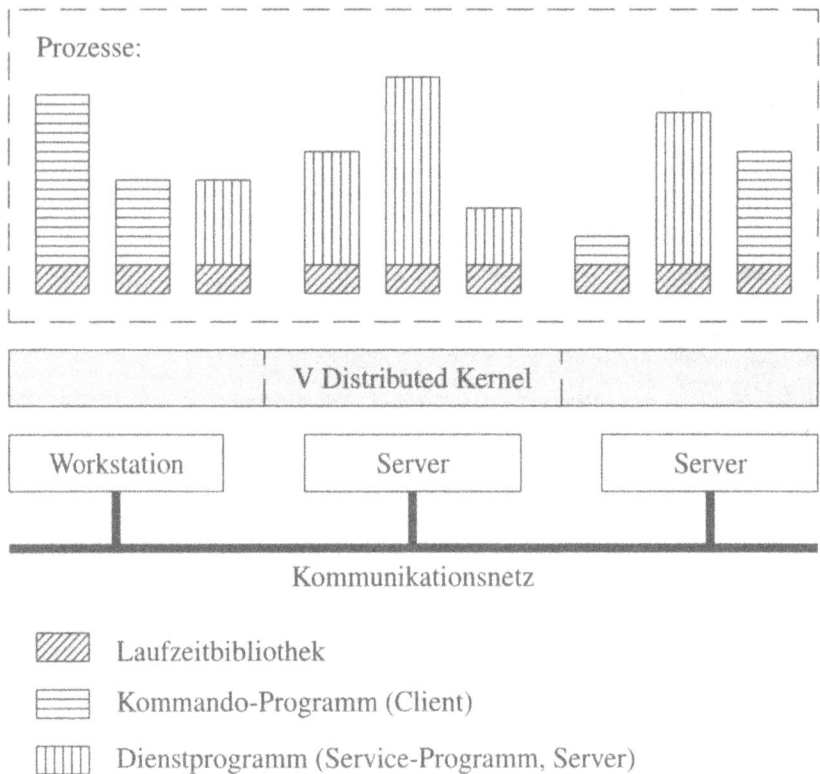

Abbildung 14.4: Systemstruktur mit Mikrokern V nach Cheriton

---

durchgezogene Schicht über der Maschinenschnittstelle der Workstations und Server zu sehen. Dies soll die Transparenz der örtlichen Verteilung der Betriebsmittel für die Ebenen oberhalb des Mikrokerns hervorheben. Natürlich läuft in jedem Rechner trotzdem ein eigener Mikrokern V, der eben eng mit den anderen Mikrokernen kooperiert. Die einzelnen Mikrokerne bilden so einen verteilten Mikrokern. Welche Prozesse auf dem Mikrokern ablaufen und welche Struktur dort vorliegt, ist nicht mehr so detailliert dargestellt wie in den beiden vorangehenden Abbildungen. Wichtig ist, dass die Prozesse Laufzeitbibliotheken zur Realisierung der jeweiligen Anwenderschnittstelle besitzen. Bei den Prozessen sind dann zwei Grundtypen dargestellt:

- Prozesse, in denen eine Kommando-Shell abläuft und die Anwenderprogramme ausführen (Clients);

- Prozesse, in denen Dienstleistungen für andere Prozesse erbracht werden (Serverprozesse), insbesondere auch Dienste des Betriebssystems, die nicht im Mikrokern realisiert, sondern ausgelagert sind.

Nachfolgend soll nun die Schnittstelle SMK eines fiktiven Mikrokerns genauer betrachtet werden. Hierzu greifen wir wichtige Objekte der abstrakten Maschine heraus: die Prozesse, den virtuellen Speicher und die virtuellen Geräte.

Bei den virtuellen Maschinen trat eine zweistufige Rechnerkernvergabe auf. Der VM-Monitor vergibt den Rechnerkern an die virtuellen Maschinen, also die Betriebssysteme, die über ihm laufen. Die Betriebssysteme vergeben den Rechnerkern nach einer eigenen Strategie an ihre Prozesse. Bei den Mikrokernen wird diese Zweistufigkeit vermieden; der Mikrokern soll den Rechnerkern direkt an alle Prozesse geben. Er kennt also alle Prozesse im System. Bei der Zuordnung des virtuellen Rechnerkerns zu einem Prozess muss jedoch darauf geachtet werden, dass die Strategie zur Rechnerkernvergabe durch die Betriebssystemserver vorgegeben wird, da ja betriebssystemspezifische Strategien verwendet werden können. Die Rechnerkernvergabestrategie des Betriebssystemservers muss also durch die des Mikrokerns realisierbar sein.

Rechnerkern-vergabe an Prozesse

Hierzu folgende Überlegung: Jede Rechnerkernvergabestrategie hat letztendlich als Ergebnis eine Reihung der Prozesse. Deshalb müsste eigentlich eine Rechnerkernvergabe im Mikrokern gemäß einer zeitlich variablen Reihung der Prozesse universell genug sein. Für den Mikrokern wird also eine Rechnerkernvergabe nach Prioritäten gewählt. Die Prioritäten sind veränderlich und können durch den Betriebssystemserver angegeben werden. Andere Rechnerkernzuteilungsstrategien der Betriebssystemserver, beispielsweise Zeitscheibenverfahren, müssen auf Prioritäten abgebildet werden. In diesem Fall müssen nach Ablauf einer Zeitscheibe die Prioritäten vom Betriebssystemserver neu bestimmt und dem Mikrokern mitgeteilt werden. Man erkennt hier unmittelbar die Umständlichkeit dieses Verfahrens, das doppelte Führen der Prozesslisten im Mikrokern und im Betriebssystemserver, die Doppelarbeit und den Leistungsabfall durch die Übermittlung der neuen Prioritäten nach jeder Zeitscheibe. Eine Alternative wäre, verschiedene auswählbare Strategien im Mikrokern vorzusehen. Die Auswahl könnte dynamisch oder bei der Initialisierung festgelegt werden. Das Problem ist dabei, dass möglicherweise die vom Betriebssystemserver gewünschte Strategie gerade fehlt. Eine weitere Alternative wäre, die Strategie im Betriebssystemserver für die Rechnerkernvergabe direkt aus dem Mikrokern aufzurufen. Nachteile sind, dass die Datenstrukturen des Mikrokerns dann im Betriebssystemserver bekannt sein müssen und dass möglicherweise wichtige Strategieparameter im Mikrokern nicht erfasst werden.

Konzepte zur Realisierung

Prozessobjekt   Wie wir gesehen haben, sind Prozesse wichtige Objekte der Mikrokern-
schnittstelle SMK. Ihnen ist insbesondere ein virtueller Rechnerkern und
ein virtueller Arbeitsspeicher zugeordnet. Die Festlegungen zum virtuellen Rechnerkern wurden bereits besprochen. Festlegungen zum virtuellen
Arbeitsspeicher werden später behandelt. An dieser Stelle sei lediglich
vermerkt, dass der virtuelle Arbeitsspeicher ebenfalls nach betriebssystem-
spezifischen Konzepten von den Betriebssystemservern verwaltet werden
soll. Deshalb wird im Mikrokern bei der Prozessbeschreibung lediglich ein
Verweis auf die vom Betriebssystemserver bereitgestellte Beschreibung des
virtuellen Arbeitsspeichers gehalten.

Die Dienste für die Prozesse sind nur Basisdienste. Der Mikrokern kennt
daher nur folgende Informationen über einen Prozess (Prozessdeskriptor):

- den Prozesszustand im engeren Sinn für die Rechnerkernvergabe und die
  Unterbrechungsbehandlung im Prozess

- den Zustand des virtuellen Rechnerkerns

- die Priorität des Prozesses

- einen Zeiger auf die Beschreibung des Prozessadressraums

Die Verwaltung des Prozessadressraums und der offenen Dateien ist Aufgabe des Betriebssystemservers und daher nicht Angelegenheit des Mikrokerns. Die vom Mikrokern verwalteten Prozessobjekte können Schwer- oder
Leichtgewichtsprozesse (threads) sein. Für den Mikrokern besteht darin kein
Unterschied. Prozesse, die in demselben Prozessadressraum ablaufen, wären
lediglich daran erkennbar, dass ihr Zeiger auf die Beschreibung des Prozessadressraums denselben Wert enthält.

Dienste für   Die bereitgestellten Dienste sind:
Prozessobjekte

- Erzeugen eines Prozesses: Hier wird lediglich ein neuer Prozessdeskriptor erzeugt und initialisiert.

- Löschen eines Prozesses: Es wird lediglich der Prozessdeskriptor
  gelöscht und dabei die vom Mikrokern verwalteten Betriebsmittel freigegeben. Die Server im System werden zur Vereinfachung des Mikrokerns
  nicht informiert. Dafür werden die Server entsprechend komplizierter:
  Sie müssen sich in periodischen Zeitabständen darüber informieren, ob
  ein Prozess noch existiert und wenn nicht, die vom Server verwalteten
  Betriebsmittel des Prozesses wieder freigeben.

- Information über den Zustand eines Prozesses

- Modifikation der Prozessparameter

- Verschiebung eines Prozesses zu einem anderen Rechner

Prozesse sind zu Prozessgruppen zusammengefasst. Damit können Nachrichten an alle Prozesse einer bestimmten Gruppe adressiert werden (Gruppenkommunikation, multicast). Beispielsweise könnten, ohne dass die Namensverwalter im Einzelnen bekannt sind, alle Mitglieder einer Gruppe mit einer Nachricht nach dem Ort eines Objekts gefragt werden. *Prozessgruppen*

Der Mikrokern benötigt virtuelle Adressierung, um sich selbst und die Prozesse gegen unberechtigte Zugriffe zu schützen. Er muss daher Seiten verwalten und wechseln. Unabhängig davon haben die Betriebssystemserver eine eigene Verwaltung des virtuellen Adressraums ihrer Prozesse, da die Strategien betriebssystemspezifisch sind. Eine Lösung mit den mehrstufigen Speicherabbildungstabellen und den Schattentabellen wurde bei den virtuellen Maschinen besprochen. Im Mikrokern wird eine einfachere Lösung angestrebt, die von der üblichen Realisierung eines virtuellen Speichers, wie in Abschnitt 8.4 beschrieben, ausgeht. *Speicherobjekt*

Die einfachste, in Abschnitt 8.4 beschriebene Variante war die Realisierung durch einen statischen Prozessadressraum. Dabei wird der virtuelle Speicher auf dem Hintergrundspeicher gehalten, seitenweise nach Bedarf in Kacheln des Arbeitsspeichers geladen und nach Veränderungen wieder zurückgeschrieben. Dieses Grundkonzept wird für die Mikrokerne übernommen. Der virtuelle Speicher eines Prozesses liegt in einer Datei auf Hintergrundspeicher. Die relative Byteadresse in der Datei entspricht dann der relativen Byteadresse im Prozessadressraum. Auf die Datei kann mit normalen Dateidiensten zugegriffen werden. Die Verwaltung der Prozessadressräume liegt also beim Betriebssystemserver. Der Betriebssystemserver ist daher dafür zuständig, diese Datei anzulegen und die prozessspezifischen Inhalte in diese Datei zu schreiben, also die verwendeten Objekte eines Prozesses in seinen Prozessadressraum zu laden. Der Nachteil gegenüber anderen Methoden ist, dass der Betriebssystemserver immer alle Objekte vollständig in den Prozessadressraum laden muss und nicht nur nach Bedarf die benötigten Ausschnitte. Wenn die Puffergröße eine Seite ist, dann hat man je Seite eines zu ladenden Objekts einen Lese- und einen Schreibzugriff auf Hintergrundspeicher. Diese Zugriffe wären in einem System ohne Mikrokern nicht erforderlich. Die Aufgabe des Mikrokerns ist dann den Seitenwechsel zwischen den Dateien mit den verschiedenen Prozessadressräumen und dem realen Arbeitsspeicher durchzuführen. Hierdurch sind die prozessspezifischen Speicherabbildungstabellen einfach durch den Mikrokern aufbau- und verwaltbar. Die besprochenen Lade- und Verdrängungsstrategeien für Seiten können unverändert eingesetzt werden. Ein Seitefehltalarm wird vollständig im Mikrokern abgehandelt. *Konzepte zur Realisierung*

Mini-Datei-System
im Kern

Beim Zuladen und Verdrängen von Seiten sind Transporte zwischen dem Arbeitsspeicher und der Datei mit dem Prozessadressraum notwendig. Diese Zugriffe können als normale Dateizugriffsdienste realisiert werden. Sie werden nach dem geschilderten Konzept vom Mikrokern benötigt. Sinnvollerweise ist daher im Mikrokern zumindest eine einfache Dateiverwaltung vorzusehen. Falls diese nicht vorhanden ist, muss der Mikrokern einen Server beauftragen können, den Transport für ihn durchzuführen.

Geräteobjekt

Der Mikrokern bildet alle Geräteschnittstellen auf maschinenneutrale Schnittstellen (uniform IO-interface, UIO) ab. Dies sind typischerweise geöffnete Dateien mit vordefinierten Namen, auf die mit den normalen blockorientierten Dateidiensten lesend oder schreibend zugegriffen werden kann. Für die Dateien wird neben dem Inhalt auch noch Zustandsinformation im Mikrokern mitgeführt. Dies ist für die Geräteverwaltung und die Gerätetreiber im Mikrokern notwendig, um beispielsweise eine Sperre oder einen Prozess, der das Gerät exklusiv belegt, zu registrieren. Beispielsweise werden die ankommenden Daten einer Maus in einer Datei im Mikrokern abgelegt. Der Maustreiber im Mikrokern aktualisiert die Datei laufend. Ein Prozess der die Mausdatei lesen will, wird solange wartend gesetzt bis eine Änderung seit dem letzten Lesen erfolgt ist. Man fragt sich, ob der Umweg über die universellen Geräteschnittstellen so sinnvoll ist und ob damit wirklich die Kenntnis über Gerätespezifika in den Betriebssystemservern vermieden werden kann. Wenn dies nicht der Fall ist, dann scheint es effizienter und sinnvoller, den geeigneten Gerätetreiber nur einmal im Betriebssystemserver zu haben und von dort aus direkt auf die Geräteschnittstelle zuzugreifen.

Bewertung

Nachdem praktische Erfahrungen mit den ersten Mikrokernen vorlagen, zeigte sich, dass mit den verwendeten Konzepten wichtige Ziele nicht erreicht wurden (CHER88, CHEU95). Die Mikrokerne wiesen keine überzeugenden Vorteile gegenüber traditionellen Betriebssystemen auf:

- Die Mikrokerne sind größer als gewünscht, da auf wesentliche Teile der traditionellen Betriebssysteme im Mikrokern doch nicht verzichtet werden konnte. Zudem konnten diese Teile oft auch nicht wesentlich vereinfacht werden. Dies gilt beispielsweise für die Prozessverwalter, die Rechnerkernvergabe, das Management des virtuellen Speichers, die Virtualisierung vielfältigster Geräte und für die sehr komplexen Kommunikationsschnittstellen hoher Leistung.

- Die Leistung ist unbefriedigend. Deshalb wurden Komponenten außerhalb des Mikrokerns wieder in den Kern zurückgeführt, was diesen weiter vergrößerte. An vielen Stellen trat außerdem Doppelarbeit im Betriebssystemserver und im Mikrokern auf, da an keiner Stelle die

Verwaltung eines Objekts vollständig war, beispielsweise durch die Trennung von Mechanismen und Strategie beim virtuellen Speicher.

- Die Mikrokerne unterstützen das anwendungsorientierte Ressourcenmanagement nicht besser als traditionelle monolithische Betriebssysteme.

- Die Mikrokerne sind komplexer als angestrebt, da sie viele Varianten auf Grund der verschiedenen Maschinenschnittstellen und viele Varianten auf Grund der unterschiedlichen Anforderungen verschiedener Betriebssystemserver enthalten. Als besonders kritisch wird angesehen, dass Mikrokerne in großem Umfang Unterbrechungen und Alarme für komplexe (Sonder-) Situationen behandeln müssen. Die traditionellen Mikrokerne sind deshalb selbst monolithische Systeme, also entsprechend fehleranfällig und wenig anpassungsfähig an verschiedene Umgebungen.

Aufgrund dieser Probleme hat das Interesse an Mikrokernen in den letzten Jahren nachgelassen. Ein Spezialfall der Mikrokerne hat jedoch eine große Bedeutung erlangt: Die Moduln bzw. die Schicht zur Virtualisierung der Hardware (Hardware Abstraction Layer, HAL) in modernen Betriebssystemen.

14.3 Cache-Mikrokerne

Andere Konzepte für Mikrokerne versuchen, die oben genannten Nachteile abzumildern oder zu vermeiden (YOKO91, CHER94, BERS95, CHER95, CHEU95). Zwei Entwicklungen seien herausgegriffen: Die Anpassung des Mikrokerns an den Betriebssystemserver und das Übernehmen von Objekten in den Kern bei den Cache-Mikrokernen.

SPIN ist ein Beispiel für die erste Entwicklung. Das Konzept der betriebssystemneutralen Schnittstelle eines Mikrokerns wird durchbrochen. Da ein Mikrokern im Betrieb normalerweise nur ein einziges Betriebssystem bedienen muss, kann der Mikrokern gezielt an die Bedürfnisse des jeweiligen Betriebssystems angepasst werden. Dies ist durch parametrisierbare und auswählbare Varianten für Betriebsmittelverwaltungen im Mikrokern möglich oder durch Einbinden von betriebssystem- und benutzerspezifischem Code in den Mikrokern. Letzteres wird im Projekt SPIN (BERS95) verfolgt. *SPIN*

V++ ist ein Beispiel für die zweite Entwicklung. Die nachfolgende Beschreibung orientiert sich an dem V++-Mikrokerns (CHER94), weicht aber doch deutlich davon ab. Der Cache-Mikrokern basiert auf dem Grundkonzept des temporären Speicherns von Objektbeschreibungen des Betriebssystemservers im Mikrokern. Zulässige Objekte sind Prozesse (genauer Leichtge- *Cache-Objekte* wichtsprozesse), Adressräume und Anwendungskerne. Anwendungskerne sind spezielle Prozesse, die die Umgebung für die Benutzerprogramme bereitstellen. Der Betriebssystemserver besteht also aus einer Menge von Anwendungskernen. Aktive Objekte sind im Cache des Mikrokerns. Die Verwaltung der Objekte ist in den Anwendungskernen. Zu den Aufgaben der Anwendungskerne gehört insbesondere das Laden der Objekte in den Cache des Mikrokerns und das Zurückschreiben der Objekte aus dem Cache des Mikrokerns auf Hintergrundspeicher.

Schnittstelle SMK   Damit werden auf der Schnittstelle SMK des Mikrokerns folgende Operationen bereitgestellt:

- Laden einer Objektbeschreibung: Die vom Anwendungskern bereitgestellte Objektbeschreibung wird in den Cache geladen und ein für den Mikrokern eindeutiges Objektkennzeichen wird zur späteren Referenz auf dieses Objekt an den Anwendungskern zurückgegeben.

- Entladen einer Objektbeschreibung: Die bezeichnete Beschreibung eines Objekts wird aus dem Cache an den Anwendungskern, ggf. mit aktualisierter Zustandsbeschreibung, zurückgegeben und im Cache dann gelöscht.

- Verändern und Abfragen einer Objektbeschreibung.

Die Anwendungskerne müssen vorbereitet sein, jederzeit auf eine asynchrone Nachricht des Mikrokerns reagieren zu können. Solche Nachrichten sind:

- Mitteilung an den Anwendungskern, dass ein bestimmtes Objekt fehlt oder bezüglich eines bestimmten Objekts ein Alarm aufgetreten ist.

- Mitteilung an den Anwendungskern, dass ein Cache-Objekt durch ein anderes aus Platzgründen verdrängt werden muss und der Anwendungskern deshalb dieses Objekt entladen muss.

Objekt Adressraum   Die Objektbeschreibung für einen Adressraum besteht im Wesentlichen aus der vollständigen aktuellen Speicherabbildungstabelle für einen Prozess. Sie enthält insbesondere schon die Abbildung der virtuellen Adresse auf die reale Maschinenadresse, also die einer Seite zugeordnete Kachel, falls die Seite geladen ist. Die Verwaltung des virtuellen Adressraums und des Maschinenadressraums ist also vollständig in den Anwendungskernen. Diese Speicherabbildungstabellen werden direkt vom Rechnerkern beim Ablauf der Prozesse, die diesen Prozessadressraum benutzen, verwendet. Der Ablauf bei einem Seitefehltalarm ist in Abbildung 14.5 dargestellt. Es ergibt sich folgender Ablauf:

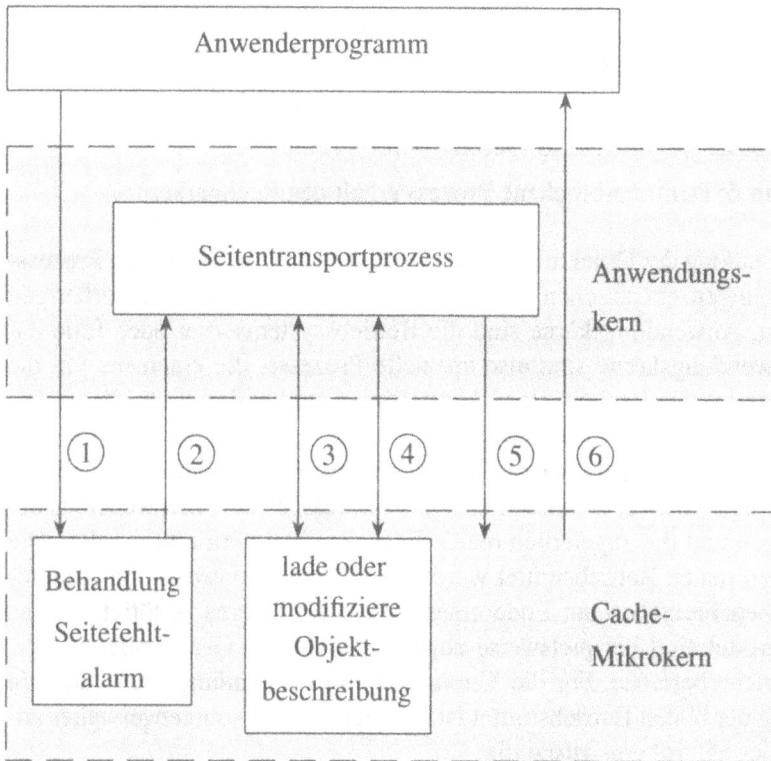

Abbildung 14.5: Behandlung Seitefehltalarm im Cache-Mikrokern

- Schritt 1: Es tritt ein Seitefehltalarm auf. Dies führt zur Unterbrechung des laufenden Prozesses und dem Betreten der Unterbrechungsbehandlung für Seitefehltalarme im Mikrokern. Dort wird der betroffene Prozess angehalten.

- Schritt 2: Der Alarm wird dem Anwendungskern mitgeteilt, der Eigentümer des Prozessadressraums ist. Dort wird die Behandlung von Seitefehltalarmen (Seitentransportprozess) betreten.

- Schritt 3: Der Seitentransportprozess holt sich die aktuelle Objektbeschreibung des Prozessadressraums, also die Speicherabbildungstabelle, um beispielsweise das Zugriffs- oder Verändertbit für Verdrängungsstrategien auszuwerten. Er verdrängt gegebenenfalls eine Seite und lädt die fehlende Seite in eine freie Kachel. Er erzeugt eine aktualisierte Speicherabbildungstabelle.

- Schritt 4: Der Seitentransportprozess lädt die neue Objektbeschreibung des Prozessadressraums, also die Speicherabbildungstabelle, in den Cache des Mikrokerns.

- Schritt 5: Der Seitentransportprozess informiert den Mikrokern, dass der unterbrochene Prozess fortgesetzt werden kann.

- Schritt 6: Der unterbrochene Prozess erhält den Rechnerkern.

Prozessobjekte und Anwendungskern

Die Behandlung der Objekte vom Typ Prozess und die verwendeten Prozessbeschreibungen entsprechen weitgehend der Beschreibung im vorherigen Abschnitt. Anwendungskerne sind die Betriebssystemserver oder Teile davon. Anwendungskerne sind also spezielle Prozesse, die einerseits um die Betriebsmittel der Rechenanlage konkurrieren und andererseits diese aber auch direkt verwalten, beispielsweise die Kacheln. Für Anwendungskerne wird also eine gegenüber den Prozessen erweiterte Objektbeschreibung benötigt, beispielsweise müssen Einsprungadressen für Unterbrechungsbehandlungen und die zugeteilten realen Betriebsmittel vermerkt werden. Die zugeteilten realen Betriebsmittel werden zur Zugriffskontrolle und zum automatischen Freigeben am Ende eines Anwendungskerns benötigt. Solche Betriebsmittel sind beispielsweise zugeteilte Kacheln, Geräte oder Hintergrundspeicherbereiche. Für die Verwaltung der Anwendungskerne und die Zuteilung der realen Betriebsmittel ist ein zentraler Ressourcenverwalter außerhalb des Mikrokerns zuständig.

Bewertung

Gemäß Literatur wurde erwartet, dass die Cache-Mikrokerne im Gegensatz zu früheren Mikrokern-Konzepten die Leistung gegenüber traditionellen Betriebssystemen nicht zu stark vermindern. Wie bereits oben (Seite 308) ausgeführt, wurden jedoch die Erwartungen an die Mikrokerne – auch an die Cache-Mikrokerne – nicht erfüllt, so dass das Interesse daran in den letzten Jahren nachgelassen hat. Wie ebenfalls oben bereits erwähnt, hat jedoch ein Spezialfall der Mikrokerne eine große Bedeutung erlangt: Die Moduln bzw. die Schicht zur Virtualisierung der Hardware (Hardware Abstraction Layer, HAL) in modernen Betriebssystemen.

15   Strategien

In den Betriebssystemen gibt es zwei wichtige Betriebsmittel, um die sich die Prozesse bewerben, das ist der Rechnerkern und der Arbeitsspeicher. Das Betriebssystem muss also Strategien für die Zuteilung und den Entzug dieser Betriebsmittel enthalten. Grundlegende Strategien für die Auftragsbearbeitung und die Speicherverwaltung werden beschrieben.

Die Besprechung der Strategien wird durch die Besprechung von allgemeinen Grundlagen vorbereitet. Die Strategien zur Rechnerkernzuteilung und zum Laden und Verdrängen von Seiten werden in ihren Grundzügen besprochen. Wesentlich ausführlichere mathematische Behandlungen finden sich beispielsweise in (DENN68, BOYS74, KLEI75, KLEI76, KRAY75, COFF76, DENN78, KOBA78, JESS86, GELE98, GROS98, BOSE02).

15.1   Grundbegriffe aus der Statistik

Die Strategien beruhen auf Modellen, in die statistische Kenngrößen ein-   *zufällige Größen*
gehen, beispielsweise die Verteilung der Rechenzeit von Aufträgen. Die Rechenzeit wird also als zufällige Größe betrachtet. Wir bezeichnen zufällige Größen durch einen Unterstrich, also beispielsweise die zufällige Größe x mit $\underline{x}$. Eine eindimensionale zufällige Größe $\underline{x}$ wird durch ihre Verteilungsfunktion $F(x)$ beschrieben. Es sei $Pr\,[\,\underline{x} \leq x\,]$ die Wahrscheinlichkeit, dass der Wert der zufälligen Größe $\underline{x}$ kleiner oder gleich x ist. Dann gelten folgende Beziehungen:

$$F(x) = Pr\,[\,\underline{x} \leq x\,]$$

$$F(b) - F(a) = Pr\,[\,a < \underline{x} \leq b\,]$$

$$F(-\infty) = 0 \quad \text{und} \quad F(\infty) = 1$$

Ist die zufällige Größe eine stetig verteilte Größe, dann lässt sich ihre Wahrscheinlichkeitsdichte $f(x)$ angeben. Es gilt:

$$f(x)\,dx = Pr\,[\,x < \underline{x} \leq x + dx\,]$$

$$F(x) = \int\limits_{-\infty}^{x} f(t)\, dt$$

Mit dem Riemann-Stieltjes-Integral lässt sich diese Beziehung auch für Verteilungsfunktionen mit Sprüngen darstellen als:

$$F(x) = \int\limits_{-\infty}^{x} dF(t)$$

Erwartungswert, Streuung

Das n-te Moment $E\left[\underline{x}^n\right]$ einer Verteilungsfunktion wird definiert als

$$E\left[\underline{x}^n\right] = \int\limits_{-\infty}^{+\infty} t^n\, dF(t)$$

Das erste Moment $E\left[\underline{x}\right]$ heißt der Erwartungswert (Mittelwert) von $\underline{x}$. Das zweite Moment führt auf das Streuungsquadrat $\sigma^2(\underline{x})$. Die Größe $E\left[(\underline{x} - E\left[\underline{x}\right])^2\right]$ heißt Streuungsquadrat oder Varianz. Also:

$$\sigma^2(\underline{x}) = \int\limits_{-\infty}^{+\infty} (t - E\left[\underline{x}\right])^2\, dF(t) = E\left[\underline{x}^2\right] - E\left[\underline{x}\right]^2$$

Die Größe $\sigma(\underline{x})/E\left[\underline{x}\right]$ heißt auch der Variationskoeffizient c_x der zufälligen Größe $\underline{x}$. Auf Grund der Definition der Größen ergibt sich sofort die Verschiebungsregel für Streuungen:

$$E\left[(\underline{x} - a)^2\right] = \sigma^2(\underline{x}) + (E\left[\underline{x}\right] - a)^2$$

bedingte Wahrscheinlichkeit

Von Bedeutung für uns ist noch der Begriff der bedingten Wahrscheinlichkeit. Wir betrachten zwei Ereignisse A und B. Das Ereignis A bzw. B tritt mit der Wahrscheinlichkeit $Pr\left[A\right]$ bzw. $Pr\left[B\right]$ ein. Die beiden Ereignisse treten zusammen mit der Wahrscheinlichkeit $Pr\left[A \wedge B\right]$ ein. Die Wahrscheinlichkeit, dass A eintritt, unter der Bedingung, dass B eingetreten ist, nennt man bedingte Wahrscheinlichkeit $Pr\left[A \mid B\right]$. Es gilt der Multiplikationssatz für bedingte Wahrscheinlichkeiten:

$$Pr\left[A \mid B\right] * Pr\left[B\right] = Pr\left[A \wedge B\right]$$

Ein Ereignis A heißt unabhängig vom Ereignis B, wenn gilt

$$Pr\left[A \mid B\right] = Pr\left[A\right]$$

Ein Beispiel für eine Verteilungsfunktion ist die negativ exponentielle Verteilung. Sei $\underline{x}$ negativ exponentiell verteilt, dann gilt: *negativ exponentielle Verteilung*

$$F(x) = \begin{cases} 1 - e^{-\mu * x} & \text{für } x \geq 0 \\ 0 & \text{für } x < 0 \end{cases}$$

Hierbei ist $\mu = E[\underline{x}]^{-1}$. Auf Grund der angegebenen Formeln lassen sich noch die folgenden Werte berechnen:

$$f(x) = \begin{cases} \mu * e^{-\mu * x} & \text{für } x \geq 0 \\ 0 & \text{für } x < 0 \end{cases}$$

$$\sigma^2(\underline{x}) = \mu^{-2}$$

Die negativ exponentielle Verteilungsfunktion ist dadurch ausgezeichnet, dass sie gedächtnislos ist. Dies ist eine sehr ungewöhnliche Eigenschaft. Die negativ exponentielle Verteilung ist die einzige stetige Verteilungsfunktion mit dieser Eigenschaft. Da Modelle mit gedächtnislosen Verteilungsfunktionen besonders einfach zu berechnen sind, wird oft eine negativ exponentielle Verteilung vorausgesetzt, auch wenn dies eine sehr schlechte Approximation der Wirklichkeit ist. Bei Gedächtnislosigkeit gilt: *gedächtnislos*

$$Pr[\underline{x} \leq a + x \mid \underline{x} > a] = Pr[\underline{x} \leq x]$$

Sind beispielsweise die Zwischenankunftszeiten von Aufträgen in einem System negativ exponentiell verteilt, dann bedeutet dies, dass die Verteilungsfunktion der Zeitspanne, die vergeht bis der nächste Auftrag eintrifft, unabhängig davon ist, wie viel Zeit seit dem letzten Eintreffzeitpunkt eines Auftrags bereits vergangen ist. Oder anders ausgedrückt: Wenn im Mittel zwischen zwei Aufträgen ξ Zeiteinheiten vergehen, dann muss man im Mittel trotzdem immer noch ξ Zeiteinheiten weiter auf den nächsten Auftrag warten, unabhängig davon wie viel Zeit seit dem letzten Auftrag schon vergangen ist. Vergleicht man dies mit anderen Situationen, beispielsweise dem Zugverkehr, dann geht man üblicherweise davon aus, dass die mittlere Wartezeit bis zum Eintreffen des nächsten Zugs umso kleiner ist, je länger man schon gewartet hat.

15.2 Gesetz von Little

Das Gesetz von Little gilt praktisch für alle Systeme, die einen stationären (zeitunabhängigen) Zustand erreichen. Wichtig ist, dass keinerlei Voraussetzung über das innere Verhalten des Systems, beispielsweise seine Strategien *Gesetz*

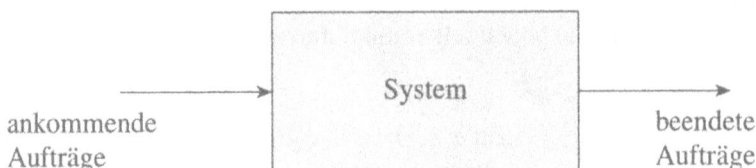

Abbildung 15.1: System für das Gesetz von Little

zur Bearbeitung der Aufträge, oder über Verteilungsfunktionen, beispielsweise Ankunftszeiten oder Bedienzeiten, vorausgesetzt werden. Das Gesetz von Little lautet:

$$N = \lambda * V$$

wobei

N mittlere Zahl der Aufträge im System
λ mittlere Eintreffrate der Aufträge
     (Zahl der eintreffenden Aufträge je Zeiteinheit)
V mittlere Aufenthaltszeit der Aufträge im System
     (Verweilzeit)

Herleitung   Diese Beziehung lässt sich leicht herleiten. Wir beobachten das zu untersuchende System im Zeitintervall $[0,t]$ von außen (Abbildung 15.1). Über das innere Verhalten werden keine Annahmen getroffen. Beobachtet werden nur die ankommenden und abgehenden Aufträge. Falls Aufträge verschiedener Klassen ankommen, kann die Beobachtung auch auf eine bestimmte Klasse beschränkt werden. Erfasst werden:

$\alpha(t)$ eingetroffene Aufträge in $[0,t]$
$\delta(t)$ beendete Aufträge in $[0,t]$

Unter der Voraussetzung, dass das System zurzeit $t = 0$ leer ist, lassen sich aus den Beobachtungen die folgenden Größen gemäß ihrer jeweiligen Definitionen bestimmen:

$n(t)$ Zahl der Aufträge im System zurzeit t
     $n(t) = \alpha(t) - \delta(t)$ und nach Voraussetzung: $n(0) = 0$
λ_t mittlere Eintreffrate der Aufträge in $[0,t]$
     $\lambda_t = \alpha(t)/t$

$\gamma(t)$ Summe der Verweilzeiten der Aufträge in $[0\,,t]$

$$\gamma(t) = \int_0^t n(\tau)\,d\tau$$

N_t mittlere Anzahl Aufträge im System in $[0\,,t]$
$$N_t = \gamma(t)/t$$

V_t mittlere Verweilzeit der Aufträge im System in $[0\,,t]$
$$V_t = \gamma(t)/\alpha(t)$$

Man sieht unmittelbar, dass die Beziehung

$$N_t = \lambda_t * V_t$$

gilt. Existieren nun die folgenden Grenzwerte,   *Grenzübergang*

$$N = \lim_{t\to\infty} N_t, \quad \lambda = \lim_{t\to\infty} \lambda_t, \quad V = \lim_{t\to\infty} V_t$$

dann ist das System stationär und der Grenzübergang

$$\lim_{t\to\infty} \{N_t = \lambda_t * V_t\}$$

der obigen Beziehung ergibt das Gesetz von Little.

15.3   Auslastung und Durchsatz

Wir betrachten ein beliebiges System, welches Aufträge bearbeitet, und   *Bezeichnungen* führen folgende Bezeichnungen ein:

A   mittleres Eintreffintervall zwischen Aufträgen
λ mittlere Eintreffrate, $\lambda = 1/A$
b   Bedienzeit eines Auftrags
B   mittlere Bedienzeit eines Auftrags
μ mittlere Bedienrate, $\mu = 1/B$
V   mittlere Verweilzeit (Aufenthaltszeit) im System
W   mittlere Wartezeit im System, $W = V - B$
N   mittlere Anzahl Aufträge im System (Füllung)
β bezogene Bedienzeit, $\beta = b/B$
$\hat{V}$ bezogene Verweilzeit, $\hat{V} = V/B$
$\hat{W}$ bezogene Wartezeit, $\hat{W} = W/B$
V_b mittlere Verweilzeit eines Auftrags der Bedienzeit b
W_b mittlere Wartezeit eines Auftrags der Bedienzeit b

Die mittlere Auslastung ρ eines Systems ergibt sich durch folgenden Gedan-   *Auslastung* kengang: Im Mittel trifft im Zeitabstand A ein Auftrag ein. Im stationären Fall muss also im Mittel auch ein Auftrag in dieser Zeit bearbeitet werden.

Im Mittel muss also im Intervall A die Bedienzeit B aufgebracht werden. In einem System, das je Zeiteinheit die Bedienzeit L, beispielsweise durch L Bedieneinheiten, aufbringen kann, gilt

$$\rho = \frac{B}{A * L} = \lambda * B/L$$

Für stationäre Systeme mit einer Bedieneinheit gilt also $0 \leq \lambda < 1$.

Durchsatz

Der Durchsatz D eines Systems ist definiert als die Zahl der beendeten Aufträge je Zeiteinheit. Bei einem stationären System, das selbst keine Aufträge erzeugt oder vernichtet, müssen gleich viel Aufträge im Mittel je Zeiteinheit beendet werden wie eintreffen. Damit gilt

$$D = \lambda$$

Der maximale Durchsatz eines Systems ist $D_{max} = L/B$.

15.4   Das M/M/1-Modell und die Strategie FCFS

Systematik

Die einfachsten Modelle zur Auftragsbearbeitung in einem System bestehen aus einem Warteraum und nachfolgenden Bedienstationen. Sie können mit Methoden der Warteschlangentheorie behandelt werden. In der Warteschlangentheorie ist es üblich, diese einfachen Modelle durch eine Kombination von Zeichen der Form A/B/n/k zu charakterisieren. Hierbei bezeichnet A die Verteilungsfunktion des Ankunftsprozesses, B die Verteilungsfunktion des Bedienprozesses, n die Anzahl der Bedienstationen und k die maximale Anzahl der Aufträge, die gleichzeitig im System sein können. Als Bezeichnung für die Verteilungsfunktionen sind insbesondere drei Bezeichnungen wichtig:

- M: negativ exponentielle Verteilung (Markoff-Prozess)
- D: deterministischer Wert der zufälligen Größe
- G: allgemeine (engl.: general) Verteilungsfunktion.

Strategie FCFS

Nachfolgend soll lediglich das quantitative Ergebnis (KLEI75, KLEI76) eines äußerst einfachen Rechnermodells gemäß Abbildung 15.2 hergeleitet werden. Aufträge treffen in zufälligen Zeitabständen ein. Die Bearbeitungszeit ist wieder eine zufällige Größe. Die Eintreffintervalle und die Bearbeitungszeiten sind negativ exponentiell verteilt; es handelt sich also um das M/M/1-Modell. Die mittlere Ankunftsrate sei λ, die mittlere Bedien-

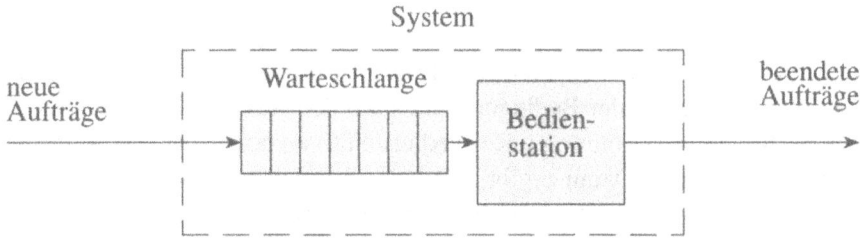

Abbildung 15.2: Das M/M/1-Modell

zeit $E[B]$. Die Aufträge werden in der Reihenfolge des Eintreffens in eine Warteschlange eingereiht und durch eine Bedienstation (Rechensystem oder Rechnerkern) bearbeitet. Ein Auftrag, der sich in Bearbeitung befindet, wird nicht unterbrochen. Man nennt diese Bearbeitungsstrategie (Warteschlangendisziplin) auch FCFS-Strategie (first come first serve) oder bei nur einer Bedienstation FIFO-Strategie (first in first out). Anmerkung: Da die Aufträge unterschiedliche Bedienzeiten haben, werden bei mehreren Bedienstationen und Bedienung der Aufträge in der Reihenfolge des Eintreffens die Aufträge nicht immer in der Reihenfolge des Eintreffens beendet. Deshalb ist die Verwendung der Bezeichnung FIFO bei mehreren Bedienstationen nicht richtig.

Zur Herleitung betrachten wir zunächst einen Auftrag, der zu einem beliebigen Zeitpunkt eintrifft. Dieser findet im Mittel N_{WS} Aufträge in der Warteschlange vor, die im Mittel $E[B]$ Zeiteinheiten rechnen. Außerdem ist mit einer bestimmten Wahrscheinlichkeit ein Auftrag in der Bedienstation, der im Mittel noch eine Restbedienzeit $E[R]$ hat. Die mittlere Wartezeit W eines Auftrags ist also: *Herleitung*

$$W = N_{WS} * E[B] + Pr[System\ nicht\ leer] * E[R]$$

Nach Little gilt, wenn man die Warteschlange als das beobachtete System betrachtet, $N_{WS} = \lambda * V_{WS}$. Da ein eintreffender Auftrag seine volle Wartezeit in der Warteschlange verbringt, ist seine Wartezeit gleich der Verweilzeit in der Warteschlange, also $V_{WS} = W$. Die Wahrscheinlichkeit, dass das System nicht leer ist, ist gerade ρ. Damit fehlt nur noch die Berechnung der mittleren Restbedienzeit.

Zur Berechnung der mittleren Restbedienzeit $E[R]$ überlegen wir uns, dass   *Restbedienzeit*
der eintreffende Auftrag mit einer bestimmten Wahrscheinlichkeit auf den Auftrag i trifft. Diese Wahrscheinlichkeit ist gegeben durch die Bedienzeit b_i

dieses Auftrags dividiert durch die Summe der Bedienzeiten aller Aufträge. Da der eintreffende Auftrag zu einem beliebigen Zeitpunkt eintrifft, muss er im Mittel die halbe Bedienzeit des Auftrags i abwarten. Damit haben wir die Restbedienzeit unter der Bedingung, dass auf den Auftrag i getroffen wird. Zur Bestimmung der mittleren Restbedienzeit muss noch über alle Aufträge i gemittelt werden. Damit ergibt sich bei n betrachteten Aufträgen, deren Bedienzeit durch die zufällige Größe $\underline{b}$ gegeben ist:

$$E\left[R\right] = E\left[\frac{b_i}{2} * \frac{b_i}{n * B}\right] = \frac{1}{2} * \frac{E\left[\underline{b}^2\right]}{B} = \frac{B}{2} * (1 + c_B^2)$$

Dabei wurde das zweite Moment durch den früher bereits eingeführten Variationskoeffizienten der Verteilungsfunktion ausgedrückt.

Ergebnis   Durch Einsetzen der obigen Beziehungen in die Formel für W und Auflösen nach W erhält man die mittlere Wartezeit im M/M/1-Modell für die Strategie FCFS:

$$W^{FCFS} = \frac{\rho}{1 - \rho} * \frac{1 + c_B^2}{2} * B$$

Diese Formel ist die bekannte Pollaczek-Khintchine-Mittelwertformel (GROS98, KLEI75, KLEI76). Sie gilt nicht nur für das M/M/1-Modell, sondern auch für das M/G/1-Modell, wie aus der Ableitung ersichtlich. Im Falle der negativ exponentiellen Verteilung ist $c_B^2 = 1$. Dann ergibt sich der Verlauf von W gemäß Abbildung 15.3. Die für den Leser wesentlichen Ergebnisse sind:

- Die Wartezeit eines Auftrags ist unabhängig von seiner Bedienzeit. Eine Erfahrung, die jeder macht, der nur eine Kleinigkeit eingekauft hat und dann in der Warteschlange vor einer Kasse steht.

- Wenn die Auslastung gegen 100% geht, geht die Wartezeit gegen unendlich. Bereits bei 50% Auslastung ist die mittlere Wartezeit so groß wie die mittlere Bedienzeit. Auch wenn im Einzelfall wesentlich komplexere Modelle berechnet werden müssen, sieht man doch das grundsätzliche Problem, nämlich dass sich die beiden Ziele gute Auslastung und gute Reaktionszeit widersprechen.

15.5   Bedienzeitabhängige Strategien

Betriebsziele   Die Auswahl einer Auftragsbearbeitungsstrategie hängt von den Betriebszielen ab. Beispiele für Betriebsziele sind: Maximierung der Auslastung,

bezogene Wartezeit $\hat{W}=W/B$

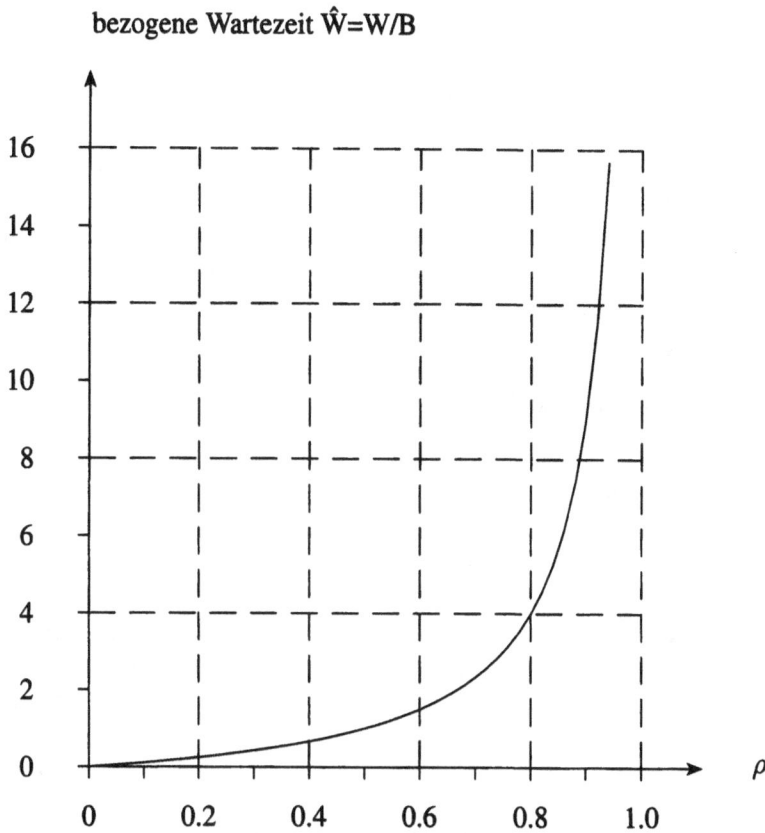

Abbildung 15.3: Bezogene Wartezeit im M/M/1-Modell

---

minimale mittlere Verweilzeit, gute Antwortzeiten für interaktive Benutzer oder Einhaltung von Endterminen. Bei Systemen, die interaktiv verwendet werden und mehrere parallele Abläufe unterstützen, ist entweder eine Bevorzugung kurzer Aufträge vor langen oder mindestens ein gleichmäßiger Arbeitsfortschritt aller Abläufe verlangt. Dies erfordert die Unterbrechung lang laufender Aufträge, beispielsweise beim Eintreffen kurzer Aufträge. Die interessanten Strategien sind also verdrängend (präemptiv).

Bei Systemen, die interaktiv verwendet werden, definieren wir als Interaktion den Arbeitsschritt, den ein Benutzer durch eine Eingabe auslöst. Eine Interaktion benötigt eine bestimmte Rechenzeit. Die Zeitspanne vom Ende der Benutzereingabe bis zum Ende der Interaktion ist deren Ausführungszeit. Diese setzt sich aus der Rechenzeit der Interaktion und Wartezeiten im System zusammen. Der Benutzer erwartet, wie gesagt, dass die Ausführungszeit

Zeitscheiben-strategie

einer Interaktion der Rechenzeit der Interaktion angepasst ist. Da dem Betriebssystem jedoch die Rechenzeit einer Interaktion oder eines Auftrags nicht im voraus bekannt ist, muss es bei jeder Interaktion damit rechnen, dass es sich um eine kurze Interaktion handeln könnte. Es muss also „auf Verdacht" mit der Bearbeitung beginnen. Hierzu erhält eine neu eintreffende Interaktion bzw. ein neu eintreffender Auftrag sofort eine bestimmte Rechenzeit, eine Zeitscheibe, zugeteilt. Kurze Interaktionen können innerhalb der Zeitscheibe fertig werden, die Wartezeit im System ist also sehr gering. Interaktionen, die innerhalb dieser ersten Zeitscheibe nicht fertig werden, werden als langlaufend klassifiziert. Ihre weitere Behandlung hängt von der konkreten Rechnerkernvergabestrategie ab. Sie könnten beispielsweise in der Reihenfolge des Eintreffens weiter bearbeitet werden.

mittlere minimale
Wartezeit

Bevor nun einzelne Strategien besprochen werden, soll der Frage nachgegangen werden, was grundsätzlich von solchen Strategien erwartet werden kann. Wir betrachten hierzu zunächst die im Mittel zu erwartende untere Schranke für die Wartezeit, also den Erwartungswert Wmin der minimalen Wartezeit. Die minimale Wartezeit tritt bei Aufträgen auf, die wichtiger sind, als alle im System befindlichen Aufträge. Sie werden also an den Anfang der Warteschlange eingeordnet. Bei verdrängenden Strategien wird der eventuell in Bearbeitung befindliche Auftrag sofort verdrängt. Damit gilt in diesem Fall:

$$W min; v = 0$$

Anmerkung zur Bezeichnung: Ein v (nv) nach dem Strichpunkt bei $W min$ oder später bei $W max$ kennzeichnet den Fall einer verdrängenden (nicht verdrängenden) Strategie.

Bei nicht verdrängenden Strategien muss, falls die Bedienstation belegt ist, die Restbedienzeit abgewartet werden. Es gilt also:

$$W min; nv = Pr\,[\,System\ nicht\ leer\,] * E\,[R]$$
$$= \tfrac{1}{2} * \rho * B * (1 + c_B^2)$$

mittlere maximale
Wartezeit bei nicht
verdrängenden
Strategien

Die maximale Wartezeit tritt bei Aufträgen auf, die unwichtiger sind, als alle im System befindlichen oder noch ankommenden Aufträge. Wir betrachten einen solchen Auftrag x. Dieser wird also an das Ende der Warteschlange eingereiht. Betrachten wir zunächst die nicht verdrängenden Strategien, dann wird die Bearbeitung von x erst begonnen, wenn er allein in der Anlage ist. Seine mittlere Wartezeit ist die gesuchte mittlere maximale Wartezeit bei nicht verdrängenden Strategien:

$$W max; nv = \sum_{i=0}^{\infty} W_i$$

Hierbei gilt:

- W_0 ist die Wartezeit des Auftrags x bis alle Aufträge beendet sind, die vor ihm eingetroffen sind. Dies ist gerade die Wartezeit, die für die Strategie FCFS gilt, also:

$$W_0 = W^{FCFS} = \frac{\rho}{1-\rho} * \frac{1+c_B^2}{2} * B$$

- W_i ist die Wartezeit des Auftrags x, die durch die Bearbeitung der Aufträge entsteht, die im Intervall W_{i-1} eingetroffen sind. Die Anzahl der Aufträge, die eintreffen, ist $\lambda * W_{i-1}$. Alle Aufträge haben eine mittlere Bedienzeit von B, also gilt:

$$W_i = \lambda * W_{i-1} * B = \rho * W_{i-1} = \rho^i * W_0$$

Damit ergibt sich unmittelbar:

$$Wmax;nv = \frac{W^{FCFS}}{1-\rho} = \frac{\rho}{(1-\rho)^2} * \frac{1+c_B^2}{2} * B$$

Die Überlegungen zur Herleitung der mittleren maximalen Wartezeit bei verdrängenden Strategien sind ähnlich denen bei nicht verdrängenden Strategien. Der Unterschied besteht darin, dass der betrachtete Auftrag x auch noch verdrängt werden kann. Sei b die Bedienzeit des Auftrags x, dann gilt für seine mittlere maximale Verweilzeit:

mittlere maximale Wartezeit bei verdrängenden Strategien

$$Vmax;v = \sum_{i=0}^{\infty} V_i$$

Hierbei gilt:

- V_0 ist die Verweilzeit des Auftrags x im System ohne Berücksichtigung nachfolgend eingetroffener Aufträge. Diese ist aber gerade $W_0 + b$, also

$$V_0 = W^{FCFS} + b = \frac{\rho}{1-\rho} * \frac{1+c_B^2}{2} * B + b$$

- V_i ist die die Wartezeit des Auftrags x, die durch die Bearbeitung der Aufträge entsteht, die im Intervall V_{i-1} eingetroffen sind, also

$$V_i = \lambda * V_{i-1} * B = \rho * V_{i-1} = \rho^i * V_0$$

Durch einsetzen ergibt sich

$$Vmax;v = \frac{V_0}{1 - \rho} = \frac{W^{FCFS} + b}{1 - \rho}$$

und daraus mit $Vmax;v = b + Wmax;v$:

$$Wmax;v = \frac{\rho}{(1 - \rho)^2} * \frac{1 + c_B^2}{2} * B + \frac{\beta * B * \rho}{1 - \rho}$$

Die mittlere maximale Wartezeit eines Auftrags bei verdrängenden Strategien ist also von seiner Bedienzeit abhängig. Der Verlauf dieser Grenzkurven findet sich in Abbildung 15.6 und Abbildung 15.7.

SPT   Bei der Strategie SPT (shortest processing time) werden die Aufträge entsprechend ihrer Bedienzeit in die Auftragswarteschlange eingereiht. Der Auftrag mit der kürzesten Bedienzeit wird an den Anfang der Warteschlange gesetzt. Ein einmal begonnener Auftrag wird nicht unterbrochen, auch nicht, wenn Aufträge mit kleinerer Bedienzeit eintreffen. Die Strategie ist also nichtverdrängend. Bei negativ exponentieller Verteilung gilt (KRAY75):

$$W_b^{SPT} = B * \frac{\rho}{[1 - \rho(1 - (1 + \beta) * e^{-\beta})]^2}$$

Es gelten folgende Grenzwerte:

$$\lim_{\beta \to 0} W_b^{SPT} = Wmin;nv \quad \text{und} \quad \lim_{\beta \to \infty} W_b^{SPT} = Wmax;nv$$

Eine Verwendung dieser Strategie setzt die Kenntnis der Bedienzeiten der Aufträge voraus. Die Bedienzeiten sind aber normalerweise nicht bekannt. Als Näherung kann man mit geschätzten Bedienzeiten arbeiten, beispielsweise in stapelverarbeitenden Systemen.

SET   Die Strategie SET (shortest elapsed time) geht davon aus, dass die Bedienzeiten der Aufträge nicht vorab bekannt sind. Deshalb wird die Bearbeitung aller Aufträge begonnen. Es wird immer derjenige Auftrag bearbeitet, der die geringste aufgenommene Bedienzeit aufweist. Die Strategie ist also verdrängend. Bei SET werden kürzere Aufträge entsprechend früher fertig. Sie werden allerdings im Gegensatz zu SPT durch länger laufende vorhandene oder neu eintreffende Aufträge behindert, da diese ja auch bedient werden. Insbesondere werden neu eingetroffene Aufträge bevorzugt, da diese noch keine Bedienzeit aufgenommen haben. Bei wirklichen Implementierungen dieser Strategie wird die Umschaltung zwischen den Aufträgen erst bei

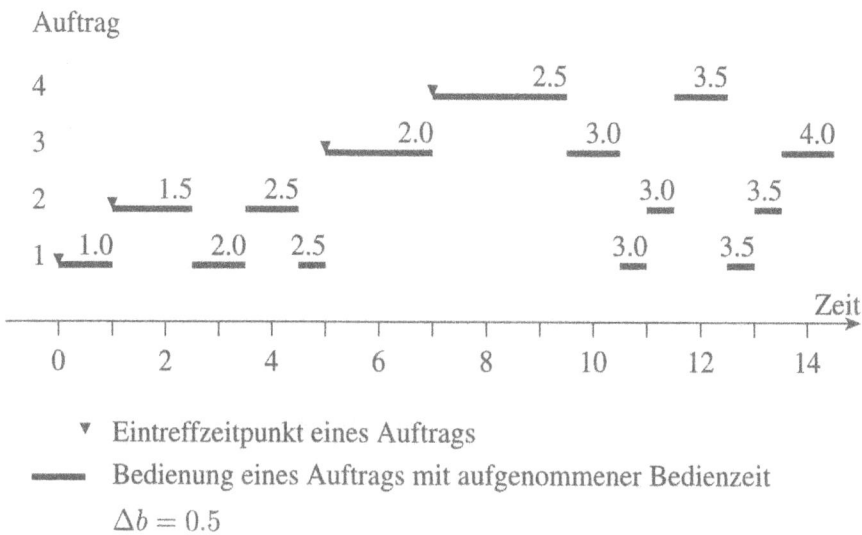

Abbildung 15.4: Auftragsbearbeitung bei der Strategie SET

Überschreitung einer Umschaltdifferenz Δb vorgenommen. Für den Grenzfall $\Delta b = 0$ ergibt sich bei negativ exponentieller Verteilung (KRAY75):

$$W_b^{SET} = B * \frac{\rho * \left(1 - e^{-\beta}\right) + \beta * (1 - \rho)}{\left[1 - \rho * (1 - e^{-\beta})\right]^2} - B * \beta$$

Für $\beta \gg 1$ nähert sich die Wartezeit Wmax;v an. Ein Beispiel für die Bearbeitung von Aufträgen mit der Strategie SET bei $\Delta b = 0.5$ findet sich in Abbildung 15.4. Im betrachteten Zeitraum wird bei diesem Beispiel kein Auftrag beendet.

Die Strategie RR (round robin) ist eine häufig eingesetzte Strategie. Es handelt sich um ein Zeitscheibenverfahren mit der Zeitscheibe Q. Das Modell des Systems findet sich in Abbildung 15.5. Neu eintreffende Aufträge werden an das Ende der Warteschlange eingereiht. Der erste Auftrag in der Warteschlange erhält den Bediener maximal Q Zeiteinheiten. Wird er in dieser Zeit fertig, dann verlässt er das System, sonst kommt er am Ende der Zeitscheibe wieder an das Ende der Warteschlange. Die Prozesse erhalten also einen gleichmäßigen Arbeitsfortschritt. Im Gegensatz zu SET werden später eingetroffene Aufträge, die noch eine geringe aufgenommene Bedienzeit haben, nicht besonders bevorzugt. Die Zeitscheibe Q darf nicht zu klein gewählt werden, da sonst der Betriebssystemoverhead zu groß wird. Mit dem Entzug des Rechnerkerns kann ja auch eine Verdrängung aus

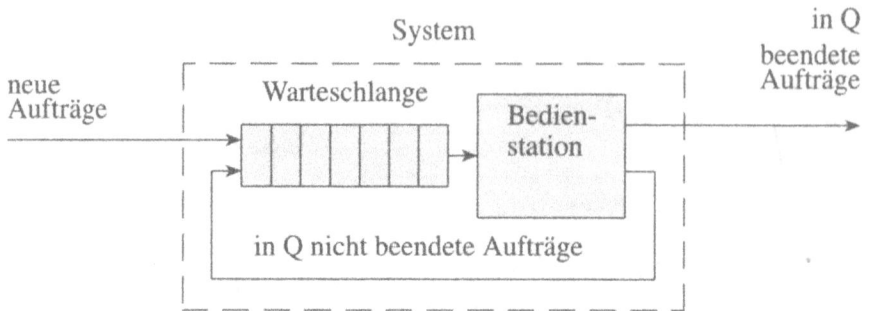

Abbildung 15.5: Die Strategie RR mit Zeitscheibe Q

dem Arbeitsspeicher verbunden sein, um für den folgenden Auftrag Platz zu schaffen. Die Zeitscheibe Q darf aber auch nicht zu groß sein, da sonst die kleinen Aufträge zu lange verzögert werden. Im Grenzfall $Q = 0$ heißt die Strategie RR auch processor sharing (PS). Bei beliebiger Verteilungsfunktion für die Bedienzeiten gilt dafür:

$$W_b^{PS} = B * \beta * \frac{\rho}{1 - \rho}$$

FBn

Die Strategie FBn (foreground background with n queues) kann als Verfeinerung sowohl der Strategie SET als auch der Strategie RR betrachtet werden. In dem System werden n Warteschlangen $WS_i, 1 \le i \le n$ vorgesehen. Erhält ein Auftrag aus der Warteschlange i die Bedienstation, so erhält er dort eine Zeitscheibe Q_i. Wird der Auftrag in dieser Zeitscheibe nicht fertig, dann wird er an das Ende der Warteschlange i+1 übertragen. Ist der Auftrag bereits in der Warteschlange n, dann kommt er wieder an das Ende dieser Warteschlange. Neu eintreffende Aufträge kommen in die Warteschlange 1. In jeder Warteschlange werden die Aufträge gemäß der Reihenfolge des Eintreffens in dieser Warteschlange bearbeitet. Die ersten n-1 Warteschlangen heißen Vordergrundwarteschlangen, die n-te Warteschlange ist die Hintergrundwarteschlange. Für den Grenzfall $Qn \to \infty, n \to \infty, Q_i \to 0$ für $i < n$ und festes $\tau = \frac{1}{B} * \sum_{i=1}^{n-1} Q_i$ gilt (KRAY75):

$$W_b^{FB\infty}(\tau) = B * \frac{\rho * \beta * (1 - e^{-\tau}) + \frac{\rho}{1-\rho}}{1 - \rho * (1 - e^{-\tau})} \text{ für } \beta > \tau$$

bezogene Wartezeit W_b/B bei $\rho = 0.5$

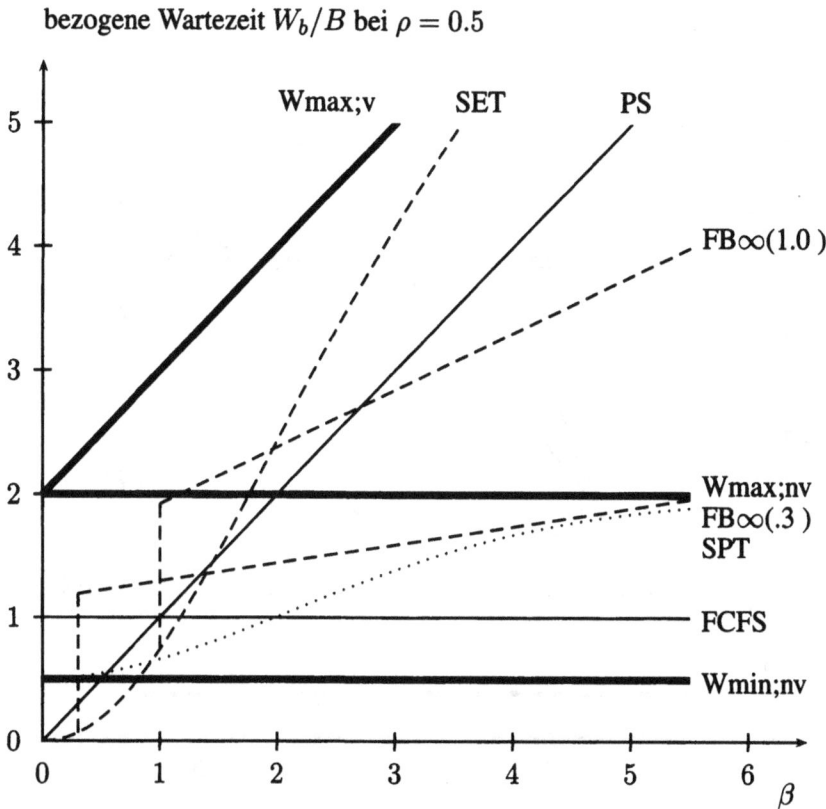

Abbildung 15.6: Bezogene Wartezeit abhängig von der Bedienzeit,
Auslastung 0.5

$$W_b^{FB\infty}(\tau) = W_b^{SET} \quad \text{für } \beta \leq \tau$$

Das Verhalten der besprochenen Strategien zur Auftragsbearbeitung zeigen   Zusammenfassung
Abbildung 15.6 für die Auslastung $\rho = 0.5$ und Abbildung 15.7 für die
Auslastung $\rho = 0.7$. Aufgetragen ist die mittlere bezogene Wartezeit eines
Auftrags der Bedienzeit b über der bezogenen Bedienzeit β. In allen Fällen
ist eine negativ exponentielle Verteilung der Bedienzeiten vorausgesetzt. Wie
geschildert, ist die Wartezeit bei der Strategie FCFS unabhängig von der Bedienzeit des Auftrags, aber mit steigender Auslastung ebenfalls ansteigend
(Abbildung 15.3). Man erkennt, dass die verdrängende Strategie SET Aufträge mit kurzer Bedienzeit am stärksten bevorzugt, dafür aber auch Aufträge
mit langer Bedienzeit am stärksten benachteiligt. In Abbildung 15.6 sieht
man die Annäherung der Strategie SET an den Grenzwert Wmax;v für verdrängende Strategien bei großen Bedienzeiten. Bei der nicht verdrängenden

bezogene Wartezeit W_b/B bei $\rho = 0.7$

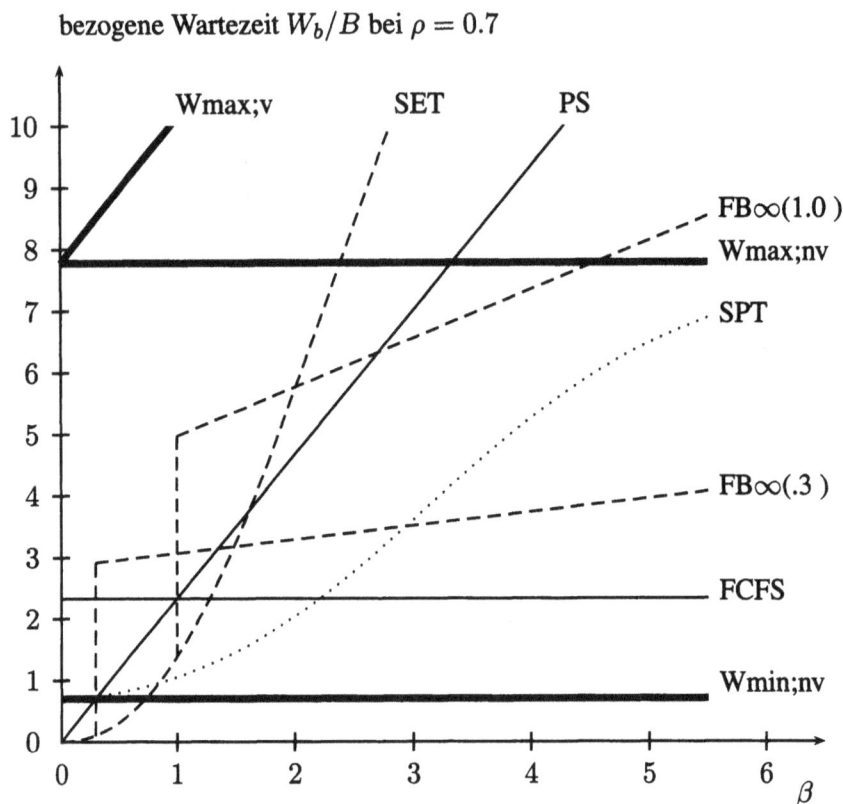

Abbildung 15.7: Bezogene Wartezeit abhängig von der Bedienzeit,
Auslastung 0.7

Strategie SPT sieht man sehr schön die Annäherung an die mittlere minimale Wartezeit bei nicht verdrängenden Strategien für kleine Bedienzeiten
und an die mittlere maximale Wartezeit bei nicht verdrängenden Strategi-
en für große Bedienzeiten. Die mittlere Wartezeit bei der Strategie PS ist
proportional der Bedienzeit, also sehr fair. Das Verhalten der Strategie FBn
lässt sich auf Grund der n einstellbaren Zeitscheiben sehr flexibel gestalten
und ist daher für reale Systeme sehr attraktiv. In den Abbildungen ist nur
der Grenzfall FB∞ für je zwei Werte τ angegeben. Für Bedienzeiten kleiner
τ entspricht die Wartezeit der Strategie SET, für Bedienzeiten größer τ ergibt sich eine lineare Abhängigkeit von der Bedienzeit. Für $\tau \to 0$ geht die
Strategie FB∞ in die Strategie FCFS über.

15.6 Working-Set-Modell

In diesem Buch werden nur Strategien für das Speichermanagement bei Seitenadressierung behandelt. Diese untergliedern sich in Strategien zum Laden von Seiten in den Arbeitsspeicher und zum Verdrängen von Seiten aus dem Arbeitsspeicher. Das Betriebssystem hat keine Information darüber, welche Seiten wann benötigt werden. Es ist also auf Vermutungen über das Verhalten der Prozesse beim Zugriff auf Seiten angewiesen. Ein wichtiges Modell dafür ist das Working-Set-Modell (DENN68).

Überblick

Da das zukünftige Zugriffsverhalten eines Prozesses nicht bekannt ist, werden die Seiten üblicherweise bei Bedarf geladen (paging on demand), also beim Auftreten eines Seitefehltalarms. Werden Ein/Ausgabevorgänge direkt in den Prozessadressraum zugelassen, müssen auch noch die Seiten geladen werden, in denen sich Pufferbereiche für solche Ein/Ausgabevorgänge befinden. Eine weitere Ergänzung des Ladens nach Bedarf betrifft Prozesse, die insgesamt aus dem Arbeitsspeicher verdrängt wurden, beispielsweise weil sie in einen langfristigen Wartezustand gekommen sind. In diesem Fall könnten die zum Zeitpunkt der Verdrängung im Arbeitsspeicher vorhandenen Seiten bei Aktivierung des Prozesses wieder geladen werden.

Seitenlade-strategien

Das Working-Set-Modell nach Denning (DENN68) versucht das Seitenwechselverhalten der Prozesse einfach zu modellieren. Wir betrachten nachfolgend genau einen Prozess. Sei $\mathcal{N}$ die Menge seiner Seiten mit der Kardinalität n. Die Seitenreferenzfolge

Working-Set

$$\mathcal{Z} = r_1 r_2 r_3 \ldots r_k \ldots r_M$$

gibt die Reihenfolge des Zugriffes auf Seiten durch diesen Prozess an. Da der Prozess sehr viele Zugriffe auf Daten oder Befehle ausführt, ist M sehr groß und der spätere Grenzübergang $M \to \infty$ ist gerechtfertigt. Wir betrachten nun einen Ausschnitt aus der Seitenreferenzfolge an der Stelle k mit h Zugriffen rückwärts:

$$\mathcal{Z}(k,h) = \begin{cases} r_1 r_2 \ldots r_k & falls\ h \geq k \\ r_{k-h+1} r_{k-h+2} \ldots r_k & falls\ h < k \end{cases}$$

Der Working-Set $\mathcal{W}(k,h)$ ist dann definiert als

$$\mathcal{W}(k,h) = \{\, i \mid i \in \mathcal{Z}(k,h) \,\}$$

Anschaulich ist also der Working-Set die Menge der Seiten, die ein Prozess bei den Letzten h Zugriffen verwendet hat. Da den einzelnen Zugriffen auch Zeitpunkte zugeordnet werden können, kann der Working-Set auch als

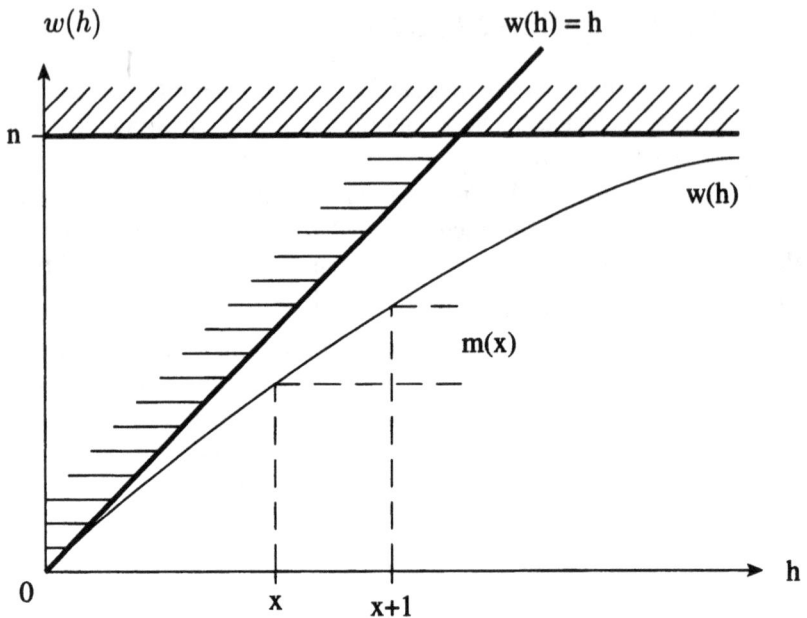

Abbildung 15.8: Prinzipieller Verlauf der Größe des Working-Set

---

Menge der zugegriffenen Seiten in den Letzten Δt Zeiteinheiten definiert werden.

Größe Working-Set   Unter der Größe $w(h)$ des Working-Set verstehen wir die mittlere Anzahl der Seiten im Working-Set bei einer Intervallgröße h, also

$$w(h) = \lim_{M \to \infty} \frac{1}{M} \sum_{k=1}^{M} |\mathcal{W}(k, h)|$$

Für $w(h)$ lassen sich auf Grund der Definition folgende Beziehungen einfach herleiten:

$$1 \leq w(h) \leq min(h, n)$$
$$w(h) \leq w(h + 1)$$
$$w(h + 1) + w(h - 1) \leq 2 * w(h)$$

Damit ergibt sich der prinzipielle Verlauf nach Abbildung 15.8. In der Abbildung ist bereits die mittlere Seitenwechselrate $m(h)$ nach dem Working-Set-Modell eingezeichnet. Diese wird nachfolgend abgeleitet.

Programme zeigen lokales Verhalten: Sie greifen in jedem Zeitabschnitt nur *Lokalitätsprinzip* auf einen Ausschnitt der Seiten des Prozesses zu. Messungen finden sich beispielsweise in (MORR73). Gründe für ein lokales Verhalten sind:

- Schleifen
- Konzentration auf bestimmte Teilprobleme in bestimmten Programmabschnitten
- Modularisierung
- Zugriff über einen „längeren" Zeitraum auf Daten oder Befehle innerhalb einer oder weniger Seiten

Das lokale Verhalten lässt sich auch formaler ausdrücken: Die Wahrscheinlichkeit, dass in nächster Zukunft auf Seiten zugegriffen wird, die in jüngster Vergangenheit verwendet wurden, ist höher als die Wahrscheinlichkeit, dass auf andere Seiten zugegriffen wird. In Bezug auf den Working-Set können wir diesen Sachverhalt so formulieren: Die Wahrscheinlichkeit, dass beim $(k+1)$-ten Zugriff auf eine Seite im Working-Set $W(k, h)$ zugegriffen wird, ist höher als die Wahrscheinlichkeit, dass auf eine andere Seite zugegriffen wird.

Man kann nun auf dieser Basis die Seitenverdrängungsstrategie WSM *Working-Set-* (Working-Set-Modell) definieren: Seiten, die nicht im Working-Set eines *Modell* Prozesses sind, werden verdrängt. Selbst wenn nur Seiten im Working-Set der Prozesse geladen sind, kann es vorkommen, dass ein Prozess Seiten benötigt, aber kein Arbeitsspeicher dafür frei ist. In diesem Fall gibt es zwei Vorgehensweisen:

- Der Parameter h wird verkleinert. Hierdurch kann allerdings die Seitenwechselrate steigen und so groß werden, dass das System keine produktive Arbeit mehr leistet. Man nennt diesen Zustand Seitenflattern *Seitenflattern* (thrashing).
- Die Anzahl der Prozesse im Arbeitsspeicher wird verkleinert. Damit wird die Anzahl der parallel bearbeiteten Aufträge reduziert, was zu einer Reduktion der Gesamtleistung des Systems führen kann.

Damit wird es wichtig, die beiden freien Parameter h und Anzahl der Prozesse im Arbeitsspeicher laufend so einzustellen, dass das Rechensystem eine möglichst hohe Leistung erbringt (Abbildung 15.9). Ein Kriterium dafür ist die Seitenwechselrate, die im System dann laufend gemessen werden muss.

Wie erwähnt besteht eine Beziehung zwischen der Größe des Working-Set *Seitenwechselrate* und der Seitenwechselrate. Wir bezeichnen mit $m(h)$ die Anzahl der Seiten-

aufgenommene Rechenzeit der Benutzerprozesse

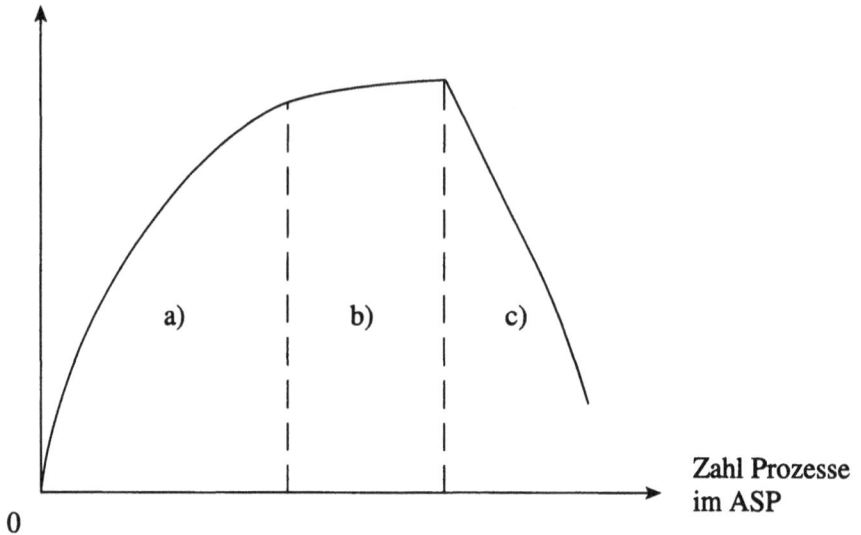

a) System unterbelastet

b) System ausgelastet

c) System überlastet (Seitenflattern)

Abbildung 15.9: Seitenflattern (thrashing)

wechsel je Zugriff auf eine Seite. Zu Herleitung der Beziehung betrachten wir die beiden Working-Sets $\mathcal{W}(k, h)$ und $\mathcal{W}(k+1, h+1)$:

$$\cdots \underbrace{r_{k-h+1}\ r_{k-h+2}\ \cdots\ r_k}_{\mathcal{W}(k,h)}\ \overbrace{\phantom{r_{k-h+1}\ r_{k-h+2}\ \cdots\ r_k\ }r_{k+1}}^{\mathcal{W}(k+1,h+1)} \cdots$$

Die Größe der beiden Working-Sets ist gleich oder unterscheidet sich um 1. Im ersten Fall muss beim (k+1)-ten Zugriff keine Seite zugeladen werden, wohl aber im zweiten Fall. Damit gilt nach Definition:

$$m(h) = \lim_{M \to \infty} \frac{1}{M} \sum_{k=0}^{M-1} \{|\mathcal{W}(k+1, h+1)| - |\mathcal{W}(k, h)|\}$$

und daraus folgt:

$$m(h) = w(h+1) - w(h)$$

Aus der Definition folgt auch:

$$0 \leq m(h) \leq 1$$
$$m(h+1) \leq m(h)$$

Nach diesem Modell fällt also die Seitenwechselrate mit Vergrößerung des Parameters h monoton ab. Damit kann über die Einstellung von h die Seitenwechselrate kontrolliert werden.

Das Working-Set-Modell ist für eine direkte Implementierung nicht geeig-   *Implementierung*
net, da die Zugriffe auf den Speicher ohne Kenntnis des Betriebssystems
im Rechnerkern ausgeführt werden und damit der Working-Set nicht exakt
bestimmt werden kann. Eine näherungsweise Bestimmung des Working-Set
ist wie folgt möglich:

- Es wird vorausgesetzt, dass in den Speicherabbildungstabellen ein Bit
  z (s) enthalten ist, das vom Rechnerkern bei jedem Zugriff auf die Seite
  s gesetzt wird.

- Jeder geladenen Seite s ist ein Zähler m (s) zugeordnet. Der Zähler wird
  beim Laden mit 0 initialisiert.

- Der Rechnerkern wird alle ΔT Zeiteinheiten unterbrochen (Wecker)
  und dann im Betriebssystem eine Routine WSB zur näherungsweisen
  Bestimmung des Working-Set aufgerufen.

- In WSB wird m (s) für alle geladenen Seiten s verändert: Ist z (s) gesetzt,
  dann wird m (s) auf null gesetzt, sonst wird m (s) um eins erhöht.
  Anschließend wird z (s) gelöscht.

Ist der Aufruf von WSB zum Zeitpunkt t, dann war der letzte Aufruf einer
Seite s zwischen $t - (m(s) + 1) * \Delta T$ und $t - m(s) * \Delta T$. Damit kann
der Zähler m (s) als Maß für den betrachteten Ausschnitt aus der Seitenreferenzfolge verwendet werden. Seiten, die einen Zählerwert oberhalb einer
Schranke haben, gehören nicht mehr zum Working-Set.

Das Verhalten realer Programme weicht von dem Working-Set-Modell ab.   *Grenzen*
Beispielsweise ist ein punktuelles Ansteigen der Seitenwechselrate bei Vergrößerung des einem Prozess zugeordneten Arbeitsspeichers möglich. Auch
ist der Verlauf der Seitenwechselrate nicht so glatt, wie in Abbildung 8.4,
sondern weist einen Wechsel von Plateaus und steilen Abfällen auf. Steile

Abfälle entstehen immer dann, wenn h so groß ist, dass alle „momentan benötigten" Seiten im Arbeitsspeicher sind. Außerdem wechseln Prozesse oft abrupt den vollständigen Kontext aus, wenn beispielsweise ein neues Modul betreten wird.

15.7 Strategien für die Verdrängung von Seiten

Optimale Strategie Sei für einen Prozess p ein Arbeitsspeicheranteil mit K Kacheln verfügbar, dann heißt eine Seitenwechselstrategie optimal, wenn die Seitenwechselrate für jeden Wert von K minimal ist. Eine optimale Strategie setzt voraus, dass man das zeitliche Zugriffsverhalten auf die Seiten kennt. Dies ist aber in der Realität nicht der Fall. Damit sind die in der Praxis eingesetzten Seitenwechselstrategien nie optimal. Den prinzipiellen Verlauf der erreichbaren Seitenwechselrate zeigt Abbildung 8.4. An dieser Stelle sei nochmals auf die Notwendigkeit hingewiesen, die Seitenwechselrate zu kontrollieren, damit ein Seitenflattern vermieden wird. Ausführungen dazu finden sich beim Working-Set-Modell. Lokale Verdrängungsstrategien sind solche, die nur Seiten des Prozesses verdrängen, der eine neue Seite angefordert hat. Globale Strategien beziehen immer alle Seiten aller Prozesse in die Auswahl zur Verdrängung ein.

FIFO Die Strategie FIFO (first in first out): Wird eine freie Kachel benötigt und ist keine vorhanden, dann wird die Seite verdrängt, die am längsten im Arbeitsspeicher ist. Diese Strategie ist einfach zu realisieren. Sie kann als lokale oder globale Strategie realisiert werden. Gegen die Strategie spricht, dass das lokale Verhalten des Programms schlecht abgebildet wird, eine schon lange im Speicher befindliche Seite kann erst in jüngster Zeit zuletzt benutzt worden sein und eine später geladene Seite wird vielleicht nie mehr benötigt.

LFU Die Strategie LFU (least frequently used): Es wird die Seite verdrängt, die am seltensten benutzt wurde. Diese Strategie ist nur näherungsweise zu realisieren (siehe WSM). Sie kann als lokale oder globale Strategie realisiert werden. Gegen die Strategie spricht, dass das lokale Verhalten des Programms schlecht abgebildet wird, die Häufigkeit der Nutzung sagt nichts über die Aktualität der Seite aus. Früher einmal häufig genutzte Seiten können schon lange nicht mehr benutzt worden sein.

LRU Die Strategie LRU (least recently used): Es wird die Seite verdrängt, die am längsten nicht mehr benutzt wurde. Diese Strategie ist nur näherungsweise zu realisieren (siehe WSM), deshalb wird üblicherweise die Strategie SC statt LRU eingesetzt. LRU kann als lokale oder globale Strategie realisiert werden. Die Strategie entspricht den Vorstellungen über das lokale Verhalten der Programme.

Die Strategie SC (second chance) ist einfach zu realisieren und approximiert WSM und LRU. Sie ist daher die Strategie der Wahl in der Praxis. SC kann als lokale oder globale Strategie realisiert werden. Voraussetzung der Realisierung ist, dass es ein Zugriffsbit z (s) in der Speicherabbildungstabelle gibt, das beim Zugriff auf die Seite s vom Rechnerkern gesetzt wird. Für jede Seite wird außerdem der Zeitpunkt $t_L(s)$ des letzten Ladens in den Arbeitsspeicher vermerkt. Beim Laden der Seite s wird z (s) gelöscht. Muss eine Seite verdrängt werden, dann läuft folgender Algorithmus ab: *SC*

- Es wird die Menge $\mathcal{V}$ der Verdrängungskandidaten bestimmt:

$$\mathcal{V} = \{\, s \text{ ist Seite } \mid\ z(s) = nicht\ gesetzt \,\}$$

- Ist $\mathcal{V}$ leer, dann wird die Seite verdrängt, die am längsten im Arbeitsspeicher ist. In diesem Fall ist die Strategie also FIFO. Für alle Seiten s wird z (s) gelöscht.

- Ist $\mathcal{V}$ nicht leer, dann wird die Seite x verdrängt, die unter den Seiten in $\mathcal{V}$ am frühesten geladen wurde, für die also gilt

$$\forall j \in \mathcal{V}: \ t_L(x) \leq t_L(j).$$

Außerdem wird das Zugriffsbit für alle Seiten, die früher als x in den Arbeitsspeicher geladen wurden, gelöscht. Diese Seiten sind also Verdrängungskandidaten bei der nächsten Runde, es sei denn zwischenzeitlich wird auf diese Seiten zugegriffen. Diese Seiten erhalten also eine zweite Chance, im Arbeitsspeicher zu bleiben.

Zur Strategie SC gibt es verschiedene Varianten, beispielsweise auch die, dass nicht die älteste Seite verdrängt wird, sondern die nächste in einer Liste der Seiten, die zyklisch durchlaufen wird.

Eine unveränderte Seite, deren Original sich noch auf dem Plattenspeicher befindet, kann beim Verdrängen einfach gelöscht werden. Eine veränderte Seite muss immer auf den Plattenspeicher zurückgeschrieben werden. In diesem Fall muss das Betriebssystem beim Seitenwechsel also zwei aufeinander folgende Transporte ausführen, das Verdrängen einer Seite und das Laden einer anderen. Diesen ungünstigen Fall möchte man gerne vermeiden. Hierzu können beispielsweise veränderte Seiten in ruhigen Zeiten schon vorsichtshalber auf den Plattenspeicher geschrieben werden oder es können bevorzugt Seiten verdrängt werden, die nicht verändert wurden. Als Alternative kann sich das Betriebssystem auch einen Pool von freien Kacheln halten. Aus die- *Verfeinerungen*

sem wird eine Speicheranforderung bedient. Danach folgt asynchron eine
Verdrängung einer Seite, um den Pool wieder aufzufüllen.

15.8   Mehrprogrammbetrieb und Durchsatz

Definition
Durchsatz

Unter Durchsatz D eines Systems verstehen wir die Anzahl der Aufträge,
die je Zeiteinheit beendet werden. Der Durchsatz eines Systems ist von der
Konfiguration des Systems, der Anzahl der Prozesse und den Eigenschaften
der Aufträge abhängig.

Rechenintensität

Wir betrachten vereinfacht die zu bearbeitenden Aufträge als eine Folge von
Rechen- und Transportphasen. Transportphasen entstehen beim Transport
von Daten zwischen Arbeitsspeicher und Hintergrundspeicher, beispielswei-
se beim Zugriff auf Dateien oder beim Laden oder Verdrängen von Seiten.
Wartezustände bei der Auftragsbearbeitung, beispielsweise Warten auf Ein-
gabe des Benutzers, werden nicht betrachtet. Sei die mittlere Dauer einer
Rechenphase $E\,[r]$ und die einer Transportphase $E\,[t]$, dann ist eine wichtige
Kenngröße eines Auftrags dessen Rechenintensität, definiert als

$$\kappa = \frac{E\,[r]}{E\,[r] + E\,[t]}$$

Hierbei gilt $0 \le \kappa \le 1$ und der Wert $\kappa = 0$ bedeutet, dass der Auftrag
nur aus einer Folge von Transportphasen besteht. Als nächste Vereinfachung
betrachten wir jeden Auftrag als eine unendliche Folge von Teilaufträgen.
Jeder Teilauftrag ist genau eine Rechenphase gefolgt von einer Transportphase. Wir definieren den Durchsatz neu: Der Durchsatz D sei die Anzahl
der Teilaufträge, die je Zeiteinheit beendet werden.

Modell

Die Konfiguration des Systems ist durch R Rechnerkerne und G EA-Geräte,
welche die Transportphasen ausführen, gegeben. Alle EA-Geräte haben die
gleichen Eigenschaften und werden mit gleicher Wahrscheinlichkeit verwendet. Die Rechnerkerne und die EA-Geräte werden zusammenfassend als
Bedienstationen bezeichnet. Alle Bedienstationen können parallel arbeiten.
Um in diesem Modell maximale Parallelität zu ermöglichen, gibt es jeweils
eine Warteschlange WS_R vor den Rechnerkernen und eine Warteschlange
WS_G vor den EA-Geräten. Abbildung 15.10 zeigt dieses Modell. Die Pfeile geben den Fluss der Teilaufträge durch dieses Modell an. Die Anzahl
der Teilaufträge in dem System ist die Anzahl N der parallelen Prozesse
(Multiprogramming-Grad). Der Durchsatz bei N Teilaufträgen wird mit D_N
bezeichnet.

Grenzwerte

Der Durchsatz ist durch die Zahl N der Teilaufträge und die Systemkonfiguration begrenzt. Arbeiten die N Teilaufträge ohne gegenseitige Behinde-

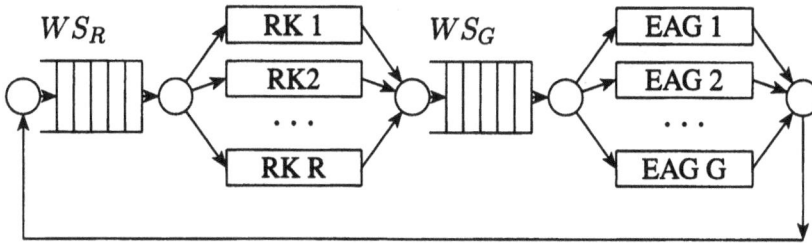

RK Rechnerkern
EAG EA-Gerät

Abbildung 15.10: Modell zur Berechnung des Durchsatzes

rung, dann ist der N-fache Durchsatz gegenüber einem Einprozessbetrieb möglich. Dies ist der günstigste Fall, da normalerweise Behinderungen vorliegen, beispielsweise möchte ein Teilauftrag rechnen, es sind aber alle Rechnerkerne belegt. Eine andere Grenze ergibt sich dadurch, dass die Bedienstationen höchstens voll ausgelastet sein können. Sind mehr Bedienstationen als Teilaufträge vorhanden, dann können höchstens N Bedienstationen voll ausgelastet sein. Aus diesen Überlegungen ergeben sich die weiter unten angegebenen Ungleichungen.

Sei

Bezeichnungen
Grundbeziehungen

$\rho_{R;i}$ die Auslastung des i-ten Rechnerkerns
$\rho_{G;i}$ die Auslastung des i-ten EA-Geräts
L_R die gesamte Rechenleistung je Zeiteinheit
L_G die gesamte Transportleistung der Geräte je Zeiteinheit

dann gilt dcfinitionsgemäß:

$$L_R = \sum_{i=1}^{R} \rho_{R;i} \leq min\,(N\,,\,R)$$

$$L_G = \sum_{i=1}^{G} \rho_{G;i} \leq min\,(N\,,\,G)$$

$$D_1 = \frac{1}{E\,[\underline{r}] + E\,[\underline{t}]}$$

$$D_N = \frac{L_R}{E\,[r]} = \frac{L_T}{E\,[t]}$$

Aus den beiden Gleichungen für D_N ergibt sich:

$$L_R + L_G = D_N * (E\,[r] + E\,[t])$$

daraus folgt

$$\frac{D_N}{D_1} = (L_R + L_G) \leq min\,(N\,,\,(L+G))$$

Berechnung Zur Berechnung des Modells nehmen wir vereinfachend an, dass die Dauer
Modell der Rechen- und Transportphasen negativ exponentiell verteilt ist. Berechnet
wird die Wahrscheinlichkeit p_k, dass sich k Teilaufträge in der Warteschlange vor dem Rechnerkern oder in den Rechnerkernen befinden. Zur
Berechnung geht man von dem Zustandsübergangsdiagramm für das System
aus. Die Zustände werden durch die Anzahl k der Teilaufträge, die sich zurzeit t in der Warteschlange vor dem Rechnerkern oder in den Rechnerkernen
befinden, charakterisiert. Mit den Übergangswahrscheinlichkeiten, also den
Wahrscheinlichkeiten, dass ein Auftrag in einer Bedienstation beendet wird,
lassen sich zeitabhängige Bilanzgleichungen aufstellen. Der Grenzübergang
für den stationären Fall ergibt die Lösung:

$$p_k = \frac{\lambda_{k-1}}{\mu_k} * p_{k-1} \;\text{ für } 1 \leq k \leq N$$

wobei sich p_0 aus der Normierungsbedingung $\sum\limits_{k=0}^{N} p_k = 1$ ergibt und

$$\mu_k = \begin{cases} k/E\,[r] & \text{falls } k \leq R \\ R/E\,[r] & \text{falls } k \geq R \end{cases}$$

$$\lambda_k = \begin{cases} (N-k)/E\,[t] & \text{falls } (N-k) \leq G \\ G/E\,[t] & \text{falls } (N-k) \geq G \end{cases}$$

Daraus ergibt sich der gesuchte Ausdruck

$$\frac{D_N}{D_1} = \sum_{k=0}^{N} (\mu_k * E\,[r] + \lambda_k * E\,[t]) * p_k$$

Ergebnisse Die Ergebnisse finden sich in Abbildung 15.11 und Abbildung 15.12 für
zwei Konfigurationen des Systems. Es ist der bezogene Durchsatz abhängig

$DN/D1$

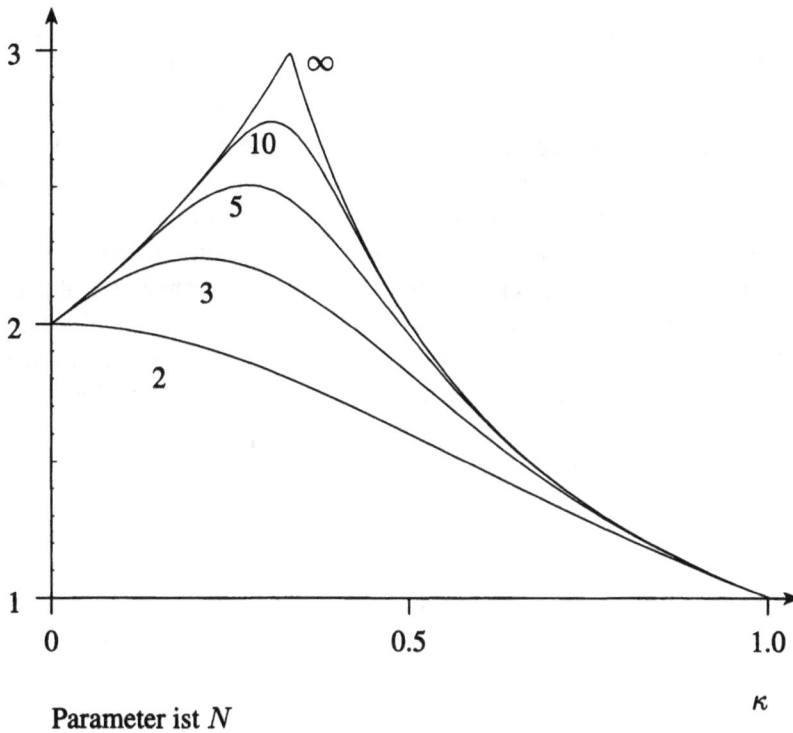

Parameter ist N

Abbildung 15.11: Bezogener Durchsatz bei R=1, G=2

von der Rechenintensität κ aufgetragen. Parameter ist die Anzahl N der Prozesse im System. Die Ergebnisse sind unter Randbedingungen für die Verteilungsfunktionen berechnet, die nicht der Realität entsprechen, beispielsweise können Transportaufträge nicht beliebig kurz und beliebig lang sein, wie bei der vorausgesetzten negativ exponentiellen Verteilung, sondern liegen üblicherweise in einem Intervall. Daher sind die Ergebnisse nicht zahlenmäßig auf reale Rechensysteme übertragbar. Das grundsätzliche Verhalten ist jedoch sehr wohl gültig. Man erkennt aus den Abbildungen:

- Der maximale bezogenen Durchsatz ist nur bei unendlich vielen Aufträgen im System möglich. Dies ist einleuchtend, da alle Bedieneinheiten immer beschäftigt sein müssen, also muss immer wenn ein Teilauftrag fertig wird, der nächste Teilauftrag schon in der Warteschlange sein. Dies ist aber bei endlich vielen Teilaufträgen nicht gewährleistet.

- Der maximal mögliche Durchsatz wird bei einer vernünftigen Anzahl von Prozessen schon recht gut angenähert. Man kann also in einem Betriebssystem je nach Systemkonfiguration nur etwa 10 bis 50 arbeitende Prozesse vorsehen. Hinzu kommen die verdrängten Prozesse.

- Ist die Systemkonfiguration nicht ausgewogen, passt also die Rechenintensität der Teilaufträge nicht, dann tritt entweder ein Rechen- oder ein Transportengpass auf. Der bezogene Durchsatz ist dann aufgrund dieser Engpässe begrenzt und bleibt trotz Erhöhung der Anzahl der arbeitenden Prozesse unbefriedigend. Falls in dem Betriebssystem unterschiedliche Gruppen von Programmen mit unterschiedlicher Rechenintensität bekannt sind, kann eine Strategie zur Bearbeitung der Aufträge eingesetzt werden, die durch einen geeigneten Auftragsmix versucht, die Rechenintensität der gesamten Rechnerlast in einem vorgegebenen Bereich zu halten. Dies ist natürlich nur möglich, wenn die Benutzer nicht on-line am Rechner arbeiten.

$DN/D1$

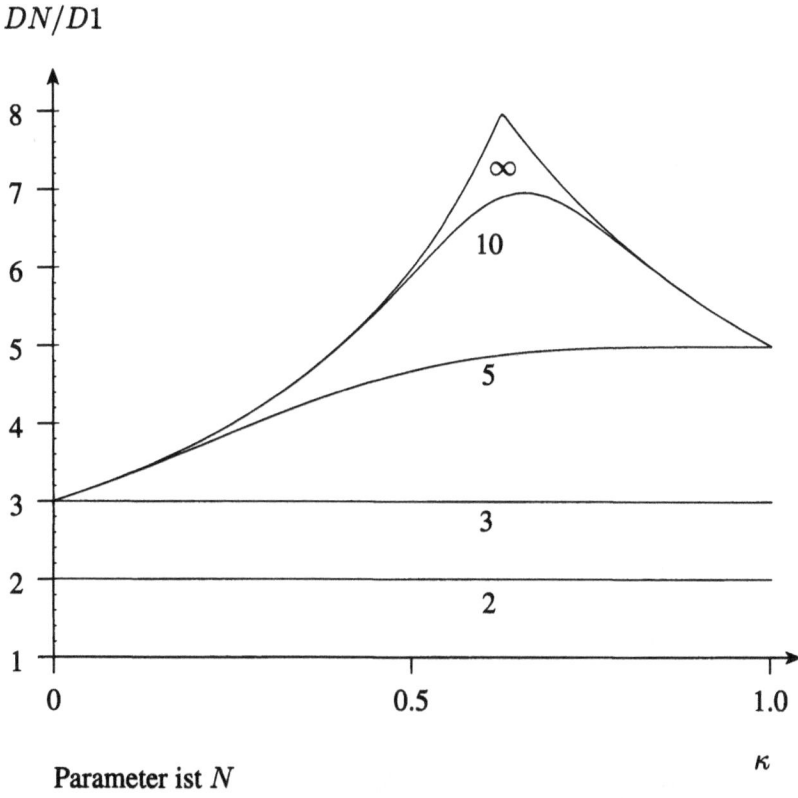

Parameter ist N

κ

Abbildung 15.12: Bezogener Durchsatz bei R=5, G=3

Zu den Algorithmen

Nachfolgend werden zunächst einige allgemeine Hinweise zu Inhalt und Aufbau der Algorithmen gegeben. Anschließend werden wichtige Elemente der verwendeten Notation erläutert.

Algorithmen werden in diesem Buch aus zwei Gründen eingesetzt:

- Es soll ein wichtiger Sachverhalt präzis und unmißverständlich dargestellt werden.
- Eine verbale Darstellung des Ablaufs wäre unverhältnismäßig lang gegenüber der algorithmischen Darstellung.

Die Algorithmen sollen natürlich trotzdem möglichst einfach zu lesen und zu verstehen sein. Sie sind deshalb auf die Kernpunkte reduziert und es werden oft präalgorithmische (umgangssprachliche) Darstellungen von Ausdrücken und Aktionen gewählt.

Im Hinblick auf die genannten Ziele wurden alle Artvereinbarungen (Deklarationen) von Variablen, deren Datentyp dem Leser unmittelbar klar sein müßte, weggelassen. Dies gilt auch für die Angabe der Datentypen bei Prozeduren und Funktionen. Des weiteren wurden nur die normalen Abläufe dargestellt. Auf die Behandlung der Fehler- und Sonderfälle wurde, wie bei den Algorithmen selbst öfters erwähnt, verzichtet, obwohl gerade bei einem kommerziellen Betriebssystem die Behandlung aller Fehler- und Sonderfälle eines der zentralen Probleme darstellt. Es wurde geschätzt, dass etwa 70 % der Befehle eines Betriebssystems dafür notwendig sind.

Die Notation der Algorithmen ist an die Sprache C angelehnt. Dementsprechend sind u.a. folgende Sprachelemente definiert:

=	Zuweisungsoperator
==	Vergleich auf gleich
!=	Vergleich auf ungleich
>	Vergleich auf größer
>=	Vergleich auf größer oder gleich
<	Vergleich auf kleiner
<=	Vergleich auf kleiner oder gleich

&&	logisches und
||	logisches oder
{ }	Klammerung von Blöcken
boolean	logische Variable
int	ganzzahlige Variable
float	Gleitpunktvariable
struct	ein Verbund (structure, record) von Variablen
p—>a	das Element a eines Verbundes, auf den der Zeiger p zeigt
/*	Anfang eines Kommentars im Programm
*/	Ende eines Kommentars im Programm

Zusätzlich zu den C-Sprachelementen werden noch die folgenden Sprachelemente verwendet:

monitor	das Programm stellt einen Monitor dar
public	kennzeichnet eine Prozedur oder eine Funktion, die öffentlich, d.h. von außerhalb des Prozesses oder Monitors zugänglich ist
shared	kennzeichnet eine gemeinsame Variable mehrerer Prozesse
skip;	ist ein Leerbefehl
await	ist das Warten auf eine Bedingung im Monitor
process	das Programm stellt einen Prozess dar
region	Beginn eines Blocks, in dem die nach region genannte gemeinsame Variable verwendet wird

Englische Begriffe

Es können für einen Begriff mehrfache Einträge vorhanden sein. Dies bedeutet, dass es mehrere gleichwertige Übersetzungen dafür gibt.

Deutsch-Englisch

abgesetzter Prozeduraufruf	remote procedure call
Adresse	address
Adresse, reale	physical address
Adresse, reale	real address
Adresse, virtuelle	virtual address
Adressraum	address space
Alarm	exception
Alarmbehandlung	exception handler
Alarmbehandlung	fault handler
Antwort	reply
Anwendung	application
Arbeitsspeicher	main memory
Aufruf	call
Aufspannen (Datenträger)	mount
Auftrag (Rechen-)	job
Auftraggeber	client
Auftragnehmer	server
Auslastung	utilization
Ausschluss, gegenseitiger	mutual exclusion
Authentifizierung	authentification
Basisadresse	base address
Befehl	instruction
Befehlszähler	program counter
Benutzer	user
Benutzermodus	user mode
Benutzerprozess	user process
Berechtigtenliste	access control list

Berechtigtenliste	authorization list
Bereich, bedingter kritischer	conditional critical region
Bereich, kritischer	critical region
Betriebsmittel	resource
Betriebsmittel, entziehbares	preemptible resource
Betriebsmittel, exklusives	non-sharable resource
Betriebsmittel, gemeinsames	shared resource
Betriebssystem	operating system
Betriebssystemkern	operating system kernel
Bibliothek	library
Block (Datei-)	block
Bus	bus
Chiffre	cipher
Datei	file
Dateideskriptor	file descriptor
Dateideskriptor	file handle
Dateikontrollblock	data control block
Dateisatz	record
Dateiverzeichnis	directory
Datenbank	database
Datenendgerät	terminal
Datenfeld	data field
Dienst	service
Dienstleistungsprozess	server process
Durchsatz	throughput
EAP-Befehl	IO command
EA-Prozessor	IO processor
Echtzeitsystem	real-time system
Einbenutzersystem	single user system
empfangen	receive
entfernter Prozeduraufruf	remote procedure call
Entschlüsselung	decryption
Ereignis	event
Erzeuger	producer
Fenster	window
Festplattenspeicher	(hard) disk memory
Geheimschrift	cipher

Gerät	device
Gerät, blockorientiertes	block device
Gerät, logisches	logical device
Gerät, virtuelles	virtual device
Gerät, zeichenorientiertes	character device
Gerätesteuerung	device controller
Gültigkeitsbit	valid bit
Hintergrundspeicher	backing store
Hintergrundspeicher	secondary memory
Interprozesskommunikation	interprocess communication
Kachel	frame
Kanal	channel
Katalog	directory
Keller	stack
Klartext	plaintext
Kommandointerpreter	shell
Kommunikation	communication
Kommunikation, sichere	secure communication
Konfiguration	configuration
Koordinationsvariable	semaphore
Lastverteilung	load balancing
Lastverteilung	load sharing
Leichtgewichtsprozess	thread
Magnetband	tape
Maschine, virtuelle	virtual machine
Mehrbenutzersystem	multiuser system
Mehrkernprozessor	multi-core processor
Mehrprogrammbetrieb	multiprogramming
Mehrprozessorsystem	multiprocessor system
Mikrokern	micro kernel
Monitor	monitor
Nachricht	message
Nachrichtenstrom	message stream
Nordbrücke	north bridge
Objektverwalter	object manager

Objektverwaltung	object management
Operateur	operator
Ordner	directory
Ortsbeschreibung Datei	file allocation table
Passwort	password
Pfadname	pathname
Priorität	priority
privilegiert	privileged
Programmiersystem	programming system
Prozess	process
Prozessadressraum	virtual address space
Prozessleitblock	process control block
Prozessor	processor
Puffer	buffer
Pufferspeicher	cache (memory)
Rahmen	frame
rechenbereit (Arbeitszustand)	ready
rechnend (Arbeitszustand)	running
Rechnerkern	central processing unit
Rechnerkern	instruction processor
Rechnerkern	processor
Rechnerkernalarm	inter-processor interrupt
Rechnerkernzuteilung	dispatcher
Rechnerkernzuteilung	scheduling (processor-)
Rechnernetz	computer network
Schicht	layer
Schleife	loop
Schlüssel	key
Schlüsseltext	ciphertext
Schlüsselverteilzentrum	key distribution center
Schnittstelle	interface
Schutzbereich	protection domain
Schutzkern	security kernel
Seite	page
Seitefehltalarm	page exception
Seitefehltalarm	page fault
Seitenflattern	thrashing
Seitentabelle	page table
Seitenwechsel nach Bedarf	demand paging

Seitenwechsel	paging
Sektor	sector
senden	send
Sichtgerät	display
Sitzungsschlüssel	session key
Sockel	socket
Sohnprozess	child process
Speicherabbildung	address mapping
Speicherabbildung	address translation
Speicherabbildungsregister	translation lookaside buffer
Speicherabbildungstabelle	address translation table
Speicherschutzalarm	memory fault
Speicherschutzalarm	memory protection fault
Spur	track
Stapel	batch
Stapelverarbeitung	batch processing
Strom (Zeichen-)	stream
Subprozess	fiber
Südbrücke	south bridge
Synchronisieren	synchronize
System, verteiltes	distributed system
Systemaufruf	supervisor call
Systemaufruf	system call
Systemdienst	system service
Systemmodus	kernel mode
Systemmodus	system mode
Systemprozess	system process
Tor	port
Übersetzer	compiler
Unterbrechung	interrupt
Unterbrechung	trap
Unterbrechung, externe	interrupt
Unterbrechung, interne	exception
Unterbrechungsbehandlung	interrupt handling
Unterbrechungsbehandlung	trap handling
Unterbrechungsinformation	trap frame
Unterbrechungsroutine	interrupt procedure
Unterbrechungsvektor	interrupt dispatch table
Unterbrechungsvektor	interrupt vector

Verbindungsendpunkt	socket
Verbraucher	consumer
Verklemmung	deadlock
Verschlüsselung	encryption
Verwalter (Objekt-)	manager
Verwaltung (Objekt-)	management
Verzeichnis	directory
Warten, geschäftiges	busy waiting
wartend (Arbeitszustand)	sleeping
wartend (Arbeitszustand)	waiting
Warteschlange	queue
Wartezeit	waiting time
Zeichenstrom	character stream
Zeiger	pointer
Zeitscheibe	time slice
Zugriff	access
Zugriff, sequenzieller	sequential access
Zugriff, wahlfreier	random access
Zugriffsausweis	capability
Zugriffskontrolle	access control
Zugriffsliste	access control list
Zugriffsliste	authorization list
Zugriffsrecht	access right
Zugriffsschutz	protection
Zustand	status
Zuteilung	allocation
Zuteilungsstrategie	allocation policy

Englisch-Deutsch

access control list	Berechtigtenliste
access control list	Zugriffsliste
access control	Zugriffskontrolle
access right	Zugriffsrecht
access	Zugriff
address mapping	Speicherabbildung
address space	Adressraum
address translation table	Speicherabbildungstabelle
address translation	Speicherabbildung
address	Adresse
allocation policy	Zuteilungsstrategie
allocation	Zuteilung
application	Anwendung
authentification	Authentifizierung
authorization list	Berechtigtenliste
authorization list	Zugriffsliste
backing store	Hintergrundspeicher
base address	Basisadresse
batch processing	Stapelverarbeitung
batch	Stapel
block device	Gerät, blockorientiertes
block	Block (Datei-)
buffer	Puffer
bus	Bus
busy waiting	Warten, geschäftiges
cache (memory)	Pufferspeicher
call	Aufruf
capability	Zugriffsausweis
central processing unit	Rechnerkern
channel	Kanal
character device	Gerät, zeichenorientiertes
character stream	Zeichenstrom
child process	Sohnprozess
cipher	Chiffre
cipher	Geheimschrift
ciphertext	Schlüsseltext
client	Auftraggeber
communication	Kommunikation

compiler	Übersetzer
computer network	Rechnernetz
conditional critical region	Bereich, bedingter kritischer
configuration	Konfiguration
consumer	Verbraucher
critical region	Bereich, kritischer
data control block	Dateikontrollblock
data field	Datenfeld
database	Datenbank
deadlock	Verklemmung
decryption	Entschlüsselung
demand paging	Seitenwechsel nach Bedarf
device controller	Gerätesteuerung
device	Gerät
directory	Dateiverzeichnis
directory	Katalog
directory	Ordner
directory	Verzeichnis
dispatcher	Rechnerkernzuteilung
display	Sichtgerät
distributed system	System, verteiltes
encryption	Verschlüsselung
event	Ereignis
exception handler	Alarmbehandlung
exception	Alarm
exception	Unterbrechung, interne
fault handler	Alarmbehandlung
fiber	Subprozess
file allocation table	Ortsbeschreibung Datei
file descriptor	Dateideskriptor
file handle	Dateideskriptor
file	Datei
frame	Kachel
frame	Rahmen
(hard) disk memory	Festplattenspeicher
instruction processor	Rechnerkern
instruction	Befehl

interface	Schnittstelle
interprocess communication	Interprozesskommunikation
inter-processor interrupt	Rechnerkernalarm
interrupt dispatch table	Unterbrechungsvektor
interrupt handling	Unterbrechungsbehandlung
interrupt procedure	Unterbrechungsroutine
interrupt vector	Unterbrechungsvektor
interrupt	Unterbrechung, externe
interrupt	Unterbrechung
IO command	EAP-Befehl
IO processor	EA-Prozessor
job	Auftrag (Rechen-)
kernel mode	Systemmodus
key distribution center	Schlüsselverteilzentrum
key	Schlüssel
layer	Schicht
library	Bibliothek
load balancing	Lastverteilung
load sharing	Lastverteilung
logical device	Gerät, logisches
loop	Schleife
main memory	Arbeitsspeicher
management	Verwaltung (Objekt-)
manager	Verwalter (Objekt-)
memory fault	Speicherschutzalarm
memory protection fault	Speicherschutzalarm
message stream	Nachrichtenstrom
message	Nachricht
micro kernel	Mikrokern
monitor	Monitor
mount	Aufspannen (Datenträger)
multi-core processor	Mehrkernprozessor
multiprocessor system	Mehrprozessorsystem
multiprogramming	Mehrprogrammbetrieb
multiuser system	Mehrbenutzersystem
mutual exclusion	Ausschluss, gegenseitiger
non-sharable resource	Betriebsmittel, exklusives

north bridge	Nordbrücke
object management	Objektverwaltung
object manager	Objektverwalter
operating system kernel	Betriebssystemkern
operating system	Betriebssystem
operator	Operateur
page exception	Seitefehltalarm
page fault	Seitefehltalarm
page table	Seitentabelle
page	Seite
paging	Seitenwechsel
password	Passwort
pathname	Pfadname
physical address	Adresse, reale
plaintext	Klartext
pointer	Zeiger
port	Tor
preemptible resource	Betriebsmittel, entziehbares
priority	Priorität
privileged	privilegiert
process control block	Prozessleitblock
process	Prozess
processor	Prozessor
processor	Rechnerkern
producer	Erzeuger
program counter	Befehlszähler
programming system	Programmiersystem
protection domain	Schutzbereich
protection	Zugriffsschutz
queue	Warteschlange
random access	Zugriff, wahlfreier
ready	rechenbereit (Arbeitszustand)
real address	Adresse, reale
real-time system	Echtzeitsystem
receive	empfangen
record	Dateisatz
remote procedure call	abgesetzter Prozeduraufruf
remote procedure call	entfernter Prozeduraufruf

reply	Antwort
resource	Betriebsmittel
running	rechnend (Arbeitszustand)
scheduling (processor-)	Rechnerkernzuteilung
secondary memory	Hintergrundspeicher
sector	Sektor
secure communication	Kommunikation, sichere
security kernel	Schutzkern
semaphore	Koordinationsvariable
send	senden
sequential access	Zugriff, sequenzieller
server process	Dienstleistungsprozess
server	Auftragnehmer
service	Dienst
session key	Sitzungsschlüssel
shared resource	Betriebsmittel, gemeinsames
shell	Kommandointerpreter
single user system	Einbenutzersystem
sleeping	wartend (Arbeitszustand)
socket	Sockel
socket	Verbindungsendpunkt
south bridge	Südbrücke
stack	Keller
status	Zustand
stream	Strom (Zeichen-)
supervisor call	Systemaufruf
synchronize	Synchronisieren
system call	Systemaufruf
system mode	Systemmodus
system process	Systemprozess
system service	Systemdienst
tape	Magnetband
terminal	Datenendgerät
thrashing	Seitenflattern
thread	Leichtgewichtsprozess
throughput	Durchsatz
time slice	Zeitscheibe
track	Spur
translation lookaside buffer	Speicherabbildungsregister
trap frame	Unterbrechungsinformation

trap handling	Unterbrechungsbehandlung
trap	Unterbrechung
user mode	Benutzermodus
user process	Benutzerprozess
user	Benutzer
utilization	Auslastung
valid bit	Gültigkeitsbit
virtual address space	Prozessadreßraum
virtual address	Adresse, virtuelle
virtual device	Gerät, virtuelles
virtual machine	Maschine, virtuelle
waiting time	Wartezeit
waiting	wartend (Arbeitszustand)
window	Fenster

Literaturverzeichnis

ACCE86   Accetta, M., Rashid, R. et al.: MACH: A New Foundation for UNIX Development. In Proc. USENIX Summer Conf. USENIX Association, June 1986.

ACHI05   Achilles, A.: Betriebssysteme - Eine kompakte Einführung mit Linux. Springer-Verlag, 2005.

ACM92   The Digital Signature Standard Proposed by NIST. Comm. ACM, 35(7):36–40, 1992.

ACM93   Checklist for Security and Contingency Planning. ACM SIG Security, Audit and Control Review, 11(1):3–16, 1993.

ADA81   The Programming Language Ada. Reference Manual. Lecture Notes in Computer Science Bd. 106, Springer-Verlag, 1981.

AEG 65   AEG-Telefunken, Konstanz: Interne Berichte zur TR440 Entwicklung. Ab 1965.

ALME85   Almes, G.T. et al.: The Eden System. IEEE Transactions on Software Engineering, 11(1):43–58, 1985.

ANAN92   Ananda, A.L., Tay, B.H., Koh, E.K.: A Survey of Asynchronous Remote Procedure Calls. ACM Operating Systems Review, 26(2):92–109, 1992.

ANDE81   Anderson, D.A.: Operating Systems (Tutorial). IEEE Computer, 14(6):69–85, 1981.

ANDL94   Andleigh, P.K.: UNIX Systemarchitektur. Carl Hanser Verlag, 1994.

AUTE90   Autenrieth, A. et al.: Technik verteilter Betriebssysteme. Dr. Alfred Hüthig Verlag, 1990.

BACH86   Bach, M.J.: The Design of the UNIX Operating System. Prentice-Hall, 1986.

BACH91   Bach, M.J.: UNIX – Wie funktioniert das Betriebssystem? Carl Hanser Verlag, 1991.

BACO03   Bacon, J., Harris, T.: Operating Systems Concurrent and Distributed Software Design. Addison-Wesley, 2003.

BARH03   Barham, P. et al.: Xen and the Art of Virtualization. In 19th
          ACM Symp. on Operating Systems Principles (SOSP), 2003.

BART93   Bartoli, A., Mullender, S.J., van der Valk, M.: Wide-Address
          Spaces - Exploring the Design Space. ACM Operating Systems
          Review, 27(1):11–17, 1993.

BAUE00   Bauer, F.L.: Entzifferte Geheimnisse: Methoden und Maximen
          der Kryptologie. Springer-Verlag, 3. Aufl., 2000.

BAYE72   Bayer, R., McCreight, E.: Organization and Maintenance of
          Large Ordered Indexes. Acta Informatica, 1(3):173–189, 1972.

BAYE78   Bayer, R., Graham, R.M., Seegmüller, G.: Operating Systems
          - An Advanced Course. Lecture Notes in Computer Science
          Bd. 60, Springer-Verlag, 1978.

BECK01   Beck, M. et al.: Linux-Kernel-Programmierung, Algorithmen
          und Strukturen der Version 2.4. Addison-Wesley, 6. Aufl., 2001.

BELL73   Bell, D.E., LaPadula, L.J.: Secure Computer Systems: Mathe-
          matical Foundations and Model. Techn. Bericht M74-244, The
          MITRE Corp., Bedford, Mass., 1973.

BEND92   Bender, K.: PROFIBUS - Der Feldbus für die Automation. Carl
          Hanser Verlag, 2. Aufl., 1992.

BENG90   Bengel, G.: Betriebssysteme: Aufbau, Architektur und Reali-
          sierung. Dr. Alfred Hüthig Verlag, 1990.

BERS95   Bershad, B.N. et al.: SPIN - An Extensible Microkernel
          for Application-specific Operating System Services. ACM
          Operating Systems Review, 29(1):74–77, 1995.

BETH83   Beth, T., Heß, P., Wirl, K.: Kryptographie. Teubner, 1983.

BHAT04   Bhatt, P.C.: An Introduction to Operating Systems - Concepts
          and Practice. Prentice-Hall of India, 2004.

BIC90   Bic, L., Shaw, A.C.: Betriebssysteme: Eine moderne Einfüh-
          rung. Carl Hanser Verlag, 1990.

BIC02   Bic, L., Shaw, A.C.: Operating System Principles. Prentice-
          Hall, 2002.

BIRR82   Birrell, A.D. et al.: Grapevine: An exercise in distributed
          computing. Comm. ACM, 25(4):260–274, 1982.

BIRR84   Birrell, A. D., Nelson, B. J.: Implementing Remote Procedure
          Calls. ACM Transactions on Computer Systems, 2(1):339–59,
          February 1984.

BLAC87   Black, A. et al.: Distribution and Abstract Types in Emerald. IEEE Transactions on Software Engineering, 13(1):65–76, 1987.

BLAZ94   Blazewicz, J. et al.: Scheduling in Computer and Manufacturing Systems. Springer-Verlag, 1994.

BOCH79   Bochmann, G.v.: Architecture of Distributed Computer Systems. Lecture Notes in Computer Science Bd. 77, Springer-Verlag, 1979.

BOLC91   Bolch, G., Vollath, M.M.: Prozeßautomatisierung. Teubner, 2. Aufl., 1991.

BORG92   Borghoff, U.M.: Catalogue of Distributed File/Operating Systems. Springer-Verlag, 1992.

BOSE02   Bose, S.K. (Hrsg.): An Introduction to Queueing Systems. Kluwer Academic Publishers, 2002.

BOYS74   Boyse, J.W.: Execution Characteristics of Programs in a Page on Demand System. Comm. ACM, 17(4):192–197, 1974.

BRAU03   Brause, R.: Betriebssysteme - Grundlagen und Konzepte. Springer-Verlag, 2003.

BRAU04   Brause, R.: Betriebssysteme. Springer-Verlag, 2. Aufl., 2004.

BRED91   Brede, H.J. et al.: Programmieren mit OSF/Motif. John Wiley & Sons, 1991.

BRIN72   Brinch Hansen, P.: Structured Multiprogramming. Comm. ACM, 15(7):574–578, 1972.

BRIN73   Brinch Hansen, P.: Operating System Principles. Prentice-Hall, 1973.

BRIN78   Brinch Hansen, P.: Distributed Processes - A Concurrent Programming Concept. Comm. ACM, 21(11):934–941, 1978.

BROW84   Brown, R.L., Denning, P.J., Tichy, W.F.: Advanced Operating Systems. IEEE Computer, 17(10):173–190, 1984.

BUCH00   Buchanan, W.: Computer Busses: Design and Application. CRC Press, 2000.

CABR98   Cabrera, L.F. et al.: Advances in Windows NT Storage Management. IEEE Computer, 31(10):48–54, 1998.

CARR86   Carriero, N., Gelernter, D.: The S/Net's Linda Kernel. ACM Transactions on Computer Systems, 4(2):110–129, 1986.

CART94   Carter, N.P., Keckler, S.W., Dally, W.J.: Hardware Support for Fast Capability-Based Addressing. In ACM 6th Int. Conf. on

Architectural Support for Programming Languages and Operating Systems (ASPLOS), pp. 319–327, 1994.

CASP74   Caspers, P.G.: Aufbau von Betriebssystemen. Sammlung Göschen Bd. 7013, Walter de Gruyter, 1974.

CHAM90   Champine, G.A., Geer, D.E., Ruh, W.N.: Project Athena as a Distributed Computer System. IEEE Computer, 23(9):40–51, 1990.

CHEN02   Cheng, A.M.K.: Real-Time Systems. John Wiley & Sons, 2002.

CHER82   Cheriton, D.R.: The Thoth System: Multiprocess Structuring and Portability. Elsevier, 1982.

CHER84   Cheriton, D.R.: The V Kernel: A Software Base for Distributed Systems. IEEE Transactions on Software Engineering, 1(2):19–42, 1984.

CHER85   Cheriton, D.R., Zwaenepoel, W.: Distributed Process Groups in the V Kernel. ACM Transactions on Computer Systems, 3(2):77–107, 1985.

CHER88   Cheriton, D.R.: The V Distributed System. Comm. ACM, 31(3):314–333, 1988.

CHER94   Cheriton, D.R., Duda, K.J.: A Caching Model of Operating System Kernel Functionality. In Proc. of the First USENIX Symposium on Operating Systems Design and Implementation (OSDI), pp. 179–194, 1994.

CHER95   Cheriton, D.R., Duda, K.J.: A Caching Model of Operating System Kernel Functionality. ACM Operating Systems Review, 29(1):83–86, 1995.

CHES03   Cheswick, W.R., Bellovin, S.M.: Firewalls and Internet Security - Repelling the Wily Hacker. Addison-Wesley, 2. Aufl., 2003.

CHEU95   Cheung, W.H., Loong, A.H.S.: Exploring Issues of Operating System Structuring: From Microkernel to Extensible Systems. ACM Operating Systems Review, 29(4):4–16, 1995.

CHOW97   Chow, R., Johnson, T.: Distributed Operating Systems and Algorithms. Addison-Wesley, 1997.

COFF73   Coffman, E.G.jr., Denning, P.J.: Operating Systems Theory. Prentice-Hall, 1973.

COFF76   Coffman, E.G.jr. (Hrsg.): Computer and Job-Shob Scheduling Theory. John Wiley & Sons, 1976.

COM06   Common Criteria (for Information Security).
         http://www.commoncriteriaportal.org, 2006.

COME79   Comer, D.: The Ubiquitous B-Tree. ACM Computing Surveys,
         11(2):121–137, 1979.

COME84   Comer, D.: Operating System Design, the XINU Approach.
         Prentice-Hall, 1984.

COME94   Comer, D.E., Stevens, D.L.: Internetworking with TCP/IP:
         Vol.II, Design, Implementation, and Internals. Prentice-Hall,
         2. Aufl., 1994.

COME95   Comer, D.E.: Internetworking with TCP/IP, Vol. I: Principles,
         Protocols, and Architecture. Prentice-Hall, 3. Aufl., 1995.

COME96a Comer, D.E., Droms, R.E.: Computer Networks and Internets.
         Prentice-Hall, 1996.

COME96b Comer, D.E., Stevens, D.L.: Internetworking with TCP/IP: Vol.
         III, Client-Server Programming and Applications for the BSD
         Socket Version. Prentice-Hall, 2. Aufl., 1996.

COME97a Comer, D.E.: The Internet Book: Everything You Need to
         Know About Computer Networking and How the INTERNET
         Works. Prentice-Hall, 2. Aufl., 1997.

COME97b Comer, D.E., Stevens, D.L.: Internetworking with TCP/IP
         Vol. III Client-Server Programming and Applications-Windows
         Sockets Version. Prentice-Hall, 1997.

COPP96   Coppersmith, D., Johnson, D.B., Matyas, S.M.: A Proposed
         Mode for Triple-DES Encryption. IBM Journal of Research
         and Development, 40(2), 1996.

COUL05   Coulouris, G., Dollimore, J., Kindberg, T.: Distributed Sys-
         tems: Concepts and Design. Addison-Wesley, 4. Aufl., 2005.

CROW97   Crowley, C.: Operating Systems: A Design Oriented Approach.
         McGraw-Hill, 1997.

CUST93   Custer, H.: Inside Windows NT. Microsoft Press, 1993.

DAEM00   Daemen, J., Rijmen, V.: The Block Cipher Rijndael.
         http://www.esat.kuleuven.ac.be/~rijmen/rijndael/ und
         http://www.csrc.nist.gov/encryption/aes/, 2000.

DAEM02a Daemen, J., Rijmen, V.: The Design of Rijndael: AES - The
         Advanced Encryption Standard. Springer-Verlag, 2002.

DAEM02b   Daemen, J., Rijmen, V. (Hrsg.): Fast Software Encryption. Lecture Notes in Computer Science Bd. 2365, Springer-Verlag, 2002.

DAHL94   Dahlin, M.D. et al.: Cooperative Caching: Using Remote Client Memory to Improve File System Performance. In Proc. of the First USENIX Symposium on Operating Systems Design and Implementation (OSDI), pp. 267–280, 1994.

DAVI89   Davies, D.W., Price, W.L.: Security for Computer Networks. John Wiley & Sons, 2. Aufl., 1989.

DAVI92   Davis, W.S.: Operating Systems, a Systematic View. Addison-Wesley, 4. Aufl., 1992.

DAVI00   Davis, W.S., Rajkumar, T.M.: Operating Systems. Addison-Wesley, 2000.

DAVI04   Davis, W.S., Rajkumar, T.M.: Operating Systems - A Systematic View. Addison-Wesley, 2004.

DEIT04a   Deitel, H. et al.: Operating Systems: AND Kernel Projects for LINUX. Prentice-Hall, 2004.

DEIT04b   Deitel, H.M. et al.: Operating Systems. Prentice-Hall, 3. Aufl., 2004.

DENN66   Dennis, J.B., Horn, E.C. Van: Programming Semantics for Multiprogrammed Computations. Comm. ACM, 9(3):143–155, 1966.

DENN68   Denning, P.J.: The Working Set Model for Program Behavior. Comm. ACM, 11(5):323–333, 1968.

DENN71   Denning, P.J.: Third Generation Computer Systems. ACM Computing Surveys, 3(4):175–216, 1971.

DENN76   Denning, D.E.: A Lattice Model of Secure Information Flow. Comm. ACM, 19(5):236–243, 1976.

DENN78   Denning, P.J.: Optimal Multiprogrammed Memory Management. In Chandy, K.M., Yeh, R. (Hrsg.): Current Trends in Programming Methodology, Vol.III. Prentice-Hall, 1978.

DENN82   Denning, D.E.: Cryptography and Data Security. Addison-Wesley, 1982.

DENN84   Denning, D.E.: Digital Signatures with RSA and Other Public-Key Cryptosystems. Comm. ACM, 27(4):388–392, 1984.

DENN90   Denning, P.J.: Computers Under Attack: Intruders, Worms, and Viruses. Addison-Wesley, 1990.

DENN96   Denning, D.E., Branstad, D.K.: A Taxonomy for Key Escrow
          Encryption Systems. Comm. ACM, 39(3):34–40, 1996.

DHAM02   Dhamdhere, D.M.: Operating Systems - A Concepts-Based
          Approach. McGraw-Hill, 2002.

DIFF76   Diffie, W., Hellman, M.E.: New Directions in Cryptography.
          IEEE Transactions on Information Theory, 22(6):644–654, 1976.

DIFF79   Diffie, W., Hellman, M.E.: Privacy and Authentication: An
          Introduction to Cryptography. IEEE Proceedings, 67(3):397–
          427, 1979.

DIJK68   Dijkstra, E.W.: The Structure of the THE-Multiprogramming
          System. Comm. ACM, 11(5):341–346, 1968.

DIT89   Kriterien für die Bewertung der Sicherheit von Systemen der In-
          formationstechnik. Techn. Bericht, Zentralstelle für Sicherheit
          in der Informationstechnik, 1989.

ECKE06   Eckert, C.: IT-Sicherheit: Konzepte, Verfahren, Protokolle.
          Oldenbourg Verlag, 4. Aufl., 2006.

ELGA85   ElGamal, T.: A Public Key Cryptosystem and a Signature
          Scheme Based on Discrete Logarithms. IEEE Transactions on
          Information Theory, 31(4), 1985.

ENGL72   England, D.M.: Architectural Features of System 250. In Proc.
          Int. Switching Symposium, 1972.

ENGL74   England, D.M.: Capability Concept Mechanisms and Structure
          in System 250. In Proc. Int. Workshop on Protection in Operat-
          ing Systems, Paris, 1974. IRIA.

ETSC05   Etschberger, K.: CAN Controller–Area–Network. Carl Hanser
          Verlag, 3. Aufl., 2005.

FABR74   Fabry, R.S.: Capability-Based Addressing. Comm. ACM,
          17(7):403–412, 1974.

FARB94   Färber, G.: Prozeßrechentechnik. Springer-Verlag, 3. Aufl.,
          1994.

FIAT86   Fiat, A., Shamir, A.: How To Prove Yourself: Practical Soluti-
          ons to Identification and Signature Problems. In CRYPTO 86,
          LNCS Bd. 263, pp. 186 – 194. Springer-Verlag, 1986.

FITZ86   Fitzgerald, R., Rashid, R.F: The Integration of Virtual Memory
          Management and Interprocess Communication in Accent. ACM
          Transactions on Computer Systems, 4(2):147–177, 1986.

FLYN05   Flynn, I.M., McIver-McHoes, A.: Understanding Operating
           Systems. Thomson Learning, 4. Aufl., 2005.

FORD93   Ford, W.: Computer Communications Security: Principles,
           Standard Protocols and Techniques. Prentice-Hall, 1993.

FORT86   Fortier, P.J.: Design of Distributed Operating Systems. McGraw-
           Hill, 1986.

FREE75   Freeman, P.: Software Systems Principles. Science Research
           Associates Inc, 1975.

GALL99   Galli, D.L.: Distributed Operating Systems: Concepts and
           Practice. Prentice-Hall, 1999.

GAMA98   Gamache, R. et al.: Windows NT Clustering Service. IEEE
           Computer, 31(10):55–62, 1998.

GARO91   Garon, G., Outerbridge, R.: DES Watch: An Examination of
           the Sufficiency of the Data Encryption Standard for Financial
           Institution Information Security in the 1990's.   ACM SIG
           Security, Audit and Control Review, 9(4):29–45, 1991.

GELE98   Gelenbe, E., Pujolle, G.: Introduction to Queueing Networks.
           John Wiley & Sons, 2. Aufl., 1998.

GLAT05   Glatz, E.: Betriebssysteme Grundlagen, Konzepte, Systempro-
           grammierung. Dpunkt Verlag, 2005.

GOLD74   Goldberg, R.P., Popek, G.J.: Formal Requirements for Virtuali-
           zable Third Generation Architectures. Comm. ACM, 17(7):412–
           421, 1974.

GOOS72   Goos, G., Jürgens, J., Lagally, K.: The Operating System BSM
           Viewed as a Community of Parallel Processes. Techn. Bericht
           7208, Technische Universität München, Fak. Mathematik, 1972.

GORK89   Görke, W.: Fehlertolerante Rechensysteme. Oldenbourg Ver-
           lag, 1989.

GORM03   Gorman, M.S., Stubbs, S.T.: Introduction to Operating Systems
           - Comprehensive Course. Thomson Learning, 2. Aufl., 2003.

GOSC91   Goscinski, Andrzej: Distributed Operating Systems, The Logi-
           cal Design. Addison-Wesley, 1991.

GRAY92   Gray, J., A.Reuter: Transaction Processing: Concepts and
           Techniques. Morgan Kaufmann, 1992.

GROS98   Gross, D., Harris, C.M.: Fundamentals of Queueing Theory.
           John Wiley & Sons, 3. Aufl., 1998.

HABE76   Habermann, A.N.: Introduction to Operating System Design. Science Research Associates Inc, 1976.

HANS01   Hansen, P. Brinch: Classic Operating Systems. Springer-Verlag, 2001.

HARR88   Harris, D.L.: An Input/Output Subsystem for the Hawk Operating System Kernel. ACM Operating Systems Review, 22(2):32–44, 1988.

HARR03   Harris, J.A.: Betriebssysteme (IT-Studienausgabe). Mitp Verlag, 2003.

HATK94   Hatkanagalekar, P.: A Note on Structured Interrupts. ACM Operating Systems Review, 28(1):88–91, 1994.

HELL87   Hellman, M.E.: Commercial Encryption. IEEE Network Magazine, 1(2):6–10, 1987.

HERR94   Herrtwich, R.G., Hommel, G.: Nebenläufige Programme. Springer-Verlag, 2. Aufl., 1994.

HIER93   Hieronymus, A.: UNIX – Systemarchitektur und Programmierung. Vieweg-Verlag, 1993.

HILL93   Hills, T.: Structured Interrupts. ACM Operating Systems Review, 27(1):51–68, 1993.

HILL94   Hills, T.: Response to a Note on Structured Interrupts. ACM Operating Systems Review, 28(4):31–33, 1994.

HOAR71   Hoare, C.A.R.: Towards a Theory of Parallel Programming. In International Seminar on Operating Systems Techniques, Belfast, 1971.

HOAR74   Hoare, C.A.R.: Monitors: An Operating System Structuring Concept. Comm. ACM, 17(10):549–557, 1974.

HOAR78   Hoare, C.A.R.: Communicating Sequential Processes. Comm. ACM, 21(8):666–677, 1978.

HOFF95   Hoffman, L.J. (Hrsg.): Building in Big Brother: The Cryptographic Policy Debate. Springer-Verlag, 1995.

HOFM91   Hofmann, F.: Betriebssysteme: Grundkonzepte und Modellvorstellungen. Teubner, 2. Aufl., 1991.

HOLM87   Holmes, V.P., Harris, D.L., Piorkowski, K.M.: Current Status of the Hawk Operating System. In 4th Workshop on Real-Time Operating Systems. IEEE, 1987.

HOLM89 Holmes, V.P., Harris, D.L.: A Designers Perspective of the Hawk Multiprocessor Operating System Kernel. ACM Operating Systems Review, 23(3):158–172, 1989.

HUSE94 Hüsener, Th.: Entwurf komplexer Echtzeitsysteme - State of the Art. BI Wissenschaftsverlag, 1994.

IBM78 IBM System/38 Technical Developments. Techn. Bericht, IBM General Systems Division, Advanced Systems, 1978.

IBM79 Sonderheft: Virtual Machine Facility/370. IBM Systems Journal, 18(1), 1979.

INTE05a Intel: Intel Virtualization Technology Specification for the IA-32 Intel Architecture. Intel Dokument C97063-002, 2005.

INTE05b Intel: Intel Virtualization Technology Specification for the Intel Itanium Architecture (VT-i). Intel Dokument 305942-002, 2005.

INTE05c Intel: A New Era of Architectural Innovation Arrives with Intel Dual-Core Processors. http://www.intel.com/technology/magazine/computing/dual-core-0505.pdf, 2005.

INTE06a Intel: IA-32 Intel Architecture Software Developer's Manual Volume 1: Basic Architecture. Intel Dokument 253665-018, 2006.

INTE06b Intel: IA-32 Intel Architecture Software Developer's Manual Volume 2A: Instruction Set Reference, A-M. Intel Dokument 253666-018, 2006.

INTE06c Intel: IA-32 Intel Architecture Software Developer's Manual Volume 2B: Instruction Set Reference, N-Z. Intel Dokument 253667-018, 2006.

INTE06d Intel: IA-32 Intel Architecture Software Developer's Manual Volume 3A: System Programming Guide, Part 1. Intel Dokument 253668-018, 2006.

INTE06e Intel: IA-32 Intel Architecture Software Developer's Manual Volume 3B: System Programming Guide, Part 2. Intel Dokument 253669-018, 2006.

INTE06f Intel: Intel Itanium Architecture, Software Developer's Manual, Volume 1: Application Architecture. Intel Dokument 245317-005, 2006.

INTE06g Intel: Intel Itanium Architecture, Software Developer's Manual, Volume 2: System Architecture. Intel Dokument 245318-005, 2006.

INTE06h   Intel: Intel Itanium Architecture, Software Developer's Manual, Volume 3: Instruction Set Reference. Intel Dokument 245319-005, 2006.

ISOI05a   ISO/IEC: Information technology - Security techniques - Evaluation criteria for IT security. ISO/IEC Standard 15408, 2005.

ISOI05b   ISO/IEC: Information technology - Security techniques - Methodology for IT security evaluation. ISO/IEC Standard 18045, 2005.

JACO98   Jacob, B., Mudge, T.: Virtual Memory: Issues of Implementation. IEEE Computer, 31(6):33–43, 1998.

JAMM77   Jammel, A., Stiegler, H.: Managers versus Monitors. In Gilrichst, B. (Hrsg.): Information Processing 77, pp. 827–830. North-Holland, 1977.

JAMM79   Jammel, A., Stiegler, H.: Structural Decomposition and Distributed Systems. In Syre, C.J. (Hrsg.): Proc. of the 1st European Conference on Parallel and Distributed Processing, Toulouse, 1979.

JAMM80   Jammel, A.: Mehrstufige Prozeßorganisation. Techn. Bericht 8001/1, Leibniz-Rechenzentrum, München, 1980.

JESS68   Jessen, J.: Das Betriebssystem des Rechners TR 440. In Händler, W. (Hrsg.): Teilnehmer-Rechensysteme, pp. 114–123. R. Oldenbourg Verlag, 1968.

JESS86   Jessen, E., Valk, R.: Rechensysteme: Grundlagen der Modellbildung. Springer-Verlag, 1986.

JOHN91   Johnson, D.B. et al.: Common Cryptographic Architecture Cryptographic Application Programming Interface. IBM Systems Journal, 30(2):130–150, 1991.

JOHN98   Johnson, N.F., Jajodia, S.: Exploring Steganography: Seeing the Unseen. IEEE Computer, 31(2):26–34, 1998.

JOHN04   Johnson, P.A.: Introduction to Operating Systems. iUniverse Inc., 2004.

JONE77   Jones, A.K. et al.: Software Management of Cm* – A Multiple Microprocessor. In AFIPS NCC, 1977.

JONE78   Jones, A.K.: Protection Mechanisms and the Enforcement of Security Policies. In Bayer, R., Graham, R.M., Seegmüller, G. (Hrsg.): Operating Systems - An Advanced Course. Lecture Notes in Computer Science Bd. 60, Springer-Verlag, 1978.

JONE80   Jones, A.K., Schwarz, P.: Experience Using Multiprocessor
           Systems - A Status Report. ACM Computing Surveys, 12(2):
           121–165, 1980.

JUEN87   Jueneman, R.R.: Electronic Document Authentication. IEEE
           Network Magazine, 1(2):17–23, 1987.

KAHN97   Kahn, D.: The Codebreakers. Simon & Schuster, 1997.

KAIS83   Kaisler, S.H.: The Design of Operating Systems for Small
           Computer Systems. John Wiley & Sons, 1983.

KAO95   Kao, I., Chow, R.: An Efficient and Secure Authentication
           Protocol Using Uncertified Keys. ACM Operating Systems
           Review, 29(3):14–21, 1995.

KARB00   Karbo, M. B.: Click & Learn. http://www.mkdata.dk/, 2000.

KEED79   Keedy, J.L.: On Structuring Operating Systems with Monitors.
           ACM Operating Systems Review, 13(1):5–9, 1979.

KLEI75   Kleinrock, L.: Queueing Systems, Vol. 1: Theory. John Wiley
           & Sons, 1975.

KLEI76   Kleinrock, L.: Queueing Systems, Vol.2: Computer Applicati-
           ons. John Wiley & Sons, 1976.

KLEI95   Kleimann, S., Eykholt, J.: Interrupts as Threads. ACM
           Operating Systems Review, 29(2):21–26, 1995.

KOBA78   Kobayashi, H.: Modeling and Analysis: An Introduction to Sys-
           tem Performance Evaluation Methodology. Addison-Wesley,
           1978.

KRAY75   Krayl, H., Neuhold, E.J., Unger, C.: Grundlagen der Betriebs-
           systeme. Sammlung Göschen Bd. 2051, Walter de Gruyter,
           1975.

LAGA75   Lagally, K.: Das Projekt Betriebssystem BSM. Techn. Bericht
           7509, Technische Universität München, Institut für Informatik,
           1975.

LAI91   Lai, X., Massey, J.L.: A Proposal for a New Block Encryption
           Standard. In Advances in Cryptology - Eurocrypt '90, pp. 389–
           404, 1991.

LAMP76   Lampson, B.W., Sturgis, H.E.: Reflections on an Operating
           System Design. Comm. ACM, 19(5):251–265, 1976.

LAMP80   Lampson, B.W., Redell, D.D.: Experience with Processes and
           Monitors in Mesa. Comm. ACM, 23(2):105–117, 1980.

LAMP81   Lampson, B.W., Paul, M., H.-J.Siegert (Hrsg.): Distributed
          Systems, Architecture and Implementation. Lecture Notes in
          Computer Science Bd. 105, Springer-Verlag, 1981.

LAMP83   Lampson, B.W., Paul, M., Siegert, H.-J. (Hrsg.): Distributed
          Systems - Architecture and Implementation. Springer-Verlag,
          1983.

LAMP86   Lampson, B.W.: Designing a Global Name Service. In Proc.
          5th Annual ACM Symp. on Principles of Distributed Systems,
          1986.

LAMP91   Lampson, B.W. et al.: Authentication in Distributed Systems:
          Theory and Practice. In Proc. 13th ACM Symp. on Operating
          Systems Principles, pp. 165–182, 1991.

LAMP92   Lampson, B.W. et al.: Authentication in Distributed Systems:
          Theory and Practice. ACM Transactions on Computer Systems,
          10(4):265–310, 1992.

LAND94   Landwehr, C.E. et al.: A Taxonomy of Computer Program
          Security Flaws. ACM Computing Surveys, 26(3):211–254,
          1994.

LANE81   Lane, J.E.: Operating Systems for Microcomputers. NCC
          Publications, 1981.

LAPL04   Laplante, P.A.: Real-Time Systems Design and Analysis. John
          Wiley & Sons, 2004.

LAUB81   Lauber, R.: Zuverlässigkeit und Sicherheit in der Prozeßauto-
          matisierung. In Baumann, R. (Hrsg.): Fachtagung Prozeßrech-
          ner. Informatik-Fachberichte Bd. 39, Springer-Verlag, 1981.

LAUB99   Lauber, R.: Prozeßautomatisierung I. Springer-Verlag, 3. Aufl.,
          1999.

LAUE79   Lauer, H.C., Needham, R.M.: On the Duality of Operating Sys-
          tem Structures. In Lanciaux, D. (Hrsg.): Operating Systems -
          Theory and Practice. North-Holland, 1979.

LEFF89   Leffler, S.J. et al.: The Design and Inmplementation of the
          4.3BSD UNIX Operating System. Addison-Wesley, 1989.

LI03   Li, Q., Yao, C.: Real-Time Concepts for Embedded Systems.
          CMP Books, 2003.

LIEB93   Liebl, A.: Authentication in Distributed Systems: A Bibliogra-
          phy. ACM Operating Systems Review, 27(4):31–41, 1993.

LIED91   Liedtke, J. et al.: Two Years of Experience with a μ-Kernel Based OS. ACM Operating Systems Review, 25(2):51–62, 1991.

LIED95   Liedtke, J.: On μ-Kernel Construction. In 15th ACM Symp. on Operating Systems Principles (SOSP), Copper Mountain, Colorado, USA, December 3-6 1995.

LIED96   Liedtke, J.: Towards Real Microkernels. Comm. ACM, 39(9): 70–77, September 1996.

LIED97   Liedtke, J. et al.: The Performance of μ-Kernel-Based Systems. ACM Operating Systems Review, 31(5):66–77, 1997.

LISK85   Liskov, B.: The Argus Language and System. In Paul, M., Siegert, H.-J. (Hrsg.): Distributed Systems, Methods and Tools for Specification, an Advanced Course. Lecture Notes in Computer Science Bd. 190, Springer-Verlag, 1985.

LIST75   Lister, A.M.: Fundamentals of Operating Systems. Macmillan Press Ltd., 1975.

LIST77   Lister, A.: The Problem of Nested Monitor Calls. ACM Operating Systems Review, 11(3):5–7, 1977.

LIU00   Liu, J.W.S.: Real-Time Systems. Pearson, 2000.

LOPR84   Lopriore, L.: Capability Based Tagged Architectures. IEEE Transactions on Computers, 33(9):786–803, 1984.

LYNU01   Lynux Works: LynxOS. http://www.lynuxworks.com/, 2001.

MADN74   Madnick, S.E., Donovan, J.J.: Operating Systems. McGraw-Hill, 1974.

MAEK87   Maekawa, M., Oldehoeft, A., Oldehoeft, R.: Operating Systems - Advanced Concepts. Benjamin/Cummings Publ. Comp., 1987.

MAO80   Mao, T.W., Yeh, R.T.: Communication Port: A Language Concept for Concurrent Programming. IEEE Transactions on Software Engineering, 6(2):194–204, 1980.

MCKE76   McKeag, R.M., Wilson, R.: Studies in Operating Systems. Academic Press, 1976.

MCKU96   McKusick, M.K. et al.: The Design and Implementation of the 4.4BSD Operating System. Addison-Wesley, 1996.

MCKU04   McKusick, M.K. et al.: The Design and Implementation of the FreeBSD Operating System. Addison-Wesley, 2004.

MEND83   Mendelsohn, N. et al.: Reflections on VM/Pass-Through: A Facility for Interactive Networking. IBM Syst. Journal, 22(1-2):63–79, 1983.

MENT01   Mentor Graphics: VRTX Real Time Operating System. http://www.mentor.com/, 2001.

MERK78   Merkle, R.C.: Secure Communications over Insecure Channels. Comm. ACM, 21(4):294–299, 1978.

MEYE82   Meyer, C.H., Matyas, S.M.: Cryptography: A New Dimension in Computer Data Security. John Wiley & Sons, 1982.

MICR00   Microsoft: Microsoft Extensible Firmware Initiative – FAT32 File System Specification. Microsoft, Hardware White Paper, 2000.

MICR01   Microsoft: Windows-CE. http://www.microsoft.com/ windowsce/, 2001.

MICR03   Microsoft: How NTFS Works. Microsoft, NTFS Technical Reference, http://technet2.microsoft.com/WindowsServer/en/Library/ 81cc8a8a-bd32-4786-a849-03245d68d8e41033.mspx?mfr=true, 2003.

MOHA92a Mohan, C. et al.: A Transaction Recovery Method Supporting Fine-Granularity Locking and Partial Rollbacks Using Write-Ahead Logging. ACM Transactions on Database Systems, 17(1), 1992.

MOHA92b Mohan, C. et al.: A Transaction Recovery Method Supporting Fine-Granularity Locking and Partial Rollbacks Using Write-Ahead Logging. IBM Research Report RJ6649, 1992.

MORR73   Morrison, J.E.: User Program Performance in Virtual Storage Systems. IBM Systems Journal, 12(3):216–237, 1973.

MULL89   Mullender, S.: Distributed Systems. ACM Press, Addison-Wesley, 1989.

MURR98   Murray, J.: Inside Microsoft Windows CE. Microsoft Press, 1998.

NAGH05   Naghibzadeh, M.: Operating System - Concepts and Techniques. iUniverse Inc., 2005.

NEED77   Needham, R.M., Walker, R.D.H.: The Cambridge CAP Computer and its Protection System. In Proc. 6th Symp. on Operating Systems Principles, Purdue Univ, 1977.

NEED78   Needham, R.M. , Schroeder, M.D. : Using Encryption for Au-
          thentication in Large Networks of Computers. Comm. ACM,
          21(12):993–998, 1978.

NEHM85   Nehmer, J. et al.: The Multicomputer Project INCAS - Objecti-
          ves and Basic Concepts. Techn. Bericht SFB124-Report 11/85,
          Universität Kaiserslautern, 1985.

NEHM87   Nehmer, J. et al.: Key Concepts of the INCAS Multicomputer
          Project. IEEE Transactions on Software Engineering, 13(8):913–
          923, 1987.

NEHM88   Nehmer, J. (Hrsg.): Experiences with Distributed Systems.
          Springer-Verlag, 1988.

NEHM89   Nehmer, J. , Gauweiler, T. : Modular Operating System Kernel
          for Interacting Computers. Techn. Bericht, Universität Kaisers-
          lautern, 1989.

NEHM01   Nehmer, J. , Sturm, P. : Systemsoftware: Grundlagen moderner
          Betriebssysteme. dpunkt-Verlag, 2. Aufl., 2001.

NEUM80   Neumann, P.G. et al.: A Provably Secure Operating System,
          its Applications, and Proofs. Techn. Bericht CSL-116, SRI
          International, Menlo Park, 1980.

NTFS06   NTFS.COM: NTFS - New Technology File System designed
          for Windows NT, 2000, XP. http://www.ntfs.com, 2006.

NUTT99   Nutt, G. : Operating Systems. Longman Pub Group, 1999.

NUTT03   Nutt, G. , Clegg, N. : Operating Systems. Addison-Wesley,
          2003.

OGOR00   O'Gorman, J. : Operating Systems. Macmillan Press Ltd., 2000.

OUST80   Ousterhout, J.K. et al.: Medusa: An Experiment in Distributed
          Operating System Structure. Comm. ACM, 23(2):92–105,
          1980.

PAUL85   Paul, M. , Siegert, H.-J. (Hrsg.): Distributed Systems, Methods
          and Tools for Specification, an Advanced Course. Lecture Notes
          in Computer Science Bd. 190, Springer-Verlag, 1985.

PHAM92   Pham, Hoang (Hrsg.): Fault-Tolerant Software Systems: Tech-
          niques and Applications. IEEE Comp. Soc. Press, 1992.

POMM91   Pommerening, K. :   Datenschutz und Datensicherheit.   BI
          Wissenschaftsverlag, 1991.

POPE81   Popek, G.B. et al.: LOCUS: A Network Transparent, High
          Reliability Distributed System. In Proc. 8th Symp. Operating
          Systems Principles, 1981.

QNX 01   QNX Software Systems: QNX Real Time Operating System.
          http://www.qnx.com/, 2001.

RAND81   Randell, B.: Reliable Computer Systems. In Bayer, R.,
          Graham, R.M., Seegmüller, G. (Hrsg.): Operating Systems
          - An Advanced Course. Lecture Notes in Computer Science
          Bd. 60, Springer-Verlag, 1981.

REIS06   Reiser, H.: ReiserFS. http://www.namesys.com, 2006.

RICH04   Richter, V.: Grundlagen der Betriebssysteme. Carl Hanser
          Verlag, 2004.

RIES94   Riess, H.P., Fumy, W.: Kryptographie: Entwurf, Einsatz und
          Analyse von symmetrischen Kryptosystemen. Oldenbourg Ver-
          lag, 1994.

RITC74   Ritchie, D.M., Thompson, K.L.: The Unix Timesharing Sys-
          tem. Comm. ACM, 17(7):365–375, 1974.

RIVE78   Rivest, R.L., Shamir, A., Adleman, L.: A Method for Obtai-
          ning Digital Signatures and Public Key Cryptosystems. Comm.
          ACM, 21(2):120–126, 1978.

RIVE84   Rivest, R.L., Shamir, A.: How to Expose an Eavesdropper.
          Comm. ACM, 27(4):393–395, 1984.

ROSE69   Rosen, S.: Electronic Computers: A Historical Survey. ACM
          Computing Surveys, 1(1):7–36, 1969.

ROSE04   Rosenblum, M.: The Reincarnation of Virtual Machines. ACM
          Queue, 2(5):34–40, 2004.

ROSE06   Rosen, R.: Virtualization in Xen 3.0.
          http://www.linuxjournal.com/article/8909, 2006.

ROZI88   Rozier, M. et al.: CHORUS Distributed Operating System.
          USENIX Computing Systems, 1(4), 1988.

ROZI92   Rozier, M. et al.: Overview of the CHORUS Distributed
          Operating System. In Proc. USENIX Workshop on Micro-
          Kernels and Other Kernel Architectures. USENIX Association,
          April 1992.

RYSK80   Ryska, N., Herda, S.: Kryptographische Verfahren in der
          Datenverarbeitung. Informatik-Fachberichte Bd. 24, Springer-
          Verlag, 1980.

RZEH96   Rzehak, H. (Hrsg.): Echtzeitsysteme und objektorientierte Entwurfstechniken. Vieweg-Verlag, 1996.

SALT74   Saltzer, J.H.: Protection and the Control of Information Sharing in Multics. Comm. ACM, 17(7):388–402, 1974.

SCHN88   Schnupp, P.: Standard-Betriebssysteme. Oldenbourg Verlag, 1988.

SCHN95a   Schneier, B.: Applied Cryptography: Protocols, Algorithms, and Source Code in C. John Wiley & Sons, 2. Aufl., 1995.

SCHN95b   Schneier, B.: E-Mail Security with PGP and PEM: How to Keep Your Electronic Mail Private. John Wiley & Sons, 1995.

SCHR72   Schroeder, M.D., Saltzer, J.H.: A Hardware Architecture for Implementing Protection Rings. Comm. ACM, 15(3):157–170, 1972.

SCHR06   Schröder-Preikschat, W.: Betriebssysteme. Springer-Verlag, 2006.

SCHW89   Schwarz, K.: Manufacturing Message Specification (MMS). Automatisierungstechnische Praxis atp 31, pp. 23–29, 1989.

SEAW79   Seawright, L.H.: A Perspective on Virtual Machines. In Siegert, H.-J. (Hrsg.): Virtuelle Maschinen. Informatik-Fachberichte Bd. 18, Springer-Verlag, 1979.

SHAP92   Shapiro, J.S. et al.: The KeyKOS Nanokernel Architecture. In Proc. USENIX Workshop on Micro-Kernels and Other Kernel Architectures, pp. 95–112. USENIX Association, April 1992.

SHIN97   Shin, K.G.: Real Time Systems. McGraw-Hill, 1997.

SIEG79   Siegert, H.-J. (Hrsg.): Virtuelle Maschinen. Informatik-Fachberichte Bd. 18, Springer-Verlag, 1979.

SILB98   Silberschatz, A., Galvin, P.B.: Operating System Concepts. Addison-Wesley, 5. Aufl., 1998.

SILB03a   Silberschatz, A. et al.: Applied Operating System Concepts. John Wiley & Sons, 2003.

SILB03b   Silberschatz, A. et al.: Operating System Concepts - Windows XP Update. John Wiley & Sons, 6. Aufl., 2003.

SILB05a   Silberschatz, A. et al.: Operating System Concepts. John Wiley & Sons, 7. Aufl., 2005.

SILB05b   Silberschatz, A. et al.: Operating Systems Principles. John Wiley & Sons, 2005.

SING94   Singhal, M., Shivaratri, N.G.: Advanced Concepts in Operating Systems: Distributed, Database and Multiprocessor Operating Systems. McGraw-Hill, 1994.

SINH97   Sinha, P.: Distributed Operating Systems. IEEE Comp. Soc. Press, 1997.

SLOM87   Sloman, M., Kramer, J.: Distributed Systems and Computer Networks. Prentice-Hall, Englewood Cliffs, NJ, 1987.

SOLO98   Solomon, D.A.: The Windows NT Kernel Architecture. IEEE Computer, 31(10):40–47, 1998.

SOLO00   Solomon, D., Russinovich, M.: Inside Microsoft Windows 2000. Microsoft Press, 3. Aufl., 2000.

SPAN97   Spaniol, O., Popien, C., Meyer, B.: Verteilte Systeme. Springer-Verlag, 1997.

STAL98   Stallings, W.: Operating Systems: Internals and Design Principles. Prentice-Hall, 3. Aufl., 1998.

STAL02   Stallings, W.: Betriebssysteme - Funktion und Design. Pearson, 4. Aufl., 2002.

STAL05   Stallings, W.: Operating Systems. Prentice-Hall, 5. Aufl., 2005.

STAN89   Stankovic, J.A., Ramamritham, K.: The Spring Kernel: A New Paradigm for Real-Time Operating Systems. ACM Operating Systems Review, 23(3):54–71, 1989.

STEI88   Steiner, J.G., Neumann, C., Schiller, J.I.: Kerberos: An Authentication Service for Open Network Systems. In USENIX Winter Conference, pp. 191–202. USENIX Association, February 1988.

SWIN86   Swinehart, D. et al.: A Structural View of the Cedar Programming Environment. ACM Transactions on Programming Languages and Systems, 8(4):419–490, 1986.

SYVE93   Syverson, P.: On Key Distribution Protocols for Repeated Authentication. ACM Operating Systems Review, 27(4):24–30, 1993.

TANE85   Tanenbaum, A.S., van Renesse, R.: Distributed Operating Systems. ACM Computing Surveys, 17(4):419–470, 1985.

TANE95   Tanenbaum, A.S.: Distributed Operating Systems. Prentice-Hall, 1995.

TANE96   Tanenbaum, A.S.: Moderne Betriebssysteme. Carl Hanser Verlag, 2. Aufl., 1996.

TANE01   Tanenbaum, A.S.: Modern Operating Systems. Prentice-Hall, 2. Aufl., 2001.

TANE02   Tanenbaum, A.S.: Moderne Betriebssysteme. Pearson, 2. Aufl., 2002.

TANE03   Tanenbaum, A.S.: Computer Networks. Prentice-Hall, 4. Aufl., 2003.

TANE06   Tanenbaum, A.S., Woodhull, A.S.: Operating Systems Design And Implementation. Prentice-Hall, 3. Aufl., 2006.

TANE07   Tanenbaum, A.S., van Steen, M.: Distributed Systems: Principles and Paradigms. Prentice-Hall, 2. Aufl., 2007.

TAY90   Tay, B.H., Ananda, A.L.: A Survey of Remote Procedure Calls. ACM Operating Systems Review, 24(3):68–79, 1990.

TEIT85   Teitelman, W.: A Tour Through Cedar. IEEE Transactions on Software Engineering, 11(3):285–301, 1985.

THEA83   Theaker, C.J., Brookes, G.R.: A Practical Course on Operating Systems. Macmillan Press Ltd., 1983.

TOKU89   Tokuda, H., Mercer, C.W.: ARTS: A Distributed Real-Time Kernel. ACM Operating Systems Review, 23(3):29–53, 1989.

TSIC74   Tsichritzis, D.C., Bernstein, P.A.: Operating Systems. Academic Press, 1974.

TURN86   Turner, R.W.: Operating Systems, Design and Implementation. Macmillan Press Ltd., 1986.

UNRA94   Unrau, R.C. et al.: Experiences with Locking in a NUMA Multiprocessor Operating System Kernel. In Proc. of the First USENIX Symposium on Operating Systems Design and Implementation (OSDI), pp. 139–152, 1994.

VAHA96   Vahalia, U.: UNIX Internals – The New Frontiers. Prentice-Hall, 1996.

VMWA05   VMware: Virtualization Overview (White Paper). VMware Inc, Palo Alto CA, http://www.vmware.com, 2005.

VOGT01a   Vogt, C.: Betriebssysteme. Spektrum Akad. Vlg., 2001.

VOGT01b   Vogt, C.: Betriebssysteme. Spektrum Akademischer Verlag, 2001.

WAH84   Wah, B.W.: File Placement on Distributed Computer Systems. IEEE Computer, 17(1):23–32, 1984.

WALK96   Walker, S.T. et al.: Commercial Key Recovery. Comm. ACM, 39(3):41–47, 1996.

WATS81   Watson, R.W.: Distributed System Architecture Model. In Lampson, B.W., Paul, M., Siegert, H.-J. (Hrsg.): Distributed Systems,Architecture and Implementation. Lecture Notes in Computer Science Bd. 105, Springer-Verlag, 1981.

WECK84   Weck, G.: Datensicherheit. Teubner, 1984.

WECK89   Weck, G.: Prinzipien und Realisierung von Betriebssystemen. Teubner, 3. Aufl., 1989.

WETT78   Wettstein, H.: Aufbau und Struktur von Betriebssystemen. Carl Hanser Verlag, 1978.

WETT87   Wettstein, H.: Architektur von Betriebssystemen. Carl Hanser Verlag, 3. Aufl., 1987.

WETT93   Wettstein, H.: Systemarchitektur. Carl Hanser Verlag, 1993.

WIEH64   Wiehle, H.R., Seegmüller, G., Urich, W., Peischl, F.: Ein Betriebssystem für schnelle Rechenautomaten. Elektronische Rechenanlagen, 6(3), 1964.

WIKI06a   Wikipedia: Betriebssystem. http://de.wikipedia.org/wiki/Betriebssystem, 2006.

WIKI06b   Wikipedia: Computercluste. http://de.wikipedia.org/wiki/Computercluster, 2006.

WIKI06c   Wikipedia: File Allocation Table. http://en.wikipedia.org/wiki/File_Allocation_Tables, 2006.

WIKI06d   Wikipedia: Grid-Computing. http://de.wikipedia.org/wiki/Grid-Computing, 2006.

WIKI06e   Wikipedia: NTFS. http://en.wikipedia.org/wiki/NTFS, 2006.

WIKI06f   Wikipedia: ReiserFS. http://en.wikipedia.org/wiki/ReiserFS, 2006.

WILK79   Wilkes, M.V., Needham, R.M.: The Cambridge CAP Computer and Its Operating System. Elsevier, 1979.

WIRT82   Wirth, N.: Programming in Modula-2. Springer-Verlag, 1982.

WIRT92   Wirth, N., Gutknecht, J.: Project OBERON, The Design of an Operating System and Compiler. Addison-Wesley, 1992.

WOBB93   Wobber, E. et al.: Authentication in the Taos Operating System. In Proc. 14th ACM Symp. on Operating Systems Principles, pp. 256–269, 1993.

WORN05   Wörn, H., Brinkschulte, U.: Echtzeitsysteme - Grundlagen, Funktionsweise, Anwendungen. Springer-Verlag, 2005.

WULF74   Wulf, W. et al.: HYDRA: The Kernel of a Multiprocessor
          Operating System. Comm. ACM, 17(6):337–345, 1974.

XEN06   Xen: Xen Virtualization. http://xen.sf.net, 2006.

YEH91   Yeh, P.C. , R.M. Smith, Sr. : ESA/390 Integrated Cryptographic
          Facility: An Overview. IBM Systems Journal, 30(2):192–205,
          1991.

YEO93   Yeo, A.K. , Koh, E.K. : A Taxonomy in Issues in Name System
          Design and Implementation. ACM Operating Systems Review,
          27(3):4–18, 1993.

YOKO91   Yokote, Y. et al.: The Muse Object Architecture: A New
          Operating System Structuring Concept. ACM Operating Sys-
          tems Review, 25(2):22–46, 1991.

ZIMM95   Zimmermann, P.R. : The Official PGP User's Guide. MIT-Press,
          1995.

ZOBE95   Zöbel, D. , Albrecht, W. : Echtzeitsysteme – Grundlagen und
          Techniken. Int. Thomson Publ., 1995.

Abbildungsverzeichnis

1.1   Prinzipieller Aufbau eines Betriebssystems   6
1.2   Grobes Schichtenmodell eines Rechensystems   9

2.1   Spooling in den 60er Jahren   25

3.1   Komponenten der Modellmaschine MM   34
3.2   Komponenten eines Intel-PC   39
3.3   Typischer Aufbau eines Prozessadressraums   43
3.4   Abbildung von Prozessadressen in Maschinenadressen . . .   47
3.5   Zeitliche Verschränkung eines Ablaufs mit einer Unterbre-
       chungsbehandlung   56

4.1   Übergangsdiagramm für die Arbeitszustände   68
4.2   Zeitliche Verschränkung der Prozessbearbeitung in einem
       Einprozessorsystem   71

5.1   Falsche Synchronisation bei einer naiven Implementierung
       des Dienstes belegen   84

6.1   Prozess-Betriebsmittel-Graph für einen einfachen Fall einer
       Verklemmung   100
6.2   Ein größerer Prozess-Betriebsmittel-Graph   104

7.1   Klassifizierung der Interprozess-Kommunikation   110
7.2   Struktur von Programmen bei grafischen Oberflächen . . .   118
7.3   Grundsätzliche Kommunikationsbeziehungen   122
7.4   Stromorientierte Kommunikation   129

8.1   Freispeicherverwaltung mit verketteten Listen   142
8.2   Lokalisierung eines Objekts A/B/C mittels Katalogen und
       der Ortsbeschreibung von Objekten   143
8.3   Prozessadressraumverwaltungsliste und Speicherabbildungs-
       tabellen für ein Beispiel mit dem Objekt A/B/C   144
8.4   Prinzipieller Verlauf der Seitenwechselrate abhängig vom
       verfügbaren Speicherbereich   150

8.5   Prinzipielle Systemstruktur bei direktem Zugriff auf die
        Geräte ohne Virtualisierung 154
8.6   Prinzipielle Systemstruktur bei einer Virtualisierung der
        Geräte ohne Abbildungstabellen für Geräteeigenschaften . . 154
8.7   Prinzipielle Systemstruktur bei einer Virtualisierung der
        Geräte mit Abbildungstabellen für Geräteeigenschaften . . 155

9.1   Freie Aufrufbeziehung zwischen Moduln 158
9.2   Eingeschränkte Aufrufbeziehungen zwischen Moduln . . . 159
9.3   Struktur eines prozessorientierten Modellbetriebssystems . 172
9.4   Struktur von Windows 2000/XP 175

10.1   Die Schichten und die Komponenten des EA-Systems . . . 180
10.2   Beispiel für die Grundstruktur eines B-Baums 192
10.3   Beispiel B+-Baum für wahlfreien Zugriff auf Sätze 194
10.4   Ortbeschreibung im Dateisystem FAT 199
10.5   Ortsbeschreibung für Dateien bei UNIX 202

11.1   Komponenten eines sicheren Rechensystems 220
11.2   Beispiel für eine Hierarchie von Objektverwaltungen 225
11.3   Ausschnitt aus einem Netz von Katalogen und zugehörigen
        Dateien; Zugriffsschutz durch Berechtigtenlisten 231
11.4   Beispiel für ein System mit Zugriffsausweisen 236
11.5   Verkettung von Blöcken einer Nachricht 253

12.1   Struktur 263
12.2   NFS-Dateisystem 267

13.1   Schichten eines Rechensystems mit einem Maschinen-
        simulator 271
13.2   Schichten eines konventionellen Rechensystems 272
13.3   Schichten eines Rechensystems mit virtuellen Maschinen . 273
13.4   Schichten eines Rechensystems mit rekursiv eingesetzten
        virtuellen Maschinen 274
13.5   Gerätesimulation in einem VM-Monitor 282
13.6   Speicherabbildungen bei virtuellen Maschinen 285
13.7   Zustandsübergangsdiagramm für die Schichten in einem
        Rechensystem mit virtuellen Maschinen 290
13.8   Hypervisor als Anwendung 295

14.1   Schichten eines Rechensystems mit einem Mikrokern . . . 300
14.2   Ablauf beim Lesen eines Zeichens 302
14.3   Systemstruktur mit einem Mikrokern nach Cheung 303

14.4   Systemstruktur mit Mikrokern V nach Cheriton 304
14.5   Behandlung Seitefehltalarm im Cache-Mikrokern   311

15.1   System für das Gesetz von Little   316
15.2   Das M/M/1-Modell   319
15.3   Bezogene Wartezeit im M/M/1-Modell 321
15.4   Auftragsbearbeitung bei der Strategie SET 325
15.5   Die Strategie RR mit Zeitscheibe Q 326
15.6   Bezogene Wartezeit abhängig von der Bedienzeit, Auslas-
       tung 0.5 327
15.7   Bezogene Wartezeit abhängig von der Bedienzeit, Auslas-
       tung 0.7 328
15.8   Prinzipieller Verlauf der Größe des Working-Set 330
15.9   Seitenflattern (thrashing) 332
15.10 Modell zur Berechnung des Durchsatzes 337
15.11 Bezogener Durchsatz bei R=1, G=2 339
15.12 Bezogener Durchsatz bei R=5, G=3 341

Tabellenverzeichnis

3.1 Beispiel für die Leitungen bei einem Bus 38
3.2 Wichtige Unterbrechungsarten eines Rechnerkerns 55

9.1 Korrespondierende Konzepte bei botschaften- und prozedur-
     orientierten Betriebssystemen 167

Stichwortverzeichnis

A

Abbildung
  Geräte- 280
  Speicher- 42, 136, 283
Abbildungstabelle
  Speicher- 66, 136, 145, 150, 237
    zuladbare 48
Abfrage
  periodische 51
abfragen Zustand 209
Abfragevariante Kommunikation
  51
abgesetzter Prozeduraufruf 18, 131
Abhören Schutz 249
Ablage Rechnerkernzustand 56
Ablaufpriorität 57, 168
Abrechnung 12
Absender Nachweis 252
absolute Adresse 35
abspannen Datenträger 184, 208
abstrakter Datentyp 157
Adaption 16
Administrator 7
Adresse
  absolute 35
  direkte 43
  Maschinen- 41, 136
  Programm- 136
  Prozess- 41, 136
  reale 35
  Speicher- 36
  virtuelle 35, 44, 45
Adressierung
  Arbeitsspeicher- 41
  Basis- 43
  Byte- 36

direkte 35, 43
Segment- 44, 45
Segment-Seiten- 44, 46
Seiten- 44, 45
Speicher- 41
virtuelle 35, 44
Adressraum
  Datei- 195, 200
  Maschinen- 35, 41, 135
  Objekt im 135
  Programm- 35
  Prozess- 4, 41, 63, 135
  realer 35, 135
  -verwaltung
    Prozess- 136, 141, 145
  virtueller 135
AES Verschlüsselung 246, 247
AFS 268
Akteurliste 71
Alarm 54, 64
  arithmetischer 54
  Befehls- 54
  -behandlung
    Prozess- 64, 120, 169
  Prozess- 118, 120
  Rechnerkern- 54, 73
  Seitefehlt- 50, 54, 136, 147, 284,
    310
  Speicherschutz- 50, 54, 136, 145
  Wecker- 54
  -zustand 66, 120
Algorithmus
  Bankier- 106
  Habermann- 106
Analyse
  Gefahren- 222

Andrew File System 268
Anforderungen
    Betriebssystem 14
    Datei 188
angehalten Prozesszustand 69
Anschlusspunkt
    Prozess- 128, 177
Anwender 7
Anwendungskern 309
API 8, 299
Arbeits
    -modus 35, 277
    -speicher
        -adressierung 41
        realer 35, 135, 283
        -verwaltung 136, 141, 169
        virtueller 35, 133, 135, 136,
            237, 277, 283
        Zugriffsschutz 60
    -zustand 66, 67
        Übergänge 67
architecture
    hosted 295
ARIES 205
arithmetischer Alarm 54
ASN 197
Assoziativregister 48
asymmetrische Verschlüsselung
    248
asynchrone Unterbrechung 53
asynchrone explizite
    Kommunikation 123
ATA 40
atomare Transaktion 261
Attribut
    Datei- 182, 197, 205
    Prozess- 64, 77
Attribut ändern
    Datei- 183
attribute
    resident 205
Attribut lesen
    Datei- 183

Aufgabe Betriebssystem 7, 10, 11
Aufruf
    Aufwärts- 160
    -beziehung 157
    Methoden- 166
    Modul- 160
    Prozedur- 161, 165, 242
        abgesetzter 18, 131
        entfernter 18, 131
        lokaler 161, 166
    System- 54, 88, 163
aufruferabhängiger Zugriffsausweis
    242
aufspannen Datenträger 187, 208
Auftrag
    -geber 4
    -nehmer 4
    Transport- 210, 216
Aufwärtsaufruf 160
Ausfall Komponente 261
Ausführungsrecht 49
Auslastung 317
Austausch
    Nachrichten- 166
Ausweis
    -liste
        Zugriffs- 234
    Zugriffs- 224, 233, 234
        aufruferabhängiger 242
        objektbezogener 241
        Rechterweiterung 242
        typbezogener 241
Authentifizierung 221, 230, 232

B

Balancierung
    Last- 264
Bankier–Algorithmus 106

Basis
  -adressierung 43
  -fähigkeiten 264
  -schicht 5
B-Baum 191, 192
Bedarf
  laden nach 329
Bedien
  -rate 317
  -zeit 27, 315, 317, 318
    Rest- 319
Bediener 7
bedienzeitabhängige Strategie 320
bedingte Wahrscheinlichkeit 314
bedroht
  verklemmungs- 100
Befehl
  Mikro- 57
  nichtprivilegierter 35
  privilegierter 35, 60, 228, 277,
    291
  RM–privilegierter 278
  sensitiver 278
  Synchronisations- 86
  VM–privilegierter 278
Befehls
  -alarm 54
  -interpreter 270
  -satz Intel 278
Behandlung
  Prozessalarm- 64, 120, 169
  Unterbrechungs- 53, 55, 58
belegen Gerät 208
Bell-LaPadula-Modell 224
Benennung 266
Benutzer
  -gruppen 7
  -kennzeichen 162
  -modus 35, 277
  -prozess 5, 63
  -puffer 215
benutzt Seite 49

Benutzung
  Rechner-
    frühe 1
Berechnung
  Durchsatz-
    Modell 336
Berechtigtenliste 224, 229, 239
Bereich
  Kommunikations- 73
  kritischer 81, 89
  Schutz- 227, 242
Beschreibung
  Datei- 197
  Daten- 197
  Format- 179
  Orts- 141, 201
    Datei 195
    FAT 198
    UNIX 200
Beschreibungstabelle Gerät 17
Betriebsmittel 7, 11
  entziehbares 80
  exklusives 79, 102
  gemeinsames 79
  -konto 67
  verbrauchbares 79
  -verteilung 262
  wiederverwendbares 79
  Zuteilungsstrategie 12
Betriebsmittel-Graph
  Prozess- 100
Betriebssystem
  Anforderungen 14
  Aufgabe 7, 10, 11
  botschaftenorientiertes 157, 166,
    168
  Definition 3
  Echtzeit- 30
  Einbenutzer- 21
  Einprozess- 20
  Grundkonzepte 14
  Grundstruktur 166

-kern 5, 168, 228
   Koordinationsvariable 74
   Sperre 74, 169, 170
   Synchronisation 74
   Unterbrechung 73
Komponenten 7
Mehrbenutzer- 19
Mehrprozess- 19
Mehrprozessor- 28
monolithisches 170
nachrichtenorientiertes 157, 166,
   168
Netzwerk- 264
prozedurorientiertes 157, 166,
   168
prozessorientiertes 157, 166, 168
-server 299, 309
stapelverarbeitendes 23
Timesharing- 26
Zugriffsschutz 61
Betriebsziel 12
Bewertung Mikrokern 308, 312
Bindung
   dynamische 161
   statische 161
Block
   Datei- 190
      lesen 186
      logischer 186
      schreiben 186
   Dateikontroll- 66, 178, 203
   Daten-
      logischer 186
      physikalischer 186
   -diagramm Intel-PC 38
   lesen 209, 212
   schreiben 209, 212
   transportieren 214
   -verkettung Schutz 252
   -verwaltung 182, 186
blockorientierte Datenübertragung
   213, 215, 216
blockorientiertes Gerät 208

Boole'sches Ereignis 111
botschaftenorientiertes
   Betriebssystem 157, 166, 168
breitbandige Kommunikation 110
breitbandiger Kanal 223
bridge
   north 40
   south 40
Briefkasten Kommunikation 127
Broadcast Kommunikation 126
Brücke
   Nord- 40
   Süd- 40
BS–Modus 277, 291
buffer
   translation lookaside 48, 146
Bus 37
   Front Side 40
   ISA- 40
   PCI- 40
   USB- 40
Byteadressierung 36

C

Cache 15, 146
   –Mikrokern 309
   -objekt 309
Caching 265
Cambridge–Monitor-System 276
Capability 224, 233
CBC Verschlüsselung 254
Central Processing Unit 35
Challenge-Response-Verfahren
   233
CHORUS 300
cipher block chaining 254
Client 18
Client-Server-System 4, 165
Clipper Chip 248
Cluster
   Rechner- 268

CMS 276
COBOL 189
code
message authentication 254
Code
Programm- 4
codebook
electronic 254
COM 40
Computing Grid 268
CPU 35

D

Danachverweis 191
Datei 130, 187
-adressraum 195, 200
Anforderungen 188
-attribut 182, 197, 205
-attribut ändern 183
-attribut lesen 183
-beschreibung 197
-block 190
lesen 186
logischer 186
schreiben 186
-deskriptor 177
erzeugen 183
-hauptkatalog 204
-index 191
-katalog 178, 199, 229
-kennsatz 182, 197
-kontrollblock 66, 178, 203
löschen 183
Metadaten 188, 197
-nummer
symbolische 177
öffnen 179, 183
-ordner 141, 229
Ortsbeschreibung 195
Pfadname 141

positionieren 181, 186
-satz 188
schließen 181, 183
-server 174, 264
-system 308
FAT 198
Logbuch 205
NTFS 203
UNIX 200
verteiltes 266
virtuelles 187
Text- 188
-verwaltung 182, 188
-zugriff
Protokoll 197
sequenzieller 188, 191
wahlfreier 188, 191
Daten
-beschreibung 197
-block
logischer 186
physikalischer 186
entschlüsseln 257
-feld 188
-haltung
langfristige 15
-konsistenz 261
-puffer 152
-träger
abspannen 184, 208
aufspannen 187, 208
formatieren 184
-kennblock 184
-verwaltung 184
-typ
abstrakter 157
-übertragung
blockorientierte 213, 215, 216
zeichenorientierte 210, 212
verschlüsseln 257
-verwaltung 179, 182, 188, 229
Davorverweis 191

Definition Betriebssystem 3
demand
   paging 146, 329
DES Verschlüsselung 246, 247
Deskriptor
   Datei- 177
device
   switch
      table 187
Diagramm
   Block-
      Intel-PC 38
Dichte
   Wahrscheinlichkeits- 313
Dienste Spektrum 14
Dienstleistungsprozess 8, 123, 165
direct
   memory access 213
direkte
   Adresse 43
   Adressierung 35, 43
Dispatcher 70
DMA 213
Domäne
   Schutz- 227, 242
Durchsatz 317, 336
   -berechnung Modell 336
dynamische Bindung 161

E

EA
   -Karte 36
   -Modul 36, 52, 210, 213
      Register 50, 210
   -Parameter 280
   -Prozeduren 179
   -Prozessor 10, 33, 36, 52
   -Puffer 152
   -Register 41
   -Startsignal 54

starte 291
   -System 177
ECB Verschlüsselung 254
Echtzeit
   -betriebssystem 30
   -system 30
EDE Verschlüsselung 247
EES 248
Eigentümer 229
Einbenutzer
   -betriebssystem 21
   -system 21
Eingabe
   spontane 217
eingebettetes System 30
Eingriff 54
einheitliche Schnittstelle 17
Einprozess
   -betriebssystem 20
   -system 20
Eintrag
   Index- 191
Eintreff
   -intervall 317
   -rate 317
electronic codebook 254
empfangen Nachricht 51, 52
Empfangskanal 210, 217
Energieverbrauch 32
entfernter Prozeduraufruf 18, 131
entladen Objektbeschreibung 310
entschlüsseln Daten 257
Entschlüsselungsfunktion 246,
   248, 252
entziehbares Betriebsmittel 80
Ereignis 37, 64, 109, 111
   Boole'sches 111
   -liste 113
   -verwaltung 67, 112, 113, 114,
      169
   zählendes 111

Erwartungswert 314
  maximale Wartezeit 322
  minimale Wartezeit 322
erzeugen
  Datei 183
  Prozess 306
Erzeuger-Verbraucher 94
Erzeugung
  Objekt- 241
  Prozess 78, 162
  Schlüssel 255
escrowed encryption standard 248
Evolution 16
exchange 86
execute 162
Executive Windows XP 174
existent
  Segment 49
  Seite 49
exklusives Betriebsmittel 79, 102
externe Unterbrechung 53

F

Fähigkeit
  Kommunikations- 265
  Kooperations- 265
  Rechen- 264
  Speicher- 265
Fähigkeiten
  Basis- 264
Fast File System 200
FAT 187
  Dateisystem 198
  Ortsbeschreibung 198
FBn Strategie 326
FCFS Strategie 318
Fehlertoleranz 268
Feld
  Daten- 188
Fenstermanager 117

Fernverarbeitung
  Stapel- 25
Festplattenspeicherverwaltung 26,
  229
FFS 200
Fiber 5, 64
FIFO Strategie 318, 334
File System
  Fast 200
  UNIX 200
file transfer protocol 197
Filter 130
Firewall 221
fixieren Seiten 215
fixierte Seite 150
fork 162
Formatbeschreibung 179
formatieren Datenträger 184
Formen Kommunikation 50
freigeben Gerät 208
Front Side Bus 40
frühe Rechnerbenutzung 1
FTAM 197
FTP 197
Füllung 315, 317
Funktion
  Entschlüsselungs- 246, 248, 252
  Verschlüsselungs- 246, 248, 252
  Verteilungs- 313

G

Gateway 221
gedächtnislose Verteilung 315
Gefahrenanalyse 222
geheimer Schlüssel 246
geladen Seite 49
gemeinsamer Speicherbereich
  Kommunikation 50
gemeinsames
  Betriebsmittel 79
  Objekt 149

Gerät
  belegen 208
  Beschreibungstabelle 17
  blockorientiertes 208
  freigeben 208
  logisches 17, 208
  physikalisches 208
  reales 280
  RM- 280
  virtuelles 17, 31, 134, 152, 208,
    280, 308
  VM- 280
  zeichenorientiertes 208
Geräte
  -abbildung 280
  -klasse 134, 152
  -nummer
    symbolische 177
  -objekt 308
  -schlüssel 256
  -steuerung 33
  -treiber 6, 169, 208, 210
    tabellengesteuerter 153
  -verwaltung 208
  Zugriffsschutz 61
geschäftiges Warten 51, 122
Gesetz von Little 315
gestreutes
  Lesen 215
  Schreiben 215
Grad
  Multiprogramming- 336
grafische Oberfläche 117
Grid Computing 268
Grundbegriffe Statistik 313
Grundformen Kommunikation 109
Grundkonzepte Betriebssystem 14
Grundstruktur Betriebssystem 166
Gruppe
  Prozess- 307
Gruppen
  Benutzer- 7

  -kommunikation 307
GUI 10
Gültigkeitsbit 51

H

Habermann–Algorithmus 106
HAL 294, 309, 312
Halde 41
Hardware
  Komponenten 33
  Zugriffsschutz 228
Haupt
  -katalog
    Datei- 204
  -schlüssel 256
Hawk 300
Hierarchie
  Objekt- 6
  Prozess- 65
  Speicher- 15
hinterlegte Schlüssel 248
hosted
  architecture 295
Hyper–Threading 41
Hypercall 292, 294
Hypervisor 292, 294

I

IBM VM370 270
IDE 40
IDEA Verschlüsselung 247
Identifikator
  Prozess- 65
Identifizierung 221, 230
identische Vervielfachung 133
I-Knoten 187, 200
implizite Kommunikation 121

Index
   Datei- 191
   -eintrag 191
Information
   Unterbrechungs- 59
   Zustands- 49
inode 200
Instruktionsprozessor 10, 35
Intel 293, 296
   Befehlssatz 278
Intel-PC Blockdiagramm 38
Intensität
   Rechen- 336
Interaktion 27
interne Unterbrechung 54
Internetprotokoll 266
Interpreter
   Befehls- 270
   Kommando- 10
inter-processor
   interrupt 73
Interprozesskommunikation 109,
   166
Interrupt 51
interrupt
   inter-processor 73
Intervall
   Eintreff- 317
IO
   memory mapped 50, 52
IO-interface
   uniform 308
IP 266
ISA–Bus 40

K

Kachel 45, 46, 136
Kanal
   breitbandiger 223
   Empfangs- 210, 217
   schmalbandiger 223
   Sende- 210
   -verwaltung 169
   -werk 36
Karte
   EA- 36
Katalog
   Datei- 178, 199, 229
   Dateihaupt- 204
   Objekt- 141, 178
   -verwaltung 182
Keller 41
   System- 56
Kennblock
   Datenträger- 184
Kennsatz
   Datei- 182, 197
Kennzahl 250
Kennzeichen
   Benutzer- 162
   Satz- 191
   Schutz- 162
Kerberos 258
Kern
   Anwendungs- 309
   Betriebssystem- 5, 168, 228
      Koordinationsvariable 74
      Sperre 74, 169, 170
      Synchronisation 74
      Unterbrechung 73
   Cache–Mikro- 309
   Mikro- 264, 299
      Bewertung 308, 312
   Schutz- 239
   V Mikro- 300
KeyKOS 300
Klartext 246, 248
Klasse
   Geräte- 134, 152
   Objekt- 5, 134, 157, 224, 241
Klassifikation Kommunikation 109
Kommandointerpreter 10

Kommunikation 12, 18, 51, 52,
   109, 166, 177
   Abfragevariante 51
   asynchrone explizite 123
   breitbandige 110
   Briefkasten 127
   Broadcast 126
   Formen 50
   gemeinsamer Speicherbereich
      50
   Grundformen 109
   Gruppen- 307
   implizite 121
   Interprozess- 109, 166
   Klassifikation 109
   Mailbox 127
   Multicast 126
   Rundspruch 126
   schmalbandige 109
   stromorientierte 127
   synchrone explizite 130
   Unterbrechung 51
Kommunikations
   -bereich 73
   -fähigkeit 265
   -sicherheit 221
Komponente Ausfall 261
Komponenten
   Betriebssystem 7
   Hardware 33
Konfigurationstabelle 16
konsistente Rechnerkernvergabe 73
konsistenter Zustand 261
Konsistenz 265
   Daten- 261
   -erhaltung 262
Kontext
   Prozess- 63, 64, 77
Konto
   Betriebsmittel- 67
Kontrollblock
   Datei- 66, 178, 203

Kontrolle
   Zugangs- 219, 221
   Zugriffs- 222
Kooperationsfähigkeit 265
Koordination
   verteilte 264
Koordinationsvariable 80
   Betriebssystemkern 74
Kopf
   Nachrichten- 124
kritischer Bereich 81, 89

L

L3, L4 300
Ladestrategie
   Seiten- 149
laden
   nach Bedarf 329
   Objektbeschreibung 310
   Rechnerkernzustand 56
Länge
   Schlüssel- 246, 248
langfristige Datenhaltung 15
Last
   -balancierung 264
   -verteilung 264
Laufzeitsystem 10
Leichtgewichtsprozess 4, 63, 64
Leitblock
   Prozess- 63, 150
Leserecht 49
lesen
   Block 209, 212
   Dateiblock 186
Lesen
   gestreutes 215
lesen
   Satz 185
   Zeichen 181, 212
      -puffer 181, 185, 209

LFU Strategie 334
Linie
  Transparenz- 262
Liste
  Akteur- 71
  Berechtigten- 224, 229, 239
  Ereignis- 113
  Prozess- 71, 75
  Zugriffs- 224, 229
  Zugriffsausweis- 234
Little, Gesetz von 315
local
  procedure call 131, 166
lock
  spin- 86
Logbuch
  Dateisystem 205
  Transaktion 206
logischer
  Dateiblock 186
  Datenblock 186
logisches Gerät 17, 208
lokaler
  Objektname 235
  Prozeduraufruf 161, 166
Lokalitätsprinzip 331
löschen
  Datei 183
  Prozess 78, 306
Lösungen Speicherabbildung 48
LPC 131, 166
LRU Strategie 334
LynxOS 32

M

MAC Verschlüsselung 254
Mach 300
Mailbox Kommunikation 127
Management
  Netz- 264

System- 264
Manager
  Objekt- 6
Maschine
  Rechnerarchitektur
    virtuelle 279
  virtuelle 35, 72, 270, 291
Maschinen
  -adresse 41, 136
  -adressraum 35, 41, 135
Master File Table 204
maximale Wartezeit 322
  Erwartungswert 322
Mehrbenutzer
  -betriebssystem 19
  -system 19
Mehrkernprozessor 41
Mehrprozess
  -betriebssystem 19
  -system 19
Mehrprozessor
  -betriebssystem 28
  -system 28, 41
memory access
  direct 213
memory mapped IO 50, 52
message authentication
  code 254
Messung 12
Metadaten Datei 188, 197
Methodenaufruf 166
MFT 204
Migration 262, 264
  Prozess- 264
Migrationstransparenz 262
Mikro
  -befehl 57
  -kern 264, 299
    Bewertung 308, 312
    Cache- 309
  -programm 57
Minidisk 134

minimale Wartezeit 322
  Erwartungswert 322
M/M/1-Modell 318
Modell
  Durchsatzberechnung 336
  Schichten- 8, 10
Modellbetriebssystem Schichten
  171
Modellmaschine 33
Modul 157
  -aufruf 160
  EA- 36, 52, 210, 213
    Register 50, 210
Modus
  Arbeits- 35, 277
  Benutzer- 35, 277
  BS- 277, 291
  P- 277
  System- 35, 168, 277
  VMM- 277
Monitor 92, 166, 168
Monitor-System
  Cambridge- 276
monolithisches Betriebssystem 170
mount 184, 187, 266
Multicast 307
  Kommunikation 126
multi-core
  processor 28, 41
Multi-IO-Controller 40
Multiplex
  Zeit- 24, 209
Multiprogramming–Grad 336
Muse 300

N

Nachricht 64, 110, 124, 166, 217
  empfangen 51, 52
  senden 51, 52

Nachrichten
  -austausch 166
  -kopf 124
  -puffer 121, 123
  -text 124
  -übermittlung 166
  -verwaltung 123, 126, 127, 169
nachrichtenorientiertes
  Betriebssystem 157, 166, 168
Nachweis Absender 252
Name
  Objekt-
    lokaler 235
    systeminterner 234
    universeller 234
  Prozess- 65
Namens
  -schema 266
  -server 182, 266
  -transparenz 262
Nebenläufigkeitstransparenz 262
negativ exponentielle Verteilung
  315
Network File System 266
Netzmanagement 264
Netze 18
Netzwerkbetriebssystem 264
NFS 266
nicht existenter Prozesszustand 69
nichtprivilegierter Befehl 35
nichtsensitives Register 60
Nordbrücke 40
north
  bridge 40
NTFS 187, 206
  Dateisystem 203
Nummer
  Datei-
    symbolische 177
  Geräte-
    symbolische 177
  Satz- 191

Segment- 45
Unterbrechungs- 51, 58

O

Oberfläche
  grafische 117
Objekt 5, 234
objektabhängiger Zugriffsschutz
  226
Objektbeschreibung
  entladen 310
  laden 310
objektbezogener Zugriffsausweis
  241
Objekt
  Cache- 309
  -erzeugung 241
  gemeinsames 149
  Geräte- 308
  -hierarchie 6
  im Adressraum 135
  -katalog 141, 178
  -klasse 5, 134, 157, 224, 241
  -manager 6
  -name
    lokaler 235
    systeminterner 234
    universeller 234
objektorientiertes System 233
Objekt
  Pfadname 141
  Prozess- 306
  -schutz 219
  Speicher- 307
  Teil- 224
  -typ 5, 157, 241
objektunabhängiger Zugriffsschutz
  226
Objekt
  -verwalter 6
  -verwaltung 6, 157, 224, 234

virtuelles 133
öffentlicher Schlüssel 246, 248
öffnen Datei 179, 183
Operateur 7
  -prozess 209
optimale Strategie 334
Ordner
  Datei- 141, 229
Orts
  -beschreibung 141, 201
    Datei 195
    FAT 198
    UNIX 200
  -transparenz 262

P

P–Modus 277
paging 146
  demand 146, 329
Parallelitätstransparenz 262
Parameter
  EA- 280
  problemorientierter 14
  REA- 280
  VEA- 280
Paravirtualisierung 278, 293, 294
Passwort 230
PCI–Bus 40
periodische Abfrage 51
Personal
  Wartungs- 7
Pfadname 182
  Datei 141
  Objekt 141
physikalischer Datenblock 186
physikalisches Gerät 208
pipe UNIX 65, 130
Platzierung
  Prozess- 264
plug and play 16

Pordos 300
port 128, 174, 177
Portabilität 18
positionieren Datei 181, 186
präemptive Strategie 320
Prinzip
    Lokalitäts- 331
Priorität
    Ablauf- 57, 168
    Unterbrechung 57
privater Schlüssel 248
privilegierter
    Befehl 35, 60, 228, 277, 291
    RM-
        Befehl 278
    VM-
        Befehl 278
Probleme Speicherabbildung 48
problemorientierter Parameter 14
procedure call
    local 131, 166
    remote 18, 131, 165
Processing Unit Central 35
processor
    multi-core 28, 41
processor sharing Strategie 325
Programm
    -adresse 136
    -adressraum 35
    -code 4
    -lauf 4
    Mikro- 57
    -statuswort 55, 58
protocol
    file transfer 197
Protokoll
    Dateizugriff 197
    Internet- 266
Prozeduraufruf 161, 165, 242
    abgesetzter 18, 131
    entfernter 18, 131
    lokaler 161, 166

Prozeduren
    EA- 179
prozedurorientiertes Betriebssystem
    157, 166, 168
Prozess 4, 63
    -adresse 41, 136
    -adressraum 4, 41, 63, 135
        -verwaltung 136, 141, 145
    -alarm 118, 120
        -behandlung 64, 120, 169
    -anschlusspunkt 128, 177
    -attribut 64, 77
    Benutzer- 5, 63
    -Betriebsmittel-Graph 100
    Dienstleistungs- 8, 123, 165
    erzeugen 306
    Erzeugung 78, 162
    -gruppe 307
    -hierarchie 65
    -identifikator 65
    -kontext 63, 64, 77
    Leichtgewichts- 4, 63, 64
    -leitblock 63, 150
    -liste 71, 75
    löschen 78, 306
    -migration 264
    -name 65
    -objekt 306
    Operateur- 209
    -platzierung 264
    -rechner 30
    Seitentransport- 136, 146, 148,
        229
    Sub- 5, 64
    Synchronisations- 85
    System- 5, 63, 168, 169
    Trivial- 72
    verhungern 89
    -verwaltung 11, 67, 77, 169, 306
    -wechsel 63, 70

-zustand
  angehalten 69
  nicht existent 69
  rechenbereit 70
  rechnend 70
  wartend 69
Prozessor
  EA- 10, 33, 36, 52
  Instruktions- 10, 35
  Mehrkern- 41
prozessorientiertes Betriebssystem
  157, 166, 168
Prüfzeichen 251
PSW 55
Puffer
  Benutzer- 215
  Daten- 152
  EA- 152
  Nachrichten- 121, 123
  System- 215, 218
  Übersetzungs- 48
  Wechsel- 218

R

Rahmen
  Seiten- 46
  Speicher- 46
RAM 36
Rate
  Bedien- 317
  Eintreff- 317
  Seitenwechsel- 331
REA–Parameter 280
reale Adresse 35
realer
  Adressraum 35, 135
  Arbeitsspeicher 35, 135, 283
reales Gerät 280
Rechen
  -fähigkeit 264

-intensität 336
rechenbereit Prozesszustand 70
rechnend Prozesszustand 70
Rechner
  -benutzung
    frühe 1
  -cluster 268
  Prozess- 30
Rechnerarchitektur
  virtuelle Maschine 279
Rechnerkern 10, 33, 35
  -alarm 54, 73
  -vergabe 70, 74, 292, 305
    konsistente 73
    Strategie 71
  -verwaltung 67, 70, 134, 169
  virtueller 71, 133, 134, 270, 277,
    286, 292
  Zugriffsschutz 60
  -zustand 55, 66
    Ablage 56
    laden 56
Recht
  Ausführungs- 49
  Lese- 49
  Schreib- 49
  Zugriffs- 49
Rechte 66, 162, 224
Rechterweiterung Zugriffsausweis
  242
Register
  Assoziativ- 48
  EA- 41
  EA–Modul 50, 210
  nichtsensitives 60
  sensitives 60
Reiser-Dateisystem 187, 206
remote
  procedure call 18, 131, 165
Replikate 262
Replikationstransparenz 262
resident
  attribute 205

Restbedienzeit 319
Rijndael Verschlüsselung 247
RM
  –Gerät 280
  –privilegierter Befehl 278
RPC 18, 131, 165, 266
RR Strategie 325
RSA Verschlüsselung 246
RTX 32
Rundspruch Kommunikation 126

S

Satz
  Befehls-
    Intel 278
  Datei- 188
  -kennzeichen 191
  lesen 185
  -nummer 191
  -schlüssel 191
  schreiben 185
  -verwaltung 182, 185
SC Strategie 335
Schattentabelle 283
Scheibe
  Zeit- 71, 321
Schema
  Namens- 266
Schicht
  Basis- 5
Schichten 60, 157, 170, 228
  -modell 8, 10
  Modellbetriebssystem 171
  XINU 170
Schlange
  Warte- 318
schließen Datei 181, 183
Schlüssel
  Erzeugung 255
  geheimer 246

Geräte- 256
Haupt- 256
hinterlegte 248
-länge 246, 248
öffentlicher 246, 248
privater 248
Satz- 191
Schutz 256
Sitzungs- 249, 256
-text 246, 248
    Verkettung 252
umschlüsseln 257
verschlüsseln 256
Verteilung 255
-verteilzentrum 255, 256
Zugriffsschutz 256
schmalbandige Kommunikation
  109
schmalbandiger Kanal 223
Schnittstelle
  einheitliche 17
Schreibrecht 49
schreiben
  Block 209, 212
  Dateiblock 186
Schreiben
  gestreutes 215
schreiben
  Satz 185
  Zeichen 181, 212
    -puffer 181, 185, 209
Schutz
  Abhören 249
  -alarm
    Speicher- 50, 54, 136, 145
  -bereich 227, 242
  Blockverkettung 252
  -domäne 227, 242
  -kennzeichen 162
  -kern 239
  Objekt- 219
  Schlüssel 256

System- 222
Verfälschung 251
Wiedereinspielen 250
Zugriffs- 14, 60, 162, 219
    Arbeitsspeicher 60
    Betriebssystem 61
    Geräte 61
    Hardware 228
    höhere Ebenen 62
    objekt
        -abhängiger 226
        -unabhängiger 226
    Rechnerkern 60
    Schlüssel 256
Schutzkern 62
Segment 145
  -adressierung 44, 45
  existent 49
  -nummer 45
Segment-Seiten–Adressierung 44, 46
Seite 45, 136, 145
  benutzt 49
  existent 49
  fixierte 150
  geladen 49
  verändert 49
Seitefehltalarm 50, 54, 136, 147, 284, 310
Seiten
  -adressierung 44, 45
  fixieren 215
  -flattern 331
  -ladestrategie 149
  -rahmen 46
  -transport 146
      -prozess 136, 146, 148, 229
  -verdrängungsstrategie 149
  -wechsel 15, 49, 136, 146, 291
      -rate 331
      -strategie 329, 334
Semaphor 80

Sendekanal 210
senden Nachricht 51, 52
sensitiver Befehl 278
sensitives Register 60
sequenzieller Dateizugriff 188, 191
Server 18, 165
    Betriebssystem- 299, 309
    Datei- 174, 264
    Namens- 182, 266
    Synchronisations- 97
SET Strategie 324
Shell 10
  –Skript 10
Sicherheit 268
    Kommunikations- 221
Signal
    EA–Start- 54
    spontan auftretendes 160
Sitzungsschlüssel 249, 256
Skript
    Shell- 10
Sockel 128, 177, 266
socket 128, 177, 266
south
    bridge 40
Speicher
    -abbildung 42, 136, 283
    -abbildungstabelle 66, 136, 145, 150, 237
        zuladbare 48
    -adresse 36
    -adressierung 41
        Arbeits- 41
    Arbeits-
        realer 35, 135, 283
        virtueller 35, 133, 135, 136, 237, 277, 283
        Zugriffsschutz 60
    -fähigkeit 265
    -hierarchie 15
    -objekt 307
    -rahmen 46

-schutzalarm 50, 54, 136, 145
verteilter 265
-verwaltung
   Arbeits- 136, 141, 169
   Festplatten- 26, 229
virtueller 35, 136
Speicherabbildung
   Lösungen 48
   Probleme 48
Speicherbereich Kommunikation
   gemeinsamer 50
Spektrum Dienste 14
Sperre
   Betriebssystemkern 74, 169, 170
   Unterbrechungs- 74, 85, 168
SPIN 300, 309
spinlock 86
spontan auftretendes Signal 160
spontane Eingabe 217
Spooling 24, 134
Sprungbefehl 161
SPT Strategie 324
Stapel 23
   -fernverarbeitung 25
   -verarbeitung 23
stapelverarbeitendes
   Betriebssystem 23
Startsignal
   EA- 54
starte EA 291
statische Bindung 161
Statistik Grundbegriffe 313
Statuswort
   Programm- 55, 58
Steganographie 221
Steuerung
   Geräte- 33
sticky bit 227
Strategie 14
   bedienzeitabhängige 320
   FBn 326
   FCFS 318

FIFO 318, 334
LFU 334
LRU 334
optimale 334
präemptive 320
processor sharing 325
Rechnerkernvergabe 71
RR 325
SC 335
Seiten
   -lade- 149
   -verdrängungs- 149
   -wechsel- 329, 334
SET 324
SPT 324
verdrängende 320
Verdrängungs- 12
WSM 331
Zuteilungs- 12, 27
   Betriebsmittel 12
   verklemmungsfreie 106
Streuung 314
Strom
   Zeichen- 127, 177, 205
stromorientierte Kommunikation
   127
Struktur 264
Sub
   -prozess 5, 64
   -system 224
Südbrücke 40
Swap 137, 146
switch
   table
      device 187
symbolische
   Dateinummer 177
   Gerätenummer 177
symmetrische Verschlüsselung 246
synchrone Unterbrechung 54
synchrone explizite
   Kommunikation 130

Synchronisation 15, 64, 79, 80, 82, 86, 130, 169, 261
  Betriebssystemkern 74
  verteiltes System 97
Synchronisations
  -befehl 86
  -prozess 85
  -server 97
Syntax
  Transfer- 197
System
  -aufruf 54, 88, 163
  Datei- 308
    FAT 198
    Logbuch 205
    NTFS 203
    UNIX 200
    verteiltes 266
    virtuelles 187
  EA- 177
  Echtzeit- 30
  Einbenutzer- 21
  eingebettetes 30
  Einprozess- 20
  Fast File 200
  -keller 56
  Laufzeit- 10
  -management 264
  Mehrbenutzer- 19
  Mehrprozess- 19
  Mehrprozessor- 28, 41
  -modus 35, 168, 277
  objektorientiertes 233
  -prozess 5, 63, 168, 169
  -puffer 215, 218
  -schutz 222
  Sub- 224
  Synchronisation
    verteiltes 97
  Teilhaber- 28
  Timesharing- 26
  Transaktions- 28

UNIX File 200
  vernetztes 245
  verteiltes 245, 259
  Vielprozessor- 29
systeminterner Objektname 234

T

Tabelle
  Schatten- 283
  Tupel- 48
tabellengesteuerter Gerätetreiber 153
table
  device
    switch 187
Task 64
TCP 266
Teilobjekt 224
Teilhabersystem 28
Terminal
  virtuelles 134
Text
  -datei 188
  Klar- 246, 248
  Nachrichten- 124
  Schlüssel- 246, 248
    Verkettung 252
Thread 4, 63, 64
Threading
  Hyper- 41
Timesharing
  –Betriebssystem 26
  –System 26
TLB 48
Toleranz
  Fehler- 268
Tor 128, 177
Träger
  Daten-
    aufspannen 187

Transaktion 205
  atomare 261
  Logbuch 206
Transaktionssystem 28
Transfersyntax 197
translation lookaside
  buffer 48, 146
Transparenz 262
  -linie 262
  Migrations- 262
  Namens- 262
  Nebenläufigkeits- 262
  Orts- 262
  Parallelitäts- 262
  Replikations- 262
Transport
  -auftrag 210, 216
  -prozess
    Seiten- 136, 146, 148, 229
  Seiten- 146
transportieren Block 214
Treiber
  Geräte- 6, 169, 208, 210
    tabellengesteuerter 153
Triple-DES Verschlüsselung 247
Trivialprozess 72
Tupeltabelle 48
Typ
  Objekt- 5, 157, 241
typbezogener Zugriffsausweis 241

UDP 266
UFS 200
Uhr 40, 293
UIO 308
umschlüsseln Schlüssel 257
uniform IO-interface 308
Unit Central Processing 35
universeller Objektname 234
UNIX 17, 153, 162, 169, 187
  Dateisystem 200
  File System 200
  Ortsbeschreibung 200
  pipe 65, 130
unmount 184
Unterbrechung 31, 37, 51, 53, 54,
    64, 163, 216, 279
  asynchrone 53
  Betriebssystemkern 73
  externe 53
  interne 54
  Kommunikation 51
  Priorität 57
  synchrone 54
  Verlassen der 56
Unterbrechungs
  -behandlung 53, 55, 58
  -information 59
  -nummer 51, 58
  -sperre 74, 85, 168
  -vektor 58
USB–Bus 40

U

Übergänge Arbeitszustand 67
Übermittlung
  Nachrichten- 166
Übersetzungspuffer 48
Übertragung
  Daten-
    blockorientierte 213, 215, 216
    zeichenorientierte 210, 212

V

V++ 309
Varianz 314
VEA–Parameter 280
Vektor
  Unterbrechungs- 58
verändert Seite 49

Verarbeitung
  Stapel- 23
verbrauchbares Betriebsmittel 79
verdrängende Strategie 320
Verdrängungsstrategie 12
  Seiten- 149
Verfälschung Schutz 251
Vergabe
  Rechnerkern- 70, 74, 292, 305
    konsistente 73
    Strategie 71
verhungern Prozess 89
Verkettung
  Block-
    Schutz 252
  Schlüsseltext 252
Verklemmung 100
  Bedingungen 101
  Behandlung 103
  Entdeckung 101, 102
  Entstehung 99
  Vermeidung 103
verklemmungsbedroht 100
verklemmungsfreie
  Zuteilungsstrategie 106
vernetztes System 245
verschlüsseln
  Daten 257
  Schlüssel 256
Verschlüsselung 224, 245
  AES 246, 247
  asymmetrische 248
  CBC 254
  DES 246, 247
  ECB 254
  EDE 247
  escrowed encryption 248
  IDEA 247
  MAC 254
  Rijndael 247
  RSA 246
  symmetrische 246

Triple-DES 247
Verschlüsselungsfunktion 246,
  248, 252
verteilte Koordination 264
verteilter Speicher 265
verteiltes
  Dateisystem 266
  System 245, 259
    Synchronisation 97
Verteiltheit 259
Verteilung
  Betriebsmittel- 262
  gedächtnislose 315
  Last- 264
  negativ exponentielle 315
  Schlüssel 255
Verteilungsfunktion 313
Verteilzentrum
  Schlüssel- 255, 256
Vervielfachung
  identische 133
Verwalter
  Objekt- 6
Verwaltung
  Arbeitsspeicher- 136, 141, 169
  Block- 182, 186
  Datei- 182, 188
  Daten- 179, 182, 188, 229
  Datenträger- 184
  Ereignis- 67, 112, 113, 114, 169
  Festplattenspeicher- 26, 229
  Geräte- 208
  Kanal- 169
  Katalog- 182
  Nachrichten- 123, 126, 127, 169
  Objekt- 6, 157, 224, 234
  Prozess- 11, 67, 77, 169, 306
  Prozessadressraum- 136, 141,
    145
  Rechnerkern- 67, 70, 134, 169
  Satz- 182, 185
  Zeit- 31, 169, 293

Verweilzeit 315, 317
Verweis
    Danach- 191
    Davor- 191
VFS 187
Vielprozessorsystem 29
Viren 22
Virtualisierung 17, 31, 133
    Para- 278, 293, 294
    x86 296
    Ziele 133
virtuelle
    Adresse 35, 44, 45
    Adressierung 35, 44
    Maschine 35, 72, 270, 291
        Rechnerarchitektur 279
virtueller
    Adressraum 135
    Arbeitsspeicher 35, 133, 135,
        136, 237, 277, 283
    Rechnerkern 71, 133, 134, 270,
        277, 286, 292
    Speicher 35, 136
virtuelles
    Dateisystem 187
    Gerät 17, 31, 134, 152, 208, 280,
        308
    Objekt 133
    Terminal 134
VM
    –Gerät 280
    –privilegierter Befehl 278
VM370 IBM 270
V Mikrokern 300
VMM 72
    –Modus 277
VM-Monitor 272
VMware 294, 295
votieren 261

W

wahlfreier Dateizugriff 188, 191
Wahrscheinlichkeit
    bedingte 314
Wahrscheinlichkeitsdichte 313
Warte
    -schlange 318
    -zeit 317, 318
        Erwartungswert
            maximale 322
            minimale 322
        maximale 322
        minimale 322
Warten
    geschäftiges 51, 122
wartend Prozesszustand 69
Wartungspersonal 7
Wechselpuffer 218
Weckeralarm 54
Werk
    Kanal- 36
Wiedereinspielen Schutz 250
wiederverwendbares Betriebsmittel
    79
Windows-CE 32
Windows XP Executive 174
Working-Set 329
WSM Strategie 331

X

x86 Virtualisierung 296
Xen 294
XINU Schichten 170
X-Windows 117

Z

zählendes Ereignis 111
Zeichen
  lesen 181, 212
  -puffer
    lesen 181, 185, 209
    schreiben 181, 185, 209
  schreiben 181, 212
  -strom 127, 177, 205
zeichenorientierte
  Datenübertragung 210, 212
zeichenorientiertes Gerät 208
Zeit
  Bedien- 27, 315, 317, 318
  -multiplex 24, 209
  Restbedien- 319
  -scheibe 71, 321
  -verwaltung 31, 169, 293
  Verweil- 315, 317
  Warte- 317, 318
    Erwartungswert
      maximale 322
      minimale 322
    maximale 322
    minimale 322
Ziele Virtualisierung 133
Zugangskontrolle 219, 221
Zugriff
  Datei-
    Protokoll 197
    sequenzieller 188, 191
    wahlfreier 188, 191
Zugriffs
  -ausweis 224, 233, 234
    aufruferabhängiger 242
    -liste 234
    objektbezogener 241
    Rechterweiterung 242
    typbezogener 241
  -kontrolle 222
  -liste 224, 229
  -recht 49

-schutz 14, 60, 162, 219
  Arbeitsspeicher 60
  Betriebssystem 61
  Geräte 61
  Hardware 228
  höhere Ebenen 62
  objekt
    -abhängiger 226
    -unabhängiger 226
  Rechnerkern 60
  Schlüssel 256
zuladbare
  Speicherabbildungstabelle 48
Zustand
  abfragen 209
  Alarm- 66, 120
  Arbeits- 66, 67
    Übergänge 67
  konsistenter 261
  Prozess-
    angehalten 69
    nicht existent 69
    rechenbereit 70
    rechnend 70
    wartend 69
  Rechnerkern- 55, 66
    Ablage 56
    laden 56
Zustandsinformation 49
Zuteilungsstrategie 12, 27
  Betriebsmittel 12
  verklemmungsfreie 106
Zuverlässigkeit 268

www.ingramcontent.com/pod-product-compliance
Lightning Source LLC
Chambersburg PA
CBHW081039220326
41598CB00038B/6933